KB238774

허균의

맛

일러두기

1. 이 책에서 사용한 허균의 『도문대작』은 한국고전번역원에서 영인한 『성소부부고』에 수록된 필사본이다.
2. 『도문대작』은 표제어 117항목, 이름만 언급된 것 31종, 한양의 절식節食 30종으로 구성되어 있다. 총 178종에서 72종을 저자가 선택하여 이 책에 소개했다.
3. 번역 및 표점은 저자가 했다.
4. 이 책의 차례는 『도문대작』에 수록된 순서를 따랐다.

허균의

『도문대작』,

조선 미식선비의
음식 노트

김풍기 지음

맛

글항아리

이토록 고마운 음식이라니

허균의 문집을 완독하면서 『도문대작屠門大嚼』을 처음으로 접한
것은 내가 30대 중반쯤이었다. 영인본으로 몇 쪽 되지 않는, 아주
짧은 글이었다. 게다가 다른 시문과는 달리 문학적 장치나 표현이
들어 있는 것도 아니었다. 하나의 표제에 짧은 정보나 단편적인 허
균 자신의 기억을 메모처럼 써놓았으니 재미가 있을 리도 없었다.
거기서 내 눈길을 끈 것은 글 앞에 붙어 있는 「도문대작인屠門大嚼引」
뿐이었다. 허균과 관련한 첫 책 『누추한 내 방』을 펴낼 때까지 허균
의 문집을 수시로 들추었지만 『도문대작』은 눈에 들어오지 않았다.
　세월이 흐르면서 시골 아이의 입맛은 점점 도시화되었고 어릴
적 음식은 머리에서 가뭇하게 잊혀져가고 있을 때였다. 허균의 강
릉 생활에 대한 글을 쓸 일이 있었는데 문득 『도문대작』 가장 앞에
수록되어 있던 방풍죽이 떠올랐다. 그때까지도 나는 방풍에 대한
기억이 거의 없었다. 어머니께 여쭈었더니 웃으시면서 바닷가에 널

린 것이 방풍이라는 것이었다. 바다가 보이는 농촌 마을에서 자랐지만 나는 방풍을 먹었던 기억이 없었다. 그러나 부모님 세대는 그것을 나물처럼 드셨으니 명확하게 기억하고 계셨던 것이다.

그 일이 계기가 되어 『도문대작』의 항목을 눈으로 찬찬히 훑었다. 상당히 많은 표제어가 내 어릴 적 익히 접하던 식재료나 음식들이었고, 각 항목의 간단한 서술을 읽는 것만으로도 어릴 적 음식이 선연히 떠올랐다. 주변 후배들에게 이것으로 글을 써보라고 여러 차례 권했지만 누구도 관심을 갖거나 글로 쓰지 않았다. 너무 짧은 서술이기도 하고 그것으로 무언가 내용을 엮어내기가 쉽지 않은 탓이었을 것이다.

오랜 시간이 흘러서 그 인연은 다시 내게 이어졌다. 비싼 음식은 아니어도 새로운 음식을 즐기던 나는, 늘 음식문화가 우리 시대를 상징적으로 증언하는 중요한 분야라는 생각을 하고 있던 참이었다. 그러는 사이에 음식문화에 대한 좋은 책들이 나오기 시작했고, 내 전공 분야가 아니었으므로 관심사에서도 멀어질 뻔했다. 동아시아 고대 사회에서는 음식의 변화로 사회의 변화를 읽어내기도 했고, 음식을 만드는 방식에서 정치의 기술을 발견하기도 했다. 대표적으로 이윤伊尹을 들 수 있다. 그는 중국 고대 탕湯임금 시절의 뛰어난 재상이었는데, 솥과 도마를 등에 지고 탕을 만나 천하의 도리를 설명함으로써 재상으로 발탁되었다는 이야기가 전한다. 그래서 복잡한 정치를 잘 조율해야 하는 재상을 조갱調羹, 즉 국을 끓이는 사람

혹은 요리사라고 칭하는 것이고, 재상이 정치를 해나가는 것을 조갱정調羹鼎, 즉 국을 끓이는 솥이라고 비유하는 것이다.

음식의 이상적인 경지는 각 재료가 얼마나 조화를 이루도록 하느냐에 달려 있다. 식재료의 성질은 모두 제각각이다. 그렇지만 하나의 음식 안에서 이들이 만나면 식재료의 특성을 그대로 간직하면서도 다른 식재료와 조화를 이루어야 비로소 맛있는 음식이 탄생하는 법이다. 그런 점에서 음식을 만드는 일에서 정치의 기술을 발견하는 것이 특별한 일은 아니다. 정치든 음식이든 중요한 덕목은 조화였다.

이 책을 쓰면서 나는 우리가 살아가는 정치와 사회를 읽어내려는 포부를 가졌던 것은 아니다. 그저 한 시대를 살아가면서 허균이 경험한 음식문화와 내가 경험한 음식문화, 그리고 지금 우리 시대가 보여주는 음식문화를 다양하게 비교하면서 여러 가지 문화 코드를 읽어보고 싶었다. 어쩌면 내가 잊고 있었던 어린 시절의 음식 경험을 기록으로 남기고 싶었는지도 모르겠다. 상당히 많은 부분을 기억에 의존하다 보니 본의 아니게 글 속에서 기억의 왜곡이 발견될 수도 있다. 그런 위험을 최대한 줄이고 싶어서 많은 자료와 글을 참고했고, 특히 어린 시절을 공유했던 순원당 친구들의 증언을 다양하게 들어보려고 애썼다. 그런데도 무언가 잘못된 것처럼 보이는 서술이 발견된다면 아마도 자란 지역이 다르기 때문일 수도 있고 서로의 기억에 착종이 생겨서일 수도 있으며, 자료 검토에 대한 나의 섬세함이 부족한 탓일 수도 있다.

이론적 배경을 거론하지 않더라도, 글은 독자의 독서행위와 그의 해석이 덧붙여지면서 새로운 하나의 책으로 재탄생하는 경우가 많다. 그런 점에서 나는 허균이 쓴 『도문대작』을 내 방식대로 읽으면서 우리 시대 음식 문화의 한 단면을 보여주고 싶었다.

책 한 권이 출간되기 위해서는 많은 우연 어쩌면 우리가 알지 못하는 필연이 중첩되어 작동하는 것이 아닐까 한다. 이 책 역시 마찬가지로되, 자세한 이야기는 당사자들만의 뒷전으로 넘기기로 한다. 다만 여러 사정을 묻어두고 선뜻 출간을 해주신 강성민 글항아리 대표님, 출판을 멋지게 조율해주신 노승현 선생님은 잊을 수 없는 인연이다. 깊은 감사를 드린다. 강원도에서 평생 사셨던 할머니의 손맛으로 자란 소년이 이제는 아내의 손맛으로 살아가는 남편으로 살아갈 수 있다니, 얼마나 놀라운 일인가. 세상에는 고마운 음식과 사람으로 가득하다는 것을 새삼 느낀다.

춘천에서

김풍기 두손

제2부 | 『도문대작』 번역과 원문

미각적 상상력이 문학과 만나게 된 사연

과거시험에서 사사로운 정을 썼다고 해도 假令科第用私情

아들, 사위, 동생 중에 조카가 제일 가볍지 子壻弟中姪最輕

허균 혼자 이 죄를 감당케 하다니 獨使許筠當此罪

세상에 공도公道가 행해지기 과연 어렵구나 世間公道果難行

　권필權韠(1569~1612)이 이 시를 지어 세상에 내놓자 많은 사람이 그의 의견에 동의했다. 이외에도 그는 임숙영任叔英(1576~1623)이 과거 합격 취소를 당한 사건을 소재로 또 한 편의 시를 쓴 적이 있다. 이 두 편의 시 때문에 권필은 권력자들의 눈 밖에 났고, 결국은 곤 상을 맞고 귀양을 가게 되었다. 귀양 떠나는 첫날 밤을 동대문 밖에 서 보내던 권필은 울분을 품은 채 폭음하여 죽음을 맞았다. 이 사건 으로 충격을 받은 그의 절친한 벗 허균許筠(1569~1618)은 급기야 다 시는 글을 쓰지 않겠노라며 절필을 선언했다. 이 절필문은 지금도 허균의 친필로 전하거니와, 그 뒤의 사정이야 어떻든 간에 허균에게 권필의 죽음은 엄청난 충격이었던 것 같다. 도대체 어떤 일이 있었던 것일까?

과거 시험 부정 사건의 전말

—

『조선왕조실록』에 따르면 허균이 과거 시험을 관리하는 시관試官으로 발령을 받은 것은 1610년(광해군 2) 10월 19일이다. 정시庭試가 아닌 별시別試이기는 했지만, 선조의 3년상을 무사히 마치고 그의 위패를 태묘에 봉안한 것, 세자 책봉, 세자의 입학 및 관례 등 여러 경사가 이어지자 이를 축하하기 위해 특별히 시행되었다. 물론 당시 허균이 별시 문과의 총책임자는 아니었다. 당시 독권관讀券官으로는 좌의정이었던 이항복李恒福을 필두로 이정귀李廷龜와 박승종朴承宗이 임명되었고, 대독관對讀官으로는 조탁曺倬, 이이첨李爾瞻, 홍서봉洪瑞鳳, 허균, 이덕형李德泂이 임명되었다. 독권관의 역할은 일반적으로 임금이 직접 관장하는 시험에서 시험 답안지를 읽고 난 뒤 임금에게 설명을 올리는 것으로, 종2품 이상의 관료 중에서 선발되었다. 대독관은 비슷한 역할을 하되 정3품 이하의 관료 중에서 선발했다. 이 시험에서 허균이 중요한 역할을 맡은 것은 사실이지만 다른 사람에 비해 높은 권력을 가진 것은 아니라는 점을 우선 기억해두자.

그런데 이 시험이 실시되기 전에 초시初試를 치렀는데, 이때 불미스러운 사건이 발생했다. 김극임金克任이라는 유생이 차비관差備官과 결탁해 답안지를 몰래 고치다가 발각되었고, 어떤 시험장에서는 시험관이 자기 친척을 몰래 도와준다며 응시생들이 강력히 항의하는 일이 발생했다. 대과大科가 치러지기도 전에 이런 일이 발생하자 세간의 이목이 집중될 수밖에 없었다.

1610년 10월 22일, 드디어 별시 문과가 치러졌다. 이 당시에는 20명의 합격자가 결정되었는데, 명단이 논의 중일 때 이미 세간에서는 이런저런 말들이 빗발쳤다. 사람들은 이번에 논의되고 있는 급제자 명단을 '자제서질지방子弟壻姪之榜(아들과 동생과 사위와 조카를 위한 명단)'이라 했다. 또는 '자서제질사돈방子壻弟姪査頓榜(아들, 사위, 동생, 조카, 사돈을 위한 명단)'이라고도 했다. 그렇게 여론이 들끓고 있으니 조정에서는 이 사건을 신속히 수습하려 했다. 가장 먼저 대간臺諫의 탄핵을 받은 사람은 바로 허균이었다. 허균의 죄는 조카를 합격시키기 위해 부정을 저질렀다는 것이었다. 10월 24일 처음 부정 사건이 논의될 때만 해도 허균은 중심인물이 아니었다. 그런데 11월 3일 과거 합격자가 발표되고, 11월 13일 이 문제가 본격적으로 논의되기 시작하자 허균은 시험 부정 사건의 중심인물로 확정되다시피 했다.

대간을 비롯해 여러 사람은 허균을 향해 어떻게 조카를 합격시킬 수 있느냐며 비도덕적이고 파렴치하다고 비판했다. 자기 조카가 응시한다면 허균 자신은 스스로 시험관을 거부해야 마땅했다는 것이다. 설령 허균이 조카의 합격을 위해 아무 일도 하지 않았을지언정 이는 충분히 문제가 될 만하며 탄핵의 대상이 되기에 충분했다. 탄핵하는 사람들에 따르면 허균은 이런 방식으로 부정을 저질렀다고 했다.

그들은 예전부터 허균이 여러 차례 시험 부정을 자행했다는 전제 아래 다음과 같이 주장했다. 허균이 응시생의 답안지를 걷을 때 가까운 자리에 앉아 있다가 몰래 시험지를 하나하나 살폈고, 차비관의 거처 근처에 숙박하면서 글자 표식을 탐지해서 누구의 답안지인지를 알아냈으며, 500장이나 되는 답안지를 자신이 모두 읽어 보겠노라고 자청한 뒤 자기가 뽑고 싶은 사람의 점수를 높였고, 나아가 합격자를 논의할 때 자신의 의견을 적극 개진했을 뿐만 아니라 뽑아주고 싶은 자의 이름을 직접 명단에 넣었다는 것이다. 허균이 이러한 부정행위를 통해 조카인 허보許寶, 조카사위 박홍도朴弘道, 지인 변헌邊獻, 제자 이식李植 등을 합격시켰다고 했다. 이식이 허균의 제자라는 주장은 낭설로 밝혀지기는 했지만, 그 밖의 사실들을 고려한다면 허균의 파렴치한 범죄는 중죄로 다스리는 게 마땅해 보인다.

대간에서는 허균을 중범죄자로 다루어 처벌해야 한다고 주장했다. 그러나 탄핵이 이어지는 가운데 사건의 방향은 다른 쪽으로 흘러갔다. 앞서 언급한 것처럼, 허균은 별시문과의 책임자도 아니고 가장 높은 직급의 관료도 아닌데 어떻게 제멋대로 할 수 있었겠느냐는 말이 나돌기 시작한 것이다. 이는 달리 말해 다른 시험관들은 어째서 자신의 직분을 다하지 못한 채 허균의 손에 놀아났느냐는 뜻이다. 이에 따라 별시 문과에 관여한 모든 관리에게 책임을 물어야 한다는 의견이 제기되었고, 급기야 이번의 급제 결과를 모두 취소해야 한다는 강경론까지 나왔다. 물론 강경한 주장은 광해군에 의해 묵살되기는 했지만, 뜻밖의 주장들이 나왔다는 데 시사하는 바가 있다.

사실 더 큰 문제는 다른 데 있었다. 합격자 가운데 박자흥朴自興, 조길曺佶, 이창후李昌後, 정준鄭遵 등의 의심스런 관계다. 박자흥은 시관으로 참여한 박승종의 아들인 동시에 또 다른 시관 이이첨의 사위였다. 조길 역시 시관으로 참여한 조탁의 친동생이며, 이창후는 이이첨의 사돈(사위의 아버지)이고, 정준은 이이첨의 이웃 친구였다. 이들 중 이웃 친구 관계를 빼면 박승종과 이이첨은 아들이나 사위, 사돈을 합격시킨 셈이었다. 그러므로 죄의 경중을 따져보자면 허균이 조카나 조카사위를 합격시킨 죄가 가장 무겁다고 볼 수 없었다.

대간들이 이런 정황을 몰랐다는 건 말이 안 된다. 낱낱이 알고 있었을 것이다. 그러나 대간들은 이이첨과 박승종의 이름을 한 번도 거론하지 않고 허균만 물고 늘어졌다. 이이첨과 박승종은 당시 대북大北 정권의 실세 중 실세였으니, 그들에게 밉보이고 싶지 않았을 것이다. 결국 다른 사람들은 아무 일 없었다는 듯 흐지부지 처리된

반면, 허균은 만만한 먹잇감이 되어 유배형을 받았고 허보와 변헌의 합격은 취소 처리되었다.

권필이 이때의 과거 시험을 비판한 한시는 그의 문집에 실리지 않았다. 그러나 『조선왕조실록』에 수록되어 전할 뿐 아니라 윤국형尹國馨의 『갑진만록甲辰漫錄』, 고상안高尙顏의 『효빈잡기效顰雜記』, 양경우梁慶遇의 『제호시화霽湖詩話』 등에도 두루 전해지는 것을 보면, 이 시에 얽힌 사건이 후대에 널리 알려진 것으로 보인다. 이 시는 권력 실세들에게는 아무 말도 못한 채 허균에게만 큰 벌을 내린 자들의 세태를 되새겨보는 계기가 되었다.

엄혹한 유배지에서 쓴 『도문대작屠門大嚼』

–

1610년 12월 29일 허균의 유배형이 시행되었고, 이듬해 1월 15일에 유배지 함열현咸悅縣에 도착했다. 칼바람 몰아치는 겨울, 무거운 발걸음으로 도착한 허균을 반겨주는 사람은 많지 않았다. 현감 한회일韓會一이 그의 친구이기는 했지만 귀양으로 내려온 죄인을 버젓이 배려할 순 없었다. 더욱이 막 도착한 죄인을 무슨 명분으로 도와줄 수 있겠는가. 겨울 끝자락의 매서운 추위와 열악한 환경을 견디는 것은 온전히 허균의 몫이었다. 귀양의 현실을 극복하는 여러 방법 중 하나는 무언가에 몰두하는 것이었다. 허균은 자신이 지은 글을 모아 정리하고 편집하여 『성수시화惺叟詩話』라는 시화집을 엮고, 『도문대작』을 지었다.

자신보다 더 큰 잘못을 저지른 사람들은 아무 처벌도 받지 않았고, 그들의 죄를 뒤집어쓰고 내려온 귀양길이다. 아득하여 희망이 보이지 않는 상황에서 무엇을 할 수 있을까. 문 밖에 찬바람이 휘몰아칠 때 허균의 마음에도 차가운 바람이 몰아쳤을 것이다. 이 무렵 지은 시를 보면 그의 심정이 어떠했는지 짐작할 수 있다.

한 굽이 경포호는 자주 꿈에 뵈는데 　一曲鏡湖勞入夢
구 년 동안 봉래섬에 신선 기약 저버렸네 　九年蓬島負尋眞
흰머리의 강남 나그네 뉘 가련히 여기리 　誰憐白首江南客
천지간에 자유로운 몸 아직은 아닌 것을 　未是乾坤自在身*

함열에서 지은 일련의 작품들을 살펴보면 허균이 가장 그리워한 곳은 그의 고향 강릉이었다. 임진왜란을 맞아 피란길에 올랐다가 아내와 갓난아기를 잃고 간신히 노모만 모시고 당도한 곳이었다. 그가 슬픔을 추스르고 다시 살아갈 힘을 준 곳은 바로 경포호 주변의 솔숲과 사천면 외갓집 애일당愛日堂이었을 것이다. 이후에도 어려운 일이 생기면 강릉으로 가서 심신을 달래지 않았던가. 그중에서도 함열의 귀양살이는 가장 혹독한 시련이었다. 아무리 현감

* 허균, 「여음의 삼절 운을 사용해서 흥취를 기록하다記興用汝陰三絶韻」(3수 중 제2수), 『성소부부고惺所覆瓿藁』권2.

이 친구이고 한양에서 지인들이 찾아와주었다 해도 편할 리 만무한 그곳에서, 그는 경포호 주변을 거닐며 신선처럼 유유자적 살아가는 삶을 얼마나 꿈꾸었을까. 벼슬살이하느라 자신이 꿈꾸던 삶을 까맣게 잊고 지내다가 함열에 이르러 비로소 강릉이 사무치게 그리웠으리라. 그러나 꿈에서 깨어나보면 흰머리로 강남땅에 귀양을 온 죄인이요, 천지간에 자유를 빼앗긴 몸. 행간 가득 그의 슬픔이 넘쳐난다.

힘들고 지쳐 있을 때 그리운 고향을 생각하면 그때 먹었던 음식이 떠오르게 마련이다. 그는 음식을 제대로 챙겨먹지 못하는 유배지에서 과거에 맛보았던 음식들을 떠올려보는 것으로 위안을 삼았을 것이다. 그리고 언젠가 그리운 음식들을 먹어볼 수 있으리라는 희망을 품고 한 권의 책을 저술했다. 바로 『도문대작屠門大嚼』이다. 이 책의 서문에서 허균은 이렇게 말했다.

우리 집이 가난하기는 했지만 선친께서 살아계실 때는 사방에서 기이한 먹을거리들을 예물로 바치는 사람이 많았기 때문에 나는 어릴 때 온갖 진귀한 음식을 고루 먹을 수 있었다. 커서는 잘사는 집에 장가들어 육지와 바다에서 나는 먹을거리들을 다 경험할 수 있었다. 임진왜란 때 전쟁을 피해 북쪽으로 갔다가 강릉 외갓집으로 갔다. 그곳은 여러 가지 기이하고 귀한 것들이 많아서 골고루 맛볼 수 있었다. 벼슬길에 나선 뒤로는 공무로 남북을 오가며 더욱더 입호사를 시키느라 맛난 고기를 맛보고 아름다운 꽃부리를 씹어보지 않은 것이 없었다.*

　이처럼 어렸을 때부터 온갖 진귀한 음식을 먹으면서 살아온 이력을 간략히 요약하고 있는데, 현재의 굶주림과 대비되어 한층 더 풍성한 인상을 준다. 음식에 대한 허균의 관심은 상당히 깊어서, 자신이 먹었던 것들을 하나하나 떠올리며 음식이나 식재료의 특징을 기억해내고 각 지역에서 나는 특산물에 대한 품평까지 『도문대작』에 고스란히 옮겨놓았다.
　'도문대작'이란 푸줏간 앞을 지나면서 입맛을 쩍쩍 크게 다신다는 뜻이다. 한나라 환담桓譚이 지은 『신론新論』에 나오는 말로, 실제로 먹을 수 없는 처지이나 먹는 것을 흉내 냄으로써 만족을 느껴보려는 심정의 표현이다. 과거의 화려하고 풍성한 밥상이 있었으되 지금은 그 밥상의 귀퉁이조차도 구경할 수 없는 처지, 그런 궁핍한 현실 속에서 허균의 미각적 상상력이 이렇게 한 권의 책으로 탄생하게 되었다.

---

*　余家雖寒素, 而先大夫存時, 四方異味禮饋者多, 故幼日備食珍羞. 及長, 贅豪家, 又窮陸海之味. 亂日避兵于北方, 歸江陵外業, 殊方奇錯, 因得歷嘗, 而釋褐後, 南北官轍, 益以餬其口, 故我國所産, 無不嚌其炙而嚼其英焉.(허균, 「屠門大嚼引」, 『성소부부고』 권25)

제1부

허균의
미식을
만나다

1. 피란의 아픔을 치유해준 아름다운 죽 한 그릇, 방풍죽

허균이 임진왜란을 맞아 강릉으로 피란했을 때, 스물네 살의 청년이 전란에서 겪은 고통은 평생토록 그를 괴롭히는 트라우마로 남았다. 아버지를 일찍 여의었으나 부족함 없는 환경에서 훌륭한 형님, 누님들과 함께 성장했고, 아름답고 덕 있는 아내의 보필을 받으며 언제까지든 승승장구할 것만 같던 젊은 양반 허균의 삶은 왜적의 침략과 함께 급전직하急轉直下했다.

피란길이 남긴 아픈 사연들
-

제대로 준비할 틈도 없이 나선 피란길이었다. 쳐들어오는 왜구를 피해 노모와 만삭인 아내를 데리고 한양 동대문을 나선 그는 철원을 지나 험준한 태백산맥 고개를 넘어 다시 남쪽으로 방향을 잡는다. 그러나 부지런히 길을 재촉하던 중에 사랑하는 아내와 갓난

아기를 잃었다. 훗날 허균은 이때의 기억을 더듬어 「죽은 아내 숙부인 김씨를 위한 행장亡妻淑夫人金氏行狀」(『성소부부고』 권15)을 지었다. 사랑과 회한, 그리움으로 가득한 문장에서 우리는 아내에 대한 절절한 심정을 고백하는 한 사내의 아름다운 모습을 만나게 된다. 그가 기억하는 당시의 상황은 이렇다.

임진년(1592) 6월, 왜구가 가까이 접근했다는 소식에 허균은 연로한 모친을 모시고 강릉 외갓집으로 피신하기로 결정한다. 당시 아내는 만삭의 몸이었다. 무거운 몸을 이끌고 먼 길을 떠난다는 건 위험천만한 일이었으나 선택의 여지가 없었다. 왜구의 잔악무도한 칼날을 피하는 게 우선이었다. 7월 2일, 함경도 단천에 이르렀을 때 그의 아내는 몸을 풀었다. 아들이었다. 큰딸에 이어서 얻은 아들이다. 아내의 몸조리를 위해 잠시 여정을 멈추고 짐을 풀었다. 그러나 이틀 뒤인 7월 4일, 순변사巡邊使 이영李瑛은 몰려오는 왜구를 막지 못하고 마천령으로 퇴각하여 수비하게 되었다. 하는 수 없이 허균은 지친 아내와 갓난아기, 노모를 이끌고 험하기 짝이 없는 마천령을 넘어야 했다. 고개를 넘어 임명역臨溟驛에 이르자 그의 아내는 한마디 말도 뺄을 수 없을 정도로 기력을 잃었다. 문자 그대로 기진맥진이었다.

마침 같은 집안의 허형許珩을 만나 바다에 있는 섬으로 함께 피신했지만 그곳에서 머무를 수 없었다. 진격하는 적은 중국이나 몽골의 군대와 달리 바다를 건너온 왜구였기에 섬이라는 장소는 도리어 안전하지 못했던 것이다. 다시 몸을 일으켜 남쪽으로 향하다 가 산성원山城院에 있는 박논억朴論億이라는 백성의 집에 들어가 몸 을 눕혔다. 그러나 7월 10일, 그의 아내는 자리에서 일어나지 못하 고 눈을 감았다. 그는 애끊는 심정으로 아내가 타고 온 소를 팔아서 관을 사고 입은 옷을 찢어 염습을 했다. 온기가 채 가시지 않은 아 내의 몸을 차마 땅에 묻을 수 없어 통곡했다. 엎친 데 덮친 격으로 갓 태어난 아기마저 엄마의 젖을 먹어보지 못하고 며칠 만에 목숨 을 잃었다. 그와 동시에 왜적이 성진창城津倉을 공격 중이라는 소식 이 들려왔다. 허균은 아내와 아기를 한꺼번에 잃은 슬픔을 추스르 기도 전에 뒷산 언덕에 아내를 묻고 강릉으로 발길을 돌려야 했다.

당시 아내의 나이는 스물두 살, 허균과 결혼한 지 8년이었다. 꽃 다운 나이에 사랑하는 가족을 남기고 눈을 감아야 했던 아내의 애 통함을 허균은 평생토록 가슴에 품고 살았다.

전쟁에서 놀란 가슴, 강릉에서 진정시키다

-

살아날 길을 찾기 위해 급박한 상황에 처한 사람은 자신에게 일 어난 일을 실감할 수 없다. 상황이 한소끔 잦아들었을 때 비로소 자 신에게 얼마나 큰일이 있었는지를 느끼고 깊은 상심에 빠져든다. 허균은 왜적을 피해 험한 산길과 일렁이는 바닷길을 정신없이 달 려 우여곡절 끝에 강릉 외갓집에 들어섰을 때 숨을 돌릴 수 있었을 것이다. 그 무렵에 허균이 쓴 시를 보면 위험천만했던 피란길의 감회가 어려 있다.

험한 바다 비바람 속에 큰 돛 펼치고　重溟淅瀝大帆開

천릿길 강릉 땅을 아흐레 만에 돌아왔다　千里江陵九日廻

용은 화주火珠 안고 발해에서 솟구치고　龍抱火珠跳渤澥

학은 영벽靈璧 머금고 봉래산으로 떨어진다　鶴含靈璧墮蓬萊

파도 속 한나라 사신은 뗏목 타고 떠났고　波濤漢使乘槎去

비바람 속 진시황은 돌을 채찍질해서 온다　風雨秦皇策石來

만 번 죽다 남은 혼백 이제야 겨우 진정되니　萬死殘魂今始定

이번 여행 나에게도 기이하여라　茲遊於我亦奇哉

_「처음 강릉에 도착하다初到江陵」,『성소부부고』권2

시의 제목에서 볼 수 있듯이, 강릉에 처음 도착해서 지은 작품이다. 내용을 보면 아내와 아이를 잃고 남쪽으로 향하던 허균은 아마 동해에서 배를 타고 강릉으로 내려온 모양이다. 그는 강릉에서 피란생활을 하는 동안 많은 시문을 지었으며, 그 시문들을 모아『감호집鑑湖集』과『금문잡고金門雜稿』를 펴낸 것으로 전한다. 그러나 친구들이 돌려보던 중에『감호집』은 잃어버렸고『금문잡고』는 훼손되었다. 이 가운데 암송할 수 있는 것들을 기억해내 훗날 다시 펴낸 작품집이 바로『교산억기시蛟山臆記詩』로, 그 서문에 이러한 사정이 간략히 소개되어 있다. 아마도 생전 처음 바닷길 여행을 경험해보았을 허균에게는 참으로 기이한 피란길이었을 것이다. 배는 땅 위에서 말을 달리는 것보다 훨씬 빨리 나아갔으니, 배에 오른 뒤 허균의 마음은 서서히 안정되었을 것이다. 그리고 9일간의 피란길을 돌아본 그는 웅장한 바다를 바라보면서 화주와 영벽 같은 보배를 품은 용과 학이 노니는 듯한 '기이한 여행'으로 기록하고 있다.

이 시에 등장하는 '한나라 사신'은 흉노족을 정벌하기 위해 북쪽 지방으로 갔다가 포로가 된 소무蘇武를 지칭한다. 흉노족의 왕인 선우單于가 그의 꼿꼿함을 아껴서 자신의 부하로 삼으려 회유했지만 끝내 그의 마음을 돌릴 수 없었다. 차디찬 북해北海(바이칼 호수라는 설이 있다) 근처로 유배된 소무는 19년 만에 고향에 돌아왔다고 한다. 그는 죽어서 뗏목을 타고 은하수를 건너가 신선이 되었다는 전설이 있다. 진시황이 돌을 채찍질한다는 구절은 해가 돋는 곳을 보고 싶어 바다에 돌다리를 놓으라고 명령하자 한 신인神人이 채찍질을 하여 바위와 돌을 바다로 몰았다는 전설 내용이다.

소무와 진시황의 고사故事를 인용한 데서 허균이 바다를 도선적道仙的으로 바라보았음을 엿볼 수 있다. 아마도 사랑하는 처자식을 잃은 그는 실존적인 고민과 마주했을 것이다. 삶과 죽음이란 무엇일까, 왜 아무런 잘못도 없는 사람이 비극적인 죽음을 맞아야 하는가 등의 질문 끝에 도선 사상에 가 닿았을 것이다. 신선이란 무엇인가. 영원한 생명을 누리며 사는 존재다. 그런 관점에서 보자면 소무나 진시황은 신선이 되었거나 되기 위해 부단히 노력한 존재다. 드넓은 동해를 바라보며 허균의 상념은 신선 세계를 향해 끝없이 뻗어나갔으리라. 상념에서 깨어나보니 자신은 숱한 죽음의 고비를 넘기고 겨우 몸뚱어리를 건진 처지다. 그러니 자신의 피란길에 대해 '기이하여라奇哉'라고 감탄 혹은 탄식한 것은 당연한 이치다.

방풍죽 한 그릇에 마음을 달래고
-

'교산蛟山'이라는 허균의 호는 강릉 사천 앞바다에 있는 바위인 교문암蛟門巖에서 가져온 것으로*, 그가 평생토록 이 호를 즐겨 쓴 것을 보면 사천 앞바다에서 큰 위안을 얻었던 것으로 짐작된다. 그는 텅 빈 가슴을 달래기 위해 강릉 주변을 돌아다녔다. 낙산사로부터 강릉에 이르기까지 그는 발길 닿는 대로 다니면서 풍광을 감상하고 시를 지었다. 그러던 시절에 만난 음식이 바로 방풍죽이다.

허균은 『도문대작』의 첫머리에 방풍죽을 기록하면서 다음과 같은 기록을 남겼다.

나의 외가는 강릉인데 그곳에는 방풍이 많이 난다. 2월이면 강릉 사람들은 이슬을 맞으며 새벽같이 나가 막 돋아난 방풍 싹을 뜯어 햇

---

* 그가 임진왜란 시기 피란을 하면서 묵었던 강릉 사천沙川 애일당愛日堂 뒷산인 교산蛟山에서 유래했다는 설도 있다.

볕에 노출되지 않도록 한다. 곱게 찧은 쌀로 죽을 끓이는데, 반쯤 익었을 때 방풍 싹을 넣는다. 다 끓기를 기다려서 차가운 사기그릇에 옮겨 담아 반쯤 식었을 때 이것을 먹는다. 달콤한 향기가 입에 가득하여 사흘이 지나도 가시지 않는다. 세상에서 만날 수 있는 최고의 음식이다.*

낯선 귀양지에서 과거에 자신이 맛있게 먹었던 음식들을 기록하기로 마음먹은 허균이 가장 먼저 떠올린 음식이 바로 방풍죽이다. 그에게는 그만큼 최고의 음식이었던 모양이다. 곱게 찧은 쌀로 죽을 끓이다가 새벽이슬 맞으며 따온 방풍 싹을 넣어 끓여낸 죽 한 그릇에서 상처받은 마음을 위로받았을 터이니, 얼마나 맛있었겠는가.

홍만선洪萬選(1643~1715)의 『산림경제山林經濟』(권2)에도 허균이 소개한 방풍죽 끓이는 방법이 그대로 수록되어 있다. 여린 방풍나물을 구할 수만 있으면 어디서나 쉽게 끓여먹을 수 있는 이 방풍죽은 조선에서만 즐기던 음식은 아니었다. 당나라의 풍지馮贄(904년 전후 활동)가 쓴 『운선잡기雲仙雜記』에 따르면, 당시의 대시인인 백낙천白樂天이 한림원에 근무하던 시절 방풍을 뜯어 넣어 끓인 방풍죽 한 그릇을 하사받았는데 향기로운 방풍향이 7일 동안 남아 있었다고

---

* 余外家江陵, 土多産防風. 二月, 土人乘曉摘其初芽, 令不見日. 精春稻米, 煮爲粥, 半熟投之. 候其沸, 移盛于冷瓷碗, 半溫而食之, 甘香滿口, 三日不衰, 眞俗間上品醍醐也.(허균, 『도문대작』)

한다.

　방풍은 동해안뿐만 아니라 전국 어디든 해안가 주변에서 바닷바람을 맞으며 자라는 식물로, 중풍이나 통풍을 치료하는 약재로도 쓰인다. 『산림경제』에는 송나라의 『증류본초證類本草』 내용을 인용해 방풍을 약재 종류로 소개했다. 2월과 10월에 방풍 뿌리를 캐서 볕에 말린 뒤 줄기와 뿌리가 맞닿는 차두叉頭 부분, 뿌리 부분이 서로 엇갈려 겹쳐진 차미叉尾 부분을 잘라내야 한다고 했다. 차두 부분은 사람을 미치게 하고 차미 부분은 고질을 발생하게 하는 성질을 가지고 있기 때문이다. 어떻든 방풍은 약재로든 음식으로든 이 땅의 백성에게 널리 사랑을 받았다.

곤고한 삶을 위로하는 영혼의 음식

-

　방풍죽의 향과 맛은 오랫동안 허균의 마음속에 남아 있었다. 원하면 언제든 먹을 수 있었겠지만 그는 방풍죽을 찾지 않았다. 어쩌면 피란길에 잃은 아내와 갓난아기를 떠올리게 하는 음식이어서일지도 모른다. 시정이야 알 수 없으나 허균은 그 맛과 향을 그저 가슴속 깊은 곳에 넣어두고 이따금 마음으로 먹어보곤 한 모양이다. 그가 다시금 방풍죽을 맛보고자 한 것은 황해도 수안군수遂安郡守로 부임한 1604년 가을 9월 4일이었다. 그는 문득 방풍죽이 먹고 싶어서 즉시 죽을 끓여오라고 했는데, 12년 전 강릉에서 먹었던 그 맛이 아니었다. 토양이 달라서인지 조리법의 차이인지, 지금으로서는 알 수 없다. 사실 강릉이든 요산이든 방풍의 향긋함이야 얼마나 달랐겠는가. 어쩌면 강릉에서 피란 생활을 하던 그의 텅 빈 가슴을 달래준 그 맛이 세월의 흐름과 함께 사라진 것은 아닐까. 허균은 『도문대작』에서 방풍죽의 조리법을 소개한 다음에 이런 글을 덧붙였다. "나는 훗날 요산遼山(황해도 수안군을 말함)에 있을 때 시험 삼아 방풍죽을 만들어보았으나, 강릉 시절 먹었던 죽과는 너무도 차이가 나서 도저히 미치지 못했다."*

　　요산군수로 부임하기 전, 허균은 성균관전적成均館典籍으로 2개월 남짓 근무했고, 그 이전에는 강릉에서 지내고 있었다. 호서장서각湖墅藏書閣이라는 이름으로 강릉 유생들을 위한 도서관을 지은 것이 바로 이 시기다. 장담할 수는 없지만, 이 시기에 그는 간혹 방풍죽을 끓여먹었을 것이다.

　　요즘이야 사시사철 방풍을 구할 수 있지만 2000년대 초반까지만 해도 방풍은 널리 알려진 나물이 아니었다. 강릉 동해 인근에서 자란 나에게도 방풍은 낯선 식물이었다. 언젠가 허균의 글을 읽다가 이 식물이 궁금해서 어머니에게 여쭤보았는데, 어머니는 웃으면서 "바닷가에 가면 발에 채이는 게 방풍이지"라고 하셨다. 내가 그것을 따다 죽이나 반찬을 해먹느냐고 다시 여쭙자 어머니는 고개

---

* 余後在遼山, 試作之, 不及江弸遠甚.(『도문대작』)

를 갸웃거리셨다. 그만큼 방풍은 바닷가에 흔히 볼 수 있는 풀이긴 하지만 음식으로 먹는 경우는 별로 없었던 모양이다.

어쩌면 방풍은 먹을 것이 늘 부족했던 민초들에게나 고마운 풀이었지, 먹고 살만한 이들에게는 제대로 음식 대접을 받지 못한 게 아닐까 싶다. 허균도 피란 시절에 방풍죽을 맛보았다고 했으니, 넉넉지 못한 형편이었으리라. 그가 강릉에 도착했을 때의 상황이 자세히 담겨 있는 「애일당기愛日堂記」를 보면 애일당(외갓집)이 거의 폐허처럼 변했다고 적혀 있다. 그런 애일당을 깨끗이 치우고 우거寓居하게 되었으니 허균의 생활이 변변했을 리 만무하다. 주변의 일족에게 도움을 받기야 했겠지만 전란으로 모두 곤궁하게 살던 시절이었다. 사랑하는 아내와 갓난아기를 잃고 겨우 강릉으로 피신한 허균은 허망하기 이를 데 없었을 테고, 먹을 게 부족한 상황에서 우연히 맛본 방풍죽의 풍미는 분명 그의 마음을 따뜻하게 어루만져 주었을 것이다. 방풍의 향긋함이 사흘이나 입안에 맴돌았다는 표현은 오랫동안 마음 깊이 간직한 기억에 상응하는 것이다.

세월이 흐르고 상황이 변하면 같은 음식이라도 맛이 달라지는 게 인지상정이다. 허균도 처지가 달라져 방풍죽의 맛이 다르다고 느꼈을지도 모른다. 그런데 흥미롭게도 방풍죽에 관한 글을 쓰던 그때 그는 다시 힘든 시절을 맞이했다. 1592년 피란 시절에 맛본 방풍죽은 향기로웠으나 1604년 요산군수로 있을 때는 강릉 시절과는 딴판으로 맛이 없었다. 몇 년 지나서 『도문대작』을 쓰는

1. 피란의 아픔을 치유해준 아름다운 죽 한 그릇, 방풍죽

1610~1611년 무렵 그는 다시 고달픈 처지가 되었다. 추운 겨울 도
착한 귀양지에는 먹을 것이 너무 없어서 그의 말마따나 "쌀겨마저
도 부족하여 밥상에 오르는 것은 상한 생선이나 감자·들미나리 등
이었고 그것도 끼니마다 먹지 못하여 굶주린 배로 밤을 지새울 때"
가 아니던가. 삶의 밑바닥으로 전락한 처지가 되었을 때 마음속 허
기를 달래기 위해 떠올린 음식은 다름 아닌 방풍죽이었다. 그에게
방풍죽은 영혼을 달래는 일종의 소울푸드였다.

2. 다식茶食, 찻자리의 귀한 벗

어린 시절, 봄이면 할머니를 따라 산에 가서 송화를 따곤 했다. 한껏 피워낸 봄꽃을 떨군 즈음이라 제법 녹음이 짙어가는 무렵이었다. 할머니가 노랗게 물든 소나무꽃을 꺾으러 다니시는 동안 사실 우리는 이리저리 산을 싸돌아다니면서 장난치기에 바빴다. 인적 드문 봄날의 고요한 산중턱에 바람이 불면 황홀한 풍경을 구경할 수 있었다. 봄 하늘 저쪽으로 바람이 우르르 몰려가면 건너편 산자락의 자작나무들이 화답하듯 일제히 하얀 잎을 뒤집으며 반짝이고, 노란 송홧가루 물결이 바람을 타고 흘러가는 광경이 펼쳐지곤 했다. 지금노 눈을 감으면 선명하게 떠오르는 늦봄의 정경이다.

봄날 송화 따러 다니던 시절
-

할머니는 며칠간 산을 다니며 채취한 송화에서 송홧가루를 걷어

내 모았다. 어린 나는 그것으로 무엇을 만드는지 관심이 없었다. 다른 아이들과 마찬가지로 그저 할머니를 따라 산을 쏘다니는 게 즐거웠을 뿐, 송홧가루를 얻기까지 꽤 번거로운 과정을 거쳐야 한다는 사실은 알지 못했다. 지금이야 송홧가루로 술을 빚거나 강정을 만든다는 걸 알고 있지만 당시 내가 살던 시골에서는 다식을 만들어 먹는 게 고작이었던 것 같다. 내 기억 속에 송홧가루 캐온 것을 장에 내다 팔았던 장면이 없는 걸 보면 말이다. 이따금 맛보기로 차려내는 송화 다식을 만들기 위해 그렇게 여러 공정을 마다하지 않았다니, 그때를 생각하면 가슴이 울컥하곤 한다.

　예전에 다식茶食은 매우 귀한 먹을거리였다. 이것은 배를 채우기 위해 먹는 음식이 아닌 간식거리였다. 송홧가루는 봄에 소나무 꽃이 노랗게 필 때 꽃대를 꺾어서 말린 다음 꽃가루를 모은 것이다. 가루 모으는 과정이 힘들어서 때로는 꽃대를 물속에 담가서 꽃가루를 물밑에 가라앉힌 다음 추출한 것을 말려내는 방법을 사용하기도 한다. 이렇게 해서 얻은 가루는 향이 덜하긴 하지만 많은 양을 편리하게 얻는 효과적인 방법이다. 송홧가루를 꿀에 타서 따끈하게 마시면 향긋한 송화차松花茶가 되고, 꿀에 개어 다식판에 넣어 꾹꾹 눌러내면 송화다식이 된다. 해마다 봄이 되면 집 뒤꼍 처마에 걸려 있던 다식판을 꺼내어 약간의 송화다식을 만들었을 것이다.

귀한 다식을 보내는 정성

-

허균에게도 다식은 맛있는 간식이었을 것이다. 『도문대작』에는 두 종류의 다식이 기록되어 있는데, 그냥 다식이라고 표기한 것과 율다식栗茶食(밤다식)이라고 표기한 것이다. 두 종류가 앞뒤로 나란히 기재되어 있는데, 내용은 다음과 같다.

> 다식茶食. 안동安東 사람들이 만든 것이 맛이 매우 좋다.*
>
> 율다식栗茶食. 밀양密陽과 상주尙州 사람들만이 잘 만들 수 있다. 다른 고을에서 만드는 것은 번번이 매워서 먹을 수가 없다.**

율다식은 우선 밤을 찌거나 얇게 잘라 말렸다가 빻은 다음 체에 쳐서 곱게 가루 낸 것에 꿀을 섞어 만든 것이다. 황률다식黃栗茶食 혹은 밤다식이라고도 한다. 『신증동국여지승람』에는 밀양과 상주의 특산물이 모두 밤으로 기재되어 있는 것으로 보아, 조선 전기에 두 지역은 밤 생산지로 유명했던 것 같다. 더욱이 좋은 밤과 좋은 꿀이 생산되는 지역에서 만든 율다식이 맛도 좋을 터, 허균에게는 밀양과 상주에서 만든 율다식이 가장 인상적이었던 것이다. 다만 풀리지 않는 의문은, 다른 고을에서는 다식을 어떻게 만들었기에 매운

---

* 茶食. 安東人造之, 味甚好.(『도문대작』)
** 栗茶食. 唯密陽尙州人能造之, 他邑造之, 則輒辛不可食.(『도문대작』)

맛이 난다고 평했을까 하는 점이다. 당시에는 꿀을 구하기 어려워서 단맛 재료를 다른 것으로 사용하면서 매운맛이 섞이게 되었을까 추정해볼 뿐이다.

내가 살던 강릉의 시골 마을에서는 1970년대 어름까지만 해도 다식이라 하면 보통 송화다식으로 인식되었다. 조선 후기의 기록에도 다식 종류에 송화다식이 빠지지 않는 걸 보면 송화다식이 많이 만들어진 것은 분명해 보인다. 그러나 놀랍게도 다식의 종류가 엄청 많아서 허균이 '다식'이라는 항목에 "안동 사람들이 잘 만들었다"고 한 내용만으로는 어떤 재료를 사용했는지 짐작할 수가 없다. 다만 15세기 중반에 편찬된 전순의全循義(생몰연대 미상)의 『산가요록山家要錄』에 '안동다식법安東茶食法'이라는 항목이 있고, 밀가루를 이용한 다식 만드는 방법이 적혀 있다. 이를 근거로 삼으면 허균이 말하는 다식은 '백다식'을 의미하는 것으로 추정해볼 수 있다. 백다식이란 밀가루를 이용하여 흰색을 띠게 만드는 것으로, 홍금이 박사의 연구에 따르면 17세기 왕실 기록에 백다식白茶食이 제사상에 진설되었다.*

실제로 현재 전해지는 문헌에서는 궁실이나 관청에서 다식을 애용한 것으로 나타난다. 다식은 왕실 의례에 빠지지 않았고 일반 관청에서도 공식적인 연회가 열릴 때 항상 올려졌다. 일반 사가私家에

---

* 홍금이, 「다식 발달 과정 연구: 문헌 중심으로」(성신여대 대학원 식품영양학과 박사논문, 2010), 24~28쪽 참조.

서도 집안 행사가 있을 때는 다식을 만들었겠으나 평소에 자주 먹는 종류는 아니었던 듯하다. 만들 때 손품이 많이 든다는 것도 하나의 이유겠지만 입에 풀칠하기에도 바쁜 서민으로서는 재료를 구하는 것 자체가 큰일이었다. 그러니 큰맘 먹고 다식을 만드는 경우에는 겸사로 가까운 분들에게 선물하곤 했다.

퇴계와 율곡이 활동하던 16세기는 조선 성리학의 황금기라 해도 과언이 아니다. 율곡栗谷 이이李珥(1536~1584)는 당시 최고의 성리학자였던 우계牛溪 성혼成渾(1535~1598), 구봉龜峯 송익필宋翼弼(1534~1599)과 평생의 벗으로 지냈다. 1576년 10월, 성혼이 송익필에게 보내는 편지를 보면 안부와 학문을 묻는 글과 함께 토사자兔絲子(새삼씨) 3되를 보낸다는 내용이 담겨 있다. 이는 앞서 송익필이 성혼에게 송화 다식과 송황가루를 보내준 것에 대한 답례였다. 그는 송황가루를 모으기가 어렵고 오래 걸린다는 『본초本草』의 문장을 인용하면서, 이것을 약으로 복용할 예정이라는 말을 덧붙이고 있다. 이렇게 일반 사가에서는 다식을 귀한 선물로 주고받았다.

동북아시아 전역에서 즐기던 다식

-

조선 후기에 이르면 사대부들의 다식에 대한 관심이 기록으로 정리되기 시작한다. 성호星湖 이익李瀷(1681~1763)은 『성호사설』(권6)에서 우리의 다식은 중국의 병차餅茶(떡차)에 기원을 두고 있다고 했다. 중국에서 둥근 모양으로 떡차를 만들어 먹는 문화가 이 땅에 전해진 후 재료와 문양이 다양해져 지금의 다식이 되었다는 것이다. 이 견해에는 동의하기 어려운 구석이 있다. 홍금이 박사의 연구에 따르면, 이익이 말하는 병차는 지금의 말차抹茶로 이어지는 것으로 다식과 종류가 다르다. 다식은 차 종류가 아니라 고려시대부터 만들어진 음식이라는 것이다.*

이익 이후의 세대인 영재泠齋 유득공柳得恭(1749~?)은 자신의『고운당필기古芸堂筆記』에서 "우리나라 토속 먹거리로 다식茶食이 있는데, 송화松花, 밤가루[栗粉], 검은깨 등 여러 재료에 벌꿀을 섞어 만든다. 꽃잎 모양으로 만들어 소반에 쌓아 올리면 볼 만하다"고 언급하고 있다. 특히 금나라를 건국한 아골타阿骨打가 다식을 매우 좋아했기 때문에 북방 민족은 다식을 귀하게 여겨왔다고도 했다. 다산茶山 정약용丁若鏞(1762~1836) 역시 자신의 저서『아언각비雅言覺非』에서 다식을 '인단印團'이라 표기하면서 밤이나 깨, 송홧가루 등을 밀과 섞어서 떡처럼 반죽을 한 뒤 여러 문양의 다식판에 넣어 찍어낸다고 설명했다. 덧붙여 이것을 만드는 방식이 차를 만드는 데서 비롯되었기 때문에 민간에서는 다식이라 부른다고 했다.

다식에 관한 기록을 살펴보니, 다식은 이미 고려시대부터 한반도 지역에서 널리 즐기던 음식이었고, 한반도를 포함한 동북 지역

---

* 홍금이, 위의 논문, 17~18쪽 참조.

에서 특별한 자리에서 즐기는 음식이라는 공통점을 발견할 수 있다. 그런 만큼 다식은 우리 민족의 음식사에서 중요한 자리를 차지한다고 볼 수 있다.

나의 경우, 다식을 따로 간식처럼 먹지는 않는다. 다만 좋은 사람들과 차를 나누는 자리가 있으면 다식을 곁들일 뿐이다. 다식이라는 이름 자체가 차와 함께 즐기는 음식이라는 뜻 아니겠는가. 정신을 일깨워주는 차향茶香, 아름다운 이야기가 있는 자리에서 맛보는 다식은 자리의 품격을 한층 높여준다. 그 작은 다식 조각 속에 만든 사람의 정성과 시간이 녹아 있다는 생각을 하면 얼마나 고맙고 맛있는 음식인가.

3. 혹독한 귀양지에서 상상하는 엿의 단맛

북풍이 불고 눈이 처마 밑까지 쌓이면 천지는 온통 하얀빛으로 가득하다. 집과 집 사이에 다닐 수 있는 길만 겨우 냈을 뿐 허리춤까지 쌓인 눈이 삼라만상을 뒤덮었다. 눈더미 아래쪽은 겨울이 다 가도록 녹을 일이 없다. 겨울 하늘이 뿌려주는 한줌 햇볕에 눈이 녹을라치면 다시 눈이 쏟아지니 밑에 깔린 눈은 햇볕 구경할 새가 없는 것이다. 이렇게 추운 겨울에 맞이하는 명절이 바로 설이다.

설은 가난한 마을에도 비교적 풍성한 느낌을 주는 명절이다. 이 날을 위해 아껴두었던 곡식을 꺼내 떡을 빚고 마당 한쪽 양지바른 곳에서는 떡메 치는 소리가 떠들썩하다. 이렇게 설맞이 준비를 하는 중에도 날을 잡아 엿을 곤다. 엿을 고려면 불을 오래 지펴야 해서 땔감은 아낌 없이 아궁이로 들어가고 방구들은 절절 끓는다. 이 날은 아이들에게 즐거운 명절의 시작이지만 어른들에게는 매우 고된 날이다. 가마솥에 엿을 졸일 때 바닥에 눌어붙지 않게 하기 위해 커다란 주걱 같은 도구로 쉬지 않고 저어줘야 하기 때문이다. 조청과 엿은 이렇게 고된 노동으로 만들어진다.

엿은 어떤 곡식으로든 만들 수 있지만 쌀로 만드는 것이 가장 일반적이었다. 형편이 어려우면 옥수수를 쓰기도 했지만, 아무래도 추석과 함께 일 년 중 가장 흥성스러운 설 명절이니 음식을 푸짐하게 장만하고 싶었을 것이다. 곡식에 엿기름을 넣은 뒤 당화시켜서 오랫동안 솥에서 졸이면 엿이 된다. 졸여서 물처럼 흘러내리는 것을 조청이라 하고, 그것을 좀더 졸여서 굳히면 딱딱한 엿이 된다. 엿을 고는 과정에서 지역의 특산물이 들어간다. 호박이 들어가면 호박엿이 되고 옥수수가 들어가면 옥수수엿이 된다. 지역에 따라 보리엿, 무엿, 꿩엿, 잣엿 등 다양한 재료들이 들어가면서 엿의 풍미가 다양해진다.

어릴 때 마을에 엿장수가 나타나면 사람들은 돈 대신 빈병이나 고물을 내주고 엿을 사먹었다. 고물의 값어치가 정량화되지 못한 탓에 엿을 얼마나 받을 수 있느냐는 그야말로 '엿장수 마음대로'였다. 오늘날에는 입시철에 엿이 가장 많이 소비되고 있다. 1970년대부터 지금에 이르기까지 쩍쩍 달라붙는 엿의 성질에 착안해서 합격 기원의 의미로 엿을 선물하거나 시험장 입구에 엿을 붙이곤 한다. 그런 한편 무슨 이유에서인지 엿이라는 표현은 넓은 사회적 스펙트럼이 갖고 있다. 좋은 뜻으로 쓰이는 경우도 있지만 상대를 공격하는 의미로 쓰이기도 한다.

조선 후기 풍속도에도 엿장수가 등장하고, 서당 훈장 선생님이 엿(아마도 조청일 법한 엿)을 학동들 몰래 숨겨놓고 먹다가 들키는 설화가 널리 알려져 있으며, 『산림경제』 등에 엿을 고는 방법이 자세하게 기록된 것을 감안할 때 엿은 우리 생활 문화 속에 깊이 자리하고 있는 음식이라 하겠다.

게다가 고려시대 문헌에 엿에 관한 기록이 등장하기 때문에 그 유래가 오래되었을 것이다. 요즘이야 지역마다 특산엿이 개발되어 있지만 예전에는 몇 군데 유명한 지역이 있었다. 『도문대작』에 소개된 지역은 다음과 같다. "엿[飴]. 개성開城의 것이 상품이고 전주全州 것이 그다음이다. 근래에는 한양의 송침교松針橋 부근에서도 제조된다."* 허균은 맛있는 엿을 만드는 지역으로 개성과 전주를 꼽았다. 그러나 『신증동국여지승람』과 같은 지리지에는 개성의 특산물로 기록되어 있는 반면 전주의 토산물에는 보이지 않다. 세종 때 전주의 백산엿[白饊飴糖]을 특산물에 포함해야 한다는 논의가 있었으나 지리지에 기록되지 않은 것을 보면 이후에 조치가 이루어지지 않은 듯하다. 아마도 허균은 자신의 경험을 토대로 전주 엿을 언급한 것으로 보인다. 그의 기억 속 전주는 맛 좋은 엿을 생산하는 곳이었다.

허균은 개성과 전주 외에 한양을 추가했다. 물론 지리지에도 엿이 한양의 토산물로 소개되어 있으니 예로부터 한양의 엿은 특산

---

* 飴. 開城府爲上品, 全州次之. 近來京中松針橋亦能造.(『도문대작』)

물로 대접받아온 모양이다. 그런데 허균은 '송침교'라는 구체적인 장소를 지적했다. 그 명칭으로 보아 다리가 있는 마을인 것은 알겠으나 참조할 만한 다른 기록이 거의 없어 허균이 왜 송침교에서 만든 엿을 콕 짚었는지는 알 수 없다. 다행히 이파李坡(1434~1486)의 『청파극담靑坡劇談』에 송침교가 등장한다. 신숙주申叔舟(1417~1475)가 이파에게 들려준 이야기에 따르면, 자신의 새 집이 송침교 근처에 있었는데 샘물을 파다가 땅 속 바위에서 나무가 타고 남은 재와 잣나무가 발견되었다. 확인해보니 숱한 세월에 걸쳐 언덕이 바뀌고 골짜기도 변하면서 그 안에 자라던 잣나무가 쓰러져 땅에 묻히고 그것이 바위가 되었다는 것이다. 여기서 신숙주의 새 집이 있었다는 송침교가 어디쯤인지는 알 수가 없었는데, 다행히 유희춘柳希春(1513~1577)의 『미암일기眉巖日記』 1568년 1월 23일자 기록에 송침교의 위치를 추정할 만한 내용이 있다. 그날의 기록에는 유희춘이 궁궐 안으로 들어가는 과정이 담겨 있는데, 한강에 도착하여 남대문으로 들어선 뒤 태평관太平館, 모전毛廛, 사헌부를 경유하여 송침교를 지나 영추문迎秋門으로 들어섰다고 했다. 영추문은 경복궁의 서문西門이므로 송침교는 사헌부와 영추문 사이에 있던 다리를 말한다. 「대동여지도」를 살펴보니, 광화문을 오른쪽으로 두고 인왕산을 향해 올라가는 곳에 송첨교松簷橋라는 다리가 표시되어 있다. 이곳이 바로 송침교였다. 『신증동국여지승람』에도 사헌부 서쪽에 송첨교가 있다고 쓰여 있고, 『여지비고輿地備考』에도 사헌부 서쪽에 있는

서부의 적선방積善坊(지금의 적선동)에 있다고 기록했다. 조선 후기에는 송침다리라 불리던 이 다리가 바로 허균이 맛있는 엿을 만든다고 한 곳이다.

송침교는 송첨교라고도 불리지만 종침교라고도 불렸다. 이 별칭은 조선 전기의 문신 가운데 허종許琮(1434~1494), 허침許琛(1444~1505) 형제와 관련이 있다. 연산군 때 생모인 윤씨의 폐비 문제를 논의하기 위해 어전회의가 열렸는데, 두 형제는 궁으로 가는 길에 이 다리에서 낙마하여 다쳤다는 핑계를 대고 회의에 불참했다. 그 덕분에 훗날 연산군이 이 사건에 연루된 자들을 처벌할 때 두 형제가 화를 면할 수 있었고, 그 후로 이 다리에 형제의 이름을 붙여 종침교라 했다는 설이다. 이 다리 옆에 종침다릿골이라는 마을이 있어서 그 위치를 뚜렷이 알 수 있는데, 1925년 백운동천을 복개하는 과정에서 종침교는 사라졌다고 한다. 『서울지명사전』(서울역사편찬원, 2009)에 기록된 내용이다. 그 밖에 종교宗橋라고도 불렸다. 이렇듯 다양한 이름이 존재하는 것은 민간에서 비슷한 발음으로 불렸을 뿐 정확한 기원이 알려지지 않았다는 뜻이다.

개성과 전주의 엿은 아마도 허균이 맛본 것 중에 최고의 품질이었을 것이다. 반면 송침교 인근에서 생산된 엿을 특별히 『도문대작』에 포함한 까닭을 짐작해보자면, 그가 중앙 부처에 근무할 때 자주 접했기 때문이 아닐까 싶다. 송침교 아래를 흐르는 물길(지금은 홍제천이라고 부른다)을 거슬러 올라가면 세검정을 지나 수성동 계곡으로 향한다. 이곳은 궁궐과 가깝고 워낙 풍광이 뛰어나 부유한 양반가와 권문세가가 별장을 들이고 많은 시인묵객이 풍류를 즐기던 곳이며, 조선 후기 중인층 문화의 중심지이기도 했다. 또한 이 물길을 따라 두부집 등 많은 물을 필요로 하는 음식 제조소가 곳곳에 자리하고 있었다. 창의문 밖에서 만든 두부가 아주 맛있다고『도문대작』에서 말한 곳이 바로 이 주변이다. 그러니 엿을 고는 집도 홍제천 근처에 있었을 것이고, 허균은 어렵잖게 그곳에서 만든 엿을 맛볼 수 있었을 것이다.

꿀과 함께 달콤함의 대명사로 제시되는 엿은 조선 시대 사람들에게 귀한 간식거리였다. 입에 넣고 씹기도 하고 굴리기도 하면서 오랫동안 단맛을 즐길 수 있는 음식이다. 그렇다고 해서 소수의 양반가나 부호만 즐기는 간식은 아니고, 일반 민가에서도 일 년에 한두 차례 만들어 먹을 수 있었다. 함열에 내려와 외롭고 불편한 생활을 견뎌야 하는 귀양바치로서 한양에서 즐기던 엿이 얼마나 그리웠으랴. 게다가『도문대작』을 쓰던 계절이 겨울이었으니 허균은 부잣집에서 엿을 고는 풍경을 목격했을 수도 있다. 사소해 보이는 작은 음식 하나에도 나의 전 생애가 한꺼번에 떠오르는 법이다.

4. 여름철에 더 많이 즐기던 만두 이야기

사람은 누구나 자신이 좋아하는 맛이 있고, 식성은 취향의 문제이기 때문에 누군가 특이한 음식을 좋아한다고 해서 비난할 수 없다. 더욱이 그것은 어려서부터 형성된 본성과도 같은 것이어서 당사자도 어떤 음식을 왜 좋아하는지 설명할 수 없는 경우가 태반이다.

나는 어려서부터 만두를 좋아했다. 지금도 삼시세끼 만두만 먹고 살 수도 있을 것 같다. 물론 실제로 그렇게 한다면 물려서 못 먹겠지만 마음만큼은 그렇다는 것이다. 그만큼 좋아하다보니 만두에 심드렁한 사람을 보면 '세상에 만두를 싫어할 수 있다는 게 말이 돼?' 하는 의문이 일기도 했다.

요즘 만두 요리는 도시 곳곳에 있는 전문점에서 쉽게 먹을 수 있지만 수십 년 전만 해도 별식 취급을 받았다. 밥상에 만둣국이 오른다면 그날은 뭔가 특별한 행사가 있거나 명절일 가능성이 높았다. 그런 날이 아니라 해도 갑자기 먹고 싶다고 해서 준비할 수 있는 음식은 아니었다. 큰맘먹고 며칠 전부터 만두 빚을 준비를 해야 했다. 나 어릴 적에도 설날에나 만둣국을 접할 수 있었다. 그만큼 만둣국은 별식으로서의 지위를 톡톡히 누렸다. 어쩌다 만두 좋아하는 손주를 위해 할머니가 마음먹고 만두를 빚으시는 날이 있기는 했다. 그런 날은 하루 종일 기분이 좋았다.

한국과 중국의 만두는 차이가 크다. 우리나라에서 만두라고 하면 가루를 반죽해서 만든 얇은 피 안에 속재료를 넣고 오므린 다음 쪄먹거나 탕으로 끓여먹는 것을 통칭한다. 핵심은 '만두소'라는 속재료가 들어가는 것이다. 그러나 중국에서 만두(만터우)라 부르는 것은 소를 넣지 않고 발효된 밀가루를 쪄낸 것으로, 우리가 보기에는 빵과 다름 없는 모양이다. 중국인은 우리가 먹는 만두를 '교자餃子(자오쯔)'라 하고, 밀가루 피를 교자보다 좀더 두껍게 해서 쪄먹는 것을 '포자包子(바오쯔)'라 한다. 우리는 교자와 포자를 구분하지 않고 일단 피에 소를 넣어서 쪄낸 것 자체를 만두라 한다.

별식으로 취급되는 음식이어서인지, 다양한 만두 종류가 전승되고 있다. 그중에는 재료의 차이로 인해 각기 다른 이름을 지닌 것도 있지만, 만드는 방식으로 넓게 보면 모두 만두라 할 수 있다. 개성 또는 해방 전 서울에서 주로 먹었던 편수片水, 수라상에도 올랐다는 규아상, 유두절 무렵에 먹었다는 상화병霜花餅, 석류탕石榴湯, 숭채만두菘菜饅頭, 배추만두, 어만두魚饅頭, 동아만두 등이다. 또한 메밀만두, 진만두進饅頭, 보만두洑饅頭 등이 전해지고 있으며 개성만두, 평양만두, 진주만두처럼 지명을 붙여 특징을 드러내는 경우도 있다.

허균 시대에도 만두는 널리 즐기는 음식이었다. 『도문대작』을 보면 세 군데에서 만두에 관해 서술하고 있는데, 맥락을 살피면서 읽어보면 모두 흥미로운 기록이다. 우선 한양 지역에서는 만두를 절기 음식, 즉 절식節食으로 취급하고 있다. 봄에는 쑥떡이나 송편, 두견화전, 이화전 같은 음식을 먹고, 여름에는 장미전·수단水團·쌍화雙花와 함께 만두를 먹었다고 했다. 따라서 허균이 한양에서 경험한 만두는 여름에 먹는 절식이었다. 쌍화는 앞서 언급한 상화병(밀가루 반죽을 쪄서 익힌 것)을 일컫는데, 일반적인 만두 조리법과는 다른 것으로 인식하고 있었으나 넓게 보면 만두에 속하는 음식이니, 조선 중기 한양 사람들은 여름철에 만두 종류를 즐겨먹었다는 사실을 알 수 있다.

『도문대작』의 내용이 간략하다보니 만두를 어떻게 만들었는지는 알 길이 없다. 그러나 여름에 먹는다고 했으니, 유두절 무렵에 상화병과 함께 먹었다는 규아상의 조리 방식을 채택했을 가능성이 높다. 궁중음식 전문가인 황혜성 선생의 설명에 따르면 규아상은 절인 오이·소고기·표고 등의 소를 넣어 만두 형태로 빚고 담쟁이 잎을 깔아서 쪄낸 음식으로, 여름철에 자라는 오이를 주재료로 쓴다는 특징이 있다.

『도문대작』에서 허균은 꽃전복(화복花鰒)을 소개하면서 두 번째로 만두를 언급하고 있다. 먼저 "경상북도 바닷가 사람들은 전복을 따서 꽃모양으로 썰어서 상을 장식하는데 이것을 화복이라고 한다"고 설명하고 나서 "전복 중에서 큰 것은 얇게 썰어 만두를 만드는데 이 또한 맛있다"고 했다. 요즘도 전복만두는 흔한 종류가 아니지만, 옛날에는 정말 진귀한 음식이었을 것이다.

『도문대작』에서 만두가 언급된 마지막 대목은 '대만두大饅頭'를 소개하는 항목으로, 다음과 같이 적혀 있다. "대만두大饅頭. 의주義州 사람들은 중국 사람처럼 잘 만든다. 그 밖에는 모두 좋지 않다." 근대 이전 기록 가운데 큰 만두를 뜻하는 대만두라는 용어는 오직 『도문대작』에만 보인다. 그렇다면 대만두는 허균이 임의로 지어낸 것일 수도 있다. 그가 말하는 대만두란 무엇을 말하는 것일까? 중국 사람처럼 잘 만든다고 한 것을 보면 의주식 만두는 중국의 바오쯔처럼 큼직하게 빚었을 가능성이 높다. 내용이 워낙 짧아서 더 이상의 추적은 어렵지만, 동아시아에서 만두가 보편적으로 즐기던 음식이었던 것만큼은 분명하다. 다만 연구자들은 대만두를 보만두로 추정하고 있다. 일제강점기에 이용기李用基(1870~1933)가 출간한 요리책 『조선무쌍신식요리제법朝鮮無雙新式料理製法』에 보만두 만드는 방법이 소개되어 있다. 수십 개의 작은 만두를 빚은 뒤 물이 들어가지 않도록 큰 만두피로 감싸서 찌거나 삶는 방식이다. 작은 만두를 감싸는 만두피가 크다고 해서 큰만두 혹은 대만두라 불린다고 했다. 물론 이것이 허균이 말하는 대만두라고 확신할 순 없으니, 여전히 오리무중이다.

만두는 언제부터 만들어진 것일까? 어떤 것이든 그 기원을 찾는 일은 흥미로운 일이지만, 때로는 허망하거나 무의미하게 여겨질 때도 있다. 마찬가지로 만두의 기원설은 흥미롭기는 하지만 그 안의 지역이나 의미가 정확하다고 보기는 어렵고, 호기심 차원에서 주고받는 한담閒談 수준의 전설에 가깝다. 그중 가장 널리 알려진 기원설은 중국 삼국시대의 제갈량諸葛亮과 관련된 이야기다. 고대 중국, 중원 사람들이 남만南蠻(남쪽 오랑캐)이라 부르는 남쪽 지역에서는 제사를 지낼 때 사람을 희생시켜 그 머리를 바치는 풍속이 있었는데, 제갈량이 남만의 왕 맹획을 굴복시킨 뒤 제사를 지낼 때 이러한 풍속에 따르지 않고 사람 머리 모양의 음식을 바치도록 했다는 게 만두의 기원설화다. 우리의 문헌으로는 19세기 청나라 사신으로 다녀온 한필교韓弼敎(1807~1878)의 『수사록隨槎錄』(권6)에 처음 보인다. 그는 1839년 서장관 자격으로 청나라에 갔을 때 중국의 구성진歐聲振과 필담을 나누는 과정에서 만두에 관한 이야기를 주고 받았다.

사신으로 중국에 다녀온 조선의 지식인들은 자신이 체험한 다양한 문화를 기록으로 남겼는데, 만두 등의 음식에 관한 내용도 찾아볼 수 있다. 김창업金昌業(1658~1721)은 자신의 형 김창집金昌集(1648~1722)을 따라 청나라에 가서 보고 들은 흥미로운 일들을 연행일기에 기록했는데, 그중 유박아柔薄兒라는 음식을 먹으며 상화병을 떠올렸다는 대목이 있다. 유박아란 밀가루 반죽 안에 돼지고

기와 마늘을 다진 소를 넣고 기름에 튀겨낸 음식으로, 상화병과 비슷하면서도 식감이 강정처럼 바삭하다면서 중국에서 맛본 떡 종류 중 가장 맛있다고 평가했다. 이처럼 만두는 지역에 따라 다양한 조리 방법이 있어 여러 지역의 문화를 비교하는 데 좋은 소재가 되기도 했다.

중국과 우리의 만두는 명칭도 모양도 다르지만, 결정적으로 중국인에게는 일상음식이고 조선인에게는 별식이라는 큰 차이가 있다. 한반도 내에서도 지역과 재료에 따라 만두를 일컫는 명칭이 다르거나 먹는 시기도 달랐으며, 간혹 먹는 방법까지 다르기도 했다. 그러나 오랜 식생활의 전통으로 인해 지금도 우리는 설날에 떡국이나 만둣국을 먹으면서 새해를 맞이하고 있다. 반면 흥미롭게도 허균이 소개한 만두는 여름철에 즐기는 음식이며, 다른 옛 기록에도 만두를 겨울뿐만 아니라 여름에 즐기는 절식으로 이야기하고 있다. 어릴 적 겨울에만 만두를 먹었던 나에게는 만두의 재발견이나 다름없었다. 올여름에는 전국의 만두 맛집을 찾아가는 만두 순례를 해볼 작정이다.

5. 부드럽기 그지없던 장의문 밖 두부

1960~1970년대 강원도 동해안 지역에서 살았던 사람이라면 누구나 기억하겠지만, 내게는 인상적인 겨울철 행사가 있다. 새해가 가까워질 무렵 집집마다 엿을 고거나 두부를 만드는 행사가 그것이다. 이제는 김치를 직접 담그는 가구도 현저히 줄어든 마당이니, 집에서 엿과 두부를 만든다는 건 언감생심 엄두도 못 낼 일이다. 하지만 그 당시 시골에서는 대부분 엿과 두부를 직접 만들었다. 먹을 게 부족한 시골에서 적어도 며칠 동안은 입이 즐거워지는 시기이니 아이들에게는 무척 신나는 날이었다. 게다가 엿과 두부를 만들려면 오랫동안 불을 지펴야 하기 때문에 절절 끓는 방에서 따뜻함을 만끽할 수 있었다. 추운 겨울, 먹을 것 넘치고 방바닥 따뜻한 것만큼 좋은 게 있을까.

놀랍고 신기한 두부의 발명

–

어느 날 커다란 대야에 수북이 콩을 담아 물에 불리는 걸 보면 아이들은 두부 만들기가 시작되었음을 바로 알아차린다. 우리는 큰 물통을 리어카에 싣고 바닷가로 가서 물통 가득 바닷물을 담아오고, 어머니는 불린 콩을 맷돌에 조금씩 넣어 갈아낸다. 아궁이에 불이 지펴지면 큰 가마솥에 콩물을 넣어 끓이다가 적절한 타이밍에 우리가 떠온 바닷물을 넣는다. 이것을 간수라고 한다. 그러면 김이 자욱히 피어오르는 사이로 하얀 두부가 몽글몽글 엉기기 시작한다. 그걸 바라보는 우리 마음도 몽글거렸다. 처음 만들어진 몽글몽글한 두부를 큰 대접에 덜어 후후 식히면서 먹는 그 맛은 그야말로 천상의 맛이다. 이 두부를 우리 동네에서는 초두부라 했다. 순두부가 만들어지기 직전의 단계라 하겠다.

지금도 두부는 내게 사랑해 마지않는 음식이다. 두부를 먹을 때마다 누가 맨 처음 이것을 만들었을까 궁금해지곤 한다. 콩물을 끓일 때 소금물 간수를 쓰면 콩물이 엉긴다는 걸 어떻게 알아냈을까. 또 그걸 단단하게 뭉쳐서 두부로 만들 생각을 어떻게 했으며, 다양한 두부 요리는 언제 어떻게 시작되었을까. 물론 한나라 때 회남왕淮南王 유안劉安(기원전 179~기원전 122)이 만들었다는 기록이 전해지고 있으며, 한국에서도 이 기록을 인용하여 유안이 두부의 창시자라고 소개하고 있다. 그러나 이것은 그야말로 전설일 뿐이다. 이와

마 가즈히로岩間一弘 교수는 허난성 미현密縣에서 발굴된 후한 시대 화상석畫像石에 그려진 그림이 두부의 원형을 보여주는 것이라 주장했다. 그리고 두부 제조법은 북방 유목 민족이 우유나 양유 제품을 제조하는 방식을 한족이 모방한 것이라는 설에 무게를 두고 있다.[*]

고려시대 이래 우리 문헌에도 두부가 많이 등장한다. 고려 후기의 문인 이색李穡(1328~1396)의 시에도 보이고, 조선시대 김시습이 어릴 때 두부 만드는 할머니를 보고 지은 시도 전한다. 또한 조선 전기의 관료이자 기인이었던 홍일동洪逸童(? ~1464)은 진관사眞觀寺에서 노닐 때 떡 한 그릇, 국수 세 그릇, 두부국수 아홉 그릇을 한꺼번에 먹어치웠다는 기록도 있다.[**] 그만큼 두부는 민간에서 흔히 접할 수 있는 음식이었다.

이색과 비슷한 시기의 인물 권근權近(1352~1409)은 두부가 만들어지는 과정을 시에 담았다.

맷돌에 콩을 갈자 눈과 같은 하얀 물 흐르니 碾破黃雲雪水流

끓어오르는 솥 때문에 불을 막 거두어들인다 揚湯沸鼎火初收

윤기 나는 엉긴 기름 동이를 열어놓으니 凝脂濯濯開盆面

어지러이 잘라놓은 듯한 옥이 상머리에 가득하네 截玉紛紛滿案頭

---

[*] 이와마 가즈히로岩間一弘, 최연희 등 공역, 『중국 요리의 세계사』, 따비, 2023.
[**] 逸童嘗遊眞觀寺, 食餅一器麪三椀飯三鉢豆腐麪九椀.(徐居正, 『筆苑雜記』 卷1)

다행스러워라, 아침저녁으로 두부 늘 있나니 自幸饔飧猶不廢

고기 음식 번거로이 구할 필요 없어라 何須蒭豢更煩求

병 끝에 평소 생활이야 오직 자고 먹는 것 病餘日用唯眠食

한 번 배부르니 세상만사 그만이로다 一飽眞堪萬事休*

두부에 대한 사랑을 이만큼 명확하고 아름답게 묘사한 작품도 드물 것이다. 맷돌에 콩을 갈면 하얀 콩물이 흐른다. 그것을 솥에 넣어 끓이고 간수를 넣으면 몽실몽실한 두부가 만들어진다. 그것이 동이에 담겨 밥상에 오른 모습을 보니 권근은 흐뭇하기 그지없다. 또한 권근은 두부가 있으니 고기반찬을 구할 필요가 없다고 했는데, 요즘처럼 두부를 '밭에서 나는 고기'로 인식한 듯하다. 물론 '단백질'이라는 성분에 대해서는 몰랐겠지만 고기를 대체할 만한 영양가로 여겼음을 짐작할 수 있다. 병치레를 마친 뒤에는 위장에 부담을 주는 고기보다 담백하고 부드러운 두부가 낫다는 지혜도 엿보인다.

장의문 밖에서 맛났던 두부의 맛

-

우리나라의 경우 두부는 사찰에서 많이 만들어졌는데, 육식을

---

* 權近, 「豆腐」, 『陽村集』 卷10.

금하는 스님들에게 두부만 한 단백질 대체 식품이 없기 때문이다. 오죽하면 지금까지도 스님들 사이에서 두부를 일컬어 '절에서 먹는 소고기'라 하겠는가.

허균 같은 미식가에게도 두부는 빼놓을 수 없는 음식이다. 여러 지역의 두부를 맛보았을 허균은 『도문대작』에서 두부에 대해 이렇게 기록하고 있다. "장의문藏義門 밖 사람들이 잘 만든다. 부드럽고 매끄럽기가 이루 말할 수 없다."* 비록 짧은 내용이기는 하지만, 문장 이면에 담겨 있는 두부 사랑을 느낄 수 있다. 혹독한 겨울을 지내면서 제대로 갖춰먹지 못하는 유배지에서 떠올리는 두부의 부드러운 식감과 고소한 향미는 그의 상상력을 한껏 자극했을 것이다.

그런데 허균이 장의문 밖이라고 특정한 까닭은 무엇일까. 어떤 기록에서도 장의문 밖에서 두부를 만들었다는 내용은 찾아보기 어렵다. 게다가 장의문이라는 표현도 조선 초기에 잠시 쓰이던 명칭인지라 대략적인 위치만 추정할 수 있을 뿐이다. 장의문을 창의문彰義門의 다른 명칭으로 보는 사람이 많다. 경복궁 앞 광화문을 보면서 왼쪽으로 돌아들면 인왕산으로 올라가는 계곡과 만나는데, 그 입구에 해당하는 문이 창의문이다. 주변에 장의사藏義寺라는 절이 있었는데, 연산군이 이 절을 허물고 탕춘대라는 놀이터를 만들었다. 따라서 허균의 기억에 '부드럽고 매끄러운' 두부가 생산되는 장

---

* 藏義門外人善造, 軟滑不可名狀.(『도문대작』)

의문 밖이란 탕춘대로 널리 알려진 곳이다. 조선 후기의 문인 이규경이 쓴 『오주연문장전산고五洲衍文長箋散稿』(별집 권16)의 기록을 보면 인왕산 백운동이 장의문 안에 있다고 했다. 또한 도성 밖 놀기 좋은 곳으로 장의사 앞 시냇가를 꼽으면서, 절 앞으로 바위가 누정樓亭처럼 층층이 쌓여 있고 남쪽으로는 조선 전기 안평대군이 놀던 무이정사 터가 있고 아래쪽으로는 차일암遮日巖이 있다고 했다. 차일암은 현재 세검정이 자리하고 있는 시냇가 넓은 바위를 말한다.

조선시대 들어서는 사찰뿐만 아니라 왕릉과 같은 능원陵園에서 제사를 지낼 때도 두부를 제사상에 올렸다. 그러나 능원에서는 두부를 제조할 수 없었으므로 주변에 있는 절에 명을 내려 제조했다. 그런 절을 조포사造泡寺라고 하는데, 이때 '포泡'자가 바로 두부를 지칭한다. 예를 들면 강원도 영월에 있는 장릉莊陵의 조포사는 보덕사報德寺와 금몽암禁夢庵이고, 경기도 여주에 있는 영릉英陵의 조포사는 신륵사神勒寺다. 이런 방식으로 모든 능원은 주변의 가까운 절에서 노역과 두부를 바치도록 했다. 그런가 하면 향교에서도 두부를 만들었다는 기록이 있다. 정경운鄭景雲(1556~1610)의 일기인 『고대일록孤臺日錄』에는 한겨울인 1601년 11월 15일 향교에서 두부를 만들었으며 그곳에서 하룻밤을 묵었다는 기록이 있다. 아마도 향교에 모인 유학자들은 갓 만든 두부를 맛있게 먹으면서 교유한 뒤 뜨끈한 방에서 잠을 청했을 것이다.*

매월당梅月堂 김시습金時習(1435~1493)은 다섯 살 무렵 길에서 만난 두부 장수 노파를 보고 시 한 편을 지었다.

본바탕은 두 개의 돌 사이에서 나왔건만 菽質由來兩石中
원만한 빛은 진정 동쪽에서 뜨는 달과 같아라 圓光正似月生東
삶은 용과 구운 봉황에는 못하겠지만 烹龍炮鳳雖莫及
머리 빠지고 치아도 빠진 노인에게 딱 맞구나 最合頭童齒豁翁**

어린 김시습은 맷돌로 두부가 몽글하게 뭉쳐진 모습을 동산에 떠오르는 둥근 달에 비유했다. 용봉과 같은 진귀한 음식만 못하겠지만 머리카락과 치아가 다 빠진 노인에게는 최고의 음식이라는 점을 읊었다. 길가에서 만난 이 노파는 아마도 두부를 팔러 나온 것으로 보이며, 이는 절이나 향교뿐만 아니라 민간에서도 두부를 만들어 팔았다는 증거이기도 하다. 그러나 민간에서 두부를 일상적으로 먹게 된 것은 근대 이후로, 원래는 특별한 날에 해먹는 음식이었다. 두부를 만들기 위해서는 대량의 콩이 필요하고 시간도 이틀 이상 걸리는데다 손품도 많이 든다는 점을 고려하면 납득할 만하다. 같은 이유로 조선시대에 민가보다는 절이나 향교처럼 경제 규모를

---

* 사흘 뒤인 11월 18일에는 뇌산磊山에서 두부를 만들었는데 엉망이 되었다면서, 이럴 줄 알았다면 만들지 않았을 것이라는 기록도 있다. 이로 보건대 당시에 민간에서 두부를 만들 때 매번 성공적인 것은 아니었던 모양이다.
**　路上老嫗有以豆腐饋之者, 輒吟詩曰: "菽質由來兩石中, 圓光正似月生東. 烹龍炮鳳雖莫及, 最合頭童齒豁翁." 於是, 名動一國, 人目之曰'五歲', 而不敢名.(尹春年, 「梅月堂先生傳」, 『梅月堂集』)

갖추고 있고 인력 동원이 가능한 곳에서 주로 두부가 만들어진 듯하다.

허균은 언제 '장의문 밖 두부'를 맛보았을까? 아마도 중앙 부처에 근무할 무렵이 아닐까 싶다. 이곳은 궁궐에서 가깝기도 하고 경치가 아름다운 인왕산 계곡이 있어서 풍류객의 발길이 이어지던 곳으로, 그는 외롭고 곤고한 귀양생활 속에서 문사들과 어울려 먹던 두부를 떠올렸으리라.

세계 음식사에 큰 역할을 한 콩과 두부 요리

–

동아시아의 농작물 가운데 세계적인 파급력을 보인 것이 몇 가지 있는데, 그중 대두大豆라는 콩의 위력은 상상 이상이다. 청동기 시대부터 인류가 섭취해온 이 콩의 원산지는 일반적으로 중국 동북 지역과 한반도 지역으로 알려져 있으며 장醬과 같은 발효 식품으로 발달해왔다. 더불어 두부라는 방식으로 발명되어 동아시아 사람들에게 널리 사랑받았다. 18세기부터는 중국인이 북미 지역으로 대거 이주함에 따라 아메리카 대륙에 전해지기 시작했고, 곧이어 유럽에도 소개되었다.* 이제는 세계 대부분의 지역에서 이 콩이 재배되고 있으며 두부 요리법도 대중화되었다.

---

* 주영하, 「동아시아에서의 두부의 기원, 진화, 확산」, 『동국사학』 제74집, 동국사학회, 2022년 8월, 49쪽.

두부를 사흘거리로 먹을 만큼 두부 애호가인 내게 허균의 두부 이야기는 많은 상상을 불러일으킨다. 귀양지에서 떠올리는 두부, 그중에서도 부드럽고 매끄럽기 그지없는 장의문 밖 두부는 따뜻한 식감과 함께 여럿이 어울려 시주詩酒를 즐기던 일을 회상하게 했을 것이다. 나아가 장의문에서 가까운 경복궁에서 근무하던 한때를 떠올렸을 수도 있다. 이렇듯 음식의 기억은 허균에게 아름다웠던 시절을 그려보면서 현실의 곤고함을 넘어서게 하는 힘이 되었으리라.

6. 북한의 산 기운을 담은 열매, 들쭉

얼마 전 시 쓰는 후배에게 초대받아 그의 집을 찾았다. 이따금 얼굴을 보기는 했지만 바쁘게 살아가느라 여유 있게 앉아 담소를 나눈 지 꽤 오래됐다. 옛날 사람이 반가워지는 나이가 된 모양이다. 두런두런 이야기를 나누던 중 후배가 문득 생각났다는 듯 무언가를 가져왔다. 말린 열매였다. 후배는 귀한 간식이라고 하면서 무슨 열매인지 아느냐고 물었다. 맛을 보니 익숙한 맛이다. 바로 들쭉이었다.

나에게 들쭉은 금강산을 떠올리게 하는 열매다. 분단 이후 처음으로 금강산 길이 열렸던 그때를 생각하면 지금도 가슴이 두근거린다. 남북 관계는 정치권의 변화에 따라 늘 부침이 있지만, 필부匹夫의 삶에서 북한과 남한이 하나의 민족이라는 인식을 새삼 일깨워준 계기 가운데 금강산 관광만큼 강렬한 인상을 준 사건은 없었다. 나는 예전에 공동으로 금강산 연구를 진행한 적이 있다. 한국 고전문학을 비롯해 지리학, 컴퓨터공학 등 다양한 분야의 연구자들이 힘을 모아 방대한 자료의 홈페이지를 구축하는 프로젝트였다. 당시 2년 동안 나는 금강산 자료에 푹 빠져 있었고, 그 덕분에 단편적으로만 접할 수 있었던 금강산에 관한 수많은 옛 자료를 검토할 수 있었다. 얼마나 열심히 읽었는지 금강산 관련 지명만 들어도 그 주변이 머릿속에 선연히 떠오를 정도였다.

내가 처음 금강산을 방문했을 때 남한 여행객들은 가는 곳마다 총을 든 북한 병사들의 감시를 받았다. 그런 경직된 풍경도 낯설었지만 그들과 절대로 말을 섞지 말고 물건도 주고받지 말라는 강력한 주의가 있었던 터라 내 속에 가득한 호기심을 해결할 길이 없었다. 그저 슬며시 그들을 보면서 상상의 나래를 펼칠 뿐이었다(나중에 다시 갔을 때는 다소 분위기가 부드러워져서 북한 안내원들과 이야기를 나눌 수 있었다). 관광은 온정리 가까운 동해에 거대한 유람선을 정박한 뒤 그곳을 거점으로 금강산 몇 군데를 돌아보는 방식으로 진행되었다. 배에서 아침식사를 한 뒤 팀별로 안내원을 따라다니면서 설명을 들었는데, 이미 북한에 관한 많은 자료를 섭렵하고 간 나로서는 안내원의 설명에 동의할 수 없는 부분이 많았다. 물론 이의를 제기하지는 않았다. 그저 처음 밟아보는 북녘 땅이니 자료가 있으면 무엇이든 확보하고 싶었다.

첫 금강산 여행을 마치고 돌아오는 길에 지인들에게 줄 선물을 사려고 유람선 기념품점에 들렀다. 현대아산 측이 맡아 운영하고 있지만 북한 상품들이 꽤 진열되어 있었다. 나는 북한에서 제작한 금강산 관련 설화집과 북한에서 생산된 술을 몇 병 샀다. 그 술이 바로 들쭉술이었다. 그러나 들쭉나무의 식생에 관한 구체적인 정보가 없어서였는지 『도문대작』의 내용과 연관짓지는 못한 채 그저 북한이 자랑하는 독주라는 사실만 떠올렸을 뿐이다. 이후 이런저런 기록을 통해 들쭉으로 만든 여러 가지 음식이 있다는 사실을 알게 되었을 때도 들쭉술만큼 인상적이지는 못했다.

이후 자료를 살피다가 북한에 전해지는 들쭉에 관한 이야기를 접하게 되었다. 그 이야기는 이러하다. 고구려 때 이름난 장군이 산에서 사냥을 하다가 동료와 부하들과 헤어져 길을 잃고 말았다. 열흘 동안 숲속을 헤매던 장군은 굶주림에 지쳐 기력을 잃은 상태에서 이름 모를 적자색 열매를 발견하고 정신없이 따먹은 뒤 잠에 빠져들었다. 사흘 동안 잠들어 있던 장군이 눈을 뜨자 이상하게도 온몸에 원기가 가득했다. 그 열매 때문이라고 생각한 장군은 다시 그 열매를 따 먹고 힘을 얻어 무사히 길을 찾아 귀환할 수 있었다. 장군은 이 열매가 들에서 나는 죽이라는 뜻으로 들쭉이라 이름 붙였다고 한다.

들쭉에 관한 북한의 또 다른 전설은 이러하다. 백두산 기슭에 사는 어느 목동이 소떼를 몰고 백두산을 오르던 중 천지 쪽 하늘에서 일곱 색깔의 빛이 떠올랐다. 목동이 천지로 달려가보니 일곱 명의 선녀들이 춤을 추며 놀고 있었다. 춤을 추고 나자 선녀들은 천지 안으로 들어가 목욕을 하더니 밖으로 나와 잠들었다. 목동은 선녀들을 위해 나뭇가지를 꺾어 그늘을 만들어주었다. 그날 이후 목동은 선녀들이 천지에 내려올 때마다 그늘을 만들어주었다. 어느 날 목동이 산을 내려가는데 뒤에서 선녀가 부르더니, 그동안 자신들을 위해 그늘을 만들어준 정성이 고마워 옥황상제께 아뢰었더니 선물을 내리셨다면서 비단 보자기에 담긴 씨앗을 내밀었다. 그리고 백두산은 워낙 바람이 심하고 날씨가 험해서 사람들이 맛볼 만한 과일나무가 없으니 이것을 주는 것이라는 상제의 말을 전했다. 목동은 그 씨앗을 백두산 곳곳에 뿌렸으니, 그것이 바로 들쭉나무였다.

이런 이야기가 전해진다는 것은 들쭉에 대한 민중의 선호도가 꽤 높았다는 뜻이다. 국립중앙과학관이 제공하는 식물 정보에 따르면 들쭉나무는 1미터가량 자라며 5~6월경에 녹빛을 띤 흰색 꽃이 피며, 8~9월에 검자줏빛 열매가 열린다. 원산지는 한국으로 전남, 강원, 평북, 함남 지역의 고지대에서 주로 자생한다. 단맛이 강하고 모양이 블루베리와 닮아서 한반도에서 나는 블루베리라 불리는데, 실제로 열매 모양을 보면 영락없는 블랙베리다. 한반도 북쪽은 산이 험준하고 기온이 낮아 과실수가 자라기 어려운 환경으로(남쪽은 대체로 고산지대에서 볼 수 있다), 그런 곳에서 자라는 들쭉이기 때문에 평안도와 함경도 지역의 백성에게는 자연이 내린 귀한 선물이 아닐 수 없다.

그렇다고 해서 들쭉 열매 자체가 귀한 것은 아니었다. 정조 때 물가를 살펴보면 들쭉 1말에 5전으로, 검은깨나 들깨 1말에 해당하는 가격이다. 밀가루는 1말에 7전이고 메밀가루는 8전이었으니, 들쭉은 비교적 저렴한 식재료였다. 그런 까닭에 민간에서 들쭉정과를 만들어 장사하는 사람도 있었던 듯하다.

허균이 『도문대작』에서 언급한 들쭉 정과는 어떤 맛이었을까. 그는 이렇게 기록하고 있다. "돌죽乭粥. 갑산甲山과 북청北靑에서만 나는데 맛은 정과正果와 가장 부합한다. 다음에 나오는 포도蒲桃 이하는 모두 이만 못하다."*

『도문대작』은 음식의 유형별로 항목이 정리되어 있는데, 들쭉은 떡[餠] 종류에 포함되어 있다. 게다가 맛이 '정과와 가장 부합한다'고 한 것으로 보아, 허균이 맛보았던 들쭉은 열매나 죽 종류가 아닌 정과 종류였을 것이다. '돌죽乭粥'은 우리말 이름을 한자로 표기할 수 없어서 음차한 것이다. 어떤 번역본에는 이것을 들쭉으로 만든 죽이라 해석했는데, 여기서의 죽粥은 음식이 아니라 들쭉의 '쭉'을 음차한 글자다.

허균보다 한 세대 뒤에 활동한 최규서崔奎瑞(1650~1735)가 남긴 기록을 보면 1685년 7월 7일, 북청 갑산 지역을 지날 때 들쭉정과를 만들어 파는 백성을 보았다고 했다.** 허균이 맛본 들쭉정과가 바로 이것이었을 것이다. 그렇게 처음 맛본 들쭉정과는 긴 세월을 지

---

* 乭粥: 只産於甲山北靑, 味最合於正果. 蒲桃以下, 皆不及焉.
** 崔奎瑞, 「病後漫錄」, 『艮齋集』 卷13.

나 고단한 귀양살이를 달래주는 그리운 맛으로 등장했다.

들쭉 열매는 말려서 먹기도 하는데, 무슨 열매인지 알려주지 않으면 건포도라고 생각할 정도로 맛과 빛깔이 흡사하다. 허균이 특별히 포도를 언급한 것도 이 때문이 아닐까 싶다. 물론 그가 '포도이하'라고 표현한 것은 그가 과일로 분류해놓은 것들 가운데 포도 항목에 포함된 여느 과일보다 들쭉정과가 더 낫다는 뜻일 것이다.

정과는 과일이나 식물의 뿌리 등을 꿀에 재워서 오랫동안 천천히 졸여낸 음식이다. 주로 단맛이 있는 과일을 재료로 삼지만 도라지나 연근, 인삼, 생강 등 뿌리류를 쓰기도 한다. 최근에는 다양한 정과가 판매되기 때문에 쉽게 구할 수 있지만 옛날에는 무척 귀한 음식이었다. 재료 손질을 비롯해 만드는 과정이 만만치 않기 때문에 부유한 집에서 해먹거나 행사 잔치를 벌일 때 또는 손님을 대접할 때 특산품으로 상에 올렸던 것으로 보인다. 실제로, 영조 때 황재黃梓(1689~)가 청나라에 사신으로 가는 길에 1734년 7월 19일 평안도 정주定州 관아에서 하룻밤 묵게 되었는데 들쭉정과를 대접받았다는 기록이 있다. 험준한 여정 끝에 관아의 숙소에서 우연히 맛본 들쭉정과의 달콤함은 쉽게 잊을 수 없을 것이다. 부드러운 식감과 함께 입안 가득 퍼지는 특유의 단맛은 여독을 달래는 데 제격이었을 터다.

정과 외에도 들쭉을 활용한 다양한 조리법이 있다. 전해지는 기록에 따르면 들쭉편片, 들쭉고膏, 들쭉반도수정과 등 이름만 봐도 조리법을 짐작할 수 있는 다양한 음식이 존재한다. 이런 음식들은 조선 정조 때 궁중 행사음식에도 나타나 있는데, 북한에서 이러한 조리법이 여전히 전수되고 있을지 궁금하다.

7. 천사리天賜梨, 하늘이 내려준 강릉의 배

　배나무와 관련된 기록 가운데 제법 오래된 이야기로, 『삼국유사』(권5)에 수록된 「보양이목寶壤梨木」이 있다. 그 내용은 다음과 같다. 보양 스님이 중국에서 불법을 공부하고 신라로 돌아오는데 서해용왕이 자신의 아들 이목璃目을 스님의 시봉으로 삼게 했다. 신라 전역을 두루 돌아다니던 보양 스님은 어느 폐사지廢寺址를 발견하고 그곳에 다시 절을 세웠으니, 지금의 운문사雲門寺다. 어린 용이었던 이목은 절간 옆의 작은 연못에 살면서 스님의 교화를 도왔다. 어느 해 심한 가뭄이 들자 스님은 이목에게 부탁하여 비를 내리게 했다. 천제天帝는 함부로 자연의 질서를 어긴 이목을 벌하기 위해 사자를 운문사로 보냈으나, 스님은 이목을 자신의 책상 밑에 숨겨주었다. 천제의 사자가 이목을 내놓으라고 하자 스님은 뜰 앞에 있는 배나무를 가리켰다. 배나무를 한자로 쓰면 이목梨木으로, 글자는 다르지만 발음이 같은 점을 이용한 것이다. 천제의 사신은 배나무에 벼락을 내리친 뒤 하늘로 돌아갔고, 용왕의 아들 이목이 마당에 쓰러진 배나무를 쓰다듬자 다시 살아났다.

이 설화에서 흥미로운 점은 상당히 오래전부터 한반도에 배나무가 자생하고 있었으며 산 속 절에 배나무가 자라고 있었다는 사실이다. 몇 년 전 강원도 양양 낙산사에 들렀다가 경내에서 배나무를 본 적이 있다. 무심코 푯말을 보니 천사리天賜梨라는 품종이 있었다. 이른 봄이어서 꽃이나 열매를 볼 순 없었지만 허균을 만나 대화를 나누는 것처럼 반가웠다. 강원도 영동 지역에서 여전히 천사리라는 배나무가 자라고 있다는 사실도 기뻤다.

말로만 듣던 허균의 『도문대작』을 실제로 읽어본 사람들은 대체로 실망스럽다는 반응을 보인다. 음식에 관한 재미있는 이야기나 음식평이 풍부하리라 기대했는데 막상 읽어보면 간략한 정보에 자신의 경험을 덧붙인 내용이 주를 이루기 때문이다. 실제로 『도문대작』은 16세기 말부터 17세기 초반까지 허균이 직접 경험했던 다양한 음식을 몇 가지 종류로 구분하여 짧게 기록한 책이다. 모든 내용이 자신의 경험과 평가에 초점을 맞추면 음식 비평서일 것이고, 음식 재료나 조리 방법에 초점을 맞추면 음식 조리서일 것이다. 그러나 이 책은 음식을 매개로 유배객으로서 허균이 느끼는 다양한 감정과 생각을 표현한 인문서로 볼 수도 있다.

아는 만큼 보이는 법이다. 허균의 글을 많이 읽었다면 『도문대작』을 훨씬 풍부하게 읽어낼 수 있다. 근래 북한에서 온 이탈주민

71

의 글을 읽을 기회가 있었는데, 죽음의 위기에 처한 사람이 가장 많이 생각하는 것은 음식이라 했다. 음식은 인간 생존의 필수 요소인데다 삶을 구성하는 기초이기 때문이다. 그렇다면 유배 생활을 하는 가운데 과거에 즐겼던 음식을 떠올리며 기록으로 남기는 행위는 생존을 위한 인문학적 상상력의 발동 아니었을까.

간단한 기록으로만 기술되어 있는 『도문대작』에서 짧으나마 일화가 소개된 항목에는 강릉 관련 기록이 여러 편이다. 그중에서 내가 흥미롭게 본 것이 천사리다. 천사배라고도 불리는데, '하늘이 하사해준 배'라는 뜻이다. 허균은 실제로 천사리라는 배를 먹어본 경험이 있고, 따라서 그 당시 강릉 지역에는 이 품종이 있었음이 분명하다. 다만 짧은 기록을 가지고 품종을 정확하게 재구하기는 쉽지 않다. 천사리에 대한 여러 가지 해석은 시도되었지만 명확히 비정比定하기는 어려운 형편이다. 특히 한문으로 이루어진 근대 이전 기록을 바탕으로 식물의 정체를 밝히는 것은 조심스럽다. 당시에는 정확한 품종명을 알 수도 없었거니와 옛사람들은 일상생활 속에서 사용하는 명칭을 한자로 바꿔서 표기했기 때문에 지금과 같은 학문적 엄밀성을 기대할 수 없기 때문이다.

『도문대작』에서 허균은 천사리를 포함하여 다섯 종류의 배를 기록하고 있다. 그 하나하나가 모두 소중한 기록이지만, 천사리 항목에는 특별히 다음과 같은 짧은 설화가 소개되어 있다. "하늘 배[天賜梨]. 성화成化 연간에 강릉 사는 진사進士 김영金瑛의 집에 갑자기 배나무 한 그루가 돋아났는데 열매가 사발만 했다. 지금까지도 많이 있으며 맛이 달고 연하다."* 성화成化는 명나라 헌종憲宗의 연호로, 1465년부터 1487년 사이를 의미한다. 허균은 강릉에서 지낼 때 달고 연한 배를 먹으면서 100년 된 배나무의 유래를 들었고, 훗날 그 기억을 되살려 기록으로 남기게 되었다. 천사리에 대한 허균의 기록에서 명확한 사실 하나는 배가 사발만큼 커다란 품종이라는 것이다.

천사리는 강릉뿐만 아니라 동해안 지역에서 제법 널리 알려진 품종이다. 유몽인柳夢寅(1559~1623)이 1621년 2월에 쓴 글 「희증열반산인혜인서戲贈涅槃山人慧仁序」(『어우집於于集』권4)에는 금강산 표훈사에서 머무르던 때의 일화가 담겨 있다. 겨울 동안 오랫동안 절에 머무른 유몽인이 집으로 돌아가려는데 갑자기 큰눈이 내려 꼼짝할 수 없게 되었다. 그가 혜인 스님에게 어찌해야 할지 모르겠다고 하자, 혜인 스님은 인간의 모든 삶은 전생의 인연이 있는 것이므로 전생의 빚을 갚아야 끝나는 것이라고 답한다. 그러자 유몽인은 자기 전생의 묵은 빚은 표훈사에 있는 게 분명하다면서, 이곳에 머물 때 많은 사람에게 선물받은 음식과 시를 나열한다. 그중 강원도 간성杆城에 사는 몇몇 사람이 전어, 전복, 대구 등과 함께 천사리를 보내주었다는 내용이 있다.

---

* 天賜梨. 成化年間, 江陵居士金瑛家忽生一梨, 及結實大如碗. 至今多有之, 味甘而脆.(『도문대작』)

7. 천사리天賜梨, 하늘이 내려준 강릉의 배

또한 조선 후기의 문인 이하곤李夏坤(1677~1724)은 1722년 전라남도 강진 주변을 여행한 기록을 『남유록南遊錄』으로 남겼는데, 12월 30일 영산강을 건넌 그는 날이 어둑해질 무렵 아는 사람의 집에서 머물게 되었다. 저녁을 먹은 뒤에는 영산포 인근에서 재배한 알이 굵은 무를 대접받았는데 "그 무의 맛이 달고 물이 많아서 천사리에 비해 손색이 없었다"고 했다. 이하곤 역시 천사리라는 배를 익히 알고 있었으며 낯선 남쪽 지방에서 먹어본 무의 맛에 빗대어 표현한 것이다.

배나무는 한반도 전역에서 쉽게 마주칠 수 있는 수종이다. 그런데 우리나라에서 재배되는 배는 서양이나 중국에서 재배되는 배와 조금 다르다. 당도가 높고 물이 많은 편이다. 요즘에는 배를 보관하는 방법이 크게 발달한 덕분에 그렇게 달고 싱싱한 배를 사계절 구할 수 있다.

우리나라에 배 과수원이 급속히 늘어난 시기는 일제강점기였던 것으로 보인다. 이에 대해서는 근대 언론사에서 중요한 입지를 지니는 언론인 겸 문필가 차상찬車相瓚(1887~1946)의 글에 자세히 소개되어 있다. 그에 따르면 예로부터 황주, 봉산, 함흥이 배 산지로 유명하며, 1929년 당시 삼랑진, 울산, 고양, 수원 등지에 대규모 과수원이 생겨서 배가 대량 생산되고 있다고 밝혔다. 덕분에 봄이면 전국 곳곳에서 만발한 배꽃을 구경할 수 있는데, 특히 평안남도 평원군 영유의 배꽃이 유명하다고 했다. 영유의 배꽃에는 역사적인 이야기가 전해지고 있다. 임진왜란 당시 의주로 피란을 갔던 선조가 한양으로 돌아오던 중 영유 지역에서 아름답게 꽃을 피운 어느 배나무의 모습에 감동하여 옥관자玉貫子를 하사했으며 이화정梨花亭이라는 이름이 내려졌다는 이야기다. 그런가 하면 선조가 의주로 향하는 길에 이곳에서 100일간 머물렀다는 설도 있는데, 어느 이야기가 맞는지는 알 수 없다. 중요한 것은 임금이 옥관자를 하사할 정도로 영유가 배꽃으로 유명한 고장이라는 점이다. 차상찬 자신은 고향이 강원도 춘천 우두벌의 배꽃을 최고로 꼽았다. 그의 표현에 따르면 봄꽃 필 무렵이면 30리에 달하는 우두평야 온 마을이 배꽃 세상으로 변한다고 했다.*

배나무는 열매도 열매지만 꽃 핀 풍경으로 수많은 재자가인才子佳人을 감동케 했다. 옛사람들의 시문에 등장하는 배꽃은 봄날 밤의 애상적인 정서를 대변하거나 이별의 정한을 달래는 소재로 쓰였으며, 봄날 운치 있는 풍류를 즐기는 장소로 사랑받았다. 그만큼 배나무는 우리의 문화 생활을 풍요롭게 하는 데 기여해왔다.

요즘은 보기 힘든 풍경이 되었지만, 수십 년 전만 해도 리어카에 배를 싣고 다니는 배장수가 많았다. 전국 어느 곳이든 배장수가 안 들어가는 데는 없지만 농촌 지역에서는 벌이가 시원치 않다. 농사일로 한창 바쁜 시기인데다 돈을 주고 배를 살 만큼 형편이 넉넉

---

* 차상찬, 「요새 피는 팔도의 꽃 이야기」, 『차상찬현대문선집1』, 강원문화교육연구소, 2023, 73쪽.

7. 천사리天賜梨, 하늘이 내려준 강릉의 배

한 집이 별로 없었기 때문이다. 하지만 내가 살던 동네에는 곳곳에 복숭아나 자두를 키우는 과수원이 있었지만 배를 재배하는 집은 거의 없었다. 그러니 우리에게 배는 참으로 귀한 과일일 수밖에 없었다. 우리는 리어카에 달라붙어 맛보기로 잘라놓은 배를 쳐다보며 군침을 삼키곤 했다. 해가 서쪽으로 한 뼘 가웃 넘어갈 무렵 어쩌다가 여유 있는 집에서 배장수를 부를 때가 있었는데, 집주인은 배를 한 짐 사서 안으로 들이면서 아이들에게 몇 개 나눠주곤 했다. 그렇게 맛본 배 한 쪽의 맛을 지금도 잊을 수가 없다.

신돈복辛敦復(생몰연대 미상)이 쓴 『학산한언鶴山閑言』에는 배장수가 등장하는 이야기가 있다. 옛날 어느 양반집에 언립彦立이라는 종이 있었다. 생김새가 우락부락하고 힘이 세서 사람들은 그를 함부로 하지 못했는데, 일은 그럭저럭 했지만 늘 배가 고프다면서 게으름을 피우곤 했다. 먹성이 좋은 그는 쌀 한 되가 넘는 양을 한 끼로 먹어치울 정도였다. 가뜩이나 가난한데 그가 먹어치우는 식량을 충당할 수 없어 주인은 언립을 다른 곳으로 내보내려 했지만 그는 꿈쩍하지 않았다. 엎친 데 덮친 격으로 바깥주인이 역병에 걸려 세상을 하직하고 안주인과 어린 딸만 남게 되었다. 초상이 났는데 주변 친척은 물론 아무도 부의를 하지 않아 장례 치를 비용도 없었다. 보다 못한 언립이 주인마님에게 가산을 정리해 시골로 내려가자고 하면서, 자신이 힘이 세고 농사일을 잘하니 여기에 사는 것보다는 나을 거라고 했다. 이에 마님은 재산을 정리해서 남편의 초상初喪을 치른 뒤 시골로 향했다. 농사를 잘 짓는 언립 덕분에 몇 년이 지나자 살림형편이 많이 좋아졌다. 언립은 마님에게 제안하기를, 따님이 장성해서 혼인할 나이가 되었으니 한양에서 벼슬을 하는 친척에게 편지를 한 통 써주면 자기가 찾아가서 주선해보겠노라 했다. 그는 편지 한 통과 좋은 선물을 가지고 한양으로 갔다. 친척 어른은 안주인의 집안사정이 좋아졌다는 소식에 기뻐하면서 좋은 혼처를 찾아주겠노라 약속했으나 마땅한 혼처를 구하지 못했다. 이에 언립은 품질 좋은 배를 한 짐 사들인 후 스스로 배장수가 되어 도성 안팎의 사대부 집을 찾아다니면서 신랑감을 물색하기 시작했다. 어느 날 서소문 밖에 있는 누추한 집을 지나는데, 집 안쪽에서 웬 총각이 언립을 부르더니 단번에 두어 개의 배를 먹어치웠다. 총각은 마구 헝클어진 쑥대머리에 오랫동안 씻지 않은 몸 위에 더러운 옷을 걸치고 있었다. 배를 다 먹은 총각이 말했다. "배 맛이 아주 좋구만. 지금은 돈이 없어서 값을 치르지 못하니, 다음에 오게나." 언립이 총각을 자세히 살펴보니 외모와 기상이 훌륭해 보였다. 그는 속으로 기뻐하면서 이 댁의 주인이 누구인지 묻자, 총각은 "이 집은 이李 평산平山 댁으로, 그 어른은 내 부친일세"라고 대답했다. 평산은 인조반정을 주도했던 이귀李貴(1557~1633)의 호였다. 그러니까 이 가난한 총각이 바로 문신 이시백李時白(1581~1660)이었던 것이다. 언립은 한양 친척의 만류에도 아랑곳하지 않고 이 총각을 사위로 맞아들이도록 설득했고, 결국 혼인이 일사천리로 추진되었다. 혼인한 뒤에도 새신랑은 여전히 무례하고 방탕한 짓을 서슴지 않았지만, 장모는 사위를 나무라지 않고 잘 대접했다.

당시는 광해군의 폭정으로 백성의 삶이 도탄에 빠져 있을 때로, 이귀를 비롯한 여러 신하가 광해군을 몰아내고 새 임금을 세우려 모의 중이었다. 언립을 범상치 않은 인물로 보았던 이귀는 언립에게 모의 가담자들을 살펴보게 했다. 언립은 모의에 참석한 사람들을 몰래 살펴보고는 믿을 만하다면서 이번 거사가 성공할 것 같다고 평가했다. 그렇지만 자신은 이 거사에 참여하지 않겠다고 했다. 그러던 어느 날 언립이 홀연 사라졌고, 이시백은 혹시라도 반정 모의가 누설되면 어쩌나 하는 근심에 빠졌다. 그렇게 마음 졸이고 있던 차에 언립이 집으로 돌아왔다. 어디를 다녀왔느냐고 이귀가 묻자 언립은 이렇게 대답했다. "반정이 혹시라도 잘못될까 걱정이 되어서 피신할 만한 섬 하나를 구해놓느라고 잠시 집을 비웠습니다. 거사가 잘못되면 나리께서는 즉시 안식구들을 데리고 강가로 달려가 그 섬으로 가십시오." 이시백은 그렇게 하기로 했다. 며칠 뒤 반정은 성공적으로 끝났고, 거사를 주도한 이귀와 아들 이시백은 공신으로 책봉되었다. 방탕하던 이시백도 자신의 능력을 한껏 발휘하게 되었다. 언립의 탁견과 충성심, 고마운 처사에 감동한 이시백은 그를 속량贖良시켜준 뒤 공주에 살 집을 마련해주었다.

이렇듯 배장수가 되어 뛰어난 인물을 찾아다니거나 자신의 능력을 감추고 숨어 지내는 인물에 관한 이야기는 전국적으로 전해지고 있다. 이를 통해 사람들에게 배가 꽤 사랑받는 과일이었다는 사실을 알 수 있다.

어릴 적 우리집 마당에는 과일나무가 제법 많았지만 배나무는 없었다. 동네에 딱 한 집에 배나무가 하나 있었는데, 그 나무에 배가 주렁주렁 열릴 때면 달고 시원한 맛을 떠올리며 군침을 흘리곤 했던 기억이 있다. 나이 들어 고전문학을 공부하게 된 후로는 배나무의 열매보다는 꽃 이미지에 감탄하는 일이 많아졌다. 고려 후기 이조년李兆年(1269~1343)이 쓴 "이화梨花에 월백月白하고 은한銀漢이 삼경三更인 제"로 시작하는 아름다운 시조, 또는 김시습의 『금오신화金鰲新話』에 수록된 단편 작품 「만복사저포기萬福寺樗蒲記」 첫머리에 묘사된 배꽃도 생각난다. 녹찻물 위에 배꽃 한 송이 띄워 마시던 적도 있었고 달빛 환한 밤이면 배꽃을 보러 간다면서 선배 과수원집으로 놀러 간 적도 있었다. 여름이 지날 무렵 크고 달달한 배를 만나면 다가오는 가을과 함께 계절의 변화를 느끼기도 했다.

배나무 혹은 배꽃은 알게 모르게 우리 문화사 깊이 자리하고 있어 뜻밖의 순간에 배를 만나는 일이 잦다. 아주 귀한 과일에 속한 건 아니어서, 삶에 지친 백성의 곤고한 몸과 마음을 달래줄 때가 많았다. 허균이 『도문대작』에서 천사리를 언급한 것은 험난한 시절을 넘은 뒤 포근한 보금자리를 제공했던 강릉의 이미지가 평생 뇌리에 각인되어 있었기 때문일 것이다. 유배지에서 강릉의 천사리를 떠올리며 허균은 입맛을 쩝쩝 다시지 않았을까.

8. 춘천 문배마을에서 만나는 허균의 그림자

서울 쪽에서 강원도 춘천으로 향하다보면 만나는 곳이 강촌이다. 과거에는 대학생들의 단골 엠티 여행지로, 춘천은 못 가봤어도 강촌에는 가본 사람이 많다. 그런 까닭에 강촌은 청춘과 관계된 장소성을 지닌다. 강촌의 추억을 간직한 이들에게 그곳이 행정구역상 춘천시에 속한다는 사실은 중요치 않다. 그저 즐거웠던 젊은 날의 추억을 불러일으키는 장소다.

강촌에서 산 쪽으로 들어가면 구곡폭포라 불리는 문폭文瀑이 있고, 그 옆의 산자락을 타고 20분가량 천천히 올라가면 산꼭대기에 마을 하나가 있다. 바로 문배마을이다. 육이오 전쟁 당시 이곳 사람들은 전쟁이 난 줄도 모르고 살았다는 말이 있을 정도로 첩첩산중 오지 마을이다. 지금이야 자동차가 들어가는 곳이지만 불과 수십 년 전만 해도 이곳은 접근하기가 쉽지 않았다.

내가 처음 문배마을에 갔을 때는 살구꽃이 흐드러지게 피어 있던 봄이었다. 주말 등산을 가는 친구들을 따라나선 길이었다. 약간의 땀과 조금 거친 숨을 내뱉으며 정상에 올랐다가 산굽이를 돌자 마법처럼 마을이 나타났다. 감탄스럽기도 했고 신비롭기도 했다. 이렇게 깊은 산중에 마을이 숨어 있다니, 정말 신기하지 않은가. 산꼭대기 마을의 모양이 배처럼 생겨서 문배마을이라 불렸다는 설도 있고, 문폭의 뒤쪽에 있는 마을이라는 뜻으로 '문배文背'라 했다는 설도 있지만, 문배나무가 많아서 지어진 이름이라고도 했다. 문배나무는 들어본 적이 없어 과연 어떤 나무일까 궁금했다. 일행 중에는 문배나무를 아는 사람이 없어서 마을 주민들에게 물어보았지만 역시 정확한 설명은 듣지 못했다. 단지 예전에는 그 나무가 매우 많았는데 지금은 대부분 사라졌다는 정도였다. 그로부터 오랜 세월이 흘렀지만 여전히 나는 문배나무가 궁금했다.

문배나무가 다시금 나의 관심을 불러일으킨 것은 허균의『도문대작』에서 대숙리大熟梨라는 낯선 항목을 접했을 때다. "대숙리大熟梨. 속칭 부리腐梨라고 부른다. 산중에서 많이 나는데, 곡산谷山과 이천伊川의 것이 매우 크고 맛도 정말 좋아서 이루 다 기록할 수가 없다." 이런저런 기록들을 뒤져보았으나 이 과일에 대한 단서를 좀처럼 찾을 수 없어 요령부득이었다.

다행스럽게도 허균은 세상 사람들이 흔히 부르는 이름인 '부리腐梨'를 함께 병기했다. 이것을 실마리로 삼아서 대숙리가 무엇인지 추정해보기로 했다. 우선 '부리'는 문배를 지칭하는 것으로, 문향리

聞香梨라고도 불린다는 사실을 확인했다. 다른 문헌들을 찾아보았으나 대숙리와 마찬가지로 문향리에 대한 기록은 보이지 않았다. 어쨌거나 대숙리든 문향리든 모두 부리를 지칭하는 말이라면, 이들은 모두 문배를 가리키는 단어인 셈이다. 그런데 마지막 문장에서 허균은 '이루 다 기록할 수가 없다不可殫記'고 했다. 그 대상이 무엇인지 모호하지만, 문맥이나 문장의 흐름으로 보아 앞의 문장과 연결지어 해석해야 할 것 같다. 그렇다면 곡산과 이천의 문배가 크고 맛있어서 '말로 표현하지 못할 정도'라는 뜻으로 보아야 하지 않을까.

대숙리가 문배를 지칭하는 것이라면, 어째서 그렇게 명명한 것일까? '대숙大熟'이란 크게 익었다는 뜻이니, 대숙리는 완전히 익은 배를 의미한다. 배가 완전히 익으면 순식간에 물러지고 잠깐 사이에 썩기 시작한다. 그렇게 보면 썩은 배를 뜻하는 '부리腐梨'라는 속칭과도 맞아떨어진다.

배는 쉽게 상하는 과일이다. 열매를 딸 때 나뭇가지에 조금이라도 부딪치면 그 부분이 금세 변색되면서 물러진다. 그런 흠집난 과일은 완전히 익었을 때 과육이 물렁물렁해지고 쉽게 썩는다. 여기에 허균이 부리를 대숙리라는 이름으로 항목화한 단서를 헤아릴수가 있다. 문배는 우리가 일반적으로 접하는 배보다 크기가 작고단단해서 수확한 뒤 물렁해질 때까지 후숙 과정을 거친다. 그런 연유에서 속칭 썩은 배, 즉 부리라는 이름을 얻게 된 게 아닐까.

현재까지 드러난 기록을 토대로 할 때 허균이 말한 대숙리는 문배일 가능성이 크다. 문배는 우리가 일상적으로 접하는 배와는 다른 품종이다. 강원도 산간에서 흔히 보는 배는 크게 돌배 또는 신배라 불리는 것으로, 달콤한 맛이 없어 과일처럼 먹기 어렵기 때문에 지금은 대부분 술을 담그는 용도로 쓰인다. 허균이 서술한 대숙리는 크고 맛이 좋다고 했으니 이것과는 다른 품종임에 틀림없다. 세상 사람들은 대숙리를 부리라 부른다고 했고, 부리는 문배를 지칭하는 용어이므로 대숙리를 문배로 보는 것이 어지간하지 않은가.

문배라는 단어가 우리에게 익숙한 이유는 문배주 때문일 것이다. 그러나 문배주는 문배와 관계가 없다. 문배주는 평안도 지역에서 빚기 시작한 전통 증류주로, 조와 수수 그리고 밀 누룩으로 빚는데 그 향이 문배나무의 열매 향과 비슷하여 문배주라 지어졌다. 대부분의 전통주는 주재료의 이름을 따서 짓는데 문배주는 향을 앞세운 이름이라 하니 특이하기는 하다. 문배주는 1986년 국가무형문화재로 지정되었으며 한국을 방문한 외국 정상들에게 대접되곤 했다. 특히 남북 정상회담에서 건배주로 채택되어 유명해지기도 했다.

1980년대 이후로 춘천의 문배마을에서 사라진 문배나무가 2021년부터 강원도산림과학연구원의 노력으로 복원되었다. 문배나무는 1935년 홍릉에서 발견되었고 1966년에 한국의 특산종으로 등록되었다고 하는데, 원종에서 접수接穗를 채취해서 24년간 보존해오던 것을 증식시켜서 2022년 문배마을에 심기 시작한 것이다.

이제 봄날이 되어 문배마을에 들어서면 하얀 꽃과 함께 그윽한 향기를 즐길 수 있으며, 가을이면 노랗게 익어가는 열매를 볼 수 있었다. 아울러 깊은 산중에서 만나는 문배나무에서 허균을 떠올릴 수도 있게 되었다.

9. 제주도에서 보내온 귤의 향기

    4월 말에서 5월 초까지 제주도는 온통 귤꽃 향기로 가득하다. 처음 귤꽃 향기를 맡았을 때, 나는 아름답고 달콤하고 신선한 향기에 매혹되었다. 제주에서 한동안 지내려고 예약해둔 숙소로 향하던 중 어디선가 불어온 좋은 향기가 코끝을 스쳤다. 그때는 짐을 옮기고 집안을 정리하느라 부산스러웠기 때문에 향기의 소종래所從來를 확인하지 못했다.

    며칠 뒤 제주도의 여러 곳을 돌아다니던 나는 서귀포시 주변에서 저녁때가 되어 어느 식당으로 향했다. 주차장에 차를 세우고 내리는데 어디선가 향기가 흘러왔다. 아까시꽃 향기 같기도 하고 라일락꽃 향기 같기도 했다. 그렇지만 주변에는 아까시나무도 라일락나무도 보이지 않았다. 식사를 잠시 미루고 주차장 주변을 어슬렁거리는데, 저녁 빛이 사라지면서 어두워지는 한쪽 구석에 흰 꽃을 피운 나무가 보였다. 나무에 다가갈수록 그윽한 꽃향기가 짙어졌다. 그제야 나는 향기의 주인공이 귤꽃이라는 것을 깨달았다. 내가 자란 고향이나 살고 있는 지역에서는 귤나무를 볼 수 없으니 귤꽃 향기를 맡아본 적이 없다. 꽃향기는 저마다 아름답지만 내 경험상 가장 좋은 꽃향기는 매화나 라일락 같은 것이었다. 귤꽃 향기가 이렇게 아름다울 줄은 상상도 못했다. 그 뒤로 귤밭 근처를 지나갈 때면 창문을 내리고 속도를 줄여 한껏 향기를 감상하곤 했다. 아주 오래도록 봄날의 제주는 내게 귤꽃 향기로 기억되었다.

귤을 구하기 어려웠던 시절에 귤 선물은 아주 귀한 사람을 위한 것일 수밖에 없었다. 물건의 희소성은 선물의 가치를 높여주는 중요한 조건이 아니던가. 남쪽 이역만리에서 건너온 과일은 희소성에 있어 타의 추종을 불허했을 것이다. 용어에 따라 차이가 있을지는 모르지만 밀감, 감귤, 귤 등으로 불리는 이 과일은 오랜 옛날부터 제주도 지역에서 재배되어 한반도 지역에 알려졌다. 고려 문종 때 진상되었다는 기록은 있지만 조선시대가 되어서야 지방에서 궁궐로 올리는 공물 중 귀하고 중요한 품목으로 자리를 잡았다. 근대 이전의 기록을 보면 귤 종류가 꽤 다양한데, 각각의 품종이 어떻게 같고 다른지 구별하기는 쉽지 않다. 생물학이나 원예학 등 관련 학문에서 귤의 범주를 어떻게 정의하는지 설명하는 건 내 능력 밖의 일이기도 하고 이 글의 주제에서 벗어나는 것이므로 생략하기로 한다. 나로서는 여러 종류의 귤을 그저 '귤'이라고 범칭할 수밖에 없다.

허균은 자신이 먹어본 과일 중에서 귤에 해당하는 다섯 가지 종을 『도문대작』에 기록했다. 금귤金橘은 "제주濟州에서 나는데 맛이 시다"고 했고, 감귤甘橘은 "제주에서 나는데 금귤보다는 조금 크고 달다", 청귤靑橘은 "제주에서 나는데 껍질이 푸르고 달다", 유감柚柑은 "제주에서 나는데 감자보다는 작지만 매우 달다"고 했다. 감자柑子는 단순히 제주에서 생산된다고 적었다. 이들은 모두 넓은 의미에서 귤에 해당하는 종들이다.

지금도 제주도에서는 꾸준한 종자 개량을 통해 전통적인 귤 이외에도 한라봉, 천혜향, 카라향 등 굉장히 다양한 품종을 생산하고 있다. 조선 시대에는 지금만큼 종자 개량이 활발하지는 않았겠지만, 제주도에 자생하거나 오래도록 재배된 귤 종류가 다양했다는 것은 분명하다. 허균이 소개한 이들 품종은 자신의 과일 시식 경험 속에서 충분히 구분할 수 있었을지 모르지만, 아쉽게도 오늘날 정확한 생물학적 품종에 비정하기란 쉽지 않다. 그것은 우리가 한라봉과 천혜향을 구분하고 그 다른 맛을 즐길 수는 있지만 그에 관한 생물학적 지식은 잘 모르는 것과 비슷할 것이다. 그렇지만 허균의 기록을 통해서 우리는 제주도에서 얼마나 많은 귤 품종이 있었는지를 짐작할 수 있다.

허균보다 한 세대쯤 뒤에 활동한 이건李健(1614~1662) 역시 제주도에서 8년 동안 유배생활을 하면서 『제주풍토기濟州風土記』라는 저술을 남긴 바 있다. 이 책에는 귤의 다양한 이름이 소개되어 있는데, 그 내용은 이렇다. "감자柑子라는 종류의 이름은 아주 많다. 감자, 유자柚子, 동정귤洞庭橘, 금귤金橘, 당금귤唐金橘, 황귤黃橘, 산귤山橘, 유감柚柑, 당유자唐柚子, 청귤靑橘 등 모두 알 수가 없을 정도다." 이에 덧붙여 가을에 열매가 맺히기 시작하면 관아에서 집집마다 과일 개수를 세어 장부에 적어두고 귤이 익으면 진상용으로 걷어가는데, 만약 개수가 모자라면 주인이 징벌을 받기 때문에 아무도 귤에 손대지 못하게 한다고 했다. 그만큼 귤이 공물 가치가 높은 까닭에 아이러니하게도 귤을 재배하는 백성을 옥죄는 족쇄가 되어버렸다.

정약용의 기록에도 제주도의 귤에 관한 흥미로운 내용이 있다. 조선의 제도상 제주도의 핵심 공물인 귤과 말은 해마다 한겨울에 한양에 공수되는데, 어느 해 공물이 도착하지 않는 일이 발생했다. 음력 11월이면 도착해야 할 공물이 12월이 되도록 올라오지 않자 조정에서는 이에 대한 문책을 논의하기 시작했다. 그러던 중 12월 말경에 공물이 도착했다. 사정을 알아보니, 감귤 꽃이 한창 피었을 때 태풍이 불어닥치는 바람에 꽃이 모두 떨어졌다는 것이다. 열매조차 맺지 못하여 귤을 수확할 수 없게 되자 제주의 재배농민들은 귤나무를 부둥켜안고서 "공물을 바치지 않으면 임금의 은택을 저버리는 일입니다. 차라리 우리가 죽을지언정 귤만은 달리게 해주십시오"라고 울부짖었다. 그러자 열흘쯤 뒤에 세 그루의 나무에서 다시 꽃이 피어났다. 이 세 그루에 맺힌 귤을 수확해서 가져오느라 예년에 비해 늦었다는 것이었다. 정약용은 그 사정을 기록으로 남기고 송頌을 한 편 지었으니, 그것이 바로 「탁라공귤송乇羅貢橘頌」(『다산시문집』 권12)이다.

정약용의 눈물겨운 송을 읽고 많은 이가 감탄했겠지만, 나는 제주도 백성의 절박함이 새삼스러웠다. 임금의 은택을 갚는 것도 중요했겠지만, 자신들에게 닥칠 엄청난 징벌과 불이익이 얼마나 두려웠을까. 어떻든 제주도의 귤은 이래저래 많은 사연이 깃든 공물임에 분명하다.

조정에서는 농민들이 고생해서 수확한 귤을 종묘의 제수로 올리고 왕실 음식으로 사용했다. 그중 일부는 왕이 신하들에게 내리는 하사품으로 쓰였다. 일반 사대부가에서는 쉽게 구할 수 없는 과일을 임금께서 선물로 내려주시니 얼마나 귀하고 귀한 과일이었겠는가. 조선 전기에는 임금과 신하들이 귤을 함께 나눠 먹은 뒤, 이를 소재로 시를 짓기도 했다. 또한 성균관의 유생들에게 귤을 하사한 뒤 그것을 기념하기 위해 황감제黃柑製 혹은 감제柑製라는 이름의 과거 시험을 치르기도 했다. 이 과거 시험은 1536년(중종 31) 처음 시행된 이래 조선 후기가 되면 『속대전續大典』 규정에 오를 정도로 관례화되었다.

옛 문인들의 글을 보면 뜻밖에 귤이 자주 등장한다. 귤 속에서 신선이 앉아 장기를 두더라는 '귤중희橘中戲' 이야기라든지, 중국 오나라의 육적陸績이 모친에게 드리려고 품안에 귤을 숨겼는데 인사하다가 땅에 떨어뜨렸다는 회귤懷橘 이야기라든지, 귤이 회수를 건너면 탱자가 된다는 표현으로 주변 환경의 중요성을 강조한 '귤화위지橘化爲枳' 같은 고사 때문일 것이다. 그러나 실제로 귤을 맛본 사람은 흔치 않았고, 글로만 접한 터라 관습적인 용사用事의 소재로 쓰인 경우가 많다. 그만큼 귤은 귀한 과일로 대접받았고 많은 시문을 탄생시킨 중요한 소재로 작동했다. 특히 육적의 고사는 효자를 표현할 때 늘 등장하는 이야기다.

조선 전기의 문인 성희안成希顔(1461~1513)은 조선판 '육적회귤'이라 할 수 있다. 성희안이 홍문관弘文館 정자正字로 근무하던 무렵 성종은 그를 불러 술상을 앞에 놓고 이야기를 나눴다. 이 자리에서 크게 취한 성희안이 내시에게 업혀 나가게 되었는데, 그의 소매 안에서 감자柑子와 귤이 떨어졌다. 술상 위에 올려진 감자와 귤을 가져가 부모님께 드리려던 것이었다. 이에 성종은 특별히 감자와 귤 한 쟁반을 홍문관에 내리면서 성희안의 효성을 칭찬했다. 그로 인해 성희안의 충심이 더욱 견고해졌음은 말할 나위 없다. 이 일화는 김안로金安老(1481~1537)의 『용천담적기龍泉談寂記』에 소개되어 있다. 임금을 마주한 자리에서 소매 속에 귤을 넣었다니, 당시 얼마나 귀한 과일이었는지 짐작이 된다.

다른 사대부들과는 달리 허균은 궁궐의 음식을 총괄하는 일을 한 적이 있었으니 귤에 대한 경험도 남달랐을 것이다. 남들은 한 종류도 쉽게 맛보기 어려운 귤을 종류별로 설명하면서 그는 화려했던 과거의 나날을 떠올렸을 것이다. 그리고 한때 궁궐 음식을 총괄

하면서 임금 옆에서 권력을 향유하던 자신이 한낱 힘없는 귀양바
치로 전락한 모습에서 인생의 부침을 다시 한번 되뇌어보았으리라.

10. 감나무, 고향의 아름다운 맛

1601년(선조 34) 6월, 허균은 사복시司僕寺의 낭관郎官을 지내고 있던 차에 전운판관轉運判官에 제수되어 남쪽으로 출장을 가게 되었다. 전운판관이란 무엇인가. 지방에서 모아놓은 공물을 서울로 옮기는 일을 관장하는 관리로, 종5품 정도의 임시직이라 할 수 있다. 지방의 군현에서 걷어들인 공물은 대개의 경우 배에 실어 서울로 보내졌다. 육로를 이용하면 시간도 오래 걸리고 공물이 손실될 우려가 있기 때문으로, 전국의 사창社倉들이 나루 주변에 분포되어 있는 것도 그런 운송 체계 때문이다.

감을 먹다 체한 대부인
-

그해 7월 8일 서울 동작나루를 건너 남쪽으로 향한 허균은 과천, 온양, 아산, 예산, 홍성, 보령, 남포, 서천, 부안, 고부, 나주, 무장, 고창, 금구 등지를 돌면서 공무를 처리한 후 8월 12일 전주로 들어간다. 다음날에는 진남헌鎭南軒으로 가서 방백과 함께 광대놀이를 구경하고 있었다. 그 시각에 대부인大夫人이 갑자기 병석에 누웠다. 설익은 감을 먹다가 체한 것이다. 그들은 근심스러운 마음으로 밤새도록 동헌에서 결과를 기다렸지만, 이튿날인 14일 아침 결국 세상을 뜨고 만다.

여기서 대부인은 누구일까? 단어의 표면적 의미로 보자면 허균의 모친이다. 허균은 일찍 아버지를 잃고 어머니를 모시고 살았다. 임진왜란 당시 강릉으로 피란을 가면서 모친과 함께 떠났다고 한 것을 보면 그가 어머니를 모신 것 같다. 게다가 전운판관으로 남쪽 지역을 돌아다니던 1601년은 둘째형인 허봉許篈과 누나인 허난설헌許蘭雪軒이 세상을 떠나고 난 뒤다. 큰형인 허성許筬이 살아 있었지만 이복형이었으므로 허균이 어머니를 모셔야 하는 형편이었을 것이다. 또한 허균은 대부인이 세상을 떠나자 그곳에 머물러서 상을 치르기로 했고, 16일에는 대렴大斂을 마치고 빈소를 차렸으며, 17일에 상주로서 성복成服을 했다고 했다. 이 같은 사정을 종합해보건대 기록에 보이는 '대부인'은 허균의 어머니로 볼 수 있다.

그러나 의문스러운 점이 있다. 우선 모친상을 당했다면 벼슬을 그만두고 즉시 상례를 치러야 하는데, 허균은 전혀 그러한 제스처를 취하지 않았다. 게다가 가족들이 상을 치르기 위해 찾아오지도 않았다. 더욱 이상한 것은 대부인이 세상을 떠난 다음 날인 15일에는 어릴 적 친구이자 과거시험 합격 동기생인 강홍립이 왔다면서 크게 기뻐하는 모습을 보였다. 17일에는 빈소가 차려진 전주를 떠나 익산으로 갔으며, 이후 각 지역의 관아에 머물 때마다 기생을 만나거나 주연을 즐기는 모습을 빈번히 노출한다. 아무리 허균의 성정이 경박하다 한들 모친상을 당한 상주의 행동이라기엔 도저히 이해할 수 없다. 과연 '대부인'의 정체가 허균의 어머니일까 의구심이 든다. 많은 허균 연구자들은 허균의 어머니로 판단하는 것 같은데, 자료를 면밀히 재검토할 필요가 있어 보인다.*

대부인이 허균의 어머니인지 아닌지를 여기서 따져보자는 것은 아니다. 이 기록에서 나의 관심사는 대부인의 사인死因이 바로 감이었다는 것이다. 대부인이 풋감(조시早柿)을 먹고 체하여 세상을 하직한 날이 음력 8월 14일, 추석 무렵이다. 이 시기는 남쪽 지방에서 감이 붉게 물들기 시작할 때로, 햇볕 잘 드는 곳에선 이미 홍시가 되기도 했을 것이다. 대부인은 그해 첫 감을 맛보다가 변을 당한 게 아닐까. 이 일은 허균의 기억에 꽤 깊이 각인되었던 모양인지, 그로부터 10년 뒤 『도문대작』을 집필할 때 다양한 종류의 감을 소개했다.

---

* 이이화, 허경진 등 주요 연구자들은 이때를 허균의 어머니가 돌아가신 시기로 언급했다. 이이화, 『허균』(한길사, 1997), 308쪽; 허경진, 『허균』(평민사, 1984), 360쪽. 다만 허경진 교수는 최근 출간한 『허균연보』(보고사, 2013)에서 어머니의 죽음을 언급하지 않은 것으로 보아, 여기에 등장하는 '대부인'이 과연 허균의 어머니가 맞는지에 대해 의문을 표한 것으로 여겨진다.

조홍시早紅柿와 각시角柿

-

조선 중기의 문인 박인로가 지은 시조 「조홍시가早紅柿歌」는 "반중盤中 조홍早紅 감이 고와도 보이나다"라는 시구로 시작한다. 반상盤床 위에 놓인 조홍감이 고와 보인다는 뜻이다. 여기서 조홍감은 다른 감보다 일찍 익어서 붉어지는 품종으로, 이렇게 시조의 소재로 쓰인 것을 보면 전국 곳곳에 분포되어 있었던 모양이다. 허균도 『도문대작』에서 여러 지역의 조홍시 중에서 "온양에서 나는 것이 정말 붉으면서도 맛이 달고 물기가 많아서, 다른 지역의 조홍감은 거기에 미치지 못한다産溫陽者, 色正紅而味甘津滑, 他皆不逮"고 했다. 『여지도서輿地圖書』에 따르면 조홍시의 생산지로 충청도, 경기도, 전라도 등의 여러 고장을 언급하고 있다. 그러나 흥미롭게도 충청도의 생산지 가운데 신창, 연산, 청양, 홍산 등은 있으나 온양은 빠져 있다. 그런데 허균은 무엇에 근거하여 온양을 조홍시의 산지로 손꼽았을까. 허균이 전운판관으로 일할 때(음력 7월 14일경)에 온양에서 묵었다는 내용이 『성소부부고』에 있는 걸로 보아, 이 무렵에 조홍시를 맛나게 먹은 것은 아닐까 싶다. 그로부터 한 달 뒤 대부인이 감을 먹은 뒤 사망한 사건이 발생했으니, 허균에게는 싶은 인상을 남긴 것이 분명하다.

한편 조선 후기 문인인 이옥李鈺(1760~1815)의 글에 따르면 조홍시는 '온양溫陽'이라 불리기도 했던 모양이다. 그는 물감水柿, 남작감

盤柿, 먹감墨柿, 상시霜柿, 고종시高鍾柿, 장준長準, 월하시月河柿, 생채生菜, 방열方悅, 소원시小圓柿, 우소원隅小圓 등 여러 품종을 자세히 설명하면서 "조홍감이라는 것은 '온양'이라고도 하는데, 뾰족하고 조금 작으며 서리를 기다리지 않는다"라고 기록했다.* 이에 따르면 조홍감은 일찍 익는 품종이며 모양이 작고 뾰족한 게 특징이다. 그런데 '온양'이라고도 한다는 건 무슨 뜻일까? 온양에서 나는 조홍시가 워낙 유명하여 지명으로 불린다는 뜻일까? 확인할 길은 없다. 분명한 것은 허균이 가장 좋은 조홍시로 손꼽은 것이 온양에서 생산된 것이라는 점이다.

조홍시는 대체로 음력 8월 이전에 익는 품종으로, 색깔이 붉고 달다. 그러나 근대 시기에 이 품종이 많이 사라졌던 모양이다. 1968년 농촌진흥청에서 이 품종을 1981년 수분수 품종으로 선발하여 수집했다. 감나무는 암꽃과 수꽃이 따로 피어나는데, 조홍시가 달리는 나무는 수꽃을 많이 피우기 때문에 꽃가루를 만들어내기 위한 품종으로 주목받았다는 뜻이다. 어떻든 조홍시는 다른 감에 비해 일찍 홍시가 되므로 감을 좋아하는 사람들에게 일년 중 가장 먼저 선보이는 종류다.

『도문대작』에 기록된 또 다른 품종은 각시角柿다. 다른 설명 없이 그저 남양南陽에서 나는 것이 가장 좋다고만 되어 있다. 어떤 품종

---

* 이옥, 실시학사 고전문학연구회 옮김, 「감의 품종 談果」, 『완역 이옥전집3』 중 『백운필白雲筆』, 264~265쪽, 휴머니스트, 2009.

인지 알 수는 없지만, '각角'자가 들어간 것으로 보아 뿔과 같은 모양일 것으로 보인다. 뾰족감을 말하는 것일까? 남양은 지금의 경기도 화성으로, 이옥의 기록에 따르면 감이 많이 생산되는 고장이다. 안타깝지만 지금은 각시가 어떤 품종인지 알 수 없다.

먹감나무 있는 풍경

-

내가 자란 강원도 영동 지역에서는 집집마다 혹은 동네마다 감나무가 많았다. 어디랄 것 없이 감나무가 흔해서 홍시가 달리면 아이들은 내 것 남의 것 가리지 않고 긴 장대를 들고 홍시를 따먹곤 했다. 주렁주렁 열린 홍시를 가지째로 따지 않는 한 동네 어귀나 마당가에 자라는 감나무에서 두어 개 따먹는 건 봐주곤 했다. 대학 진학과 함께 고향을 떠나온 곳에는 감나무가 자라지 않았다. 그래서 사람들이 홍시를 사먹는 모습이 몹시 낯설게 느껴졌다. 원래 감을 좋아하는 나였기에 과일가게에서 홍시를 사먹을 때마다 고향을 그리워하곤 했다.

감 중에 먹감이라는 게 있다. 고향 마을 밭 어귀에 자라는 감나무들 중 몇 그루가 먹감이었다. 그땐 그게 무슨 품종인 술노 모르고 먹었는데, 다른 품종보다 열매가 약간 작고 표면에 붓으로 먹을 칠한 것 같은 무늬가 있다. 그 검은 무늬 때문에 먹감이라 불리게 되었을 터인데, 열매가 발갛게 익어 홍시가 되도록 검은 흔적은 그대로였기 때문에 감을 사러 다니는 사람들에겐 인기가 없었던 듯도 싶다. 어른들에게 인기가 없었는지 어땠는지는 잘 모르겠으나, 어린 우리에게는 인기가 좋았다. 아무도 우리가 먹감을 따먹는 데 신경 쓰지 않았을 뿐더러 오며가며 하나씩 따서 먹으면 참으로 달았다. 지금도 고향 마을을 떠올리면 밭 가장자리에 서 있던 먹감나무가 그려진다.

『도문대작』에는 먹감을 '오시烏柿'로 기록하고 있으며, 지리산에서 생산되는 것을 최고로 쳤다. 물론 이는 허균의 미각적 기억에 의한 평가로, 그 내용은 다음과 같다. "지리산에서 난다. 빛깔은 검푸른색인데 둥글고 끝이 뾰족하다. 맛은 그런대로 좋으나 물기가 적다. 꼬챙이에 꿰어 말려 곶감으로 만들어 먹으면 더욱 좋다."

빛깔이 검푸르다는 것은 먹빛 무늬 때문에 멀리서 보면 거무스레하다는 것이다. 물기가 적어서 홍시를 반으로 쪼개보면 약간 퍽퍽하다 싶을 정도로 살집이 두텁고 쫄깃쫄깃하다. 그래서 먹감으로 만든 곶감이 달고 맛있다. 허균은 이러한 특징을 포착한 것이다.

먹감나무를 통해 옛 시절을 추억한 인물은 허균만이 아니었다. 구한말의 문인이자 절의 높은 선비였던 매천梅泉 황현黃玹이 1902년에 지은 작품에 먹감이 나온다. 그는 둘째 아들 황위현黃渭顯 (1891~1966)이 지은 오언율시에 화답하면서 먹감나무를 심었던 옛날을 추억한다.

배롱나무 피어나기 시작하자 紫薇花發始

먹감 열매 늘어진다. 烏柿子垂邊

그늘 짙은 속에 홀로 서서 獨立成陰裏

저 나무 심었던 때를 돌이켜본다 追思種樹年

매미 소리 서늘하여 계절 바뀐 것 놀라고 蟬涼驚換節

누리 극성부려 부지런히 했던 밭일 후회된다 蝗熾悔勤田

때때로 문 앞 글방에 가보면 時往門前塾

아이들이 빙 둘러 자리 만든다 羣兒匝作筵*

여름을 화사하게 장식하는 꽃이 배롱나무라면, 시원한 그늘을 드리워주는 것은 감나무다. 마을 어귀의 느티나무가 넓고 짙은 그늘을 드리워 동네 사랑 역할을 한다면, 집집마다 마당가에 자라는 감나무는 여름철에 그 집 사람들에게 시원한 그늘을 만들어준다. 알알이 먹감 맺히는 모습을 바라보며 황현은 이 나무를 처음 심은 때를 추억한다. 언제였을까. 둘째 아들이 과제로 지은 절구에 화답하느라 이 시를 쓰게 된 것이니, 어쩌면 둘째가 태어났을 무렵 심은 것일지도 모르겠다. 계절이 바뀌고 세월이 흘러 글방에 가보니 아이들이 둥글게 자리를 만들어준다.

먹감을 소재로 시를 쓴 사람 중에 이학규李學逵(1770~1835)도 빼

---

* 황현, 「위아가 과일課日에 오언율시를 지었으므로, 장난삼아 그 시에 화운하다渭兒課日製五律戲和其韻」, 『매천집梅泉集』 권4.

놓을 수 없다. 그는 김해에서 유배 생활을 할 때 집 앞에 작은 채마밭을 가꾸었는데, 그의 파란만장한 생애 중에서 이 시기가 안정적인 때였다. 그의 채마밭 풍경은 어떠했을까.

채마밭은 작은 집의 서북쪽에 둘러 있는데 좁고 길다. 빙 둘러 90자 정도 되었다. 서쪽으로는 억새 울타리가 쳐 있다. 담장에 붙어서 먹감나무 한 그루가 서 있고, 울타리 가까이에는 감나무 두 그루가 서 있어서 짙은 그늘이 지붕을 덮고 있다. 울타리가 끝나고 동쪽으로 앵두나무 한 그루가 있으며, 서쪽으로는 석류나무 두 그루가 자라고 있는데, 모두 열매가 잘 익고 아주 달다. 울타리를 따라 양하^{蘘荷}와 대나무가 자라고 있는데, 줄기와 잎이 서로 비슷해서 높낮이로만 둘을 구별할 수 있었다.

한가한 날에 계집아이를 시켜 오이, 가지, 참외, 후추 등을 옮겨 심게 했다. 날씨가 조금 따뜻해지면 짚방석을 깔고 감나무 그늘에 누워서 북쪽 갑문의 여울물 소리를 듣거나 동림사의 뻐꾸기 소리를 들으니, 매우 즐거웠다.*

---

* 圃圍小室西北, 狹而長, 周行可九十赤. 西繚以土垣, 北以荻籬. 韋垣有烏枾一樹, 近籬有二樹, 濃陰覆一屋. 籬盡近東, 有含桃一樹, 西有石榴二樹, 皆子熟䫁者也. 依籬皆蘘荷美箭, 莖葉不甚異, 第高卑以爲辨耳. 暇日, 課小婢, 蒔胡瓜, 落蘇甘瓠䔉茄之屬. 稍暄, 鋪草薦, 依枾樹就蔭, 聽北閘灘聲, 東林布穀聲, 甚樂也.(이학규, 「記小圃」, 『洛下生集』 제14책; 정우봉 옮김, 『아침은 언제 오는가』, 태학사, 2006, 131쪽, 번역문 중 일부 수정)

이따금 관아 쪽에서 '물렀거라' 하는 벽제辟除 소리가 들려서 기분이 언짢기는 해도 귀양살이 20여 년 만에 장만한 집이니 좋기만 하다. 담장 옆에는 먹감나무 한 그루가 있고 울타리 가까이에는 감나무 두 그루가 있다고 한 것으로 보아, 먹감나무와 감나무는 확실히 다른 품종으로 인식되었던 듯하다. 먹감나무가 있는 작은 집에 지내면서 계집아이를 시켜 여러 소채를 옮겨 심는 생활에서 이학규가 느꼈을 평온함이 내게도 전해진다.

세월이 흐를수록 때깔 좋고 단맛이 강한 홍시가 좋은 대접을 받는다. 그러나 우리 기억 속 최고의 홍시는 여러 벗들과 고샅길을 돌아다니다가 우연히 따먹던 먹감이다. 다 익어서 땅에 떨어진 것, 더운 여름 햇살을 피해 긴 장대를 들고 무성한 감잎 사이로 꺾었던 것, 그런 것들이 우리의 기억 속에 아름다운 홍시로 깊이 남아 있다.

11. 가을을 부르는 조홍시

기후 변화로 인해 수목의 북방한계선이 북상하고 있다. 덕분에 30~40년 전에는 감나무를 볼 수 없던 지역에서 최근에는 왕성하게 감나무가 자라는 모습을 발견하곤 한다. 수년 전 붉은 감이 주렁주렁 열린 모습이 보고 싶어 마당에 감나무 묘목을 심은 적이 있었다. 그러나 아쉽게도 우리 집은 겨울바람이 지나는 길목에 자리하고 있어 감이 맺힌 모습은 볼 수 없었다. 지금도 붉은 감을 보고 싶은 마음은 굴뚝같지만 괜히 어린 생명 얼려 죽일까 봐 실행하지 못하고 살아간다.

감이 흔한 곳에서 자란 사람들은 붉은 감이 달린 풍경을 볼 때마다 마음이 훈훈해진다. 평생을 객지에서 살아온 탓에 이제는 고향이 타향처럼 느껴지는 나 역시 마찬가지다. 아마도 감에 대한 기억이 추억으로 남아 있기 때문일 것이다. 고향 집 주변으로는 감나무가 지천이었다. 따스한 봄볕을 받으면 감나무 가지에서 연두색 여린 잎이 하나 둘 피어나기 시작한다. 눈부신 햇살에 비쳐 살랑거리는 투명한 연두색 감나무 잎은 나에게 봄을 알리는 하나의 지표다. 하굣길에 혹은 마당을 가로지르다가 우연히 올려다본 푸른 봄하늘. 그 하늘을 배경으로 여린 손을 펼친 감나무 가지를 보면 왠지 흐뭇해지곤 했다. 감나무가 검푸른 빛으로 무성해지면 여름이 코앞에 다가왔다는 뜻이다. 이 무렵 옅은 노란빛의 어린 감꽃이 핀다. 한두 송이 따 먹으면 입안에 들척지근한 맛이 감돌았다. 간식거리가 없는 시골 아이들에게는 그것도 먹을거리였다. 따가운 햇살 아래 푸릇한 열매가 자라기 시작하면 여름이 한껏 깊어가는 증거였다. 제법 굵어지는 열매를 보면서 조만간 여름방학이 끝나고 가을이 시작되는 것을 느꼈다. 감나무는 다른 나무보다 앞서 단풍이 들었다. 푸르던 나뭇잎이 나날이 붉은색으로 변해가는 빛깔의 향연으로 마을은 아름다운 풍경화를 이루었다. 그러다가 잎 사이로 붉어진 감을 발견하면 괜스레 마음이 푸근해졌다.

감이 익어갈 무렵 우리는 긴 장대를 들고 홍시를 땄다. 너무 익어서 저절로 떨어져 깨진 홍시를 주워 먹으면서 감이 매달린 가지를 장대로 꺾어 내리는 작업을 했다. 익은 것은 바로 먹고 조금 덜 익은 것은 벽에 걸어두고 며칠간 익혔다가 먹었다.

감은 보관하기가 쉽지 않다. 덜 익은 감을 따서 방에 두면 서서히 익기 때문에 괜찮은데, 완전히 익은 홍시는 오래 보관할 수 없다. 조선 후기 홍만선의 『산림경제』에는 감을 오래 보관하는 방법이 소개되어 있다. 상수리나무 잎으로 감을 하나씩 두텁게 싸서 싸리나무 광주리나 유기 같은 그릇에 넣은 뒤 시렁에 얹어두고 거적으로 두껍게 덮어놓는 식이다. 아니면 완전히 홍시가 되기 전에 감을 따서 끓인 다음 미지근한 소금물에 담가두면 해가 바뀌어도 변하지 않는다고 했다. 후자의 경우는 흔히 침시沈枾라고 부르는 것으로, 이렇게 만드는 것을 강원도 영동 지역에서는 '감을 담근다'고 표현한다. 약간 붉은 감을 침시로 만들어놓으면 아삭한 식감이 오래 유지될 뿐만 아니라 감 특유의 떫은맛이 사라지기 때문에 꽤 길게 감을 즐길 수 있다.

그러나 홍시는 보관이 용이하지 않은 만큼 한겨울에 홍시를 먹을 수 있는 건 큰 행운이었다. 설날 마을 어른들에게 세배를 다니노라면 이따금 접시에 담긴 홍시를 간식으로 대접하는 집이 있다. 한겨울에 먹는 홍시 맛은 별미로, 옛날 기록에도 손님에게 홍시를 대접하는 풍경이 자주 등장한다. 고려 후기에 이규보李奎報(1168~1241)의 시문에도 손님에게 홍시를 대접하는 대목이 있는 것을 보면, 일찌감치 홍시는 가을과 겨울을 지내면서 맛볼 수 있는 훌륭한 간식거리였던 모양이다.

규룡虯龍의 알로 비유되는 홍시는 추석 제사상에 반드시 올라가는 제수였다. 그런 이유로 홍시와 관련된 시가 제법 많은 편인데, 그중에서도 장유張維(1587~1638)의 작품에 홍시가 잘 묘사되어 있다. 정홍명鄭弘溟(1592~1650)의 시에 차운次韻한 연작시 중에 「처음으로 홍시를 맛보며始喫紅柿韻」(『계곡집谿谷集』권33)라는 시를 읽어보자.

서리 내린 숲 가을 열매 어찌 이리도 기이할꼬 霜林秋實一何奇

이 열매 마주하니 술잔 들 마음도 없어지는구나 對此無心把酒巵

옛날에 읽었던 한유의 시 구절 중에서 舊讀退之詩上語

수정 같은 신령한 액체라는 표현이 늘 떠오른다오 玻瓈靈液入長思

이 시의 원문을 보면 '파려玻瓈'와 '영액靈液'이라는 표현이 있는데, 파려는 칠보七寶 가운데 수정을 뜻하고 영액은 신령스러운 액체라는 뜻으로 홍시의 부드러운 과육을 의미한다. 당나라 때 한유韓愈가 쓴 시에 "신령스러운 액체를 수정 그릇에 담아 자꾸 입에 가져간다靈液屢進頗黎盌"*는 구절이 있는데, 장유는 이 구절을 용사用事하여 홍시를 표현한 것이다. 서리 내린 숲에서 홍시를 따서 맛을 보았다고 했으니, 장유가 맛본 감은 늦게 익는 품종이었던 모양이다.

감나무도 제법 품종이 많다. 앞서 소개한 먹감도 감의 한 종류지만, 지역마다 품종 분류며 불리는 이름이 다르기 때문에 눈으로 직접 감나무나 열매를 보아야만 품종을 알 수 있는 경우가 허다하다. 그중에서 일찍 홍시가 되는 품종이 있는데, 이러한 것을 조홍시早紅柹라고 통칭한다. 누군가는 조홍시를 어디선가 들어본 기억

---

* 「유청룡사증최대보궐遊靑龍寺贈崔大補闕」, 『한창려집韓昌黎集』권4

이 있을 것이다. 아마 교과서에 수록된 시조 작품 중에 박인로朴仁老 (1561~1642)가 쓴 「조홍시가早紅柿歌」(『노계문집蘆溪文集』 권3)를 읽었기 때문일 것이다.

　반중盤中 조홍早紅감이 고아도 보이ᄂ다
　유자柚子 안이라도 품엄즉도 ᄒ다마ᄂ
　품어가 반기리 업슬ᄉ 글로 설워ᄒᄂ이다

　가난한 늦깎이 공부꾼이었던 박인로는 어려운 형편에도 학문에 대한 강한 열정으로 근면성실히 공부했으며, 이덕형李德馨 (1561~1613)은 박인로의 든든한 후견인 역할을 했다. 1601년 음력 9월 초 이덕형이 박인로에게 조홍시를 보내준 것에 대해 느낀 바가 있어 지은 작품이 바로 「조홍시가」다. 이 시에는 후한後漢 때 육적陸 績이라는 인물에 관한 고사가 얽혀 있다. 육적은 여섯 살 때 부친을 따라 오吳나라의 권력자 원술袁術을 만나러 간 자리에서 귤을 대접받았다. 이야기가 끝난 뒤 육적이 원술에게 허리 숙여 인사를 하는데 품에서 귤 세 알이 굴러떨어졌다. 원술이 "그대는 빈객의 신분으로 어찌 품에 귤을 넣었는가?"라고 묻자, 육적이 꿇어앉아 답하기를 "집에 계시는 어머니께 드리려고 했습니다"라고 했다. 육씨귤陸 氏橘, 육적회귤陸績懷橘, 회귤懷橘 등으로 널리 알려진 고사다. 박인로는 귤 대신 조홍시를 보면서 감을 가져다드릴 어머니가 안 계신 처지를 한탄한 것이다.

홍시와 관련하여 형제간의 우애를 보여주는 일화도 있다. 1466년(세조 12) 가을, 동생인 황수신黃守身(1407~1467)이 형 황치신 黃致身(1397~1484)의 집 뜰에 자라는 감나무에 감이 익어가자 하인 을 시켜 몰래 따오게 했다. 그리고 형을 자신의 집으로 초대해 홍시 를 대접했다. 황치신은 아주 맛있다고 감탄을 했는데, 집에 돌아와 보니 감나무의 홍시들이 하나도 보이지 않았다. 그제야 동생의 집 에서 먹은 홍시의 정체를 알아차리고 호쾌히 웃었다고 한다. 형제 가 워낙 장난을 즐기고 농담도 주고받았기 때문에 가능한 일이었 다. 이 이야기를 세조가 듣고 형제간의 우애에 감탄했다는 내용이 김종직金宗直(1431~1492)이 쓴 황치신의 신도비명에 기록되어 있다.

허균이 살았던 시절, 감나무의 북방 한계선은 한양까지 이르지 못했을 것이다. 그가 감을 먹어본 경험은 대체로 강릉에서 살던 시 절이었거나 공무상 남쪽 지방에 갔을 때일 것이다. 『도문대작』에는 조홍시에 대해 이렇게 언급했다. "조홍시. 온양溫陽에서 나는 것이 색깔도 붉고 맛도 달고 진액이 매끄럽게 흐른다. 그 외의 것들은 모 두 이에 못 미친다."* 이걸 보면 꽤 여러 지역에서 나는 감을 먹어보 았던 것으로 보인다.

온양의 조홍시는 조선을 대표하는 품종이었다. 이곳은 허균이

---

* 早紅枾. 産溫陽者, 色正紅而味甘津滑. 他皆不逮.(『도문대작』)

고을살이를 하거나 여러 공무로 자주 오가던 곳이었기 때문에 조홍시를 맛볼 만한 기회가 많았다. 요즘은 조홍시라는 품종을 전남 담양에서 발견된 우연실생偶然實生으로 규정하지만, 조선시대 기록에는 다른 감보다 빨리 익는 품종이며 매우 붉은 빛을 띤다고 밝히고 있다. 이것이 지금의 조홍시와 동일 품종인지는 알 수 없지만, 적어도 조선시대에 충청도 온양의 조홍시는 전국적으로 이름난 품종이었던 것만은 분명하다. 『각사등록各司謄錄』에 수록되어 있는 충청감영의 장계狀啓 중에서 고종 12년에 올린 내용을 보면, 궁중에서 각 지역의 특산물을 진상하라는 명을 내리면서 온양군 도회소都會所에는 조홍시를 올리도록 했다는 기록이 있다. 허균은 바로 이 온양의 조홍시를 먹어보고는 그 어떤 곳의 감보다 훌륭하다고 치켜세웠다.

허균이 말한 조홍시의 특징은 세 가지다. 색깔이 매우 붉다는 점, 맛이 달다는 점, 진액이 매끄럽다는 것이다. 홍시 중에는 과육이 쫀득쫀득한 것도 있고 약간 퍽퍽한 느낌을 주는 것도 있지만, 잘 익은 홍시를 먹는 즐거움은 빨갛게 익은 열매를 반으로 쪼갠 뒤 한 입 베어 물었을 때 입안에서 부드럽고 매끄러운 과육의 향연이 펼쳐짐에 있다. 『도문대작』의 '진액이 매끄럽게 흐른다'는 표현은 홍시가 잘 익어서 과육을 씹을 틈도 없이 부드럽게 목구멍으로 들어간다는 뜻이다. 입으로 한 번 죽 빨아들이면 순식간에 껍질만 남는 부드럽고 달디단 홍시가 바로 허균이 생각하는 조홍시의 맛이었다.

곳감은 열매가 갓 붉어지기 시작하여 단단할 때 따서 만들어야 한다. 감을 물에 씻은 뒤 약간 말랑해질 정도로 익힌 다음 껍질을 깎아 싸리나무 가지에 열 개씩 꽂아 처마 밑에 매달아 바람에 말린다. 이 모습을 멀리서 보면 감으로 만든 붉은 커튼처럼 보인다. 가을녘 뒷동산에 올라 집집마다 곳감을 매달아놓은 풍경을 바라보면 마을 전체가 붉은 천으로 장식되어 있는 것 같다. 이렇게 만든 곳감의 일부는 장에 내다 팔아 가용에 보태기도 하고, 일부는 저장해뒀다가 명절이나 겨울철에 귀한 먹을거리로 쓰인다.

곳감을 만들 때 벗긴 껍질이나 곳감에 적절치 않은 것들은 칼로 비스듬히 잘라 따로 잘 말려서 말랭이를 만들어둔다. 이것은 기나긴 겨울밤을 보낼 때 주전부리하기에 딱 좋다. 때로는 멥쌀가루에 껍질과 감 말랭이를 섞어서 시루에 넣고 쪄서 감떡을 만들어 먹기도 한다. 감의 달콤한 맛이 떡에 배어 맛도 좋을 뿐 아니라 감의 붉은색이 흰 멥쌀에 스머서 때깔도 곱다. 경우에 따라 쌀가루와 감 껍질 등속을 켜켜이 얹는 방식으로 만들기도 한다. 어떻게 만들든 가난한 시골 살림에 귀한 음식이 아닐 수 없었다.

감떡은 허균도 더러 맛을 보았다. 『도문대작』 가운데 금강산에서 맛본 석이버섯 떡[石芽餠]의 맛을 표현하면서 "찹쌀떡이나 감떡은 이에 훨씬 못 미친다"고 했다. 누구나 감떡을 즐겨 먹었기에 석이버섯 떡의 맛을 비교하는 대상으로 삼은 듯하다. 그렇다는 것은 평소 감떡을 맛있는 음식으로 생각하고 있었다는 말이다.

어릴 적 길들인 입맛은 나이가 들어도 쉽게 바뀌지 않는다. 하지만 허균이 방풍죽 항목에서 쓴 것처럼, 어려운 시절에 맛있게 먹었던 음식을 훗날 형편이 좋아진 뒤에 먹어보면 맛이 없게 느껴질 때가 많다. 감떡도 마찬가지다. 어쩌다가 강원도 시골 장터를 다니다가 드물게 감말랭이나 감떡을 만난다. 반가운 마음에 사서 먹어보면 그 옛날 달고 쫀득했던 맛과 식감 그리고 감말랭이 특유의 단맛이 느껴지지 않는다. 맛보다는 추억을 회상하기 위한 매개체일 뿐이다. 그렇지만 이런 기억들이 내 인생을 구성해왔고 지금의 나를 만든 것 아니겠는가. 허균의 『도문대작』은 음식으로 구성하는 자신의 인생역정이었다.

12. 죽실竹實, 몸과 마음을 추스르는 한 끼

어릴 적 살던 집 뒤란은 울창한 대숲이었다. 지금은 대나무의 북 방한계선이 많이 올라왔지만 2000년대 전까지만 해도 강원도에서 는 영동 지역에만 대나무가 조금 자생하는 편이었다. 뒤꼍으로 난 문을 열면 햇빛이 잘 들지 않는 대숲의 습기가 밀려들었다. 어쩌다 야산까지 넓게 퍼져 있는 대숲에 들어서면 쭉쭉 뻗은 대나무들의 일렁임이 온몸에 전해지곤 했다.

대나무의 죽음

-

대숲이 시작되는 마낭 가장자리에는 앵두나무가 제법 크게 자라 고 있었다. 여름의 경계에 이르면 앵두나무는 온통 크고 붉은 열매 로 가득했다. 집앞 우물가에도 앵두나무가 있었지만, 대숲 어름의 앵두는 유독 달았다. 그렇지만 대나무 숲으로는 선뜻 들어서기가 꺼려졌는데, 독사가 무시로 출몰했기 때문이다. 앵두를 따먹으려면 장화를 꺼내 신고 막대기를 쥐고서 주변을 툭툭 치면서 조심스레 걸어들어가곤 했다. 그런 탓인지 어린 우리에게 대나무 숲은 신비스러운 곳이었다. 어둑하고 음습하며 왠지 모르게 마음을 뒤흔드는 곳, 그곳이 바로 대숲이었다.

내가 중학생이 되던 해, 대숲의 대나무들이 누렇게 마르기 시작했다. 한 번도 보지 못한 풍경에 이상한 마음이 들었다. 당시 어른들은 대나무가 죽어가는 것이라 했다. 대나무 수령은 대략 60년 정도로, 마지막에 꽃을 피운 뒤 누렇게 말라 죽는다는 것이다. 실제로 대나무는 종류에 따라 60년에서 120년까지 생명을 유지하는데, 꽃을 피우고 나면 말라죽는다는 사실을 확인하기는 쉽지 않다. 어떻든 그해 대숲의 3분의 1 정도가 죽었는데, 거기에 피던 꽃이라든지 열매가 지금도 눈에 선하다.

대나무가 꽃을 피운 뒤 맺힌 열매가 죽실竹實이다. 사실 동아시아 문화에서 대나무는 봉황과 연관된 다양한 이미지가 전해지고 있다. 예를 들어 봉황은 아침 해가 떠오를 때 날아오르며, 오동나무 가지가 아니면 깃들지 아니하고, 대나무 열매가 아니면 먹지 않는다는 설이 있다. 이는 『시경』「대아大雅·권아卷阿」를 해설한 전문箋文에 담긴 한 구절로, 우리에게 널리 알려진 대나무의 전형적인 상징이라 하겠다. 그런 맥락에서 봉황이 머무는 신비스럽고 태평한 곳이라는 의미를 담은 지명을 전국 곳곳에서 발견할 수 있다.

죽실이 식용으로 쓰인다는 사실을 나는 허균의 글에서 처음 보았다. 아무리 대숲에 둘러싸인 집에서 자랐어도 꽃 피우는 모습을 거의 볼 수 없었기에 그 열매를 발견하기는 더욱 어려운 일이다. 대나무 꽃이 피었다 한들 이후에 누렇게 말라가는 형편이었으니 열매가 맺혔다고 관심을 기울이기란 더욱 쉽지 않았다.

죽실을 보내는 고마운 마음

허균은 죽실에 대해 다음과 같은 기록을 남겼다. "죽실竹實. 지리산에서 많이 난다. 내가 낭주浪州에 있을 때 선수善修 노스님[老師]이 제자들을 시켜 보내왔는데, 감과 밤의 가루와 섞어서 만든 것이었다. 몇 순갈을 먹었는데 종일 든든했다. 참으로 신선들이 먹는 음식이다."*

연실練實이라고도 불리는 죽실은 일상적으로 만나기는 어려운 열매인지라 일상생활에서 상용하는 음식은 아니다. 하지만 기근이 심하게 들었을 때 동학 농민군들이 죽실을 발견해 먹은 덕분에 아사餓死를 면했다는 이야기가 있다. 또한 조선왕조실록에도 경종 3년 (1723) 4월, 제수도 한라산에 숲을 이루던 분죽粉竹(솜대)이 갑자기 열매를 맺었다는 기록과 함께 많은 백성이 기아에 허덕일 때 죽실

---

* 竹實. 多産于智異山. 余在浪州, 老師善修弟子以其命致之, 和枾屑栗末爲餌. 食數匕, 終日无然, 眞上仙所食也.(『도문대작』)

을 따다가 진하게 죽을 쑤어 먹고서 목숨을 건졌다는 기록이 있다. 그러니 동학 농민군의 죽순 이야기도 헛되이 지어낸 말은 아닌 듯 싶다.

허균은 낭주浪州(지금의 전라북도 부안)에 있을 때 죽순을 접한 것으로 보인다. 1608년 부안 현감 심광세沈光世(1577~1624)의 도움으로 부안 우반곡愚磻谷에 은거하던 시기로, 그가 국고를 헐어서 서얼들을 돕는 데 썼다는 죄로 공주 목사에서 파직된 후였다. 죽실은 지리산에서 수행 중이던 고승 부휴선수浮休善修(1543~1615)가 허균에게 보내온 것이다. 부휴선수와 허균의 교유에 대해서는 자세히 알려진 바 없다. 그러나 부휴선수는 서산대사로 널리 알려진 휴정休靜(1520~1604)과 동문 사형제 간이었기 때문에 서산휴정의 제자 사명유정泗溟惟政과도 잘 아는 사이였다. 그리고 허균은 둘째형 허봉許篈(1551~1588)을 통해 서산대사 및 사명대사와 교유가 있었기 때문에 부휴선수와도 알고 지냈을 가능성이 높다.

부휴선수가 허균에게 죽실을 보낸 뜻은 무엇이었을까. 아마도 허균이 벼슬에서 쫓겨나 부안에서 은거하고 있다는 소식을 듣고 그 마음이 얼마나 황폐할까 걱정했을 것이다. 그러니 밤과 감을 섞은 죽실을 보내어 위로하려 한 게 아니었을까. 허균 역시 신선의 음식을 접한다는 인식으로 자신을 속세로부터 한발짝 떨어지게 함으로써 현실의 고뇌를 추슬렀을 것이다. 부휴선수는 임진왜란 당시 사명유정과는 달리 전투와 거리를 둔 채 수행에 몰입한 선승禪僧이었다. 그러니 어려운 처지의 허균이 혼란스러운 현실로부터 떨어져 자신의 삶을 돌아보기를 기원했을 것이고, 그 과정에서 몸과 마음을 잘 추스르라는 의미로 죽실을 보낸 것이다.

굶주림을 면하게 해주는 죽실

–

죽실에 대한 조선시대 기록은 주로 "292년 파서巴西 지역에 대나무가 꽃을 피웠는데 보라색이었고, 보리처럼 생긴 열매가 달렸다"는 『진서晉書』의 내용을 인용하고 있다. 그런데 조선 후기 문인 이유원李裕元(1814~1888)은 『임하필기林下筆記』(권30)에서 이 문장을 인용한 뒤에 우리나라 영남 지역에서 죽실이 생산되며 진주晉州에서 특히 많이 난다는 글을 덧붙였다. 이어서 "열매 모양은 보리와 같은데 껍질을 벗기면 쌀과 같고 맛이 향기롭다"고 했다. 실제로 죽실을 보면 수확 후 초벌로 껍질을 벗긴 보리와 무척 닮았다.

최근에는 거의 찾아보기 힘들지만 옛날에는 죽실에 밤가루와 곶감가루를 섞어서 밥을 지어 먹는 죽실반竹實飯이라는 게 있었다. 국어사전에서는 대나무 열매인 죽실의 껍질을 까서 멥쌀과 섞어서 지은 밥이라고 설명하고 있다. 따라서 부휴선수가 허균에게 보낸 죽실 가루는 재료 구성상 죽실반 재료였다. 그러나 허균은 가루를 몇 숟가락 먹었다 했으며, 그것만으로도 종일 배가 든든했다고 했다. 죽실은 수수와 비슷한 맛을 낸다고 하며, 멥쌀과 섞거나 밤가루나 곶감가루와 섞는 등 다른 식재료와 함께 조리되었던 것으로 보인다. 물론 죽을 쑤어 먹은 기록도 간간이 보이지만 이것은 오랜 굶주림에 죽을 지경에 이른 경우로, 사정이 조금 다르다.

정약용의 『목민심서』(권14)에 보면 1661년 이태연李泰淵(1615~1669)이 전라도 관찰사를 지낼 때 적군의 침략에 대비하여 식량을 비축하면서 죽실과 해조류도 저장하여 백성이 굶주렸을 때 먹도록 했다는 기록이 있다. 이처럼 죽실은 어려운 시절을 넘기는 중요한 식재료가 되었던 모양이다. 물론 죽실이 열리는 시기를 예측하기 힘든 만큼 계획적인 정책에 반영하기는 어려웠겠지만, 죽실이 일단 열리기만 하면 그것을 저장하거나 죽 종류로 만들어 백성을 돕는 건 가능했던 것이다. 송시열宋時烈(1607~1689) 역시 자신의 문인인 정만창鄭晩昌(1637~1660)에게 죽실을 받았으며, 감사의 답장을 보내면서 죽실이 산속 생활하는 데 요깃거리로 충분하다고 했다.

죽실을 먹어본 적 없는 나로서는 늘 그 맛이 궁금했다. 이유원은 향기로운 맛이라고 표현했지만 상상이 되지 않는다. 어릴 적 집 뒤란에 자라던 대나무를 떠올리며, 어쩌면 그 향기로운 맛은 대나무가 일생을 마무리하면서 피워 올리는 마지막 생명의 향기일까 생각해본다. 삶의 굽이마다 크든 작든 마무리가 필요하다. 그때마다 최선을 다해 향기를 피워내는 마무리를 한다면 얼마나 좋을까.

13. 장수長壽를 부르는 대추

바야흐로 대추의 계절이다. 몇 년 전 마당가에 대추나무를 한 그루 심었다. 시간이 흘러도 자라는 기색도 없고 열매도 맺히지 않는 듯하더니, 어느 해인가 대추 몇 알이 열렸다. 반가운 마음에 아침저녁으로 살피곤 했는데, 가을비에 모두 떨어지고 말았다. 아쉬웠다. 다시 수년이 지나서야 제법 대추 열매가 풍성히 달렸고, 아내는 아침마다 잘 익은 대추를 두어 알씩 따먹는 재미를 누렸다. 지금이야 대추 농장에서 재배된 큼직한 대추가 판매되고 있으니 작은 대추 알을 애지중지하는 사람은 흔치 않을 것이다. 그렇지만 발갛게 달려 있는 열매를 보며 가을을 만끽하는 즐거움을 어찌 돈으로 살 수 있겠는가.

모든 음식에는 그것을 즐기는 사람의 추억이 스며 있기 마련이다. 내게도 대추나무는 늘 어린 시절을 떠올리게 하는 과실이다. 늘 마당가의 대추나무를 보고 살았으니 열매 맺는 것 따위는 특별할

게 없었다. 학교에서 돌아오면 섬돌 위에 떨어져 있는 붉은 대추 몇 알을 주워 먹곤 했다. 세월이 흐른 뒤에서야 나는 그 대추가 할머니의 정성이었음을 깨닫게 되었다. 대체로 모든 과일이 그러하겠지만, 대추에도 벌레가 많다. 겉보기에는 발갛게 잘 익은 것처럼 보여도 깨물어보면 벌레가 있다. 할머니는 벌레 없는 대추알을 잘 골라내어 어린 손주를 위해 섬돌 위 잘 보이는 곳에 몇 알씩 놓아두고 일하러 가셨던 것이다. 때로는 대추를 내 손에 쥐어주시면서, 대추를 보기만 하고 먹지 않으면 빨리 늙는다더라는 농담을 하셨다. 그래서인지 지금도 나는 대추가 있는 음식을 먹을 때면 대추 먼저 집어먹는 버릇이 있다. 나의 음식 생활에 깃들어 있는 할머니와의 추억이 아닐 수 없다.

내게는 일상적이던 대추가 새로운 인상으로 다가온 것은 조선 전기의 문인인 황희黃喜(1363~1452) 정승의 시조를 읽었을 때다. "대추 볼 붉은 곳에 밤은 어이 떨어지며, 벼 벤 그루에 게는 어이 내리는고. 술 익자 체 장수 돌아가니 아니 먹고 어이리." 가을을 맞이한 농촌 마을의 풍성한 느낌을 잘 묘사한 작품이다. 대추나무나 밤나무는 우리나라 농촌 마을 어디서나 흔히 볼 수 있는 유실수다. 대추가 붉게 물들면 밤 역시 잘 익은 아람을 뚝뚝 떨군다. 그즈음 논에는 벼가 베어져 그루터기만 남아 있고, 바닥에는 작은 민물게가 이리저리 돌아다닌다. 마침 술이 익었는데 술 거르는 체를 파는 장수가 다녀가니 어찌 흐뭇하지 않겠는가. 읽기만 해도 풍년을 맞이한 농촌의 정겨운 모습이 그려진다.

전국 어느 곳에서나 잘 자라는 대추나무지만 특별히 열매가 맛있는 지역이 있다. 일조량도 풍부하고 비가 적절하게 내리는 데서 자란 대추나무 열매가 훨씬 달고 물기도 많다. 허균 역시 『도문대작』에서 대추를 특별한 항목으로 취급하면서 이렇게 서술하고 있다. "대추[大棗]. 보은현報恩縣에서 나는 것이 가장 좋은데, 열매는 크되 씨는 작다. 빛깔은 붉고 물기가 많으며 달다. 다른 곳의 대추는 이에 미치지 못한다."*

지금도 충청북도 보은이 대추 산지로 유명한 걸 보면 하루아침에 만들어진 명성이 아니라는 사실을 알 수 있다. 허균은 보은의 대추는 씨가 작아서 과육이 많다는 점을 거론한 뒤에 붉은 빛깔과 풍성한 물기를 특징으로 언급했다. 이는 좋은 대추의 조건에 딱 들어맞는다. 좋은 대추는 한 입 베어무는 순간 싱그러운 느낌이 입안에 가득하고, 과육을 씹노라면 신선한 과일의 향과 함께 단맛이 느껴진다.

대추가 많은 사람에게 사랑받는 이유는 주변에서 쉽게 구할 수 있기 때문이기도 하지만 식재료를 비롯해 제수祭需, 약재에 이르기까지 그 쓰임새가 광범위하기 때문이다. 게다가 널리 진해진 설화를 통해 대추는 장수長壽를 상징하는 과일이 되었다. 그 설화의 내

---

* 大棗. 産報恩縣者最好, 大而核尖. 色紅津甘. 他皆不逮.(『도문대작』)

용은 이러하다. 어느 나무꾼이 산에 나무하러 갔다가 안개 속에서 길을 잃었다. 한참을 헤매다가 어느 마을에 들어섰는데 두 노인이 바둑을 두고 있었다. 나무꾼이 옆에서 바둑 구경을 하고 있는데, 한 노인이 배고프지 않느냐면서 대추 몇 알을 건네주었다. 그 대추를 받아먹자 입안이 시원해지면서 허기가 사라져 다시 바둑 구경에 빠져들었다. 시간이 얼마나 흘렀을까. 이제 그만 돌아가라는 말에 나무꾼이 정신을 차리고 자신의 도끼를 집어든 순간 도낏 자루가 썩어서 부스러졌다. 나무꾼이 산에서 내려와보니 자신이 살던 마을은 몰라볼 정도로 변해 있었고, 집에는 웬 낯선 노인이 살고 있었다. 대화를 나눠보니 그 노인은 자기 아들이었다. 그제야 나무꾼은 많은 세월이 흘렀으며 자신은 신선 마을에 다녀왔다는 걸 알아차렸다. '신선놀음에 도낏 자루 썩는 줄 모른다'는 속담을 만들어낸 이 설화는 우리나라 전역에서 조사되는 바, 여기서 대추는 신선들이 일상적으로 먹는 과일이었음을 알 수 있다.

대추는 일상생활에서도 쓰임새가 많다. 청나라에 사신으로 갔던 문인들이 남긴 연행록燕行錄을 보면 말린 대추 과육을 간단한 요깃거리나 간식거리로 삼았다는 기록이 있다. 말린 대추는 보관성이 뛰어나 가을에 수확한 것을 말려놓으면 일년내내 먹을 수 있을 정도였다. 건대추는 제삿상에도 올릴 뿐 아니라 여러 음식에 단맛을 내거나 고명으로 쓰였고 붉은 빛깔을 내는 용도로 쓰이기도 했다. 대추를 가루로 만들어 물렁한 엿과 섞은 다음 콩가루를 묻히는 대추강정은 꽤 호사스러운 먹을거리였다. 또한 말린 대추를 물에 불려서 다진 것을 찹쌀가루와 섞은 뒤 설탕과 소금을 약간 넣어 시루에 쪄내는 대추단자도 귀한 명절음식이었다. 대추가 일상적인 주식에 속한다고 볼 순 없지만, 고단한 생활을 위로해주는 휴식과도 같은 단맛을 제공한다는 점에서 무척 요긴한 식재료였다. 요즘도 결혼식장에서 폐백의식을 하는지는 모르겠는데, 예식을 끝낸 뒤 폐백 음식상을 차려놓고 자손을 많이 낳으라는 의미로 시부모가 신부의 치마폭에 밤과 대추를 던지는 의례가 있다.

옛 풍습에도 대추가 자주 등장한다. 단오 무렵이 되면 대추나무 가지 사이에 돌을 끼워 넣는 '대추나무 시집보내기' 풍속이 있다. 한문으로는 '가조수嫁棗樹' 혹은 '가수稼樹'라고 한다. 대추나무는 가지를 워낙 많이 쳐서 인위적으로 가지를 벌려주지 않으면 가지가 서로 얽혀서 잘 자라지 못하고 열매도 많이 맺지 못한다. 그래서 가지 사이에 돌을 끼워 간격을 벌리는 습속이 생겨난 것으로, 조선 후기에 우리의 풍습을 기록한 『동국세시기東國歲時記』에도 소개되어 있다.

요즘은 품종 개량을 거쳐 큼직하니 과육이 많으면서 단맛과 과즙이 풍부한 대추가 생산된다. 춘천 인근을 비롯하여 일조량이 많은 강원도 여러 지역에서 생산되는 대추를 먹어보면 여느 과일 못지 않은 맛을 즐길 수 있다. 대추나무를 키우는 농장도 있는 것을 보면 가을에 나는 여러 과일과 어깨를 나란히 할 만큼 경쟁력도 있는 모양이다.

　세상에 절로 크는 생명이 어디 있던가. 장석주 시인이 대추 한 알을 보면서 "저게 저절로 붉어질 리는 없다/ 저 안에 태풍 몇 개/ 저 안에 천둥 몇 개/ 저 안에 벼락 몇 개"라고 읊었듯이, 하루하루 농부의 손길과 정성이 깃든 대추가 우리에게 오는 것 아니겠는가. 그렇지만 말려서 보관해놓고 겨우내 먹을 수 있는 것은 역시 재래종 대추가 적당하다. 굳이 옛맛을 고집하는 건 아니지만, 이따금 어린 시절의 맛이 그리워지는 걸 보면 나의 세월도 제법 흐른 모양이다.

14. 앵두나무 그늘 아래의 풍류

앵두가 열리기 시작하면 여름이 한창때로 접어든다는 뜻이다. 대숲이 한층 더 푸른 빛을 띠고 작은 바람에도 댓잎이 서걱거리기 시작하면 대숲 입구에 자라는 앵두나무에 붉은 열매가 달리기 시작했다. 마당을 나서면 마을 사람들이 물도 길어 마시고 쌀도 씻고 빨래도 하는 우물이 하나 있었다. 요즘은 우물물을 길어오는 생활이 거의 사라졌지만 1970년대까지만 해도 시골 마을에는 우물이 곳곳에 있었다. 아무튼 우리 동네 우물가에는 앵두나무가 두 그루 자라고 있었다. 사시사철 물이 흔한 곳이라 그런지 우물가 앵두나무는 늘 잎이 무성하고 실해 보였다. 그런데 그 나무에 열린 앵두를 따서 먹어보면 우리 집 앵두보다 맛이 적었다. 우리 집의 앵두 알은 크고 달았는데, 그에 비해 우물가의 앵두는 작고 신맛이 강했다. 다만 우리 집 앵두나무는 대숲 입구에 있어서 간혹 뱀이 출몰했다. 앵두를 따먹으려면 장화를 신고 막대를 들고 들어가야 했다. 아직까지도 그 앵두만큼 맛있는 걸 만나지 못했다. 그것은 앵두와 함께 내 어린 시절의 기억이 만든 오묘한 맛 때문일 것이다.

근대와 함께 농촌 인구가 도시로 대이동을 하게 되자 많은 상징이 새롭게 등장했다. 예전부터 있던 사물의 상징이 변화하기도 했고, 새로운 문명의 이기利器가 등장해서 시대의 상징으로 부각되기도 했다. 앵두는 옛날부터 기록에 자주 등장하던 열매였지만 근대에 들어서면서 새로운 의미를 얻게 되었다. 예컨대 여성의 붉은 입술을 앵두에 비교하는 것은 근대 이전의 작품에선 볼 수 없는 새로운 표현이다.

한국전쟁 이후 폐허를 딛고 새로운 문명을 건설하자는 사회 분위기 속에서 농촌 인구의 대이동이 시작되었다. 농업 사회에서 공업 사회로 변화하던 이 시기에는 아무래도 시대의 비극을 반영한 일화들이 생산되었다. 많은 분야에서 이러한 사회현상을 조명한 연구 성과가 있었는데, 「앵두나무 처녀」라는 대중가요에도 그러한 일면이 담겨 있는 듯하다. 1956년 가수 김정애가 불러 공전의 히트를 친 이 노래는 앵두나무라는 이미지가 조선시대의 그것과 얼마나 다른지를 증언하고 있다. 가요평론가 이호섭 씨에 따르면 이 노래는 1950년대 무작정 상경한 농촌 처녀가 도시에서 고생하다가 농촌 총각과 화해를 하는 내용으로 되어 있다고 했다. 노래는 "앵두나무 우물가에 동네 처녀 바람났네. 물동이 호미자루 나도 몰라 내던지고"라는 가사로 시작한다. 서울로 간 순이는 이런저런 고생을 하다가 끝내 '웃음 파는 에레나'가 되었고, 순이를 따라 올라간 농촌 총각이 내미는 손을 잡고 울음을 터뜨린다는 내용으로 끝난다. 경쾌하기 그지없는 노래지만 노랫말에 담긴 1950년대의 풍경은 유쾌할 수만은 없다.

내가 이 노래를 어떻게 알게 되었는지 기억은 나지 않는다. 아마도 아버지 세대의 어른들이 흥얼거릴 때 들었거나 라디오에서 흘러나오는 노래를 들었을 것이다. 그리고 자연스럽게 우물가의 앵두나무를 이미지화했던 것 같다. 도시가 아닌 시골 마을에는 늘 우물이 있고 그 옆에는 앵두나무가 자라곤 했다. 널리 알려진 것처럼 지역 간 소통이 쉽지 않던 시절에 우물가는 여성들이 소식을 주고받는 주요 장소였다. 그곳에서는 사실과 거짓이 소통되면서 새로운 이야기가 만들어졌다. 시골 생활에 지친 여성들, 특히 젊은 여성들에게 풍편으로 들려오는 도시 이야기는 얼마나 황홀했겠는가. 우물가에서 들은 이야기에 자신의 희망적 상상이 더해져 부푼 가슴을 안고 도시로 야반도주했을 것이다. 그러나 희망찬 기대와 노력에도 불구하고 낯선 도시의 삶은 호락호락하지 않았을 것이고, 도시빈민으로 밀려나 절망의 그물에서 벗어나지 못했을 것이다. 그래서인지 이 노래의 발랄한 스윙 리듬의 이면에 묘한 슬픔이 묻어나는 것 같다.

오랫동안 근대가 만들어낸 앵두 이미지에 젖어 있던 나는 1977년 발표되어 사랑받은 노래 「앵두」에서 강렬한 여성적 이미지를 느꼈다. 여성의 아름다운 입술을 앵두에 비유하는 일은 예전부터 있었지만, 나의 경우 이 노래가 머릿속에 강렬한 인상을 선사했다. "믿어도 되나요 당신의 그 입술"로 시작되는 이 노래는 앵두의 이미지를 여성적인 것과 연결시키면서, 10대 후반 무렵의 내 가슴을 울렁거리게 만들었다. 소풍을 가면 이 노래를 족히 열 번쯤 불렀으니, 앵두에 대한 새로운 이미지가 각인된 것은 어쩌면 당연한 일이었다.

이후 다양한 과일 종류가 등장하면서 앵두는 내게서 서서히 그 빛을 잃어갔다. 어린 시절 앵두를 따먹으려고 나무 밑을 서성거리던 추억도 흐려졌다. 이제 앵두라는 열매를 하나의 과일로 인식하고 일부러 사 먹으려는 사람은 거의 없다. 제철 앵두를 구입해서 화채에 쓰는 경우는 있지만 그것을 온전히 하나의 과일로 즐기는 사람은 흔치 않다.

앵두나무를 가까이서 본 사람들은 그 작은 꽃이 얼마나 어여쁜지, 푸른빛 열매에 하루하루 붉은빛을 더해가는 모습을 보는 게 얼마나 즐거운지 알 것이다. 여름으로 접어들 무렵 붉은 자태를 드러내는 앵두는 간식거리가 별로 없던 시절에 귀한 과일 노릇을 톡톡히 했다. 먼 옛날부터 한반도 지역에서 자생하던 앵두나무는 조선 시대가 끝나고 일제강점기를 거치도록 모든 이에게 환영받았다.

우리나라 문헌 가운데 앵두에 관한 가장 오래된 기록은 아마도 최치원崔致遠(857~?)의 글일 것이다. 그의 문집 『계원필경집』에는 앵두를 하사받은 후 올리는 감사의 글 「사앵도장謝櫻桃狀」이 수록되어 있다. 봄날 온갖 나무들이 한창 꽃을 피울 때 열매를 맺는 게 앵두나무라면서, "만 개의 구슬을 고루 늘어놓으면 눈만 만족시키는 것이 아니라 마치 환약 한 알을 먹는 것처럼 곧바로 몸이 가벼워지는 것을 깨닫는다"고 표현했다. 앵두를 먹으면 신선이 되어 하늘로 날아오를 것 같다는 뜻이다. 게다가 이것을 손에 들면 평실萍實이라는 과일이 무색해지고, 입에 넣으면 소탐蘇耽의 귤이 우습게 보일 정도라 했다. 평실은 단맛이 나는 과일로, 초나라 소왕昭王이 공자에게 이 과일에 대해 물었더니 쪼개 먹는 과일이라고 알려주었다는 기록이 있다. 또한 한나라 문제文帝 때 소선공蘇仙公이라는 신선이 귤나무를 심고 우물을 파서 전염병에 걸린 사람을 치료했다는 이야기가 전하는데, 그 귤을 소탐이라고 한다. 최치원은 그런 평실이나 소탐보다 앵두의 맛이 뛰어나다고 평가했다. 물론 앵두를 내려준 임금에 대한 과장된 문학적 수사를 감안해야겠지만, 당시 앵두가 선물용으로 쓰였다는 사실을 알 수 있다.

최치원이 앵두를 하사받은 것이 비록 당나라에서 있었던 일이라고는 하지만, 『민족문화대백과사전』에 따르면 앵두나무의 원산지는 중국과 한반도 지역이다. 한반도 선역에서 자라는 앵두나무는 토질이나 지역 및 날씨에 따라 그 맛과 크기가 천차만별이다. 그래서 달고 큰 열매가 열리는 나무를 분양 받아 심어도 때로는 알이 작고 시큼한 열매가 달리는 경우가 있다. 우리로서는 그 원인을 알 도리가 없지만, 적어도 맛있는 앵두는 인근에 널리 알려져서 서로 맛보려 했다.

맛에 민감한 허균이 여러 지역의 앵두를 맛보지 않았을 리 없다. 그는 『도문대작』에서 이렇게 썼다. "앵두[櫻桃]. 저자도楮子島에서 나는 것이 작은 밤만큼이나 크고 맛이 달다. 흰 앵두는 영동嶺東 지방에서 많이 나는데, 맛이 붉은 앵두만은 못하다." 저자도는 서울의 압구정동과 옥수동 사이 한강에 있던 섬으로, 강변에 종이의 원료인 닥나무가 많이 자라서 저자도('저楮'는 닥나무라는 뜻이다)라 불렸다고 한다. 옛 기록에 흔히 '동호東湖의 명승지'라 소개되는 이 섬은 대대로 이어온 왕실 사유지로, 경치가 훌륭해서 중국의 사신이 조선을 방문하면 이곳에서 잔치를 벌이고 선유船遊를 즐기기도 했다. 그러나 1970년대 강남 지역이 개발되기 시작하자 저자도의 자갈과 모래가 건설 골재로 채취되면서 36만여 평에 달하던 섬은 완전히 사라졌다.

근대화 바람에 사라진 것은 허균이 칭송한 앵두만이 아니었다. 그것을 길러내던 저자도 역시 사라진 것이다. 그나마 다행인 것은 『도문대작』을 통해 그곳의 앵두를 상상할 수 있다. 앵두가 아무리 크다 해도 작은 밤 정도의 크기라니, 생각만 해도 흐뭇하다. 게다가 맛이 달다고 했으니 그 앵두를 먹으려고 봄이 지나가기를 기다리는 마음은 오죽했을까. 어렸을 때 우리집 마당에 자라던 앵두나무 열매도 제법 달았다. 빨갛게 익어서 말랑말랑해진 그것을 입에 넣으면 과육이 눈 녹듯이 사라져 씨가 저절로 발라졌다. 어쩌면 허균이 맛보았던 저자도의 앵두가 이러하지 않았을까. 꽤 오래전에 중국여행을 하던 중 알이 굵은 앵두를 보고 반가운 마음에 사서 먹었는데 의외로 단맛이 적어서 실망스러웠다. 알이 크고 단맛이 좋은 앵두를 만나기란 예나 지금이나 쉽지 않다.

붉은 앵두가 많기는 하지만 흰 앵두도 제법 있다. 허균은 맛있는 흰 앵두를 강원도 영동 지역에서 맛보았다고 했다. 물론 흰 앵두라고 해서 완전히 하얀색은 아니고, 베이지색이 살짝 섞인 빛깔이다. 허균도 말한 것처럼, 흰 앵두보다는 붉은 앵두가 맛이 좋기는 하다. 그렇지만 흰 앵두는 흔치 않은 점 때문에 그런 앵두나무를 키우는 집에서는 귀하게 여겼다.

아마도 허균은 동호 주변에서 외국 사신을 접대하는 자리나 관료들의 연회석상에서 저자도의 앵두를 맛볼 수 있었을 것이다. 명나라에서 온 사신을 맞을 때는 한시를 잘 짓는 관리에게 접대를 담당하도록 했는데, 그런 사람을 접반사接伴使라고 한다. 허균은 좋은 시를 빨리 짓기로 유명했기에 조정에서 쫓겨났다가도 다시 불려들어가곤 했다. 그런 사정상 허균은 여러 차례 저자도에 갔을 테고, 그곳의 앵두를 맛보았을 것이다. 또한 임진왜란 당시에는 강원도 영동 지역에서 1년 넘게 지냈으니, 그곳의 흰 앵두를 맛보았을 것이다. 함열 귀양지에서 차가운 겨울을 지내는 허균에게 앵두는 따뜻한 계절을 떠올리게 하는 열매가 아니었을까.

흥미롭게도 강원도 영동 지역에는 허균이 언급한 흰 앵두 외에 흑앵두도 있었다고 한다. 그 예로 조선 후기 문인인 이유원李裕元(1814~1888)이 강원도 지역에서 흑앵두와 흑복분자를 맛있게 먹었다는 기록을 남겼다. 정원용鄭元容(1783~1873)이 강원도 관찰사로 발령을 받고 이유원의 조부에게 부임 인사를 하러 왔는데, 술잔을 주고받으면서 흑앵두와 흑복분자 두 가지를 꼭 구해서 먹어보라고 권했다는 것이다. 이후 정원용이 임기를 마치고 인사하러 왔을 때, 강원도에서 흑복분자는 맛을 보았는데 흑앵두는 먹어보지 못했다고 했다. 이유원은 훗날 자신이 강원도에서 맛보았던 흑앵두가 떠올라 호남 지역을 다니면서 찾아보았는데 끝내 찾을 수 없었다고 했다. 『임하필기林下筆記』(권32) 「순일旬一」 편에 나오는 일화다. 요즘 어떤 지역에서는 버찌를 흑앵두라 부르기도 하는데, 이유원이 버찌를 잘못 말한 것 같지는 않다. 나도 흑앵두의 정체가 궁금하여 강원도 영동 지역에 두루 수소문해봤지만 아는 사람이 없었다.

음력 3월이면 날이 아주 따뜻해진다. 봄이 깊어지면 앵두꽃이 하얗게 피었다가 초여름 무렵이면 앵두가 발갛게 익어간다. 옛 선비들은 앵두가 익어가는 때가 되면 친한 벗들을 앵두나무 아래 불러 모아 풍류를 즐긴다. 그런 모임을 앵두회[櫻桃會]라고 한다. 정약용의 시에도 앵두회에 대한 언급이 있다. 그가 부친을 모시고 고향 소내[苕川]로 돌아온 적이 있는데, 좌랑佐郞 벼슬을 지내고 있던 목만중睦萬中(1727~?)도 함께 왔다. 마침 광주목사가 악인樂人들을 보내준 덕분에 흥겨운 잔치를 즐겼으며, 정약용은 과거에 앵두회를 하던 기억을 떠올린다.*

정약용이 진사시에 합격한 스물두 살 무렵 그는 목만중, 윤필병尹弼秉(1730~1810)과 함께 소내 인근에서 자주 만나곤 했다. 보통 진사시에 합격하면 앵두연을 벌이곤 하는데, 그가 진사시에 합격했을 때는 앵두가 익는 계절이 아니었다. 그렇다고 진사가 된 것을 축하하는 앵두연을 포기할 수 없어, 궁여지책으로 다산은 앵두 그림을 그려놓고 감상하는 식으로 앵두연을 열었다. 이들은 정약용의 고향 주변을 다니면서 시주詩酒를 즐기곤 했는데, 이때 지은 작품들을 모아서 시첩詩帖을 만들고 제목을 '화앵첩畫櫻帖'이라 지었다. 맨 앞에는 앵두 그림을 그려넣은 다음 시를 배치했다. 서문은 채제공蔡濟恭(1720~1799)이 썼는데, 정치적으로 같은 남인이기도 했지만 관리로서 정약용이 합격한 진사시를 관장한 인연이 있다. 채제공 역시 앵두회에 대한 기록을 남긴 바 있다. 그는 여러 벗과 한강 가에 있는 절에 가서 함도회含桃會를 열기로 했으나 역병에 걸리는 바람에 약속을 지키지 못했다는 내용이다. 여기서 '함도'는 앵두의 별칭이다.

앵두가 민가에서만 사랑받았던 것은 아니다. 궁중에서 천신薦新을 지낼 때 앵두는 항상 제사상에 올리는 햇과일이었기 때문에 앵

---

* 丁若鏞,「陪家君出豆毛浦 睦佐郎 萬中 亦至 同赴苕川 廣州尹爲送管絃一部 舟中次睦丈韻」,『茶山詩文集』卷1.

두가 나는 철에는 선혜청宣惠廳에서 상당량의 앵두를 확보하곤 했다. 물론 궐내에 꽃과 열매를 감상하기 위해 심어놓은 앵두나무도 있었다. 이와 관련하여『국조보감國朝寶鑑』에는 문종의 효성을 드러낸 일화가 담겨 있다. 일찌감치 왕세자로 책봉된 문종은 질병으로 인해 정사를 돌보지 못한 세종을 대신하여 정무를 보게 되었는데, 궁중 후원에 손수 심은 앵두나무에서 앵두가 열리면 늘 손수 따다가 세종께 드렸다. 공물로 올라오는 앵두가 있으니 수고스럽게 앵두를 딸 필요는 없다고 신하들이 아뢰자 왕세자는 자신이 직접 따서 드리는 앵두와 어찌 비교할 수 있겠느냐고 답했다고 전한다. 당시 궁궐 안에 심은 앵두나무가 단지 관상용이 아니었으며, 앵두가 한철의 별미 역할을 톡톡히 했으리라 짐작할 수 있다.

경운궁慶運宮에도 봄이면 흰 앵두꽃이 만발하곤 했다. 신민일申敏一(1576~1650)이 가주서假注書를 지낼 때인 1620년 봄, 동료 관원 여럿이 앵두나무 꽃그늘 아래 술자리를 마련하여 시를 지었다고 했다.* 왕족뿐만 아니라 관원들까지도 궁궐 안 앵두나무를 사랑했던 것이다.

조선 후기에 편찬된 홍만선洪萬選(1643~1715)의『산림경제山林經濟』(권2)에는 앵두나무 재배에 관한 유용한 정보가 소개되어 있다. 닭털을 모아서 뿌리를 감싸주면 앵두가 많이 달리고 알도 굵어진

---

* 신민일, 「경운궁입직분운 병서慶運宮入直分韻 并序」,『화당집化堂集』권1.

다든지, 쌀뜨물을 자주 주면 열매가 커지고 일찍 익는다는 것 등이다. 또한 앵두나무가 오래되면 열매가 많이 열리지 않기 때문에 옮겨 심어주는 게 좋다면서, 민간에서는 자주 이사 다니는 것을 좋아하는 나무라는 뜻으로 '이사락移徙樂'이라 불린다고 했다.

앵두꽃도 좋은 눈요깃거리였다. 순서에 따라 24종의 봄꽃 소식을 알려주는 바람, 즉 '이십사번화신풍二十四番花信風'을 부르면서 즐겼다. 소한, 대한, 입춘, 우수, 경칩, 춘분, 청명, 곡우에 이르기까지 각 절기마다 3종의 꽃이 피어나기 때문에 24종이 된다. 그중 입춘의 3신信이 바로 영춘화迎春化, 앵도화櫻桃花, 망춘화望春花다. 입춘 무렵이면 드디어 하얀 꽃을 피워서 우리의 마음을 아름다운 봄으로 인도하곤 한다.

앵두의 꽃과 열매는 어느 쪽으로 보아도 흐뭇하다. 그래서인지 앵두를 좋아한 문인들이 적지 않다. 특히 조선 전기의 문인이자 허균과 절친한 사이였던 권필權韠(1569~1612)을 빼놓을 수 없다. 그는 강화도에서 오랫동안 살았는데, 앵두나무가 있는 언덕 아래에 우물을 팠다. 그의 집 동쪽으로는 버려진 작은 언덕이 있었는데, 어느 해 초여름에 하인을 시켜서 잡풀을 제거하고 땅을 정리한 뒤 앵두나무 아래에 작은 정자를 만들고, 그 안에서 당시唐詩를 읊조리기도 하고 누워서 쉬기도 하고 새소리와 꽃 그림자를 즐기기도 하고 술이나 차를 마시며 즐겁게 지냈다. 집 서쪽으로는 언덕을 따라 앵두나무를 심고 언덕 이름을 앵도파櫻桃坡라고 지었다. 권필의 앵두 사랑을 엿볼 수 있다. 300년이 지난 뒤 이건창李建昌(1852~1898) 역시 앵도파에 관한 글을 남기기도 했으니, 권필의 앵두가 수백 년 뒤의 문인들에게 감흥을 이어주었던 것이다.

삶은 수많은 기억으로 채워진다. 그 기억 한켠에 앵두나무가 만들어준 아련한 나의 한때가 있다는 게 무척 흐뭇하다. 그래선지 우연히 길에서 앵두나무를 만나면 고향 친구를 만난 것처럼 반갑다.

15. 새콤달콤한 자두와 지내는 여름

우리가 즐겨 부르는 봄노래를 보면 어떤 꽃이 봄을 대표하는지를 짐작할 수 있다. 동요 「고향의 봄」 한 구절인 "복숭아꽃 살구꽃 아기 진달래"라든지, "복사꽃 살구꽃이 피는 내 고향" 또는 "살구꽃이 필 때면 돌아온다던"으로 시작하는 대중가요, 이호우 시인의 "살구꽃 핀 마을은 어디나 고향 같다"는 시 구절 등을 보면 복숭아꽃과 살구꽃이 첫손에 꼽힌다. 그렇지만 봄을 장식하는 꽃이 어디 한둘이랴. 나의 경우 자두꽃이 하얗게 피어날 때 비로소 봄이 무르익었음을 느끼곤 한다. 나이가 들수록 꽃들과 함께 봄의 향연을 즐기는 게 새삼 감동스럽다. 근대 이전 한자로 된 문학작품에 복숭아꽃, 살구꽃 외에 오얏꽃이 자주 등장한다. 오얏꽃은 한자로 '이李'로 표기하며 이씨 성으로 쓰인다. 또한 시문에 복숭아꽃과 짝을 이루어 '도리桃李'라는 표현을 자주 볼 수 있다. 그러나 사람들은 오얏꽃이라 하면 고개를 갸웃거린다. 오얏을 본 적이 없다고 생각하기 때문이다. 오얏은 자두를 말한다. 이 정의에 동의하지 않는 사람도 있을 테지만, 오얏의 범위를 어떻게 정하든 간에 자두의 넓은 범주에 포함되는 것은 사실이다. 이것은 언어 표현의 변화 때문으로, 세월의 흐름과 함께 기존의 것을 대체하는 새로운 용어가 등장한 까닭이다. 복사꽃이 그러한 예로, 지금은 복숭아꽃으로 통일되었지만 예전에는 복사꽃이라 불렸다. 오얏 역시 지금은 자두라는 표준어에 포섭되었지만 예전에는 오얏으로 범칭되곤 했다. 조선왕조는 이씨가 세운 나라였다. 20세기 들어 대한제국으로 국호를 바뀌면서 오얏꽃은 이씨 황실을 상징하는 문장紋章으로 사용되었다.

허균의 시문에도 오얏이 여러 차례 등장한다. 그렇지만 대부분 관습적 표현의 범주에 있기 때문에 그가 오얏을 특별히 부각하려는 의도가 있었는지는 알 수 없다. 대개는 봄날의 한때를 장식하는 관용어로써 복숭아꽃과 함께 '도리'로 병칭되거나 소인이나 간신배를 의미하는 정치적 우의로 사용되곤 했다. 그런 점에서 오얏은 늘 사람들 가까이에 있었지만 그 자체로 하나의 풍경이나 의미를 형성하는 일은 별로 없었다.

그런 맥락에서 허균이 『도문대작』에서 '자도紫桃', 즉 자두를 하나의 항목으로 설정한 것은 특별한 의미가 있다. 지역마다 차이는 있겠지만 같은 지역에서 2개 이상의 이름이 존재한다는 것은 어떤 방식으로든 각각의 사물을 구분하려는 사회적 의도가 담겨 있으며, 따라서 구분의 기준도 있음을 뜻한다. 예컨대 같은 지역 안에

허균의 맛

서 자두와 오얏이 모두 사용된다면 두 이름 사이에는 각각 지칭하는 대상이 존재하리라는 것이다. 그렇다면 허균이 『도문대작』에서 '오얏李'이라는 항목 대신 '자도紫桃'라는 항목으로 기재한 것은 무의식중에 혹은 의식적으로 둘 사이의 차이를 구별한 것은 아니었을까 싶다.

허균은 자두 항목을 이렇게 서술했다. "자두[紫桃]. 삼척三陟과 울진蔚珍에서 많이 나는데 크기는 주먹만 하고 물기가 많다." 지금도 삼척과 울진에서는 자두가 많이 자생하고 있으며 제법 큰 규모의 과수원도 있다. 기후 변화나 재배 작물의 변화로 인해 전보다 재배 규모가 많이 줄어들기는 했지만 이 지역의 자두는 여전히 크고 맛있다. 자두를 '자도'라고 표기하는 것은 열매의 색깔이 자주색에 가깝기 때문일 것이다. 일제강점기를 거치면서 자두는 종자가 개량되어 크고 단맛이 많은 품종으로 바뀌었고, 색깔 역시 자주색 계통뿐만 아니라 노란색 계통도 많이 재배되었다.

1970년대만 해도 삼척과 울진을 포함한 한반도 동해안 쪽에는 자두를 전문으로 재배하는 과수원이 많았으며, 노란색 계통의 자두도 상당량 생산되었다. 자두를 지칭하는 단어는 지역에 따라 다양하다. 고야 또는 애추 등으로 지칭되기도 하고, 내가 자란 동네에서는 '꽤'라고 불리는 자두나무가 있었다. 지금도 마찬가지지만 웬만한 집 마당에는 이 꽤나무가 한두 그루 있었으므로, 딱히 우리 집 꽤나무가 아니어도 오며가며 따먹을 수 있었다. 그러나 과수원에서 재배하는 나무는 꽤나무라 하지 않고 자두나무라고 불렀다. 그것은 생물학적 분류에 의해 품종을 정확하게 구분한 것이라기보다는 일상생활 속에서 감각적으로 구분하는 것이었다. 이 글을 쓰면서 나의 기억에 왜곡이 있을까 싶어서 여러 군데 물어보았는데, 흥미롭게도 열이면 열 꽤나무와 자두나무를 감각적으로 구분하고 있었다. 아마도 과수원에서 재배되는 달고 큰 개량 품종은 자두로 통칭하고, 짙은 자줏빛 열매가 달리는 토종 자두는 꽤나무로 통칭하는 것 같았다. 꽤나무에 달리는 열매는 겉과 속이 모두 붉은빛에 가까운 짙은 자줏빛이고 대부분 크기도 작다(물론 그중에서도 큰 것은 상당히 크다). 완전히 익으면 살이 물러지면서 물이 많아지는데, 그것을 입에 넣고 몇 번 공굴리면 과즙과 과육은 목구멍 너머로 사라지고 씨만 남는다. 생물학적으로 두 품종이 모두 자두 혹은 오얏에 속할지는 몰라도 지역민들의 감각으로는 차이가 있는 것이다.

자두와 꽤의 차이를 길게 언급한 이유는 허균이 『도문대작』의 항목을 '이李(오얏)'라 쓰지 않고 '자도'라고 표기했기 때문이다. 허균의 감각 안에서도 오얏과 자두는 미세한 차이가 있었을 것으로 보인다. 근대 이전 문헌에서 '자도'는 널리 불리지 않았던 반면 오얏을 뜻하는 '이'는 상시적으로 불렸다는 점을 감안할 때, 허균이 굳이 '이'를 표제어로 사용하지 않고 '자도'를 사용했다는 것은 그 나름의 차이를 감각적으로 구분하고 있었음을 추정케 하는 것이다.

표기 역시 '이'라는 한 글자로 쓰기보다는 녹리綠李라는 단어를 더 많이 썼을 것이다. 녹리는 푸른 오얏이라는 뜻인데, 이는 앞서 언급한 노란 자두 계통을 지칭하는 것이다. 노란 자두를 보면 완전히 노랗다기보다는 푸른빛이 돌기 때문에 예로부터 녹리라고 불렀을 것이다. 녹리는 조선시대 왕실에서부터 양반가에 이르기까지 제수로 널리 사용했다. 왕실 종친의 묘역 가운데 1666년 8월에 건립된 이규령 묘비문에 보면 수박, 앵두, 대추 등 여러 과일과 함께 녹리가 포함되어 있다. 그런 점에서 허균은 녹리라고 표기되는 오얏과는 다르다는 판단 아래 '자도'라 기록했을 것이다.

자두는 떠올리기만 해도 입에 침이 고인다. 더운 여름날 자두 하나를 따서 옷깃에 쓱쓱 문질러서 한 입 베어 물면 새콤달콤한 맛과 과즙이 입안에 고이면서 여름이 안으로 들어오는 느낌이다. 그가 특히 맛있는 자두로 기억하고 있는 삼척이라면 유배되기 3년 전, 부사로 발령을 받았다가 한 달도 안 되어 해직된 곳이 아니던가. 그렇지만 허균은 자신의 글 어디에서도 삼척을 부정적으로 기록하지 않았다. 서해 쪽으로 귀양을 간 몸이지만 마음속에서 동해는 늘 그리운 곳이었던 모양이다. 그리운 동해를 떠올리게 하는 자두를 기록하면서 새콤달콤한 기억으로 입안 가득 침이 고였을 것이다.

16. 우리 동네 복숭아와 도교적 상상력

아파트 생활을 벗어나 교외로 옮긴 뒤 실천한 것 중의 하나는 마당 주변에 과실수를 심는 일이었다. 아마도 어릴 적에 살던 집 마당에 과실수들이 자라던 모습이 나의 기억에 각인되어 있었던 모양이다. 지금도 눈을 감으면 선연히 그려지는 풍경이다. 뒷동산에 오르면 멀리 바다가 보이기는 했지만 우리 동네는 기본적으로 농촌 마을이었다. 자투리땅이라도 비어 있으면 무엇이든 심으려는 게 농부의 본능 아니던가. 그러니 마당 주변에는 빈 땅이 보이지 않을 만큼 많은 식물이 자라고 있었다. 마당이 그리 넓지는 않았지만 웬만한 과실수 종류는 식재되어 있었다. 우리 집뿐만 아니라 동네 모든 집들이 그러했다.

농가의 여름은 이루 말할 수 없을 정도로 풍성하다. 우거진 녹음은 사람의 마음을 푸르게 만들고 푸성귀로 넘쳐나는 소찬素饌일지라도 왕후의 밥상이 부럽지 않았고, 지천으로 널린 과일들은 어른

아이 할 것 없이 단맛을 즐길 수 있는 간식거리였다. 요즘이야 계절과 상관없이 과일을 먹을 수 있지만 그때는 제철 과일만 맛볼 수 있었으니, 우리는 과일이 익어가는 것만 봐도 계절의 변화를 알아차리고 그 계절을 한껏 즐겼던 것이다.

여름을 대표하는 과일이라면 당연히 수박과 참외가 첫손에 꼽히겠지만, 복숭아도 이에 뒤지지 아니한다. 복숭아는 크게 잔털이 있는 복숭아와 잔털이 없는 천도복숭아 계열로 구분하고, 잔털이 있는 복숭아는 백도와 황도 계열로 구분한다. 요즘과 달리 수십 년 전만 해도 천도복숭아는 귀한 품종에 속했다. 우리 집 마당에도 한 그루 있었는데, 과육이 황도에 비해 단단한 편이어서 반질반질한 표면에 붉은빛이 감돌 때 따서 아귀힘을 조금만 가하면 반으로 쪼개진다. 천도복숭아가 귀한 시절이었으나 이 녀석은 조금만 덜 익으면 신맛이 강한 탓에 내 입맛에는 맞지 않았다. 그때나 지금이나 나는 과즙이 많은 백도 계열의 복숭아를 좋아한다.

허균은 『도문대작』에서 복숭아를 품종별로 세 가지를 소개하고 있다.

(1) 황노黃桃: 춘천春川과 홍천洪川에서 많이 난다.

(2) 반도盤桃: 금양衿陽(지금의 시흥)과 과천果川 두 현에서 많이 났는데 지금은 전혀 없다. 내가 어렸을 때 서족庶族이 안양에 살았는데 냇가에 많이 심어 따서 보내주었다. 맛이 매우 좋았는데 지금은 구

할 수 없으니 안타깝다.

(3) 승도僧桃: 전주全州 일대에서는 모두 승도가 난다. 크고 달다.

　세월이 흐른 지금은 자연환경이나 기상 조건이 많이 달라진 탓에 복숭아 산지도 변화되었다. 게다가 허균 당시의 지리지를 살펴봐도 복숭아가 특산품인 고장은 지금과 조금 차이가 있다. 물론 허균이 『도문대작』을 저술할 때 다른 객관적 자료에 기반해서 서술했다기보다는 개인의 경험에 기대어 서술한 결과일 수도 있다. 그럼에도 불구하고 박람강기博覽强記를 자랑하는 허균의 기억과 경험을 무시할 수는 없다. 복숭아가 특산물이 아닌 지역이라고 해서 맛있는 복숭아가 나지 않으리란 법은 없다. 게다가 맛은 개인의 경험에 의거해 주관적 판단이 개입되곤 한다. 예를 들어 고려시대 송나라 사신 서긍徐兢은 개경에 다녀간 뒤 고려의 풍속 전반을 기록한 『고려도경高麗圖經』에서 자신이 맛본 고려의 복숭아는 맛이 없다고 했다. 개경의 복숭아가 그의 입맛에 맞지 않았거나, 송나라에서 즐겨 먹던 복숭아 맛과 달라서 그렇게 느꼈을 수 있다. 같은 음식을 같은 자리에서 먹어도 맛의 평가가 다를 수 있듯이, 허균이 『도문대작』에서 기록한 글은 그의 기억과 경험에서 비롯했다는 점을 염두에 두어야 한다.

　춘천과 홍천 지역에서 황도가 많이 난다는 내용을 접하고 처음에는 조금 뜨악했다. 요즘은 이 지역에서 복숭아 과수원을 심심찮게 발견할 수 있지만, 수십 년 전만 해도 복숭아 과수원은 보기 드물었기 때문이다. 이곳에서 오래 살아온 분들도 복숭아가 춘천과 홍천 지역 특산물이었다는 사실을 잘 모른다. 해방 이후 홍천 지역에 복숭아 과수원이 제법 있었다고는 하지만, 외부 사람들에게 지역의 특산물로 알려지지는 않았던 것이다. 그렇지만 허균은 이 지역의 황도를 인상 깊게 기억하고 있었다. 그가 홍천에 들렀던 기록은 없지만, 원주에 선산이 있었을 뿐만 아니라 부친이 오래 근무했던 지역이니 당연히 인근 지역의 맛있는 과일을 접했을 것이다. 그 당시 허균은 춘천과 홍천의 황도를 먹어보았을 테고, 깊은 인상을 받았음에 틀림없다.

홍도와는 달리 반도와 승도는 털이 없는 복숭아다. 이전 글에서도 지적한 바 있지만 근대 이전 동식물 관련 기록을 해독하기 어려운 이유 중 하나는 당시의 용어가 지금과 다르고, 기록자가 정확한 명칭을 사용했는지 알 수 없는 경우가 많기 때문이다. 이것은 언어 발달사에서 중요한 문제다. 근대 사회의 성립 과정에서 중요한 것은 어휘 사용의 통일이었다. 오늘날 우리가 사용하고 있는 표준어는 바로 그 과정에서 형성된 것이다. 그렇게 표준어가 정해져서 어휘가 통일되는 과정에서 수많은 방언이 사회의 신연으로 사라진다. 허균이 '반도'라고 호명한 복숭아도 그러한 맥락에서 이해할 수 있을 것이다. 과연 허균이 말하는 반도는 어떤 품종이었을까.

옛 문헌에는 신선 관련하여 '반도蟠桃'가 자주 언급되는데,

3000년 만에 한 번씩 열린다는 신화 속의 복숭아를 일컫는다. 그에 비해 허균이 말하는 반도는 '소반 반盤'자를 사용하는 복숭아로, 모양이 소반처럼 둥글고 납작한 것을 지칭한다. 오늘날 열매에 털이 없는 납작한 복숭아가 허균이 말한 반도와 같은 품종인지 확신할 순 없지만 적어도 이런 형태에 근접하지 않을까 싶다. 일제강점기에 안양은 포도 생산지로 유명해서 수원의 딸기, 부천의 복숭아와 함께 경기삼미京畿三味로 꼽혔다. 부천 복숭아의 명성을 생각하면 허균의 서족이 심었다는 안양천변의 복숭아 맛이 이해가 간다. 부천과 안양은 붙어 있는 지역이니 안양에서도 맛있는 복숭아가 재배되는 게 이상할 건 아니다. 다만 허균은 지금은 안양의 반도를 맛볼 수 없어 안타깝다고 했다. 이는 안양에서 복숭아가 나지 않는다는 뜻이라기보다는 더 이상 서족으로부터 복숭아를 받을 수 없다는 뜻으로 읽힌다.

허균이 말하는 승도는 지금의 천도복숭아를 지칭한다. 스님의 머리처럼 털이 없이 맨질맨질하다고 해서 붙은 이름인 듯하다. 허균은 전주 일대에서 나는 승도가 크고 달다고 했지만, 근대 이전 기록에서 승도가 언급되는 경우는 많지 않다. 아마도 허균은 공무상 남쪽 지방에 내려갔을 때 승도를 맛보았을 것이다. 그리고 그의 미각적 기억을 떠올려 다른 지역에서 맛본 승도에 비해 전주의 승도가 크고 맛있다고 기록했을 것이다.

동아시아 문화에서 복숭아는 다양한 이미지를 지닌다. 주변에서 쉽게 볼 수 있는 과일나무이기 때문에 문화적 맥락에 따라 다른 의미로 해석될 여지가 많았으리라. 허균 역시 자신의 작품에 여러 차례 복숭아를 등장시켰는데, 그 의미나 이미지가 다양하다. 대략 봄을 상징하거나 신선과 관련한 장수長壽를 상징하기도 하고, 무릉도원이나 삿된 기운을 몰아내는 매개체 등으로 묘사되고 있다.

복숭아가 신선과 관련한 이미지를 갖게 된 것은 아무래도 반도蟠桃에 얽힌 전설 때문일 것이다. 조선 정조 때 규장각에서 숙직을 하던 관리가 책을 보다가 깜박 잠이 들었는데, 같은 부서에서 일하는 하리下吏가 와서는 윗사람이 올 것이라고 알렸다. 깜짝 놀라 나가보니 작은 쟁반에 복숭아 수십 개가 담겨 있었고 붉은 보자기 위에 임금의 말씀을 적은 글이 적혀 있었다. 거기에는 이렇게 씌어 있었다. "후원의 작은 복숭아가 마침 익었구나. 듣자 하니 신선의 복숭아는 사람을 장수하게 만든다고 한다. 지금 이렇게 복숭아를 내리는 데는 각별한 뜻이 담겨 있노라. 복숭아를 담은 소반은 그곳에 남겨두어 규장각의 기념물로 삼도록 하라." 이 일화는 정조 19년(1795)에 있었던 일로 『국조보감國朝寶鑑』에 소개되어 있다. 숙직하던 관리가 누구인지는 알 수 없지만, 임금으로부터 복숭아를 선물받은 관리의 감동을 능히 짐작할 만하다.

복숭아로 장수를 누린 사람으로 한 무제 때의 인물인 동박삭東方朔을 빼놓을 수 없다. 사마천司馬遷의 『사기史記』에도 등장하는 동방삭은 평소 우스갯소리를 잘하지만 정치적 비판과 풍자로써 간언을 했던 인물이다. 설화에 따르면 이름난 신선인 서왕모西王母의 잔치에 참석한 동방삭이 후원에 심어놓은 반도 복숭아를 세 번이나 훔쳐 먹었다고 한다. 이 복숭아는 3000년에 한 번 열매 맺는 것으로, 한 번 먹을 때마다 1000년의 수명을 늘려주는 신비의 과일이었다. 그런 복숭아를 세 차례나 훔쳐 먹어 3000년의 수명을 얻었다는 뜻으로, '삼천갑자 동방삭'이라는 별칭이 생겼다. 이와 비슷한 일화가 『한무고사漢武故事』에도 나온다. 서왕모가 한 무제를 만나러 오면서 복숭아 일곱 개를 가져왔는데, 한 무제에게 다섯 개를 주고 자기가 두 개를 먹었다. 한무제가 그 복숭아의 씨앗을 심어보려 하자 서왕모는 이 복숭아는 3000년에 한 번 열리는 것이니 인간에게는 소용이 없다고 했다.

이런 옛이야기는 복숭아에 장수하는 신선의 이미지 또는 불로장생의 이미지를 착색시켰고, 허균 역시 이를 활용하여 여러 편의 시문을 지은 바 있는데, 동아시아 문화 전통에 충실한 창작 태도라 하겠다. 허균이 지은 한문소설 중에 「남궁선생전南宮先生傳」(『성소부부고』 권8)이라는 작품이 있다. 작중 인물인 남궁두南宮斗는 간통을 저지른 아내를 살해한 뒤 추포를 피해 산중으로 달아났다. 그는 신선술을 익힌 분이 있다는 소문을 듣고 우여곡절 끝에 그의 문하로 들어갔다. 스승은 남궁두에게 인간의 음식을 끊어야 한다면서 밥을 서서히 줄이다가 완전히 곡기를 끊은 뒤 마지막으로 검은콩과 복숭아 씨를 갈아서 만든 가루를 먹게 했다. 복숭아가 인간의 몸에서 벗어나 신선으로 변화하는 마지막 단계의 비약秘藥으로 쓰인 것이다.

잘 알려져 있다시피 복숭아에는 무릉도원 이미지가 있다. 정확하게 말하자면 열매가 아니라 꽃에 담긴 이미지다. 세상을 온통 분홍빛으로 물들이는 복숭아꽃은 봄을 가장 화려하게 장식해주는 꽃이다. 진나라 때 도연명陶淵明이 지은 「도화원기桃花源記」에는 한 어부가 물에 떠내려오는 복숭아 꽃잎을 보고 따라갔다가 이상향을 발견하는 이야기가 있다. 진시황의 폭정을 피해 깊은 골짜기로 들어온 사람들이 모여사는 이 마을에는 복숭아꽃이 만발해 있었다. 이로 인해 무릉도원이라는 이상향은 복숭아꽃과 연결된 이미지를 얻게 되었다.

허균은 임진왜란 당시 강릉으로 피란을 갔을 때 독서와 산책으로 마음의 상처를 달래며 지냈다. 그는 장인이 1000여 권의 책을 보관해둔 반곡서원盤谷書院이라는 서재에 자주 들렀다. 책을 좋아하는 허균에게는 이보다 더 멋진 곳이 없었다. 그는 반곡서원 주변의 경관을 이렇게 묘사한 바 있다. "시내를 끼고 복숭아나무 100여 그루가 있어 꽃은 반쯤 떨어졌으며, 비단 같은 물결이 도도하고, 그윽한 꽃과 야생초가 우거져 사랑스러웠다." 전쟁의 참화 속에서 사랑하는 아내와 아기를 잃은 허균에게 평온한 일상을 회복시켜준 장소였으니 반곡서원은 그가 현실에서 만날 수 있는 이상향이었을 것이다. 더욱이 복숭아꽃이 만발한 곳이었다니, 그에게는 눈앞에 구현된 무릉도원이 아니었을까. 「남궁선생전」에서도 남궁두가 스승을 찾아 헤매다가 우연히 다다른 골짜기에서 시냇물에 큰 복숭아씨가 떠내려오는 것을 보고 스승님이 계시는 곳이라 생각하고 기뻐하는 대목이 있다. 역시 복숭아와 무릉도원이 연결된 인식을 드러낸 장면이다.

그런가 하면 복숭아에는 삿된 기운[邪氣]이나 사람을 해치는 귀신을 몰아내는 힘이 있는 것으로 여겨왔다. 고대 중국에서는 섣달 그믐날 밤과 새해 아침에 질병을 옮기는 악귀를 쫓아내는 의미로 폭죽을 터뜨리는 전통이 있는데, 이와 함께 도부桃符를 만들어 문 앞에 내건다. 도부란 복숭아나무 판자에 신도神荼와 울루鬱壘라는 두 귀신의 이름을 적은 부적으로, 『설부說郛』에 따르면 이 부적을 문에 걸어두면 사악한 기운이 침범하지 못한다고 한다. 이러한 풍습은 동아시아에 변형된 형태로 널리 퍼졌다.

도교 전통에서 복숭아는 다양한 의미를 지닌다. 앞서 소개한 불로장생이나 무릉도원 이미지가 모두 도교의 전통으로 전승되었으며, 이는 우리의 역사와 문화에 널리 퍼져 있다. 기록을 보면 조선 현종 당시 연말연시에 복숭아나무 작대기라든지 복숭아나무 가지 등을 진상하지 말라는 명령이 보인다. 이를 가지고 행사를 치르는 것은 올바른 도리가 아니라는 대신들의 간언을 임금이 받아들인 것이다. 이는 당시 궁궐에서 복숭아를 이용한 도교 전통이 행해지고 있었음을 의미한다.

조선 전기의 소설 중에 「설공찬전薛公贊傳」이라는 작품이 있다. 당대 최고의 문장가이자 관료였던 채수蔡壽(1449~1515)가 지은 작품으로, 병으로 죽은 설공찬과 설충수 등이 다른 사람의 몸을 빌려서 자신이 경험한 저승 이야기를 들려준다는 내용이다. 이는 무속 세계에서 신(귀신)이 인간 무당의 몸을 빌려 사람들에게 말을 전하는 공수와 같은 방식이라 할 수 있다. 이런 내용은 조야朝野에 치열한 논쟁거리가 되었다. 특히 젊은 유학자들이 크게 비판하면서 소설을 쓴 채수에게 강한 처벌을 내려달라는 상소를 올렸다. 이 작품이 비판을 받게 된 데는 여러 이유가 있는데, 그중에 복숭아나무와 관련된 우리의 풍습도 담겨 있다. 죽은 설충수가 인간의 몸에 접신하자 부모가 무당을 불러 귀신을 내쫓는 굿을 벌이는데, 굿을 하는 과정에서 동쪽을 향해 뻗은 복숭아나무 가지가 귀신을 쫓아내는 기물로 쓰인다. 일찌감치 일반 민가에서는 복숭아나무 혹은 복숭아에 나쁜 귀신을 쫓아내는 힘이 있다고 믿었음을 알 수 있다.

허균 역시 「궁사宮詞」라는 연작시를 쓰면서 궁궐 풍속 중에 징과 북을 치면서 도열桃茢로 쓰레질을 하는 장면이 묘사되어 있다. 도열이란 복숭아나무와 갈대 이삭으로 만든 빗자루로, 집안의 사악한 기운을 몰아내기 위해 쓰레질을 하는 것이다. 「궁사」는 허균이 중앙관청에 근무하던 시절 궁궐 안에서 있었던 일이나 사물을 소재로 쓴 작품인만큼 도열로 쓰레질하는 장면을 직접 목도했으리라. 이처럼 궁궐부터 민가에 이르기까지 복숭아나무와 열매는 인간의 탁한 기운을 몰아내고 잡스러운 귀신을 쫓아내는 귀한 물건이었다.

복숭아가 늘 좋은 이미지만 갖고 있었던 것은 아니다. 때에 따라서는 나라와 사회의 불안을 드러내는 상징으로 등장하기도 했다. 『삼국사기』나 『고려사』 등과 같은 역사서에서는 한겨울에 피어난 복숭아꽃을 나라의 불길한 징표로 여겼다. 이와는 반대로 겨울에 피어난 복숭아꽃을 상서로움의 징조로 해석한 경우도 있다. 신라에 불교를 전하기 위해 고구려에서 온 아도阿道 스님이 경상도 일선一善(경북 선산군善山郡, 지금의 구미시)에 살던 모례毛禮의 집에 머물다가 미추왕의 후원으로 불법을 전파하게 된다. 미추왕이 세상을 떠나자 아도 스님은 정적의 해코지를 피해 다시 모례의 집에 숨어들었다. 훗날 모례의 시주를 기반으로 절을 창건하는데, 그곳이 바로 도리사桃李寺다. 전설에 따르면 아도 스님이 수행처를 찾던 중 한겨울에 복숭아꽃과 오얏꽃이 활짝 피어 있는 곳을 발견하고 그곳에 절을 지었다고 한다. 이 경우 복숭아꽃은 봄이 아닌 겨울에 꽃을 피웠다는 점에서 상서로움의 징조라 할 수 있다. 복숭아로서는 사람들이 해석하기에 따라 이런저런 오해를 받은 셈이다.

이렇게 많은 의미를 품고 있는 복숭아(꽃, 나무, 열매)지만 복숭아꽃은 역시 가장 아름다운 봄의 상징이다. 허균 역시 이런 봄날의 복숭아꽃을 시문에 즐겨 표현하곤 했다. 그중에서 매우 인상적인 구절은 명필로 유명한 석봉石峯 한호韓濩(1543~1605)에게 보낸 짧은 편지, 즉 척독尺牘에서 볼 수 있다.

봄 기약은 이미 어그러져서, 그윽한 꽃들은 그대를 위해 날리고 있습니다. 녹음은 이와 같이 무성하고 꾀꼬리는 정말 교태롭습니다. 사람들에게 춘색을 동하게 하는 것이 어찌 꼭 시냇가에 가득한 복숭아꽃이겠습니까? 섬돌에 뒤집어지는 붉은 작약에서도 또한 볼 수 있으니, 제가 보내드리는 수레를 타고 빨리 오시기 바랍니다. 수수로 빚은 술이 바야흐로 농익었고 그물을 엮어 시냇가에 나가 있으니, 그대를 기다려 잉어회를 쳐놓을 생각입니다. 죽순과 자라도 안주로 장만하겠습니다. 내 평생 먹을 것만을 위해 살았으므로 술과 음식으로만 그대를 청하나니, 비웃지만 않으신다면 다행다행이겠습니다.(『성소부부고』 권20)

짧은 글이지만 허균이 친애하는 벗을 위해 얼마나 정성을 다하는지 여실히 보여준다. 벗을 초대하는 또 다른 몇 통의 편지가 있는데, 하나같이 문장이 아름다운 것을 보면 그의 진심어린 우정을 느낄 수 있다. 한석봉을 초대하는 글도 마찬가지다. 냇가에 만발한 복숭아꽃이 춘색을 동하게 하지만, 뜰에 핀 붉은 작약만으로도 봄을 즐기기에 충분하다고 한다. 이어서 먹을 것을 위해 평생 살아왔음을 자처하면서 그대를 위해 술과 음식을 장만해놓겠다고 했다.

이런 글을 만날 때마다 허균의 『도문대작』이 갑작스럽게 집필된 저작이 아님을 느끼게 된다. 그에게 음식은 자신의 평생이었고, 벗을 위해 진심을 드러내는 방식이었으며, 살아 있는 현재의 삶을 즐기는 최선의 방법이었다.

 허균의 삶은 조선의 유학자들에게는 비난과 질시의 대상이었다. 그러나 파란만장한 그의 인생사를 보면 조선이라는 좁은 땅덩어리에서 얼마나 답답함을 느꼈을지, 유학의 범주를 강요하며 자유로운 생각을 제한하는 사회가 얼마나 고루했을지, 책도 읽지 않는 사람들이 선비입네 하면서 자신이 읽은 몇 권이 전부인 것처럼 타인의 생각을 재단하는 지식인 사회가 얼마나 한심했을지, 마음속에 응어리진 젊은 시절의 아픔을 풀 길 없어 얼마나 먹먹했을지 생각하게 된다. 앞날의 희망이 보이지 않는 가장 절박한 유배지에서 그는 예전에 접했던 음식을 떠올리면서 자유로운 상상력을 한껏 발동시켰으리라. 그러니 복숭아의 오랜 문화적 상징과 전통에 기대어 평화로운 삶을 희구하는 자신의 마음을 슬며시 가탁해보았을 법도 하다.

17. 귀한 마유포도馬乳葡萄 한 송이를 찾아서

세월에 따라 흔한 것과 귀한 것은 수시로 바뀐다. 오징어나 명태만 해도 예전에는 흔한 해산물이었지만 지금은 원양선을 띄워서 잡아와야 국내 수요를 충당할 수 있을 만큼 귀해졌다. 바나나, 파인애플 등 외국의 열대과일은 이제 너무 흔해서 싼값에 구할 수 있지만 예전에는 어쩌다 한번 먹는 귀한 과일이었다. 그런 대상이 한둘은 아니겠지만, 포도 역시 비슷한 변화를 겪었다. 내가 어렸을 때만 해도 포도는 누구나 흔히 먹을 수 있는 과일이 아닌, 부잣집에서나 먹는 귀족 과일이었다.

어렸을 때 당시唐詩를 읽던 중 포도가 등장하는 시 구절을 접하고 신기하게 여긴 적이 있다. 바로 왕한王翰이 지은 「양주사涼州詞」의 "포도미주야광배, 욕음비파마상최葡萄美酒夜光杯 欲飮琵琶馬上催"라는 대목으로, 맛있는 포도주를 야광배에 따라 말 위에서 마시려 하는데 비파소리가 재촉한다는 내용이다. 다시 말해서 장수가 전쟁터로 떠나기 직전에 좋은 포도주 한 잔 마시려 하는데 비파소리가 빨리 떠나라고 재촉한다는 뜻이다. 이제 떠나면 살아서 돌아오리라 장담할 수 없는 순간, 긴장감과 비장함이 가득한 이별의 순간에 마시는 한 잔의 포도주는 참으로 진귀하고 맛난 술이었으리라. 어린 마음에도 이 구절이 마음에 와 닿았던 것은 시골 아이에게는 낯선 포도주, 야광배, 비파 같은 단어들이 아득히 먼 나라를 떠올리게 했기 때문이다. 전쟁터로 떠나는 사람의 심정에 공감했다기보다는 이국적인 소재들이 제공하는 낭만적 상상에 끌렸던 것이다. 그런 점에서 포도 혹은 포도주가 주는 이미지는 웬일인지 미지의 나라를 떠올리면서 아련한 낭만을 불러일으키는 일종의 시적 상관물이었다.

포도주와 관련해서 더 오래 기억에 남았던 것은 이백李白이 지은 「양양가襄陽歌」의 구절이었다. 지금도 기억에 남는 구절은 이 부분이다.

백 년 삼만육천 날 百年三萬六千日
하루에 모름지기 삼백 잔을 기울여야 하리 一日須傾三百杯
아득히 한수를 바라보니 오리 머리처럼 푸르러 遙看漢水鴨頭綠
흡사 포도가 막 발효할 때와 같구나 恰似蒲萄初醱醅

우리가 상상하는 이백의 이미지를 가장 잘 보여주는 구절인지라 포도주를 볼 때마다 나는 이 구절이 떠오르곤 했다. 이백의 시에는 특유의 과장법과 함께 이런 서사가 반영되어 있다. 술을 모르던 어린 시절, 나는 이 구절 때문에 포도주 빛깔이 푸른색인 줄 알았다. 『박물지博物志』와 같은 책을 읽었을 때도 중국 사람들은 서역의 포도로 담근 술을 마시면 여러 날 동안 깨지 않는다고 생각했다. 그런가 하면 당태종이 고창高昌을 함락시킨 뒤 포도 묘목을 가져와 뜰에 심은 뒤 새로운 양조법으로 포도주를 담갔더니 초록빛 포도주를 얻게 되었다는 기록도 남아 있다. 흥미롭게도 당태종이 궁궐에 심었다는 포도 품종은 마유포도馬乳葡萄였다. 연한 초록빛의 길쭉한 포도알이 열리는 마유포도는 맛이 달콤상콤하여 사람들이 좋아하는 품종이다. 아쉽게도 나는 이 품종으로 빚은 포도주를 맛본 적이 없어 이백의 시 구절에서 그 맛을 연상할 수는 없지만 그의 지극한 포도주 사랑은 충분히 헤아릴 수 있다.

포도는 꽤 이른 시기에 우리나라에 전래되었다. 삼국시대에 이미 포도 문양의 유물이 나타나고 고려시대 시문에 포도가 언급되어 있다. 이규보李奎報, 이색李穡(1328~1396), 이숭인李崇仁(1347~1392) 등의 시문을 보면 당시에 포도가 재배되고 있었음이 확인된다. 조선시대 들어서면 일일이 거론하기 어려울 정도로 시문에 포도가 자주 언급되고 있다. 그렇다고 해서 포도가 흔한 과일은 아니었다.

내가 실제로 포도나무를 처음 본 것은 도시에서 고등학교에 다니던 때였다. 친구가 사는 하숙집에 놀러 갔다가 그 집 마당에서 포도 덩굴에 맺힌 포도알을 목격한 것이다. 덩굴시렁을 타고 뻗은 잎

사귀들 사이로 모습을 드러낸 콩알보다 작은 알맹이를 한참 들여다보는 나에게 친구가 웃으면서 포도라고 알려주었다. 글과 사진으로만 접한 포도를 처음으로 직접 본 느낌은 다소 실망스러웠다. 다시 자세히 봤지만 뒷산에서 흔히 보던 머루와 별 차이가 없어 보였다. 까맣게 익은 머루송이를 따서 먹을 때의 새콤하고도 달착지근한 맛도 떠올랐다. 사실 다래가 훨씬 맛있는 산과山果였으므로 머루에 대해서는 별 감흥이 없는 터였다. 그러니 처음 본 포도 송이가 인상적일 리 없었다. 나중에 친구의 하숙집을 일부러 찾아가 포도가 까맣게 익은 모습도 보고 그것을 따서 먹어보기도 했다. 마당에서 기른 포도라서 달콤하기는커녕 시큼한 맛 때문에 실망스러웠다. 이솝 우화에 나오는 여우와 신포도 이야기도 떠올렸던 것 같다.

세월이 흘러 포도는 우리 일상에서 흔히 접하는 과일이 되었다. 포도가 정말 맛있는 과일이라는 걸 알고 난 뒤에는 한동안 그 맛에 빠져 있기도 했다. 포도가 출하되는 늦여름 무렵이면 나는 경기도 가평이나 충북 영동으로 포도를 사러 다니곤 했다. 그 덕분에 몸무게가 갑작스럽게 늘기도 했다. 한밤중에 책을 읽으면서 포도를 두어 송이 먹고 잠자리에 들었으니 당연히 몸무게에 변화가 생겼다.

우리나라에서 재배되는 포도 품종은 다양하다. 가장 대중적인 캠벨포도를 비롯해 거봉이나 샤인머스캣 같은 개량품종도 쉽게 구할 수 있다. 그러나 조선시대에 포도를 재배하거나 과일을 구해서 먹는 것은 어려운 일이었다. 조선 후기에 비로소 포도가 널리 재배되면서 서화書畫에 자주 등장하는 소재가 되기도 했지만, 그때도 일반 백성은 포도를 맛볼 기회가 드물었다.

문인들에게는 여름 무렵 포도 잎사귀가 무성해지면서 작은 열매가 송이를 이루고, 뜨거운 늦여름 따가운 햇살을 받아 알알이 검은색으로 익어가는 모든 과정이 관심거리였다. 특히 고려 후기의 문인들은 포도를 감상하는 생활을 즐겼다. 공민왕 때의 무신인 정휘鄭暉(생몰연대 미상)는 정원에 포도 시렁을 만들어 덩굴을 올리고 그곳에 포도헌蒲萄軒이라는 이름을 붙였다. 고려시대 개풍군에 있던 신효사神孝寺에도 포도헌이 있었다. 식사息師(식 스님)가 주석하고 있던 당시에는 정몽주鄭夢周(1337~1392), 김구용金九容(1338~1384), 이숭인李崇仁(1347~1392) 등 당대 최고의 문인들이 모여서 포도를 감상하면서 시문을 짓기도 했다. 이 일을 계기로 많은 문인이 모여 시와 술을 즐기는 포도감상회가 생겨나기도 했다. 이숭인은 식息 스님이 거처하는 신효사 누각 아래 시렁 위에 포도가 가득 열렸다고 하면서 "가장 좋은 것은 쟁반 가득 쌓아놓은 마유이니, 어찌 술을 만들어서 양주凉州를 얻을 필요가 있겠는가?"*라는 시를 읊었다. 여기서 말하는 '마유'는 마유포도를 지칭한다.

마유포도는 맛있는 포도의 상징적 표현이기도 하지만, 실제로도 맛있는 포도 품종으로 널리 알려져 있었다. 서거정徐居正(1420~1488)

---

* 이숭인의 시는 다음과 같다. 息師方丈儘淸幽, 樓外葡萄一架秋. 最好滿盤堆馬乳, 何須作酒博涼州?(「題神孝寺息師蒲萄軒, 興達可敬之諸公同賦」,『陶隱集』 卷3)

을 비롯한 동시대 문인들의 시에서 마유포도가 자주 등장하고 있는 걸 보면 당시 널리 사랑받았음을 알 수 있다. 연산군은 승정원에 마유포도 한 송이를 하사하면서 각각 맛본 느낌을 시로 지어서 바치라고 명했다. 그러자 신하들이 "저희는 예전에 맛본 적이 없었던 것입니다. 산중에 간혹 있었을지 모르겠지만 서리와 눈 속에서 익은 그 맛이 어찌 이와 같을 수 있겠습니까"라고 말했다.* 연산군은 이어서 마유포도라든지 수정포도를 민간에서 구해 올리라고 명하기도 했으니, 당시 일부 민간에서 맛있는 포도가 재배되고 있었던 것은 분명하다.

이 포도는 허균의 『도문대작』에서도 등장하는데, 다음과 같이 기록되어 있다. "포도蒲桃. 마유馬乳포도는 드문데, 신천信川에 사는 윤대련尹大連의 집에 한 시렁이 있다. 맛이 너무 좋아서 중국의 마유포도에 뒤지지 않는다."**

허균이 쓴 '포도蒲桃'의 한자는 현재 쓰이는 '포도葡萄'와 같은 뜻이며, '蒲萄'라고도 쓴다. 시렁[가架]은 포도 덩굴을 올리기 위해 설치하는 일종의 지지대 같은 것이다. 조선의 사신단이 중국이나 일본으로 넘어가면, 해당 국가에서는 이들을 접대하기 위한 음식을 마련하는데 그 목록에 마유포도가 자주 등장한다. 허균 역시 여러 차례 중국에 사신으로 다녀왔으니 분명 마유포도를 먹어본 경험이

---

* 『연산군일기』 연산군 6년(1500), 6월 14일자 기사.
** 蒲桃. 馬乳者稀, 而信川尹大連家有一架, 味最好, 不減上國也.(『도문대작』)

있을 것이다. 게다가 고려시대 이래 한반도 지역에서 이 품종을 재배한 기록이 있는 것으로 보아 조선 땅에서 생산되는 마유포도도 역시 먹어보았을 것이다.

허균은 불교를 숭상했다는 혐의로 삼척 부사에 임명된 지 2개월 만에(실제로는 삼척에 도착한 지 13일 만에) 탄핵되었고, 그로부터 2개월 뒤인 1607년(선조40) 7월에 복직되어 내자시정內資寺正으로 약 5개월가량 근무한 적이 있다. 이 벼슬은 궁궐에 소용되는 각종 쌀, 곡식 가루, 기름, 술, 꿀, 채소, 과일 등을 관리하는 책임자로 궁중의 연회를 총괄한다. 이러한 직책의 특성상 허균은 조선에서 생산되는 혹은 공물로 올라오는 각종 진귀한 음식을 두루 맛보았을 것이다.

이러한 추정이 무리도 아닌 것이, 그가 내자시에 근무할 때 지은 시들을 모아서 「태관고太官藁」를 엮었는데, 그중에 마유포도를 읊은 작품이 있다. 그 시에서 허균은 이렇게 읊었다. "길게 뻗은 포도 덩굴 가을 이슬 머금으니, 마유는 주렁주렁 옥 같은 액이 흐르네."*

허균이 『도문대작』에서 마유포도에 관하여 언급한 신천은 황해도에 있는 지역으로, 한때 그가 도사都事를 지낸 곳이기도 하다. 그곳에 사는 윤대련이 어떤 인물인지 알 수는 없지만, 신천은 대동강이 서해와 만나는 지점에서 그리 멀지 않아서 중국과 교역이 활발했을 뿐 아니라 황해도와 평안도의 물산이 모이는 집산지이기도

---

* 이 작품의 원문은 다음과 같다. 蒲桃引蔓露含秋, 馬乳離離玉液流. 莫乞茂陵消渴客, 好酤春酒博涼州.(「蘇亭」, 「太官藁」, 『惺所覆瓿藁』 卷2)

17. 귀한 마유포도馬乳葡萄 한 송이를 찾아서

했다. 앞서 언급한 개풍군의 신효사도 신천을 거쳐 평안도로 가는 노선이므로 이곳에서 마유포도를 만나는 게 이상해 보이지는 않는다. 허균이 언제 윤대련의 집에서 마유포도를 먹어보았는지 정확히 알 수는 없으나, 적어도 그의 품평이 좁은 범위에서 이루어진 게 아님을 짐작할 수 있다. 즉 그는 중국 사신으로 갔을 때나 궁중에서 근무할 때, 혹은 평안도를 오가면서 들른 개풍에서 마유포도를 맛보았을 것이다. 그중에서 윤대련 집에 있는 마유포도가 가장 맛있다고 했으니, 섬세한 입맛의 허균이 인정한 그 포도의 품종이 궁금해진다. 여러 종류의 포도를 맛보았을 허균이 마유포도를 '희귀한 것'이라고 표현한 점으로 미루어보건대 분명 당도가 높았을 것이다.

포도는 식용과 양조용으로 나뉘는데, 각각 많은 종이 개발되어 있다. 포도는 고대부터 인류와 함께해온 과일이니만큼 다양한 품종이 파생되는 것은 어찌 보면 당연한 일이다. 식용으로 우리나라에 가장 널리 알려진 캠벨 얼리를 비롯하여 머스캣 베일리, 블랙 함부르크, 델러웨어 등 그야말로 맛있는 포도 종류를 일일이 거론하기 어렵다. 최근에는 거봉이나 샤인머스캣 같은 새로운 품종이 개발되고 있어 포도 애호가들의 입맛을 사로잡는다.

허균은 신천에서 맛본 마유포도의 맛을 오래도록 기억하고 있었다. 그것은 당태종의 고사가 조선의 지식인들에게 널리 알려졌기 때문이겠지만, 진귀한 대접을 받는 포도 중에서도 특히 맛있는 마유포도는 그의 기억에 오래도록 각인되었다. 귀양바치에게는 결코 허여되지 않을 듯싶은 포도를 기록하면서, 언젠가 집으로 돌아가 새콤달콤하고 귀한 포도를 맛볼 날을 꿈꾸지 않았을까.

18. 충주와 원주의 수박이 최고였지

워낙 시골 출신인 나는 어린 시절을 생각할 때면 웃음이 새어 나오곤 한다. 지금이야 먹고 싶은 과일을 사시사철 구할 수 있지만, 예전에는 맛볼 수 있는 과일이 계절별로 정해져 있었다. 당시에는 기후 환경을 극복할 수 있는 농업 기술이 개발되지 않았기 때문으로, 여름을 대표하는 참외와 수박은 정확히 여름철에만 먹을 수 있었다.내가 참외와 수박이 자라는 것을 처음 본 것은 중학교 2학년 때다. 물론 그때 처음으로 맛본 건 아니고, 밭에서 자라는 과일을 처음 보았다는 뜻이다. 우리 동네에는 과수원이 곳곳에 있었지만 거의 복숭아나 자두 같은 종류를 재배했는데, 어느 날 갑자기 참외를 심은 집이 나타난 것이다. 이 소식은 빠르게 아이들 사이에 퍼졌고, 우리는 틈만 나면 참외를 심었다는 밭을 방문했다. 처음에는 풀만 무성해 보일 뿐 참외를 발견할 수 없었다. 참외밭에 대한 관심이 사그라질 무렵, 드디어 참외가 열렸다는 소식이 들려왔다. 마침 여름방학이 가까워 온 때였다. 더위를 식히느라 강가에서 멱을 감고 나서 무료해진 우리는 참외밭에 가보기로 했다. 과연 참외밭에는 무성하고 푸른 잎 사이로 노르스름하면서도 푸른빛이 살짝 감도는 참외가 자태를 드러내고 있었다. 여름이면 깎아 먹던 참외를 실제로 밭에서 보니 감탄사가 절로 났다. 그런데 참외밭 한쪽으로 색이 진한 풀들이 우거져 있었다. 뭘 심은 건가 하고 살펴보니 뜻밖에 수박이었다. 밭에 참외만 심은 게 아니라 한쪽 고랑에 수박도 심었던 것이다. 참외도 신기한데 수박까지 있으니 어린 촌놈들 눈에 얼마나 신기했겠는가.

대여섯 명의 아이들이 신기한 표정으로 참외밭을 구경하고 있는데 저쪽에서 참외밭 주인 아저씨가 소리를 지르며 달려왔다. 그 모습에 놀란 우리는 무조건 달아나기 시작했다. 급하게 참외밭을 가로지르는 통에 참외 몇 개가 깨졌던 모양이다. 우리는 무사히 도망쳤지만, 아저씨는 그날 저녁 아이들 집을 찾아다니면서 참외밭을 망쳤다고 항의했고, 아마 그에 대한 변상을 받아냈을 것이다. 그 당시에는 과수원에 몰래 들어가서 과일을 서리하는 경우가 비일비재하던 시절이라 동네 여론은 참외밭 주인이 과했다는 쪽이었다. 그러나 참외와 수박 재배에 처음 도전하는 아저씨 입장에서는 예민할 수밖에 없었고, 동네 분들도 그 점을 감안해서 변상을 해준 것으로 기억된다. 우리는 한동안 꾸지람을 들어야 했고 그 후론 참외밭 주변에 얼씬도 할 수 없었다. 이러한 강렬한 첫 만남의 추억에도 불구하고 나는 여전히 수박을 좋아한다.

수박을 볼 때마다 나는 이 과일이 언제부터 한반도에서 재배되었을까 궁금해진다. 옛날 사람들도 수박이 어디서 유래했는지 궁금해하면서 여러 가지 주장을 기록으로 남겼다. 허균은 『도문대작』에서 다음과 같이 적었다. "수박[西瓜]. 고려 때 홍다구洪茶丘가 처음 개성開城에 심었다. 연대를 따져보면 아마 홍호洪皓가 강남江南에서 들여온 것보다 먼저일 것이다. 충주에서 나는 것이 상품上品인데 모양이 동과冬瓜처럼 생긴 것이 좋으며, 원주原州 수박이 그다음으로 좋다."*

허균은 전국을 돌아다니면서 여러 지역의 수박을 맛보았고, 이 경험을 토대로 충주와 원주의 수박을 첫손에 꼽았다. 그의 기록에 등장하는 홍다구洪茶丘(1244~1291)는 삼별초의 난을 진압하고 원나라의 일본 정벌을 준비한 홍준기洪俊奇의 어린 시절 이름이다. 그의 조부는 원래 몽골인으로 고종 때 고려에 투항한 이래 고려 사람으로 살았던 인물이다. 홍다구는 원나라에서 태어나 그곳에서 어린 시절을 지냈지만 부친의 관직을 이어받아 고려에서 근무하면서부터 고려인으로 살았다. 허균이 수박을 들여온 사람으로 홍다구라는 인물을 지목했다는 것은, 그의 박람강기博覽强記한 특성으로 보아 누군가에게 들었거나 기록을 읽었을 가능성이 크다. 그러나 『도

---

* 西瓜. 前朝洪茶丘始種于開城, 考其年, 則殆先於洪皓之歸江南也. 忠州爲上, 形如冬瓜者爲佳, 而原州次之.(『도문대작』)

문대작』의 기록은 너무 짧아서 확인할 길이 없다. 다만 이유원李裕元(1814~1888)의『임하필기林下筆記』(권32)에 원나라 세조世祖 때 어떤 사람이 중국에서 들여왔다는 기록이 있다. 원나라 세조의 재위기간은 1259년부터 1294년까지로, 연대로 보면 허균의 기록과 같은 시기다.

이 과일이 처음 한반도에 들어온 시기가 고려시대라 한다면 아무래도 개경이나 평양 인근에서 재배가 되었을 것이다. 앞서 언급한『임하필기』에서도 수박이 동아시아 전역에 널리 퍼진 과일이라 소개하면서, 조선에서는 경기도의 석산石山, 전라남도 광주의 무등산, 평안도의 능라도에서 생산된 수박이 가장 뛰어나다고 평가했다. 경기도 석산은 지금의 어느 지역인지 명확하지는 않지만, 경기도 양평이나 이천 지역으로 추정된다. 무등산 지역은 지금도 수박 산지로 유명하므로 조선 후기의 작물 전통이 이어지고 있음을 알 수 있다. 남과 북이 분단된 지금 아쉽게도 평양 능라도의 수박은 맛볼 수 없지만, 조선 후기의 여러 기록에 언급되고 있다. 한필교韓弼教(1807~1878)의『수사록隨槎錄』(권2)에도 능라도의 수박이 맛있다는 기록이 있다.

조선 전기의 상황이 반영된『동국여지승람東國輿地勝覽』에는 수박이 토산품으로 등장하지 않는다. 이후 조선 후기에 편찬된 유형원柳馨遠(1622~1673)의『동국여지지東國輿地志』를 보면 수박이 충주의 토산품으로 기록되었으며 "가장 크고 맛있다最大且佳"는 주석이 특별히 달려 있다. 또한 조선 후기에는 왕실뿐 아니라 제법 규모 있는 양반가에서 제사나 천신薦新을 할 때 제사상에 수박을 올렸다는 기록이 있다. 그렇다면 수박은 고려시대 들어 재배되었지만 조선 전기까지도 생산량이 많지 않은 귀한 과일이었을 것이다. 허균 역시 부친이나 자신이 관직생활을 한 덕분에 여러 지역의 수박을 맛볼 기회가 있었을 뿐 일반적으로 먹을 수 있는 과일은 아니었다고 하겠다.

허균은 『도문대작』의 고기와 수산물 분야를 기록하면서 민간에 널리 요리되는 것들은 특별히 기록하지 않았다고 밝혔다. 다시 말해서 『도문대작』에 소개된 항목 중 많은 부분은 민간에서 쉽게 구해 먹을 수 없는 것이라는 뜻이니, 수박 역시 지체 높은 집안에서나 맛볼 수 있는 과일이었을 것이다.

조선 후기가 되면 수박을 재배하는 방법이 널리 알려지기 시작한다. 이언영李彦英(1568~1639)은 「종서과설種西瓜說」(『완정집浣亭集』 권4)에서 자신이 수박을 심어 기르면서 깨달은 바를 글로 남겼다. 그는 글 읽는 방 뒤쪽 공터에 수박 수십 포기를 심고 거름을 주고 김도 매주었지만 어떤 것은 무성하게 잘 자라고 어떤 것은 말라 죽는 것을 보면서 아무리 바탕이 좋아도 열심히 공부하고 노력하는 사람만 성현의 가르침을 깨달을 수 있다는 깨우침을 전했다. 이 글은 수박 재배를 주제로 한 게 아니었으나, 이후부터는 수박 재배에 관련한 글이 본격적으로 등장하기 시작했다. 이언영 다음 세대 지식인이라 할 수 있는 홍만선이 저술한 『산림경제山林經濟』, 이덕무李德

懋(1741~1793)의 『이목구심서耳目口心書』 등의 기록을 보면 수박을 재배하는 방법이 빠짐없이 기록되어 있다. 이후로 19세기 말 즈음, 수박은 주요 도시를 중심으로 조선 전역에서 구할 수 있는 과일로 자리 잡았다. 정약용이 당시 유행하던 속담을 모아서 편찬한 책『이담속찬耳談續纂』에는 "수박 겉을 핥아서는 속의 맛을 모른다西瓜外舐, 不識內美"는 속담이 소개되어 있으며, 사람을 겉모습만 보고 평가해서는 안 된다는 의미라고 주석을 붙여놓았다. 이런 관용적 표현으로 볼 때 당시 민간에서 많은 수박이 재배되고 소비되고 있었음을 짐작할 수 있다.

한편 다른 기록들을 보면 허균이 살았던 17세기 전기에도 수박이 귀했음을 알 수 있다. 그와 동시대 인물인 조극선趙克善 (1595~1658)은 위독한 모친이 수박을 먹고 싶다고 하여 백방으로 수박을 구해봤지만 음력 5월 초순이었던지라 끝내 수박을 얻지 못했다. 조극선은 수박을 맛보지 못하고 돌아가신 어머니 때문에 수박을 볼 때마다 애통함과 그리움에 젖었고, 평생토록 수박을 먹지 않았다고 한다.* 비슷한 시기의 윤창세尹昌世(1571~1639) 역시 병이 위중하신 모친이 드시고 싶어하던 수박을 구해드리지 못한 죄스러움으로 평생 수박을 먹지 않았다는 기록이 있다.**

---

* 조극선, 「불식과설不食瓜說」, 『야곡집冶谷集』 권5.
** 김상헌金尙憲, 「파평윤공배경부인합장묘지명 병서坡平尹公配慶夫人合葬墓誌銘 幷序」, 『청음집淸陰集』 권33.

이제는 전국에서 수박이 생산되지만, 허균이 손꼽은 수박 생산지인 충주와 원주에서는 지금도 여전히 당도가 높고 품질이 우수한 수박이 생산되고 있다. 먹을 것이 흔해졌다고는 하지만 과일마다 깃든 추억은 사람마다 천차만별이다. 우리가 매일 겪는 작고 흔한 기억들이 모여서 우리의 삶을 구성하고 '나'라고 하는 인간의 정체성을 만드는 법이다. 수박에 깃든 작은 기억은 지금의 나를 만든 하나의 조각이었다. 잊고 살았지만 수박을 볼 때마다 내 안에 깊숙이 자리한 한 조각의 기억이 나도 모르는 사이에 관성으로 굳어가는 삶을 일렁이게 만들어준다.

19. 여름 과일 참외의 달콤한 기억들

참외의 계절이 돌아왔다. 시장에 노란 참외가 수북한 풍경을 볼 때면 여름으로 접어들었다는 걸 느낀다. 누구나 참외를 좋아하는 건 아니지만, 내게는 가장 좋아하는 과일 중에서도 상위에 속한다. 아내와 장을 보러 갔다가 참외를 발견하면 눈치가 보이더라도 한 봉지 집어들곤 한다.

내가 자란 동네에서 처음 참외밭이 생긴 것은 중학교 1학년 때로 기억한다. 당시만 해도 우리 동네 과수원에서는 주로 복숭아나 자두, 딸기 같은 것을 재배했기 때문에 초여름부터 초가을까지 먹을 수 있는 과일은 제한적이었다. 그때 이후로 참외와 수박을 본격적으로 재배하는 농가가 서서히 늘었다.

요즘이야 문제 될 일이지만, 1970년대 시골에서는 아이들의 과일 서리가 일상적이라고 할 정도로 많았다. 몰래 훔쳐먹는 짓이니 엄밀히 말하면 절도라 하겠으나, 당시에는 시골 인심이라는 게 있어서 간혹 과일을 서리하다가 걸려도 주인은 조심해서 먹을 만큼만 따라고 소리칠 뿐이었다. 까까머리 중학생이던 우리도 나름대로 선을 지켜가면서 조심히 따먹곤 했다. 나이 들어 생각해보니, 당시 어른들의 관대함 덕분에 별 탈 없이 무사히 넘어갈 수 있었다.

중학교 1학년 그때를 회상해보자면, 어느 날 한 친구로부터 우리 동네에 참외밭이 생겼다는 소식을 입수했다. 우리는 일주일이 멀다하고 참외밭 주변을 어슬렁거리면서 작은 싹이 올라와 덩굴을 뻗으며 잎이 무성해지는 모습을 구경하곤 했다. 어느덧 무성한 잎 사이로 노란 꽃이 피어나더니 그 자리에서 작은 열매가 달리는 모습을 우리는 신기한 듯 지켜봤다. 참외가 어느 정도 익어갈 무렵 한 친구가 용감하게 참외 서리를 하러 가자고 목소리를 높이더니 정말 참외 몇 개를 몰래 따왔다. 노란 참외를 생각했던 우리는 단단하고 푸른빛을 띠고 있다는 데 실망했고, 정말 맛이 없었기에 더욱 실망했다. 익지 않은 참외를 따왔으니 오죽했겠는가. 물론 개구리참외나 조선참외는 익어도 푸른빛을 띠기는 했지만, 어린 중학생들의 소견에 참외는 언제나 노란색이어야 마땅했으므로 여러 모로 실망스러울 수밖에 없었다. 나중에 서리를 해온 친구가 털어놓기를, 불빛 하나 없는 깜깜한 밤에 서리를 하러 갔기 때문에 더듬더듬 만져보고 큼직한 것만 몇 개 따왔다는 것이다.

덩굴과 잎이 무성해질 때면 밭 가장자리로 원두막을 얽어놓는다. 여름방학이 본격적으로 시작되면서 찌는 듯한 무더위가 기승을 부리면 원두막이 제 역할을 톡톡히 한다. 열매가 익을 무렵 참외밭 주인은 한쪽에 원두막을 짓고 서리꾼을 감시하는 한편 현장에서 참외와 수박을 판매도 했다. 나중에 우리는 그 밭에는 참외와 수박이 절반 정도씩 구분되어 재배되고 있다는 걸 알게 되었고, 거기서 참외와 수박을 맛볼 수 있었다.

어쨌거나 한동네 참외밭이었으니 참외가 무르익을 무렵에는 자연스레 그 달고 시원한 맛을 볼 수 있었다. 잘 익은 참외의 맛은 여름철 입맛을 단박에 사로잡았다. 껍질을 벗기면 나타나는 흰색 과육의 아삭한 식감과 씨앗을 품은 하얀 속살의 부드럽고 달콤한 맛의 조화는 단연코 엄지를 올리게 하는 맛이었다. 그렇게 친해진 참외는 지금까지도 여름철을 상징하는 나만의 사랑스러운 과일로 자리 잡았다. 마당에 텃밭을 가꾸기 시작한 후 해마다 참외를 서너 포기 심었는데, 순만 잘 따주고 조금만 신경 써주면 여름부터 초겨울 무렵까지 참외를 맛볼 수 있다. 참 행복하고 흐뭇한 기억이다.

참외는 삼국시대부터 한반도 지역에서 재배되었으며 민간에 매우 친숙한 과일이다. 유물 가운데 참외 형태의 도자기가 많이 전해지고 있고, 고려시대 기록에도 참외와 관련된 단편적인 기록들이 곳곳에서 발견되고 있다. 그래서인지 오래전부터 참외가 제수품으로 쓰였으며, 조선시대 문헌에서도 그러한 내용을 종종 찾아볼 수 있다. 조선 후기 문인인 홍직필洪直弼(1776~1852)은 추석이 초가을에 들면 제삿상에 벼, 감, 대추, 밤을 올리되 시속時俗을 따라서 조기,

웅어, 은어, 수박과 함께 참외를 올리는 것이 좋겠다고 했다. 지금도 여름철에 제사를 지내는 집에서는 대부분 참외를 제수로 올린다.

시대가 흐르면서 새로운 품종이 개발되기도 하고 자연환경의 변화와 함께 기존의 품종이 달라지는 경우도 많으며, 나아가 분류 기준에 대한 인식이 점점 세분화되거나 강화되기도 한다. 그런 탓에 과거의 기록에 등장하는 과일이나 채소가 현재 우리가 알고 있는 품종과 동일한 것인지를 가리기가 쉽지 않다.

송나라 사신 서긍이 고려에 다녀간 후 고려의 풍속을 광범위하게 소개한 『고려도경高麗圖經』을 펴냈는데, 그중 「토산土産」 항목에서 능금, 청리靑李, 과瓜, 복숭아, 배, 대추 등의 과일을 열거한 뒤 그다지 맛이 없으며 크기가 작다고 했다.* 맛의 판단은 주관적이기도 하고 식문화의 차이에 따라 맛의 기준이 다르기 때문에 서긍의 평가는 지극히 개인적이라 할 수 있다. 관심 가는 부분은 그가 열거한 과일 중 '과'라는 게 무엇이냐는 것이다. 통상적으로 '과'는 오이 종류를 뜻한다. 그러나 오이의 하위 항목에는 여러 종류가 있어서 서긍이 고려에 와서 맛본 것이 어떤 품종인지는 확실치 않다. 일반적으로 참외는 식품 분류상 과일이 아닌 채소 혹은 과채류에 속한다. 조선 후기 문인 한치윤韓致奫(1765~1814)은 자신의 『해동역사海東繹史』에 이 구절을 인용하면서 '과' 항목에 "살펴보건대, 과瓜의 속명

---

* 　來禽靑李瓜桃梨棗, 味薄而形小.(徐兢, 『宣和奉使高麗圖經』 卷23, 「土産」)

俗名으로 서과西瓜는 수박, 첨과甜瓜는 참외라고 한다"*라는 주석을
붙였다.

이렇게 주석을 붙여야 할 만큼 한자 표현은 시대마다 또는 작성
자마다 차이가 있다. 따라서 어떤 단어가 무엇을 지칭하는지를 파
악하기 위해서는 문장의 맥락뿐 아니라 그 글을 기록한 사람이 살
았던 환경 등 다양한 조건을 확인할 필요가 있다. 게다가 모두가 품
종의 명칭을 명확히 구분할 수 있었던 것도 아니므로, 옛 기록을 확
인할 때 주의해야 할 필요가 있다. '과' 역시 마찬가지다. 이 글자는
일반적으로 오이를 지칭하지만, 우리가 알고 있는 오이 한 종류만
의미하는 게 아니다. 이런 탓에 한문 사용자들은 정확한 이름을 붙
이기 위해 노력하기도 했다.

앞서 언급했듯이 참외는 오래전부터 재배되었다. 고려 후기 문
인인 이암李嵓(1297~1364)이 원나라에서 들여온 농서農書로서 우리
농업사에 큰 영향을 끼친 『농상집요農桑輯要』에는 황과黃瓜라는 종류
가 있다. 이것을 참외로 번역하기도 하는데,** 고려 숙종 2년(1104)
기록에도 '황과'가 등장한다. 문제는 이 단어가 늘 참외를 지칭하는
가에 대해서는 의문의 여지가 있다. 예컨대 조선 초기의 문인 서거
정은 「황과黃瓜」라는 시에서 "이것을 따서 담으니 푸른 오이 쟁반에
가득하다"고 했으며, 성현成俔(1439~1504)은 "황과는 나무 위에 달

---

* 案瓜俗名西瓜曰슈박甜瓜曰촘외.(韓致奫, 『海東繹史』 卷26)
** 김영진·이은웅, 『조선시대 농업과학기술사』(서울대학교출판부, 2000), 211쪽.

렸다"라고 표현했다. 이것들은 우리가 알고 있는 참외와는 다른 종류로 보인다. 중요한 점은 한문 표현이 늘 정확하게 하나의 사물을 지칭하는지를 점검할 필요가 있다는 것이다.

명확히 참외를 지칭하는 한자어는 단맛이 나는 오이라는 뜻의 '첨과甜瓜'다. 이 단어는 고려 말 이색李穡(1328~1396), 원천석元天錫(1330~?) 등의 문집에서 발견되는데, 이로 미루어보건대 참외를 지칭하는 '첨과'는 고려 말에 자리 잡은 것으로 보인다. 조선 전기가 되면 앞서 언급한 서거정이라든지 신숙주, 김시습 등 여러 문인들의 시문에 다수 등장한다. 이러한 사정은 참외가 민간에 비교적 널리 알려진 것과 궤를 함께한다. 허균의 『도문대작』에 등장하는 참외도 그러하다. 그는 이렇게 기록하고 있다. "참외[甜瓜]. 의주義州에서 나는 것이 좋다. 작으면서도 씨가 작은데 매우 달고 부드럽다."*

오늘날 참외 품종으로는 금싸라기, 오복꿀 등이 널리 알려져 있지만 지역명을 붙여 성환참외, 성주참외 등의 품종도 많이 판매되고 많다. 100여 년 전에는 각 지방마다 참외 명산지가 있을 만큼 여러 곳에서 참외가 재배되었다. 당시 문인이자 언론인이었던 차상찬의 글을 보면 강원도에서는 횡성과 양양의 참외가 명물이었으며, 자신의 고향 춘천의 전평前坪 너른 들에는 수많은 원두막이 보일 정도로 대규모의 참외밭이 있었다면서, 춘천의 참외밭 풍경을 "큰 시

---

* 甜瓜. 義州爲上. 小而核細, 味甚甘滑.(『도문대작』)

장에 노점이 들어선 것 같다"고 표현했다.* 넓은 참외밭을 찾아온 사람들로 북적이는 풍경이 머릿속에 그려지는 듯하다.

차상찬은 의주를 지목하지는 않았지만 평안도에서도 참외를 많이 재배했다고 밝힌 것을 보면, 허균이 의주 참외를 손꼽은 것도 이상하지는 않다. 다만 『도문대작』은 전적으로 허균 자신의 음식 경험을 토대로 하고 있으므로 당시의 상황이 객관적으로 반영되었는지는 알 수 없다. 아쉽게도 허균이 참외에 대해 언급한 기록은 『도문대작』이 유일하다. 심지어 중국 문인들의 글을 모아 편집한 『한정록』에도 보이지 않는다. 어쨌거나 그가 의주 지역을 오가면서 맛본 참외가 아주 달고 부드러웠던 것은 분명하다.

외국에서는 우리가 즐겨먹는 노란색의 달콤한 참외를 찾아보기 힘들다고 한다. 오랜 세월에 걸쳐 한반도의 풍토에 맞는 참외로 개발되었기 때문에 오늘날 한국의 참외로 인식되고 있는 것 같다.

'참외'라는 말에서도 그 열매에 대한 사람들의 애정을 느낄 수 있다. 한자로는 '진과眞瓜'로 표기하는데, 오이 중에서도 진짜 오이라는 뜻이다. 넓게는 호박이나 수박도 오이의 범주에 포함되는데, 그중에서도 진짜 오이는 참외라는 것이다. 강원도 영동 지역에서도 참외와 구별하기 위해 푸르고 길쭉한 오이를 '물외'라고 했다. 물이 많아서 붙여진 이름인데, 오이 종류 중에서 가장 많이 재배되며 식

---

* 강원문화교육연구소 편, 『차상찬현대문선집1』(강원문화교육연구소, 2023), 81쪽.

재료로 쓰인다.

흥미롭게도 참외는 의술에서도 요긴한 재료로 여겨진다. 조선의 명의 양예수楊禮壽(?~1597) 등이 편찬한 『의림촬요醫林撮要』(권6)에 보면 머리카락이 없는 사람을 치료하는 약으로 첨과엽甛瓜葉, 즉 참외 잎을 찧어서 즙을 내어 머리에 바르면 효과가 있다고 기록했다. 나이를 먹으면 자연스레 머리숱이 적어져 고민거리가 되는데, 이 처방이 얼마나 효과가 있을지는 모르겠지만 심심풀이 삼아 한번쯤 시도해볼 만하지 않을까.

20. 싱그러운 가을 향기를 간직한 모과

　평소 마당에 화초와 나무가 많은 집이 부러웠다. 어렸을 때 살던 집에도 제법 많은 나무와 화초가 있었지만 시골에서는 평범한 수준이었다. 어느 집에서나 쉽게 볼 수 없는 화목花木을 마당에 품고 있는 풍경이 부러웠다. 봄에서 여름으로 넘어가는 계절에 푸른 하늘을 배경으로 피어난 능소화라든지, 여름이 깊어갈 때면 붉은 꽃을 피우는 석류나무가 보기 좋았다. 모과나무도 부러움의 대상이었다. 우리 집에는 모과나무가 없었으나 옆집에는 제법 고목 티를 내는 우람한 모과나무가 한 그루 자라고 있었다. 그 나무는 한여름 햇살을 견디면서 무성한 잎을 자랑하다가 어느덧 노란 열매를 주렁주렁 매달곤 했다.

　사실 모과는 과육을 직접 즐길 수 있는 열매가 아니다. 모과 특유의 향과 맛을 좋아하는 사람이 있을 수는 있지만, 전반적으로 과육이 텁텁하고 신맛과 떫은 맛을 지니기 때문에 과일로서의 모과는 널리 사랑받지 못한다. 칼로 자르려 해도 제법 힘을 주어야 할 정도로 과육이 단단해서 사과처럼 한입 가득 베어물 수도 없다. 가장 널리 사용되는 용도는 역시 모과차다. 감기를 비롯하여 건강을 돕는 성분이 있어서 차를 만들어 마시기도 하고, 열매 자체를 약재로 사용하기도 한다. 모과주를 담그거나 모과청을 만들기도 한다. 또는 집안이나 자동차 안에 놓아두고 그윽한 향을 즐기곤 한다.

예전 어른들은 못생긴 사람을 표현할 때 모과에 비유하곤 했다. 예전에 남학생들은 규율상 머리를 짧게 깎거나 민머리를 하고 다녔기 때문에 두상이 그대로 드러날 수밖에 없었다. 매끈하니 예쁜 두상을 가진 친구도 많았지만 울퉁불퉁한 두상을 가진 친구들은 모과라고 놀림을 받곤 했다. 그만큼 모과는 둥글둥글한 모양을 찾기가 쉽지 않다. 대체로 큼직하고 울퉁불퉁한데다 멍든 것처럼 거뭇거뭇한 상처가 여기저기 있게 마련으로 '어물전 망신은 꼴뚜기가 시키고 과일전 망신은 모과가 시킨다'는 속담이 생긴 것도 납득할 만하다.

근대 이전 지식인들에게 모과는 주변에서 흔히 볼 수 있는 과일이기는 했지만 『시경詩經』「위풍衛風·목과木瓜」의 구절에서 깊은 영향을 받은 듯하다. 시는 3장으로 되어 있는데 첫 번째 장이 모과와 관련이 있다. "나에게 모과를 건네주기에, 나는 경거瓊琚로 보답했다오. 보답을 하자는 것이 아니라, 길이 잘 지내보자는 뜻이었지요 投我以木瓜, 報之以瓊琚. 匪報也, 永以爲好也." 여기서 경거는 귀한 옥으로 만든 패물로, 보잘것없는 선물에 귀한 물건을 보내는 것은 보답하고자 함이 아니라 상대와 오래 잘 지내고 싶은 마음의 표현이다. 이런 내용 때문에 자신의 보잘 것 없는 시문이나 작은 선물을 의미할 때 모과에 비유하곤 했다. 옛 시문에 등장하는 모과는 대부분 이런 맥락으로 인용되고 소재로 활용되었다.

『도문대작』에서 허균은 모과에 대해 인상적인 언급을 했다. "모과[木瓜]. 예천醴泉에서 나는 것이 가장 좋다. 맛이 배 같고 물기가 있다."*

나는 이 문장을 읽었을 때 잘못 읽었나 싶을 정도로 의아했다. 지금도 경상도 지역은 모과의 주요 산지이니 허균이 예천의 모과를 으뜸으로 친 것은 이해된다. 하지만 그 맛이 배와 같고 과즙이 있다니, 고개가 갸웃해진다. 내가 알고 있고 경험한 모든 모과는 시고 떫었고, 단단한 과육을 깨물어보면 과즙이 별로 없어서 텁텁하기까지 했다. 신맛 때문에 침이 고이긴 해도 과즙이 있다고 표현할 수 있을까 의문스러웠다. 허균과 같은 미식가가 이렇게 표현했을 때는 어떤 이유가 있지 않을까 싶기도 했다.

옛 기록에 '목과木瓜'라고 표기된 것이 과연 우리가 알고 있는 모과와 같은 것일까? 다른 글에서도 언급한 것처럼, 세월의 흐름과 함께 용어도 많이 변화했다. 물론 그때나 지금이나 여전히 같은 이

---

* 木瓜. 産于醴泉者最佳, 味如梨而有津.(『도문대작』)

름으로 불리는 경우도 많지만, 전혀 다른 이름을 갖게 된 것도 있고 같은 이름인데 다른 사물을 지칭하는 것도 있다. 한자어 '목과木瓜'는 모과를 지칭하기도 하지만 명자나무를 지칭하기도 한다. 또한 모과는 『동의보감』을 비롯한 『의림촬요醫林撮要』나 『구급방救急方』 같은 의서에 자주 언급되는 약재 이름이기도 하다. 이러한 의약 문헌은 동아시아의 전통의학 체계를 잇는 것으로, 의원들 사이에서는 중국과 조선의 용어 표기가 달라도 처방전을 작성하는 데 개의치 않았다. 의원들은 약재의 이름과 대상을 혼동하는 경우가 없었기 때문일지도 모르겠다. 용어 문제는 생물학적 논의를 포함하고 있기 때문에 이 지면에서 다룰 순 없지만, 어쩌면 허균이 맛본 경상도 예천의 모과는 오늘날 우리가 알고 있는 모과와 다른 품종이 아니었을까 생각해볼 수 있다.

고려 후기 문인인 이규보가 지인들과 함께 어느 절에 놀러 갔다. 밤이 늦도록 술을 마시다가 서너 명이 둘러앉아 차를 마셨다. 밤이 깊어 졸음이 밀려들 무렵 스님이 과일을 가져와 먹어보라고 권했다. 그 과일은 금귤金橘, 홍시紅柿, 모과였다. 흥미롭게도 이 세 가지 과일은 『도문대작』에 포함된 항목으로, 예전부터 손님 접대용으로 구색을 갖춘 종류 아니었을까 싶다. 어떻든 그들은 차와 과일로 졸음을 물리친 뒤 한밤의 흥취를 누렸다. 이규보는 그 정경을 시로 읊으면서 "모과는 반쪽 뺨이 불그레한데, 조각조각 칼 끝에 떨어진다 木瓜紅半頰, 片片落銛鋩"(『동국이상국집』 권8)라고 묘사했다. 보통 모과는 익었을 때 노르스름해진다. 그런데 이규보는 불그레하다고 했다. 이렇게 붉게 물드는 모과는 일본모과, 다른 말로 명자나무 열매다. 이런 점들 때문에 모과와 명자나무의 차이가 무엇인지, 예전의 이름을 그대로 받아들여도 되는지, 품종 간의 차이가 이름의 차이를 만드는지 등에 대한 논의가 일어난다.

조선 후기로 갈수록 모과는 약재로 사용되거나 간식거리 재료로 사용되었다. 널리 알려진 것으로는 모과정과였다. 『산림경제』(권2)에는 모과정과를 만드는 방법이 소개되어 있다. 모과 껍질을 벗기고 씨를 도려낸 뒤 과육만 얇게 저며서 꿀에 재운 뒤 끓여서 졸이면 새콤달콤한 맛이 일품인 간식거리가 된다. 그러나 요즘은 모과정과보다는 모과차를 많이 만든다. 특히 목감기에 효능이 좋아서 쌀쌀한 날씨에 목이 칼칼할 때 마시면 목이 부드러워진다. 이와 비슷한 음료로는 향소탕香蘇湯을 들 수 있다. 모과의 껍질을 벗기고 씨를 발라내어 말린 대추, 차조기 잎을 섞어 찧는다. 여기에 끓는 물을 서서히 부어 아래로 흘러내린 즙을 다시 은근한 불에 끓여서 고膏를 만든다. 찬물이나 더운 물에 이것을 타서 마시는 게 바로 향소탕이다.

모과는 한약재로도 많이 쓰이는 데 특히 담증에 특효약이라 한다. 광해군도 담증 때문에 모과를 상복했으며, 영조나 순조 역시 담증을 앓아 모과를 처방 받은 기록이 남아 있다. 그 밖에도 모과는 두통이나 무릎 통증에 효과가 있고, 급체했을 때 특효라고 전해진다. 이제는 병원이나 약국에서 치료할 수 있는 방법이 많기 때문에 요즘은 모과가 약재로 사용되는 경우는 줄어들고 있는 모양이다. 다만 우리는 향긋한 모과차를 즐기면서 감기나 소화를 돕곤 한다.

　허균이 맛본 예천의 모과는 어떤 품종에 어떤 맛이었을까. 정확하게 추정할 수는 없지만, 시와 술과 풍류를 좋아했으니 모과의 향과 약재로 도움을 받았으리라 생각된다. 가을이 오면 모과의 노릇노릇한 열매가 모습을 드러낸다. 모과차 한 잔을 즐기면서 가을 하늘을 바라보면 어떨까.

21. 금강산 자락에서 맛본 곰 발바닥 요리

우리 역사에서 지금만큼 음식을 풍족하게 누리던 때가 있었을까. 정도의 차이는 있을지언정 어느 나라 어느 사회에서나 빈부격차는 존재하며, 그에 따라 생활의 기본적인 요소인 의식주를 해결하지 못하는 사람들이 생겨난다. 빈부격차에 따른 소외, 즉 가난의 원인을 개인의 능력이나 노력의 여하로 간주할 수도 있겠지만, 많은 경우 사회구조적 차원에서 비롯되는 것이다. 나이 든 사람들은 자신의 어린 시절을 회상하면서 가난한 시절이었지만 지금보다 행복했노라고 말하곤 하는데, 냉정하게 따져보자. 과연 그러한가. 사실은 아직 어려서 세상 근심을 모르던 때라서 행복했다고 생각하는 건 아닐까. 음식이 좀 거칠고 부족해도 그것을 상쇄할 만한 노다른 즐거움이 있었기 때문은 아닐까.

내 기억이 만드는 최고의 진미

-

허균은 『도문대작』에서 젊은 시절 피란을 간 강릉에서 맛본 방풍죽을 무척 맛있는 음식이라 하면서도 나이 들어 요산 군수를 지낼 때 먹은 방풍죽은 신통치 않다고 술회했다. 이 역시 음식의 맛이 사람의 기억에 크게 좌우된다는 점을 상기하게 한다. 특별한 기억이 깃들어 있는 음식은 언제나 인상적인 맛으로 기억되는 법이다.

기억이 진미珍味를 구성하는 중요한 요소라지만, 개인적 경험을 넘어 객관적으로 귀한 대접을 받는 요리가 있다. 진귀한 요리에는 몇 가지 조건이 따른다. 구하기 어려운 재료를 사용했거나, 특정한 이유로 재료 값이 굉장히 비싸거나, 한정된 지역에서만 먹을 수 있어 접근이 어려운 경우 등이다. 예컨대 중국에서 팔진八珍이라 하여 천하의 진미로 꼽는 여덟 가지 요리인 순모淳母, 순오淳熬, 포돈炮豚, 포장炮牂, 도진搗珍, 지漬, 오熬, 간료肝膋가 그러한 경우다. 또 다른 여덟 가지 진미로는 용의 간[龍肝], 봉황의 골수[鳳髓], 표범의 태[豹胎], 잉어 꼬리[鯉尾], 독수리 구이[鴞炙], 원숭이 입술[猩脣], 곰 발바닥[熊掌], 매미의 젖[酥酪蟬]을 꼽기도 한다. 일단 그 재료부터 구하기가 쉽지 않은데다 용의 간, 봉황의 골수, 매미의 젖 등은 실재하는지조차 의문스러운 요리다. 이렇듯 인간 세상에서 맛보기 어려운 요리라면 값을 매길 수도 없지 않을까. 괜히 진귀한 요리로 꼽히는 것이 아니다.

최고의 곰 발바닥 요리는 역시 금강산 자락에서

-

『도문대작』에서 귀한 요리로 손꼽을 만한 것은 앞서 소개한 여덟 가지 진미에도 포함되는 웅장熊掌(곰 발바닥)이나 표태豹胎(표범의 태) 같은 음식으로, 조선시대에 매우 진귀한 음식으로 취급되었다. 특히 허균은 웅장에 대해 이렇게 기록하고 있다. "웅장熊掌. 산간 지역에는 모두 있다. 삶아서 익히는 것을 적절히 하지 못하면 제맛이 나지 않는다. 회양淮陽의 요리가 가장 좋고, 의주·희천熙川이 그다음 이다."*

17세기만 해도 곰은 한반도 전역에서 많이 서식하고 있었으나 워낙 맹수인 까닭에 포획 자체가 쉽지 않았다. 그러나 가죽을 비롯해 모든 부위가 음식과 약재로 활용 가능하다. 그중에서 가장 많이 알려진 부위는 웅담熊膽이겠지만, 요리를 좋아하는 사람들은 웅장을 먼저 떠올린다. 허균은 웅장 요리를 산간 지역 어디서나 맛볼 수 있다고 했지만 그가 좋은 집안에서 태어나 고위 관료로 살았기에 가능한 발언이다. 곰요리가 어찌 산골 어디에서나 먹을 수 있을 만큼 일반적인 것이었겠는가.

허균은 회양, 의주, 희천 순으로 웅장 요리를 손에 꼽았다. 평안 북도 의주는 명나라에 사신으로 가거나 명나라 사신을 수행하는

---

* 熊掌. 山郡皆有之, 烹飪不適, 則失其眞. 味唯淮陽最善之, 義州熙川又次之.(『도문대작』)

접반사 자격으로 왕래하던 곳이고, 희천은 공무 수행으로 다니던 곳이다. 해당 지역 관리들은 허균을 접대하는 입장이었으니 고장의 진귀한 음식을 올렸을 테고, 의주나 희천은 험준한 산이 가까운 지역이니 곰을 잡아서 요리로 대접할 수 있었을 것이다. 그러나 허균의 기억에는 회양에서 맛본 웅장 요리가 가장 훌륭했다. 회양은 금강산이 상당 부분 걸쳐진 곳으로, 당시 사회적 명망이 높은 인사들이 금강산을 유람하러 이곳을 찾곤 했다. 오죽하면 그런 인사들을 잘 응대하라는 차원에서 회양부사는 타 지역보다 한 등급이 높았다는 설도 있었겠는가.

허균은 1603년 8월에 파직되어 강릉으로 가던 중 금강산에 들러 유람했으며, 당시에 지은 시를 모아서 『풍악기행楓嶽紀行』이라는 시집을 엮었다. 그 외에도 몇 차례 회양을 찾았을 만한 경우가 있기는 하지만, 그가 웅장을 맛본 것은 이맘때였을 것이다. 파직되기 전까지 허균은 정3품의 사복시정 겸 춘추관 편수관編修官으로 일했다. 그가 비록 탄핵을 받아 벼슬을 내려놓았다고는 해도 언제든 조정으로 복귀할 수 있다는 점을 고려할 때 회양 인근의 도호부사는 그를 홀대할 수 없었으리라.

웅장을 요리하는 방법은 『음식디미방』에 담겨 있다. 현존하는 가장 오래된 한글 조리서인 이 책은 안동의 여중군자女中君子로 칭송받는 장계향張桂香(1598~1680)이 썼으니, 허균과 비슷한 시대에 등장한 조리서다. 이 책에도 웅장 요리법이 포함된 것으로 보아, 17세기 조선 양반가에서 맛볼 수 있는 요리였던 모양이다. 물론 지역이나 요리사에 따라 약간의 차이는 있지만 1990년대까지도 우리나라 고급 호텔 식당에서 판매되었음이 여러 기록을 통해 확인된다. 함부로 곰을 포획할 수 없도록 하는 법이 생기면서 웅장 요리도 사라졌으나, 우리에게는 진귀한 음식의 상징으로 남아 있다.

음식으로 흥망성쇠를 알 수 있다네

허의許宜라는 사람이 있었다. 부잣집에서 자란 그는 입맛이 지나치게 사치스러워 산해진미로 꼽히는 온갖 음식도 싫증나지 않는 게 없을 정도였다. 그런데 병이 나서 자리에 드러눕게 되자 먹을 게 없어서 끝내 굶어죽고 말았다. 효종 때 역모로 처형을 당한 김자점金自點(1588~1651)이라는 인물은 한창 잘나가던 무렵 어떤 부드러운 음식도 딱딱하다면서 갓 부화한 병아리를 먹었다고 한다. 영조 때 온갖 유언비어로 세손世孫(정조)을 모해하다가 훗날 처형을 당한 정후겸鄭厚謙(1749~1776) 역시 부드럽고 사치스러운 음식을 즐겼다고 한다. 음식 사치를 즐긴 자들의 말로가 안 좋은 것을 보면 그들의 과도한 욕망이 음식에만 뻗쳐 있었던 게 아니었던 모양이다. 18세기의 대표적인 문신인 성대중成大中(1732~1812)이 쓴 「성언醒言」에도 이들의 일화가 소개되어 있다. 이어서 어떤 세도가에서 사람의 오관五官과 사지四肢를 모두 갖춘 어린아이 모양으로 떡국을 만들어 먹었다는 소문을 전하면서 그 집안도 패망했다고 덧붙였다.

　이러한 일화들은 우리의 감각을 자극하는 음식이 넘쳐나는 요즘의 식생활을 돌아보게 한다. 먹방과 쿡방 등 맛있는 음식에 열광하는 시대다. 음식 역시 문화이기 때문에 인위적으로 그 흐름을 바꾸거나 조절할 수는 없는 노릇이다. 그러나 음식이 지나치게 호화롭고 부드럽고 달고 맛있다는 것은 음식이 제공하는 감각적 쾌락을 극대화했다는 의미이기도 하다. 우리 사회가 자연의 순리를 무시하고 인간의 윤리를 도외시하며 오직 욕망을 추구하는 방향으로 나아간다면 그 미래는 얼마나 암울할 것인가. 돈이 많다고 해서 자신의 욕망을 끝없이 추구하기만 한다면 그것은 본인뿐만 아니라 집안을 망치는 지름길이다. 음식은 인간의 기본적인 욕망이라는 점을 옛 성현들도 인정한 바 있다. 그렇지만 그것은 인간의 생존을 유지하고 우리 사회를 건강하게 만들려는 노력에 한정된 것이지 그 욕망을 무한히 확장하면서 즐기라는 뜻은 아닐 것이다. 인간 본성으로서의 음식과 탐욕으로서의 음식 사이에서 우리가 걸어가야 할 길과 방향을 잘 가늠해보아야 한다.

22. 진귀한 사슴 요리들

　미각은 다양한 조건에 의해 형성되는 것이어서 음식에 대한 절대적 기준을 정하기는 어렵다. 철갑상어를 맛있다고 하는 사람도 있지만 무슨 맛으로 비싼 값을 치르며 먹는지 모르겠다고 불평하는 사람도 있다. 누군가는 파인다이닝에서 아름다운 음악을 곁들여 먹는 고급 요리를 맛있게 기억하겠지만, 누군가는 가난한 어린 시절에 먹었던 된장찌개를 가장 맛있는 음식으로 기억할 수 있다. 그만큼 맛있는 음식이란 다양하면서도 넓은 스펙트럼을 가지고 있다. 그가 좋아하는 음식을 통해 그의 문화적 취향이나 삶의 지층을 엿볼 수는 있겠지만, 어떤 음식을 좋아하는 것 자체가 비난의 대상이 될 수는 없다.

　음식에 대한 취향은 시대나 공간, 사회적 신분이나 계층, 경제 및 정치적 처지 등에 따라 다르게 구성된다. 허균은 명문가에서 태어났을 뿐만 아니라 일찌감치 과거에 급제한 촉망받는 인재였다. 비상한 머리와 훌륭한 형제자매들, 사회적 명망이 있는 부친 등 당시 조선 사회에서는 평균 이상의 환경에서 자랐던 것은 분명한 사실이다. 음식에 대한 그의 기억은 이러한 사정을 그대로 반영하고 있다. 그런 그에게 거칠고 힘든 유배 생활은 음식에 대한 옛 기억과 함께 다양한 상상력을 불러일으켰다. 그 상상력이 반영된 『도문대작』의 기록이 일정 부분 음식에 대한 왜곡을 부추겼을지도 모르겠으나, 적어도 16세기 말부터 17세기 초 한 개인의 음식에 대한 지형도를 잘 보여주는 것은 사실이다.

『도문대작』에는 흥미로운 부분이 많지만 '비주지류飛走之類'로 분류한 항목은 더욱 눈길이 간다. '비주飛走'란 하늘을 나는 새와 땅 위를 달리는 짐승을 뜻하는 표현으로, 그에 해당하는 음식은 웅장熊掌, 표태豹胎, 녹설鹿舌, 녹미鹿尾, 고치膏雉, 거위[鵝]로 나뉜다. 허균은 이 여섯 가지 음식을 소개한 뒤 이러한 문장을 덧붙였다. "대체로 토산인 돼지, 노루, 꿩, 닭 등은 어느 고을이든 있기 때문에 번잡하게 꼭 기록할 필요는 없다. 다만 매우 좋은 특산물이거나 요리로서 정말 맛있는 것은 기록하여 다른 것과 구별했다."*

여섯 가지 음식 중 웅장과 표태는 특산물에 속하고 나머지 네 가지는 맛있는 요리에 해당할 것이다. 특히 사슴(노루)의 혀와 꼬리를 이용한 녹설과 녹미는 근대 이전 동아시아 지역에서 진미珍味로 손

---

* 凡地産猪獐雉鷄等物, 邑邑有之者, 不必煩載, 而唯或産者絶好, 或膳者絶佳, 則書以別之.(『도문대작』)

꼽히던 요리다. 노루는 한반도 전 지역에 서식하는 짐승이기 때문에 어느 지역의 특산물이라 할 순 없지만, 혀와 꼬리 부위는 구할 수 있는 양이 적기 때문에 당연히 녹설과 녹미 요리는 귀한 음식으로 취급되었다. 오죽하면 『조선왕조실록』에 녹설과 녹미가 맛있는 음식이기는 하지만 사슴을 공물로 바치느라 백성에게 끼치는 폐가 과도하니 공물에서 제외하라는 지시가 내려졌겠는가.

『도문대작』에서 허균은 녹미와 녹설에 대해 이렇게 기록했다. "녹설鹿舌. 회양淮陽 사람들은 그것을 삶아서 먹는데 달콤하고 부드러워서 매우 맛이 좋다." "녹미鹿尾. 부안扶安 사람들이 그늘에서 말린 것을 가장 좋은 것으로 치고, 제주도의 것이 그다음이다."

지금 한국에서는 사슴고기를 쉽게 먹을 수 없으나 예전에는 비교적 구하기가 쉬웠다. 내가 어렸을 때만 해도 웬만한 집에서는 사슴고기를 말려두었다가 새해가 되면 만두소로 사용하거나 탕에 넣어 먹거나, 간혹 쪄서 먹기도 했다. 자칫 잘못 처리하면 누린내가 나기 때문에 어렸을 때는 사슴고기를 좋아하지 않았지만 없는 살림이나마 고기 먹는 시늉을 낼 때에는 사슴고기도 한자리 차지하곤 했다. 아마도 근대 이전에는 사슴고기를 더 쉽게 구했을 것이다. 그러나 허균이 귀한 음식으로 취급한 것은 사슴고기가 아니다. 사슴의 혀와 사슴의 꼬리다. 동물의 혀를 조리해먹는 음식으로 가장 널리 알려진 것은 우설牛舌이다. 소의 혀를 푹 익힌 뒤 살짝 간을 해서 먹거나 소스에 찍어 먹는 요리로, 생각보다 부드럽게 조리하기 때문에 애호가들이 제법 있다. 요즘은 소고기 소비량이 적지 않기 때문에 우설 부위도 어렵지 않게 구할 수 있다. 게다가 요즘 사람들에게 우설은 그리 환영 받지 못하는 부위이기 때문에 공급이 부족하지도 않다.

그런데 조선시대의 사슴 공급은 어떠했을까. 야생 사슴을 포획하기란 결코 쉽지 않은 일로, 전문 사냥꾼 여럿이 작전을 짜고 몰이를 해야 성공할 수 있었다. 고기는 요즘보다 구하기 쉬웠어도 사슴을 잡는 행위 자체는 쉬운 게 아니었다. 그러므로 사슴을 특산물로 기록한 지역이 드문 게 당연하다. 어떻든 사슴을 잡기가 쉽지 않은 만큼 사슴의 혀와 꼬리로 만든 요리는 무척 귀할 수밖에 없고, 그러다보니 공물을 취합하는 관리 중에서 녹미와 녹설로 이익을 취하는 자들이 있었다. 중종 때 채윤문蔡允文이 경상도 수사水使로 근무할 때 녹미와 녹설을 많이 걷어들인 후 큰 이익을 남기고 팔아서 죄를 얻었다. 선조 때에는 강원도의 공물이었던 노루를 황해도 공물로 배정하자 그곳 관찰사가 황해도에서는 노루 진상이 어렵다는 상소를 올렸다. 의약품 차원에서 노루를 올리라 한다면 해당 부서에 납입을 하겠지만 녹미와 녹설 같은 식재료를 얻기 위해 노루 공물을 올리는 것은 부당하다는 이유였다.

왕조실록의 기록을 살펴보면 녹설과 녹미 요리를 즐긴 인물 중 으뜸은 영조가 아니었을까 싶다. 영조는 특히 녹미 요리를 즐겼는데, 해당 식재료를 구하는 게 민폐가 되니 자제하고 있다는 말을 남기기도 했다. 이후 1772년(영조 48) 11월 9일자 기록을 보면 녹미를 진상하지 말라는 내용이 있다. 그날 영조가 밥상에서 젓가락을 가져간 음식은 오직 녹미뿐으로, 자신의 입맛을 위해 어찌 백성에게 폐가 되는 정치를 하겠느냐고 말하면서 더 이상 녹미를 올리지 말도록 하명한 것이다. 그만큼 조선시대에 녹설과 녹미는 진미 중의 진미였다.

사슴은 한 점 버릴 것 없는 최상의 식재료였다. 『산림경제山林經濟』(권2)에 보면 사슴으로 즐길 수 있는 요리 몇 가지가 소개되어 있다. 사슴 꼬리를 절인 엄록미醃鹿尾, 사슴고기를 절여서 육포로 만든 엄록포醃鹿脯, 사슴고기 구이인 자녹육炙鹿肉, 사슴의 혀와 꼬리를 푹 고아서 요리하는 자녹설미煮鹿舌尾, 사슴고기를 고아서 만드는 자녹육煮鹿肉 등이다. 사슴고기와 함께 화초花椒, 회향茴香, 팥, 계피가루 등을 넣어 푹 끓인 뒤 갖은 양념을 넣은 녹갱鹿羹이라는 사슴고기국 역시 별미였을 것이다. 이 정도면 당시 사슴은 최상의 식재료가 아니었을까 싶다. 더욱이 사슴은 영초靈草를 먹고 사는 신성한 짐승으로 인식되었으니 사슴 요리는 최고의 진미로 꼽힐 만했다.

여기서도 사슴의 혀와 꼬리는 빠지지 않는다. 엄록미는 사슴 꼬리의 뼛을 깨끗이 씻아내고 뼈를 발라낸 공간에 소금을 넣고 동전을 넣은 뒤 그 구멍에 막대기를 끼워 바람에 건조시킨 것이다. 자녹설미는 말 그대로 약한 불에 사슴의 혀와 꼬리를 오래 고아낸 요리다. 영조가 즐겼다는 사슴 꼬리 요리는 아마도 사슴 꼬리 절임을 여러 재료와 함께 요리한 것으로 보인다.

앞서 언급한 팔진미는 문헌에 따라 그 종류가 조금씩 다르다. 명나라 문인 도종의陶宗儀가 쓴 『철경록輟耕錄』에는 제호醍醐, 조항麞肮, 야타제野駝蹄, 녹순鹿脣, 타유미駝乳糜, 천아적天鵝炙, 자옥장紫玉漿, 현옥장玄玉漿으로 기록하고 있다. 반면에 일반적으로 널리 알려진 팔진미는 용간龍肝, 봉수鳳髓, 표태豹胎, 이미鯉尾, 효적鴞炙, 성순猩脣, 웅장熊掌, 수락酥酪을 꼽는다. 『도문대작』에 비주지류로 분류되어 있는 요리는 대체로 팔진미에 필적하는 것으로 구성되어 있음을 알 수 있다. 특히 웅장과 표태, 거위와 사슴 요리가 포함되어 있는 것을 보면 허균은 자신의 탁월한 미각을 은근히 과시한 듯하다.

앞서 말한 것처럼 맛있는 요리란 개인적인 차원에서 이루어지는 게 분명하지만, 어떤 맥락에서는 사회적 신분이나 계층, 권력 관계를 드러내기도 한다. 『도문대작』은 허균이 비록 귀양바치 신분으로 천하게 지내고 있지만 자신이 경험한 음식을 통해 자신의 문화적 토대를 드러내고 사회적 혹은 정치적 주요 권력에 포함돼 있었음을 드러냈다. 또한 그는 일상적으로 쉽게 접할 수 있는 식재료들은 기록하지 않고 특별한 것만 기록한다는 점을 밝힘으로써 이 책이 다루고 있는 요리가 일반 백성은 쉽게 접할 수 없는 진귀한 음식이라는 사실을 분명히 했다.

23. 기름 자르르 흐르는 꿩고기의 추억

노계盧溪 박인로朴仁老(1561~1642)는 우리 시가 문학사에서 17세기 문학의 전환을 잘 보여주는 작품으로 위대한 자취를 남긴 인물이다. 그러면서도 자신의 삶을 잘 녹여낸 가사歌辭 작품으로 뭇 사람들의 감탄을 자아냈다. 그는 임진왜란 당시 수군水軍으로 참전했으며 전쟁 이후 학문에 뜻을 두고 공부에 정진한 늦깎이 학인이기도 하다.

박인로의 「누항사陋巷詞」는 궁색한 현실에도 유생으로서 본분을 지키려는 시골 선비의 의지를 드러낸 뛰어난 가사 작품으로, 그 안에는 자신의 경험으로 보이는 이야기가 담겨 있다. 작중 화자는 근근이 작은 땅을 일구어 살아가는 선비로, 찢어지게 가난한 형편인지라 직접 농삿일을 하지 않을 수 없었다. 심한 봄 가뭄이 끝날 무렵 뒤늦게나마 한 해 농사를 짓기로 한 선비는 밭갈이를 하기 위해 소를 빌리기로 마음을 먹는다. 지금은 찾아볼 수 없는 풍경이지만 수십 년 전까지만 해도 농촌에서는 소가 쟁기를 끄는 모습을 흔히 볼 수 있었다. 농가에서 소는 없어선 안 될 소중한 자산으로, 논이나 밭을 갈기 위해서는 쟁기를 끌어줄 소가 필요했다.

하지만 선비는 좀처럼 발길이 떨어지질 않는다. 가난한 처지를 생각하면 빨리 소를 빌려와 봄 농사를 시작해야 하는데, 양반 체면에 남에게 소를 빌려달라는 부탁을 하기가 쉽지 않은 것이다. 그러나 체면보다는 현실이 중요한 법. 결국 그는 저녁을 훌쩍 넘어 달도 없는 어두운 밤이 되어서야 이웃집을 찾아가 문 앞에서 크게 기침 소리를 낸다. 초인종이 없던 그 시절에는 남의 집을 방문했을 때 기침 소리를 크게 내어 집 안 사람에게 인기척을 알리곤 했다. 집주인은 문을 열어보더니 어째서 초경初更(저녁 7시~9시 사이)이 넘어가는 시각에 찾아왔느냐고 묻는다. 그러자 선비는 "해마다 이렇게 소를 빌리기가 참 미안한 일이지만, 소를 기르지 않는 가난한 집에 봄 농사 때문에 근심이 많아서 왔소이다"라고 대답한다. 그런데 집주인의 대답이 걸작이다. "공짜거나 빌려주는 값을 치르거나 간에 선비님 댁에 빌려드릴 만도 합니다만, 마침 어젯밤에 건넛집 사람이 빌려달라고 하기에 그러마고 약속을 했습니다."

선비가 얼마나 민망했을지 상상이 된다. 소를 빌리러 가기까지 망설이다가 밤늦게 찾아가서 어렵게 말을 꺼냈는데 거절을 당했으니 말이다. 그런데 소 주인은 이런 말까지 한다. "건넛집 사람이 어젯밤에 와서 목이 붉은 수꿩을 옥玉 같은 기름 뚝뚝 떨어지게 구워내고, 막 익은 술을 걸러 와서 취할 정도로 권하더군요." 소를 빌려 주기로 한 사람에게 꿩고기와 술을 대접받았다는 소리다. 남들은 선물을 들고 와 소를 빌리는데 자신은 아무것도 가져올 수 없는 가난한 선비의 마음은 어떠했을까. 생각할수록 선비의 비애감이 절절하다.

이 이야기에서 잠깐 언급되는 건넛집 사람이 가져온 선물이 바로 꿩고기다. 꿩은 예나 지금이나 우리 민족에게 낯설지 않은 새다. 요즘도 전국 곳곳의 야산이나 도심 속 공원에서도 꿩이 우는 소리를 들을 수 있고, 간혹 꿩 요리를 파는 식당도 볼 수 있다. 하지만 근대 이전까지 꿩은 국가 제의를 거행할 때 반드시 갖춰야 할 제수 품목이었기 때문에 여러 지역에서 공물로 올려졌다. 궁궐뿐만 아니라 민가에서 제례를 올릴 때도 꿩고기가 제수로 쓰였다. 그러나 꿩을 잡는 일이 어찌 쉬웠겠는가. 꿩은 주로 응사鷹師(매사냥꾼)들이 잡았는데, 조선 후기에는 할당된 수량을 감당할 수 없어 도망치는 매사냥꾼들이 많았다고 한다. 공물 수량을 채우지 못하면 닭을 슬쩍 끼워넣곤 했으니, 그야말로 꿩 대신 닭이었던 셈이다.

시골에서 어린 시절을 보낸 나이 지긋한 사람들은 꿩에 대한 기억을 간직하고 있을 것이다. 그중 어떤 이는 눈 내리는 겨울에 식섭 꿩을 잡으러 다녀보기도 했을 것이다. 이렇게 잡은 꿩은 잘 보관해두었다가 설날에 만두소로 쓰거나 산적 같은 음식을 만드는 데 사용했다.

허균은 『도문대작』에서 꿩을 고치膏雉라 적고, 이렇게 설명했다. "고치膏雉. 황해도 산간 지역에서 나지만, 양덕陽德과 맹산孟山의 것이 가장 좋다."* 양덕과 맹산은 남북으로 이어져 있는 고을로, 평안남도의 험준한 산악 지역에 있다. 특히 맹산은 함경남도 경계 지역이라 손에 꼽을 만큼 산세가 험하다. 관서와 관북을 잇는 교통의 요지였으므로 많은 관원이 왕래했을 것이고, 이들을 대접하는 음식으로 귀한 꿩 요리가 상에 올랐을 것이다.

허균이 말한 '고치'는 문자 그대로 살진 꿩을 뜻한다. 성현成俔(1439~1504)의 『용재총화慵齋叢話』에서는 고치에 대해 이렇게 소개하고 있다. "꿩이 아름답기로는 북쪽 지방이 최고다. 지금은 평안도 강변江邊의 꿩을 진상進上한다. 그 크기가 집오리만 하고 기름 엉긴 것이 호박琥珀과 같다. 겨울이 되면 이것을 잡아서 진상하는데, 이를 고치膏雉라 한다. 그 맛이 매우 좋다. 북쪽으로부터 남쪽으로 갈수록 꿩이 점점 비쩍 마르는데, 호남·영남의 남쪽 끝으로 가면 고기 비린내 때문에 먹을 수가 없다. 사람들은 '북쪽 지방에는 풀과 나무가 많아서 꿩들이 쪼아 먹을 것도 있고 둥지를 마련할 곳도 많기 때문에 살져 있다'고 말한다.**" 이 설명에 따르자면 허균이 말한 고치는 평안도 산간 지역에서 잡히는 큰 꿩을 지칭하는 것이다. 집오리

---

* 膏雉. 産於黃海道山郡, 而陽德孟山最好.(『도문대작』)
** 雉之美者, 北方爲最. 今平安道江邊之雉進, 其大如鶩, 凝膏如琥珀. 當冬捕而供進, 謂之膏雉, 其味甚美. 自北而南, 雉漸瘠, 至湖嶺南陲, 則肉臊不可食. 人言'北方多草樹, 得飮啄得所, 故肥也.'(성현, 『용재총화』권7)

만 한 꿩을 불에 구우면 상당히 많은 기름이 빠져나온다. 노란 기름이 엉긴 모습을 보석인 호박에 비유한 것을 보면, 그리고 박인로의 「누항사」에서도 "옥 같은 기름 뚝뚝 떨어지게玉脂泣 구워냈다"고 표현한 것을 보면 기름진 음식이 귀한 조선 사회에서 꿩 요리는 귀한 음식으로서 높은 성가聲價를 가지고 있었을 것이다.

허균은 고치가 황해도 산골에서 나지만 그보다는 평안남도 양덕과 맹산 지역의 고치가 가장 맛있다고 했다. 본인이 황해도사黃海都事를 지낸 적이 있으니 아마도 그 무렵에 고치를 자주 맛보았을 텐데, 평안도 산간 지역의 고치를 최고로 꼽은 것을 보면 북방 지역을 왕래할 때 맛본 고치가 더 인상적이었던 모양이다.

꿩의 인기가 높다보니 농한기인 겨울이 되면 산을 돌아다니면서 저마다 방법을 동원하여 꿩을 잡곤 했다. 『용재총화』에도 겨울에 꿩을 잡아 진상한다고 되어 있는데, 겨울 무렵의 꿩이 가장 살이 올라 있고 맛도 영양도 풍부하기 때문이다. 겨울이면 호협豪俠한 풍류남아들은 매사냥을 즐기면서 꿩을 잡았고 일반 민가에서는 덫을 놓거나 눈 쌓인 산을 쫓아다니면서 꿩을 잡았다. 조선 후기에 창작된 「장끼전」이라는 고전소설에는 한겨울에 굶주림을 견디지 못한 장끼가 아내인 까투리의 충고를 무시하고 길에 널려져 있는 콩을 주워먹다가 덫에 걸려 죽는 대목이 있다. 민가에서는 대체로 으슥한 숲속 꿩이 오가는 길목에 덫을 놓고 콩으로 미끼를 삼는 방식으로 꿩을 잡았음을 알 수 있다. 조선 말기에는 화승총을 다루는 사냥꾼들이 많아지면서 북방 지역에서도 총으로 꿩 사냥을 했지만, 허균이 살던 시대에는 덫이나 매사냥으로 꿩을 잡았을 것이다.

나 역시 어린 시절에 꿩을 잡으러 눈 쌓인 뒷산을 뛰어다니던 한 사람으로서, 당시 기억에 따르면 꿩은 사람이 가까이 오기 전에는 도망가지 않는 습성이 있었다. 게다가 앉은 자리에서 바로 날아오르지 못하고 마치 비행기가 활주로를 달리듯 도움닫기를 하다가 날아오른다. 그러나 산에 눈이 쌓여 있으면 달리기가 어렵다. 뒤에서는 아이들이 소리치며 쫓아오는데 달아날 수 없어 다급해지자 눈 속에 머리만 파묻고 꼼짝하지 않던 모습이 기억에 남아 있다. 꿩을 잡는 그 자체보다는 동네 아이들과 함께 신이 나서 왁자지껄 쏘다니던 기억이 있어 참으로 그리운 추억이다. 어쩌면 허균에게는 고치 요리야말로 한겨울 귀양지에서 그지없이 그리운 음식이지 않았을까.

24. 맛있는 거위 요리에 무슨 국경이 있으랴

　세종 때 대제학을 지낸 윤회尹淮(1380~1436)는 젊은 시절에 유명한 일화를 남겼다. 고향으로 내려가던 그는 날이 저물어 주막에서 하룻밤 묵어가기로 했다. 그는 주막집 마당에 앉아 있는데 주인집 아이가 큰 진주를 가지고 놀다가 마당에 떨어뜨렸고 흰 거위가 그것을 삼켜버리는 것을 목격했다. 그러나 진주가 사라진 사실을 확인한 주인은 윤회를 의심하여 관청에 고변하려 했다. 윤회는 아무 변명도 하지 않고 다음날까지 자기 옆에 거위를 매어두라고 부탁했다. 이튿날 거위가 싼 똥에서 진주가 발견되었다. 전후 사정을 알게 된 주인은 미안해하면서 어째서 거위가 삼킨 사실을 말하지 않았느냐고 물었다. 윤회는 그랬다면 급한 마음에 거위의 배를 갈라보려 했을 테니, 거위를 죽이지 않으려고 기다린 것이라 했다.

　이 일화는 조선 후기 문인 이덕무李德懋(1741~1793)가 쓴 『이목구심서耳目口心書』(권2)에 담겨 있다. 물론 이덕무는 이 설화에 의문을 제기했다. 윤회가 거위를 자기 옆에 매어두라고 했을 때 주인은 그 이유를 따져물었을 게 분명하다는 것이다. 그리고 거위가 진주를 삼킨 사실을 윤회가 말했더라도 주인 역시 거위를 아끼는 심정으로 기다렸을 것이라는 생각이다. 윤회가 실제로 이런 일을 겪었는지 확인할 수는 없다. 단지 이 일화에서 내가 주목하는 부분은 주막집에서 거위를 길렀다는 사실이다.

요즘은 보기 힘든 일이 되었지만, 내가 어렸을 때만 해도 시골에서는 거위를 기르는 집이 많았다. 우리 집에서도 거위를 여러 마리 길렀다. 학교를 마치고 돌아오면 거위들이 요란한 소리를 내면서 나를 반겨주곤 했다. 거위는 오리나 닭에 비해 덩치가 월등히 큰데다 집을 지키는 역할을 톡톡히 수행했다. 집주인과 가족을 알아보기 때문에 낯선 사람이 오면 시끄러운 소리를 내어 쫓아내거나, 때로는 부리로 공격하기도 했다. 당시 우리 집에는 닭·개·돼지·소 등의 가축을 쳤는데, 생각해보면 거위 고기를 먹었던 기억이 없다.

우리나라 전통 요리에서 거위는 주류에 속하는 식재료라 할 수 없다. 요즘 사람들에게 거위 요리 중 가장 먼저 떠오르는 걸 물으면 대부분 푸아그라라고 대답할 것이다. 요리는 그것이 조리되는 지역의 문화를 크게 반영하기 때문에 다른 문화권의 특정 요리를 비난할 수는 없다. 하지만 근대 이후 지구촌 문화가 서양의 영향을 크게 받으면서 요리 역시 서구적인 기준이 널리 적용되었다. 현재는 우리 사회에서 개고기에 관한 문제가 일단락되었으나 문화적 관점에서는 여전히 논쟁거리다. 전통 사회에서 개고기는 말, 고양이, 소, 돼지 등을 먹는 것과 다를 게 없는 차원이었기 때문에 프랑스의 어느 여배우가 한국의 개 식용 문제를 강하게 비판했을 때 프랑스 요리 중 푸아그라와 말고기 스테이크를 반박의 예로 제시했다. 푸아그라는 거위를 살찌워서 도축한 다음 간을 따로 떼어서 요리하는 것이다. 유럽에서도 거위는 비싼 식재료이기 때문에 오리의 간을 대용으로 사용하기도 한다. 어떻든 거위는 유럽 사람들이 선호하는 고급 식재료였으므로, 푸아그라를 위한 간 부위 외에 나머지 부위도 다양하게 요리되었다. 크리스마스에 가족들이 둘러앉아 먹는 대표적인 음식도 거위다.

서양뿐만 아니라 동아시아에서도 거위는 고급 식재료에 속한다. 중국 요리에서 사용되는 조류 가운데 가장 흔한 것은 닭이고, 그보다는 오리와 비둘기가 고급으로 취급되며, 가장 고급에 속하는 것이 거위다. 나도 중국을 방문할 때마다 여러 지역의 요리를 맛보았지만, 거위 요리는 드문 편이었다.

동아시아 지역에서 조류는 대체로 두 가지 방식으로 요리되었다. 구이와 탕이다. 지금 가장 널리 알려진 구이 요리는 역시 베이징 오리로, 청나라 말기 서태후가 특히 베이징 오리를 즐긴 것으로 유명하다. 현대에도 베이징 오리는 연회 만찬을 빛내주는 메뉴다. 하지만 오리구이보다 더 높게 쳐주는 게 거위구이다. 거위구이는 예나 지금이나 중국 남방 지역에서 널리 즐기는 음식이지만 북방 지역에서도 사랑받았다.

조선 후기의 『산림경제』(권2)에는 거위를 요리하는 두 가지 방법이 소개되어 있다. 하나는 굽는 쪽에 가까운 방식으로, 우선 깨끗이 손질한 거위를 참기름에 볶은 다음 고기가 황색으로 변하면 술과 식초를 탄 물에 넣고 갖은양념을 하여 중불에 익히는 방법이다. 오리도 이와 같은 방법으로 요리한다고 해서 녹아압燒鵝鴨이라 불린다. 다른 하나는 탕이다. 자아煮鵝라고 하는 이 요리의 자세한 조리법은 소개되어 있지 않지만, 곰국처럼 중불에서 오래 끓이는 일종의 거위곰국이라 하겠다.

근대 이전의 거위요리 관련 기록은 주로 북방 지역을 배경으로 등장한다. 특히 만주 지역에 거주하던 여진족은 거위를 사냥하는 전통이 있어 거위 요리가 발달하게 되었다고 한다. 그래서인지 허균은 『도문대작』에 이렇게 서술하고 있다. "거위. 의주 사람들이 잘 굽는데, 명나라의 거위구이 맛과 아주 비슷하다."* 허균은 명나라에 사신으로 다녀온 적도 있고, 명나라 사신을 맞이하러 의주까지 다녀온 적도 있다. 그가 사신으로 갔을 때는 명나라 당국에서 식재료 일체를 공급해주었는데, 항상 1마리 이상의 거위가 식재료에 포함되었기 때문에 사신들은 매일 거위 요리를 먹을 수 있었다. 허균 역시 이런 가운데 중국의 거위 요리를 맛보았을 것이다. 의주에서 허

---

* 鵝. 義州人善炰之, 恰似天朝之味.(『도문대작』)

균이 주로 즐긴 거위 요리도 구이였다. 『도문대작』의 원문을 보면 '굽는다'는 뜻으로 '포炰'자를 사용했는데, 이는 거위 한 마리를 통째로 굽는 방식을 말한다. 중국 사람들은 다양한 재료로 만든 소스와 기름을 거위에 계속 발라가면서 오랜 시간 공들여 굽는다. 그렇게 구워야 거위의 겉껍질이 바삭하고 살코기는 육즙이 풍부하면서도 부드러워진다.

일반 민가에서는 시간과 공이 많이 드는 구이보다는 탕으로 끓여 먹는 방식이 인기가 있었다. 기록에 보면 거위탕은 아갱鵝羹이라 하여, 여러 채소 및 향신료를 넣어 국처럼 끓이는 방식이다. 이러한 거위 요리를 언급한 문인들이 있다. 예컨대 김상헌金尙憲(1570~1652)은 중국으로 가면서 조선의 음식이 다양하고 맛있지만 거위탕의 맛을 아는 사람은 적다고 썼다(『청음집淸陰集』 권11). 또한 김진수金進洙(1797~1865)는 중국에 사신으로 다녀오면서 거위탕을 데우자 기이한 향이 난다고 했다(『벽로별집碧蘆別集』 권4). 만주 지역을 지나면서 거위탕을 먹었다고 했으니 아무래도 중원 지역보다는 만주 지역에서 거위 요리를 자주 만났던 것으로 보인다. 신태희申泰羲(1800~1850)는 심양 지역을 지나던 중에 맛을 본 거위고기볶음(초아육炒鵝肉)이 너무 기름져서 입맛에 맞지 않았다고 했다.

음식 문화는 지도 위에 선을 그을 수 없는 영역이다. 압록강을 중심으로 북쪽과 남쪽의 음식 문화가 다르다고는 하지만 상당히 넓은 지역에서 비슷한 입맛과 식재료를 공유해왔다. 거위 역시 이런 경우에 속한다. 허균이 의주에서 맛본 거위구이 요리가 중국의 거위구이와 비슷하다고 한 것만 봐도 한반도 북부 지역과 남만주 일대의 음식 문화가 많이 공유되었다는 사실을 발견하게 된다. 지금도 북한에서는 거위를 구이나 찜의 형태로 조리한 '게사니 구이'가 전해지고 있다. 북한 지역에서는 거위를 게사니라 하는데, 한반도 북부와 만주 지역에서는 오래전부터 공유해온 음식문화가 여전히 전승되고 있음을 알 수 있다.

25. 수어水魚

고등학교 시절 음악 교과서에 슈베르트의 「숭어」라는 노래가 있었다. 동해안 시골 마을에서는 볼 수 없는 물고기인지라 이 노래를 배우면서 궁금했던 기억이 있다. 그런데 한참 후에서야 슈베르트의 「숭어Die Forelle」가 송어의 오역이었다는 사실을 알게 되었다. 그러자 다시금 숭어라는 물고기가 궁금해졌다.

성현의 『용재총화』(권7)에는 이런 일화가 수록되어 있다. 중국에서 온 사신이 우연히 먹어본 숭어의 맛에 반해 물고기 이름을 물었다. 통역관이 '수어秀魚'라고 알려주었으나 중국 사신은 '秀'자를 '水'로 잘못 알아듣고 웃으면서 이렇게 말했다. "세상에는 비늘이 있는 물고기가 수민 종이나 될 터인데 어째서 이 물고기만 수어라 하느냐? " 수어水魚는 물고기라는 뜻이니 중국 사신이 이상하게 생각한 것이다. 개인적으로는 숭어라는 우리말 발음을 한자로 표기하는 과정에서 생긴 해프닝이 아니었을까 추정해본다. 실제로 황윤석

黃胤錫(1729~1791)의『이재난고頤齋亂藁』(권25)에 보면 수어秀魚는 치鯔라 하며 우리말로는 '슝어'라 한다면서, '슝'에 가까운 발음의 '슈秀'를 병치시켰다.

숭어는 민물과 바닷물을 오가는 물고기로, 세계적으로 널리 분포하며 우리나라 연안 어디에서나 잡힌다. 조선 전기의 인문지리서 『신증동국여지승람』이나 조선 후기 유형원柳馨遠(1622~1673)이 편찬한『동국여지지東國輿地志』를 보면 각 지역의 특산물 가운데 바다를 끼고 있는 지역의 특산물로 숭어가 포함되어 있다. 평양 대동강 유역에서도 제법 숭어가 잡히는데 그곳에서는 회보다는 국으로 끓여 먹는 편이라고 한다. 숭어회는 원래 겨울철에 맛볼 수 있지만 요즘은 양식이 가능해져서 언제든 숭어회를 즐길 수 있다.

이와 같은 기본 사실을 알고 있으면『도문대작』에 수록된 문장의 맥락을 이해할 수 있다. 허균은 이렇게 적었다. "숭어[水魚]. 서해 어느 곳에나 있지만 한강의 것이 가장 좋다. 나주羅州에서 잡은 것이 매우 크고 평양에서 잡은 냉동된 것이 맛있다." 여기에 언급된 지역들은 조선의 지리지에서 숭어가 특산물인 곳들이다.

허균의 말처럼 숭어는 서해안 어디서나 잡히는 종류였지만 어획시기가 한정적이었기 때문에 일반 백성은 손쉽게 즐길 수 없었다. 숭어는 크게 두 종류로 나뉘는데, 그중에서 우리가 흔히 숭어라 부르는 것은 보리숭어다. 요즘은 산란기인 10월에서 12월 사이를 피해 숭어를 잡기 때문에 우리가 자연산 숭어를 접하는 시기는 대략

2월에서 4월경이다. 그러나 조선시대에는 산란기 물고기에 대한 남획 규제가 없었기 때문에 알을 뱄을 때부터 숭어 잡이가 가능했다. 따라서 사람들은 겨울철 숭어의 제맛을 즐길 수 있었다. 과거에는 숭어를 어떤 방법으로 조리했는지 확인하기 어렵다. 다만 허균과 같은 시기의 기록을 살펴보면 주로 국으로 끓여 먹은 듯하다. 면암 송시열은 「은진송씨가전恩津宋氏家傳」에서 자신의 숙부에 관한 일화와 함께 숭어국을 언급하고 있다. 숙부가 훈련도감의 낭청郞廳으로 일할 때 집안의 조카뻘인 송석규宋錫圭가 찾아왔다. 그는 자신의 부친인 송영조宋榮祚가 광해군의 측근인 이이첨李爾瞻(1560~1623)에게 줄을 서자 부친에게 여러 차례 간언했던 인물로, 송시열의 숙부로서는 참으로 가상한 조카였다. 이야기를 나누던 두 사람은 저녁상을 마주하게 되었다. 밥상 위에는 숭어 반 토막씩 담긴 숭어국이 올라 있었다. 송석규가 국을 먹으려는데 숙부가 잠깐 기다리라고 하더니 숙모를 불러 이 물고기가 어디서 온 것이냐고 물었다. 그 물고기가 훈국訓局의 창고지기가 바친 것이며 몇 마리 더 남았음을 확인한 숙부는 창고지기를 불러 야단을 치고 남은 것을 국고로 돌려보냈다고 한다.

송시열은 숙부의 청렴결백한 성품을 드러내고자 한 이야기지만, 나의 관심사는 밥상 위에 오른 숭어국이다. 이 당시에는 숭어를 굽거나 졸이는 방식보다는 대체로 국으로 끓여 먹었던 듯하다. 오늘날 북한이 대동강 숭어로 국을 끓인 숭어국을 특산물로 자랑한 것을 보면 제법 오랜 전통을 지닌 음식이라 하겠다.

숭어회도 널리 사랑받는 별미였다. 조선 전기 문인 이행李荇 (1478~1534)은 벗 윤상경尹商卿이 보내준 동수어凍秀魚에 대한 사례의 시를 남겼다.

맑은 새벽 누군가가 친구 편지 전하더니　淸晨誰報故人書

홀연 쟁반에 얼린 생선 다섯 마리 올라왔다　忽見登盤五凍魚

회를 쳐서 다시 다섯 말 술 기울여야 마땅할 일　斫鱠更須傾五斗

이 늙은이 풍류가 완전히 없어진 건 아니라오　老夫風味未全踈*

새벽 댓바람에 벗이 편지와 함께 보내준 얼린 숭어가 밥상에 오르니 기쁘다는 내용이다. 원문에 '동어凍魚'라고 했으니 아마도 얼린 새끼 숭어일 수 있겠으나, 어떻든 숭어를 회로 먹으면서 술을 곁들였다 하니 오늘날 즐기는 방식과 큰 차이가 없어 보인다. 조선시대에도 아침부터 술을 마시는 건 흔치 않은 풍경이지만, 숭어회를 받고서 술을 마시지 않는 것 또한 풍류라 할 수 없다. 숭어회를 안주로 놓고 아침 술을 마시는 모습은 이행 자신이 풍류를 뽐내는 방식이었으리라. 이행의 문집에 작품을 수록한 체제로 보아 이 시를 쓴 시기는 입춘 전후로, 겨울 끝자락에 숭어를 맛본 것이다.

---

* 　李荇,「謝尹商卿惠凍魚」,『容齋集』卷1.

조선 중기의 문인 이응희李應禧(1579~1651)도 시에서 "솥에 넣고 끓이면 은빛이 진동하고, 쟁반에 얹으면 백설처럼 하얗다小鼎銀輝動, 高盤雪色舒"*라고 표현한 것을 보면 일반적으로 숭어는 탕과 회로 먹었음을 알 수 있다.

숭어는 잡히는 시기가 한정적인 만큼 겨울철에만 일정량을 확보할 수 있으므로 주로 선물용으로 쓰였다. 고봉高峯 기대승奇大升(1527~1572)이 1569년에 퇴계退溪 이황李滉(1501~1570)에게 보내는 편지 중에 생치生雉(말리지 않은 꿩고기)와 동수어凍秀魚를 한 마리씩 자루에 넣어 보낸다는 내용이 있다.** 동수어란 얼린 숭어를 말한다. 이 편지는 숭어철인 12월에 쓰인 것이지만 추운 날씨라도 죽은 물고기를 그대로 두면 상하기 때문에 얼음을 함께 넣어서 보관했다. 허균이 평양의 얼린 숭어(동수어)가 맛있다고 한 것을 보면 양반들 사이에서 겨울철 동수어가 인기가 높았다는 것을 알 수 있다.

숭어가 여러 지역의 특산물이었다는 기록은 곧 조정으로 보내는 공물이었다는 사실을 의미한다. 겨울철 숭어를 잡아 공물로 올려보내야 하는 백성의 고생은 이만저만이 아니었을 것이다. 가장 난감한 경우는 숭어가 잡히지 않는 지역에 공물로 바치라는 명령이 내려진 경우로, 이로 인해 부정한 일들이 벌어지기도 했다. 조헌趙憲(1544~1592)의 『동환봉사東還封事』에는 열여섯 가지 항목별로 상소

---

* 이응희李應禧, 「秀魚」, 『玉潭詩集』.

** 기대승, 「先生前答上狀 李判府事宅」, 『兩先生往復書』卷3.

를 올리기 위한 글이 수록되어 있는데, 그중 음식에 관한 아홉 번째 항목을 보면 해당 지역의 토산물이 분명하지만 너무 많은 양을 요구하거나 더 이상 생산되지 않는 경우에 다른 지역에서 그 품목을 사다 바쳐야 하는 문제를 지적하고 있다. 조헌은 그러한 두 가지 예를 들었다. "비록 토산물이라 할지라도 경주慶州의 전어錢魚 같은 것은 명주 한 필로 바꾸고, 평양平壤의 동수어 같은 것은 정포正布(관리의 녹봉으로 주던 품질 좋은 베) 한 필로 바꿉니다. 열 읍에서 진상하는 물가가 이와 같은 것이 어찌 이뿐이겠습니까? 더구나 그것을 수송하는 데 소용되는 색리色吏의 양식과 경리京吏의 뇌물이 하나같이 백성에게서 나옵니다. 먼 지방에서 얼음을 채워 보낸 것은 너무 무거워서 말의 등이 온전할 수 없고, 역마가 지탱하기 어려워지면 백성의 소를 끌어냅니다. 그리고 황해·충청·강원·양남兩南 지방의 역에는 크고 작은 사신의 행렬과 왜倭, 야인野人 등의 왕래가 빈번하여 능히 지탱하지 못하게 되어 열 집에 아홉이 비었습니다."

세금을 베로 거둬들이던 조선시대에 정포는 꽤 품질 좋은 것인데, 평양의 얼린 숭어가 정포 한 필에 팔렸다니 꽤 비싼 값에 거래되었던 모양이다. 게다가 숭어에 얼음을 채워 넣어 이송할 때 역마驛馬로는 감당할 수 없어 백성의 소를 징발해야 할 정도였다 하니, 조헌은 백성에게 끼치는 이러한 민폐를 지적하면서 특산물 징수의 절제가 필요하다는 의견을 상소문에 담았다.

냉동시설이 따로 없던 시절에 선비들이 겨울철 별미인 숭어회를 술과 함께 맛보는 풍류, 또는 뜨끈하게 탕 요리로 먹으면서 겨울 추위를 달래던 모습이 머릿속에 그려진다. 한편으로는 북풍 몰아치는 겨울에 귀양지에서 숭어회의 맛을 떠올리며 헛되이 씹는 시늉을 하는 허균의 모습도 그려진다.

26. 고소한 봄을 불러오는 생선 웅어 [위어葦魚]

　　조선 후기의 문인 이태중李台重(1694~1756)이 웅어를 얻어 여러 형제와 함께 맛을 보기로 했다. 그런데 제수씨가 직접 물고기를 손질하다가 손가락을 다쳐 피가 흘렀다. 그러자 이태중은 "어찌 입을 즐겁게 하려다가 친척의 살갗을 상하게 하겠는가"라고 말하고, 그 후로는 웅어를 먹지 않았다고 한다. 이 이야기는 김조순金祖淳(1765~1832)의 글에 전하는 일화다.*

　　웅어의 한자 명칭은 '위어葦魚'다. '위葦'는 갈대를 뜻하는 글자로, 웅어가 주로 갈대숲에 숨어 산다 하여 지어진 이름이다. 웅어는 봄에서 여름 사이에 강으로 올라와 산란을 한 뒤 치어가 되면 연근해 바다로 나가는 회귀성 어종으로, 바다와 민물이 만나는 곳에 서식한다. 다만 갈대나 물풀이 우거진 곳에 알을 낳는 습성 때문에 사람

---

*　金祖淳,「戶曹判書李公謚狀」,『楓皐集』卷14.

들은 웅어가 갈대 우거진 곳에 서식한다고 생각한 것이다.

웅어는 지역에 따라 우어, 어여, 웅에, 차나리 등으로 불리며 어린 웅어는 모롱이라 불리기도 한다. 한자명 또한 도어魛魚, 도어刀魚, 망어望魚, 멸어鱴魚, 수어鮂魚, 열어鮤魚, 웅어熊魚, 제어鱭魚, 제어鮆魚 등 다양하다. 지역마다 다른 이름을 지녔다는 것은 그만큼 여러 지역에서 사랑받는 어종이었다는 증거로, 조선시대에 편찬된 대부분의 지리지에는 웅어를 서해안 지역과 경상도 남부 지역의 특산물로 소개하고 있다. 이런 특성 때문에 허균은 『도문대작』에서 이렇게 서술했다. "위어葦魚. 이는 곧 준치(시어鰣魚)를 말한다. 한강의 것이 가장 좋다. 호남에서는 2월이면 이미 잡히고 관서關西 지방에서는 5월에야 비로소 잡히는데 모두 맛이 좋다."*

궁궐에 음식을 제공하기 위해 식자재를 관리하는 관청인 사옹원司饔院에서는 해마다 웅어를 확보하는 데 공을 들였다. 특히 웅어가 많이 잡히는 고양高陽 근처 하구에는 웅어 잡이를 총괄하는 위어소葦魚所를 설치해 관리했다. 조선 후기에 성해응成海應(1760~1839)은 고양 지역을 소개하면서 고관대작들의 별장이 많으며 궁궐에 진상하는 웅어가 많이 잡히는 곳이라고 했다.** 이곳뿐만 아니라 웅어가 잡히는 서해안 주요 지역에도 웅어를 공물로 진상하도록 했지

---

* 葦魚. 卽鰣魚也. 京江最好, 而湖南二月已有之, 關西五月方有之, 皆佳.(『도문대작』)
** 高陽之幸州, 古王逢廢縣也. 臨漢江之滙, 京都士大夫多置亭榭, 民戶如櫛, 亞於三江. 每歲葦魚大, 上厨院爲御供而捕之. 權元帥慄甞破倭于此.(밑줄은 필자가 한 것임: 成海應,「名塢志」,『硏經齋全集外集』卷64)

만 아무래도 궁궐과 가까운 곳에서 잡히는 웅어를 중요하게 생각했다. 웅어는 그물에 걸리면 금방 죽거나 부패하기 때문이다. 웅어의 몸통은 흰색에 가까운 회백색이고 등쪽은 푸른빛을 띠는데, 잡히고 하루만 지나면 푸른빛이 희미해지고 몸통도 변색된다. 그만큼 보관하기가 쉽지 않은 탓에 웅어는 잡는 즉시 얼음과 함께 궁궐로 보내지곤 했다.

사시사철 웅어를 맛볼 수는 있지만 가장 맛있는 시기는 늦봄에서 여름 중반까지다. 1797년(정조 21) 8월에는 한강과 서해가 만나는 곳에 위어소를 설치했는데, 천호어부千戶漁夫라는 자가 무뢰배를 이끌고 와서 궁궐로 진상할 물건을 가져간다면서 잡아둔 웅어를 태반이나 훔친 일이 벌어졌다. 이는 빙어선氷魚船을 운영하는 어부 석중철石重喆이 상소를 올려 세상에 알려진 사건이다. 빙어선이란 잡은 웅어를 곧바로 얼음에 보관할 수 있도록 제작된 배로, 얼음을 구하기가 쉽지 않은 당시에 이토록 보관에 공을 들인 것을 보면 웅어가 얼마나 귀하게 여겨졌는지 짐작할 수 있다.

한 가지 짚고 넘어가야 할 점이 있다. 허균은 위어(웅어)를 서술하면서 이것이 시어鰣魚와 같은 물고기라고 했다. '시어'는 준치를 지칭하는 단어로, 다른 생선을 지칭한 사례는 거의 찾아볼 수 없다. 그러나 웅어와 준치는 전혀 다른 어종이다. 웅어는 멸치과에 속하고 준치는 청어과에 속한다. 군이 현대적 분류를 적용하지 않더라도 조선시대 제례 물품 목록에 보면 웅어와 준치가 나란히 제사상에 올리는 물고기로 기록되어 있다. 정약전丁若銓(1758~1816)의 『자산어보玆山魚譜』를 비롯하여 여러 지리지에도 웅어와 준치는 구별하여 사용되었다. 조선 사람들은 두 어종이 다르다는 점을 잘 알고 있었던 것이다. 그런데 어째서 허균은 웅어를 준치와 같은 것이라 했을까. 이는 두 생선의 모양이 비슷한데다 웅어가 잡히는 곳에서 준치도 잡히기 때문에 혼동한 게 아닐까 추정해볼 수 있다. 더욱이 허균이 귀양을 간 함열은 금강 하구와 인접한 곳으로 웅어와 준치가 모두 잡히는 지역이었으니, 조리 방식이나 어획 시기가 비슷하여 허균이 혼동할 여지가 충분하다. 그렇지만 이러한 추정은 사실 가능성이 부족하다. 왜냐하면 허균은 『도문대작』의 어류 부분에서 준치인 '진어眞魚'를 따로 다루고 있기 때문이다. 앞에서 웅어가 준치라고 소개해놓고 몇 줄 뒤에서 다시 준치를 다루는 건 말이 안 된다. 정리하자면 『도문대작』 안에서 위어, 시어, 진어가 모두 사용되면서 용어상의 혼란을 일으킨 것이다. 엄청난 양의 책을 읽고 뛰어난 기억력을 가진 허균이 이렇게 썼을 때는 단순히 혼동한 것이라 보기 어렵다.

　허균이 혼동한 게 아니라고 가정한다면 당시 일부 지역에서는 '시어'라는 이름과 '위어'를 같은 뜻으로 사용했을 가능성이 있다. 사실 홍만선의 『산림경제』에도 위어(웅어)의 조리 방식을 소개하면서 '시어'와 같은 뜻이라는 내용이 적혀 있다. 물론 몇 가지 자료만 가지고 논의할 만한 문제는 아니다. 1611년 조선에서는 위어, 시어,

진어가 어떤 물고기를 지칭했는지를 여러 전공자들이 머리 맞대고 살펴야 한다. 조만간 그런 자리가 만들어지기를 기대한다.

세월이 흐르면서 기후와 환경이 많이 달라진 탓에 웅어가 서식하는 곳이 줄어들었으나 서해안 청정 지역에서는 여전히 잘 잡히는 편이다. 다 자란 웅어는 크다고도 작다고도 할 수 없는 약 30센티미터 정도다. 준치와 마찬가지로 웅어도 잔가시가 많은 생선으로, 매운탕을 끓여먹을 수는 있지만 주로 회나 회무침, 구이, 젓갈 등으로 조리되었으며 조선시대에도 회를 쳐서 먹었다는 기록이 많다. 중국의 요리를 중심으로 소개한 『산림경제』에서 소개한 조리법에 따르면, 웅어의 창자를 제거하고 비늘을 긁어낸 다음 차茶와 섞어서 비린내를 없앤다. 생선을 큼직하게 잘라 큰 냄비에 넣는데, 먼저 부추잎이나 푸성귀, 죽순 조각 등을 깔고 술과 식초를 친 주발에 간장, 후추 약간을 넣어서 생선과 함께 끓이는 방식이다. 『산림경제』를 제외한 대부분의 기록에서는 회나 구이를 추천하고 있다.

조선시대 기록을 보면 웅어 살은 눈처럼 희며, 다른 것보다 탱탱함이 적은 대신 기름기가 많아서 씹을수록 고소한 맛이 느껴진다. 회를 뜰 때 뼈를 따로 발라내지 않기 때문에 오독거리는 식감을 느낄 수 있다. 그래서 사람들은 뼈가 부드러운 시기인 4월에서 6월 사이의 웅어를 선호한다. 이때가 지나면 뼈가 억세져서 회로 먹기 힘들고, 구울 때 기름을 두르지 않아도 될 정도로 기름이 많아져서 탕이나 구이로 먹기에도 부담스러워진다. 잔가시가 많아 먹기에 번거롭지만 바삭하게 구우면 그 풍미를 느낄 수 있다.

동해안에서는 웅어가 잡히지 않기 때문에 나는 20대 후반에 소래포구에서 처음 웅어회를 맛보았다. 동해안에서 나는 회맛에 길들여진 탓인지 웅어회는 다소 낯설었다. 일단 뼈째 씹어먹는 게 불편했고 어딘지 모르게 비린 맛이 느껴지는 것도 불편했다. 이후로 수차례 먹다보니 그 고소한 맛과 뼈째 씹는 특유의 식감이 아주 매력적이었다. 이제는 서해안 지방에 갔다가 웅어회를 만나면 반갑다. 올 봄 웅어가 제철일 때 맛있는 회와 구이를 만날 수 있기를 기대해본다.

27. 오징어의 귀환을 기다리며

　근대 이전에도 집이나 땅을 사고팔 때는 문권文券이라는 매매계약서를 주고받았다. 문권에 들어가는 문구나 글자를 잘못 기재하면 큰 손해를 볼 수 있기 때문에 한 치의 틀림이 없도록 꼼꼼히 확인해야 한다. 그런데 예나 지금이나 문권으로 사기를 치는 자들이 있다. 대개 어려운 시절일수록 이런 사기가 기승했으며, 주로 힘없는 사람들이 피해를 당했다. 예전에는 땅이나 건물을 매매할 때 '오적묵 烏賊墨'이라는 먹물로 문권을 작성하는 사기꾼이 있었다고 한다. 오적묵이란 오징어 먹물을 일컫는 것으로, 일반 먹물 대신 이것에 붓을 묻혀 글자를 쓰면 일정 시간이 지난 뒤 글자가 사라져서 보이지 않는 현상을 이용한 사기였다. 즉 사기꾼이 오적묵으로 문권을 작성해놓고 나중에 매매한 적이 없다며 소송을 제기해서 땅이나 건물을 다시 차지하는 수법이다. 물론 해결책이 없는 것은 아니다. 오징어 먹물로 쓴 문권을 바닷물에 적시면 다시 글자가 나타난다고 한다. 조선 후기의 문인 이덕무의 「한죽당섭필寒竹堂涉筆」에 나오는 이야기다. 아마도 중국 강동江東 지역 사람들이 오징어 먹물을 묻힌 붓으로 문서를 작성했더니 해가 진 뒤 글자는 바래고 빈 종이만 남았다는 기록을 참고했을 것이다. 과연 오징어 먹물이 이런 효과를 내는지는 확실치 않지만, 근대 이전에는 이런 이야기가 널리 퍼져 있었다.

오징어는 한자로 오적어烏賊魚 혹은 오즉어烏鰂魚, 오어烏魚, 묵어墨魚, 오즉烏鰂 등으로 표기해왔다. 사실 한자어가 먼저인지 우리말이 먼저인지는 정확하지 않다. 추정컨대 '오징어'라는 우리말을 한자로 음차하는 과정에서 다수의 한자 이름이 생겨난 게 아닐까 싶다. 한자 명칭이 먼저라면 다양한 한자어가 등장할 필요가 없기 때문이다. 게다가 오징어 먹물색 때문에 '까마귀 오烏'자가 사용되었으니 의미도 적절히 표현된 듯하다.

정약전의 『자산어보玆山魚譜』에 따르면, 오적어는 까마귀를 잡아먹는 물고기라는 뜻이다. 바닷물 위에 떠 있다가 까마귀가 죽은 고기인 줄 알고 접근하면 열 개의 다리로 휘감아 잡아먹는다는 것이다. 그러나 오징어는 육식성이라 해도 주로 새우, 작은 물고기, 게를 잡아먹기 때문에 그러한 설명은 정약전 개인의 짐작이거나 당시 떠돌던 이야기를 적은 것으로 보인다. 1517년 최세진崔世珍(? ~1542)이 편찬한 『사성통해四聲通解』에도 '오증어'라는 단어가 보이는데, 우리 민족이 오래전부터 오징어를 식재료로 사용하고 있었음을 알 수 있다.

『도문대작』에는 이와 같이 적혀 있다. "오징어[烏賊魚]. 서해에서는 일부 지방에서만 잡히는데 흥덕興德과 부안扶安에서 잡히는 것이 가장 좋다." 오징어 하면 동해를 떠올리게 마련이지만, 흥미롭게도 허균은 서해안에서 잡힌 오징어를 손꼽았다. 물론 서해안 일부 지역에서만 잡힌다고 전제되어 있다.

최근 들어 기후가 변화하면서 어종도 눈에 띄게 변화했다. 이런 변화가 두드러지는 동해안에서는 대표 어종인 명태와 오징어의 어획량이 눈에 띄게 줄어들고 있으며, 특히 2000년대부터 오징어 어획량이 급감하여 어떤 해에는 거의 잡히지 않는 경우도 발생했다. 이는 바닷물 온도의 상승에 따른 것으로, 국립수산과학원 자료에 따르면 1968년부터 2020년까지 우리나라 해역의 수온은 1.12도 상승했으며, 이는 세계 평균 상승치인 0.53도에 비해 급격한 변화다. 특히 동해의 경우 1.61도나 상승하여 서해와 남해보다 변화의 폭이 크다. 난류성 어종인 오징어는 수온 변화에 민감하게 반응하는 생물로, 서식 환경이 바뀌자 대량 어획이 어려워지고 있다. 그런 반면 흥미롭게도 2015년에 서해안에서 오징어가 대량으로 잡히는 일이 있었다. 동중국해와 남해에 서식하던 오징어가 북쪽으로 이동하면서 서해안에 큰 어장이 형성되었다는 분석이다. 따라서 서해안이 오징어의 주요 서식지는 아니더라도 전혀 안 잡히는 곳도 아니다. 허균은 서해안에서 잡힌 오징어를 맛있게 먹은 것이다.

『도문대작』의 짧은 기록만으로는 허균이 언제 어떤 방식으로 오징어를 맛보았는지 알 수 없으나, 유배지인 전라도 함열에서 책을 집필했으니 그 무렵에 맛보지 않았을까 싶다. 허균이 언급한 흥덕이나 부안은 함열에서 가까운 거리에 위치한 고창과 부안 지역으로, 아마도 서해안에서 잡힌 해산물을 접할 수 있었을 것이다.

오징어는 대개 그물로 잡지 않고 낚시로 잡아올리기 때문에 조선시대에는 어획량이 그리 많지 않았을 것이다. 이 때문에 오징어는 여러 지역에서 공물로 올리는 물품이었다. 19세기 초기에 편찬된 『만기요람萬機要覽』에 따르면 햅쌀 1말에 6냥이고 조기 1마리에 2전일 때 오징어는 1마리에 6전이었다. 1452년(문종 2) 당시 사신으로 조선에 왔던 명나라의 환관 이귀李貴에게 오징어 2000마리를 선물했다는 기록이 있다. 이는 이귀를 따라온 유참장劉參將이 명복간明腹肝이라는 것을 구하고 싶다고 했는데, 그것이 오징어를 일컫는 말임을 확인하고 왕의 명으로 선물했다는 것이다. 성종 때 조선의 사신들이 중국으로 향하면서 준비한 선물 목록에도 마른오징어 1600마리가 포함되어 있었다. 당시 중국에서는 오징어를 조선의 특산물로 인식하고 있었음을 알 수 있다.

마을마다 오싱어와 명태 덕장이 있는 동해안에서 자란 나로서는 하고한 날 마른오징어와 북어를 먹었기 때문에 특별히 인상적인 음식은 아니었다. 다만 초등학생 시절 오징어 뼈에 대한 강렬한 기억은 남아 있다. 늦가을 무렵이면 집집마다 감을 깎아 곶감을 만들곤 했는데 일손을 거들겠다고 나서서 감꼭지를 따다가 왼손 검지를 베인 적이 있다. 할머니가 어디선가 하얀 가루를 가져와 상처에 뿌려주시자 잠시 후 거짓말처럼 피가 멎었다. 알고 보니 그것이 오징어 뼛가루였다. 조선시대에도 오징어 뼈는 민간에서 긴요한 가정상비약이었으며, 오징어 뼈를 왕실에 공물로 올리는 경우도 있었다. 홍만선의 『산림경제』에도 오징어 뼈의 용도에 대해 소개하고 있으며, 동해와 서해에서 잡히는 어종이라 기록하고 있다.

여름철 시원하게 회덮밥을 먹을 때 오징어회가 빠지면 섭섭하다. 오징어는 회로 먹기도 하지만 무침이나 탕, 튀김, 전, 구이 등 모든 방식의 요리에 잘 어울린다. 오징어가 잡히기 시작하는 늦여름이면 어머니는 오징어를 한껏 사들여 햇볕에 잘 말려뒀다가 추석 명절에 내려온 아들에게 두어 축 싸주시곤 했다. 오징어가 귀해진 이제는 아련한 옛 기억으로 남겨지고 말았다. 동해안에 오징어가 귀해졌다는 소식이 새삼 기후 위기를 절감케 하는 시절이다. 오징어가 귀환할 날을 고대한다.

28. 해파리의 상큼한 맛

어릴 때 여름 방학을 맞으면 우리는 바다에서 살다시피 했다. 물놀이도 싫증이 날 무렵이면 넘실거리는 파도 사이로 희끗희끗한 해파리가 떠다니기 시작한다. 바다 위에 해파리가 보인다는 건 여름이 끝나간다는 신호였다. 검게 그을린 몸뚱이의 우리는 바다에게 작별을 고하고 가을을 맞을 준비를 했다.

해파리는 갓 둘레로 아주 작은 촉수들이 촘촘히 달려 있고 그 촉수 끝에는 쏘기세포라는 것이 있다고 한다. 그 안에 머금고 있는 독때문에 해파리에 쏘이면 따끔한 느낌과 함께 피부가 붉게 변하거나 부풀어오르는 것이다. 드물기는 해도 해파리에 쏘여서 생명을 잃는 경우도 있으니 벌 것 아니라 치부힐 일은 아니다.

강원도 동해안에 8월이 밀려오면 어디선가 해파리도 해안으로 밀려오곤 했다. 제법 커다란 둥근 갓을 달고 있는 해파리가 푸른 바닷물 위에 둥둥 떠 있을 때는 희부옇게 보이고, 그것을 들어서 햇빛에 비춰보면 투명해 보였다. 우리는 해파리를 건져와 모래사장에 던져두고는 시간이 지날수록 몸체가 흐물흐물해지면서 물처럼 변하는 모습을 바라보았다. 최유해崔有海(1587~1641)가 금강산을 유람한 기록 중에 유몽인柳夢寅(1559~1623)이 쓴 제발題跋*을 읽어보면 해파리에 대한 이야기가 있다. 천도穿島라는 지역의 바다에는 공처럼 둥근 해파리가 많이 떠 있는데 투명해서 겉과 속이 환히 보이며 물결을 따라 둥둥 떠 있다는 내용이다. 내가 어릴 적에 보았던 해파리와 비슷해 보인다.

어린 시절에는 여러 종류의 해파리가 있으며 어떤 종류는 먹기도 한다는 걸 알지 못했다. 어려서부터 해파리를 먹어본 사람들도 많겠지만, 나는 1990년대에 처음으로 식탁 위에 놓인 해파리 요리를 먹어보았다. 그것은 바로 잔칫집 단골 메뉴인 해파리냉채로, 여러 가지 채소와 함께 톡 쏘는 겨자 소스에 버무려 먹는 방식이다. 이 요리는 중국에서 전해진 것으로, 중국 사람들은 약 1700년 전부터 해파리를 조리해서 먹었다고 한다. 우리가 먹는 종류는 촉수가 없는 근구해파리로, 염장 처리한 해파리를 가느다란 국숫발 형태로 만들어 양장피 같은 요리 재료로 사용하고 있다.

조선 사람들도 해파리를 음식으로 만들어 먹었다. 다만 궁중의 공물 목록에 이따금 등장하는 것으로 보아 민간에서는 그다지 일

---

* 　柳夢寅,「題紺坡副墨遊金剛山錄後」,『於于集』卷6.

상적으로 소비되지 않은 듯하다. 정조의 『일성록日省錄』에는 각종 물건의 값을 기록한 항목이 있는데, 그중 해파리는 일정한 값을 매기지 않고 시기에 따라 조정된다고 했다.

해파리를 뜻하는 한자는 매우 많다. 해양海䑋, 해장海腸, 수모水母, 수모소水母蔬, 해타海鮀, 해차海䖳, 저포어樗蒲魚, 석경石鏡 등이다. 우리말로는 '히파리'로 표기하고, 이를 한자로 음차하여 해파리海玻璃 혹은 해팔어海八魚로 쓰기도 한다. 허균은 『도문대작』에서 이렇게 서술했다. "해양海䑋. 인천仁川과 남양南陽 등지에서 잡힌다. 맛은 소의 지라와 비슷한데 상큼하다. 오직 두 지방 사람들만이 요리를 해먹을 수 있다."*

소의 지라와 비슷하다고 표현한 것은 아마도 특유의 식감 때문일 것이다. 해파리의 식감은 약간 쫄깃하면서 살짝 특유의 향을 지니는데, 이것이 소의 지라와 비슷하게 여겨진 모양이다. 소의 지라는 도축한 뒤 신선할 때 소금만 찍어서 먹는 마니아층이 있기는 하지만, 반대로 그 특유의 냄새와 식감을 꺼려하는 이들도 많다. 어떻든 허균은 해파리의 맛과 향을 소의 지라에 비유하면서 그보다는 더 상큼한 음식이라 했다. 당시에 해파리를 어떤 방식으로 조리했는지 알 수는 없지만, 허균이 '팽임烹飪'이라고 한 글지를 통해 삶고 지지는 방식이었음을 유추해볼 수 있다. 그것이 단순히 '조리한다'

* 海䑋. 産仁川南陽, 味似牛脾而爽. 唯二邑人, 能烹飪之.(『도문대작』)

는 의미일 수도 있겠지만, 끓이거나 삶아서 조리했기 때문에 그 한자를 택한 게 아닐까.

19세기의 인문학자 이규경李圭景(1788~1856)은 해파리에 대해 변증하는 글을 쓴 적이 있다.* 이른바 우리나라 호서, 호남, 해서, 관서, 동북해東北海에는 토속어로 해파리라 불리는 생물이 있는데, 물거품처럼 생긴 모습으로 파도 위를 떠다닌다고 했다. 그것을 잡아서 찔러보면 피를 흘리는데 그 용도는 알 수가 없으며, 사람들은 그것을 먹지 않고 모두 버린다고 했다. 중국 사람들은 이것을 모두 가져가는데, 백반 같은 것에 담가놓으면 오랜 시간이 지나도 사라지지 않으며 비단에 풀을 먹일 때 사용한다고 들었다는 기록이다. 이런 것으로 보아 민간에서 해파리를 식용으로 삼는 경우는 흔치 않았던 듯하다. 반면 조선시대의 지리지에는 해파리가 서해안 여러 지역의 토산물로 소개되어 있으며 의학서인『본초강목本草綱目』에 그 효능을 밝혀둔 것을 보면, 궁중에서는 식용이나 약용으로 사용한 모양이다. 생물학적으로 검증해봐야 할 점이긴 하지만, 해파리가 민간에 널리 소용되지 않은 이유는 한반도 근해에 서식하는 해파리 종류가 보관성이 떨어지기 때문이 아니었을까 싶다.

우리나라 근대문학사에서 최초의 현대 창작시집은 김억金億

---

* 李圭景,「鮓海玻璃辨證說」,『五洲衍文長箋散稿』「人事篇」. "我之湖西湖南兩西東北海中, 有土名海玻璃者. 狀似水泡, 浮游波濤上, 若捕而刺之血流, 未知其用. 人竝不食, 委棄不顧. 聞登萊州荒唐船人取去, 淹以白礬, 則耐久不消, 用於糊錦云."

허균의 맛

(1896~?)이 1923년 6월에 발간한 『해파리의 노래』다. 그는 시집의 서문에서 이렇게 말한다. "같은 동무가 다 같이 생生의 환락에 도취되는 4월의 초순 때가 되면 뼈도 없는 고깃덩이밖에 안 되는 내 몸에도 즐거움은 와서 한도 끝도 없는 넓은 바다 위에 떠돌게 됩니다. 그러나 자유롭지 못한 나의 이 몸은 물결에 따라 바람결에 따라 하염없이 떴다 잠겼다 할 뿐입니다. 볶이는 가슴의, 내 맘의 설움과 기쁨을 같은 동무들과 함께 노래하려면 나면서부터 말도 모르고 리듬도 없는 이 몸은 가엾게도 내 몸을 내가 비틀며 한갓 떴다 잠겼다 하며 볶일 따름입니다. 이것이 내 노래입니다. 그러기에 내 노래는 섧고도 곱습니다."

김억에게 해파리는 서럽고도 고운 시 그 자체다. 특별한 리듬이나 일정한 감정 없이, 삶의 부침에 따라 함께 떠올랐다가 가라앉는 자신의 몸이 노래로 표출된 것, 그것이 바로 자신의 노래이고 시라는 것이다. 나라를 잃고 식민지 백성이 된 김억에게 해파리는 자신의 현실을 대변하는 하나의 상징물이다. 세찬 역사의 물결 앞에 어떤 힘도 목소리도 내지 못한 채 이리저리 흔들리는 지식인의 고뇌 혹은 나약함을 해파리로 상징화한 것이다.

이제 해파리는 환경적 상징으로 이따금 언론에 등장한다. 기후변화의 위기를 알리기라도 하는 듯 해파리 떼가 갑작스럽게 출몰하는 현상이 자주 발생하는 것이다. 요즘은 7월에도 동해안의 수온이 급격히 높아지면서 수영을 즐기던 사람들이 해파리 촉수에 쏘이는 일이 속출하고 있다. 인간의 욕망이 지구 환경을 급변하게 만들었듯이 해파리 떼의 출몰은 인간의 업보를 보여주는 증거다. 아무리 작은 변화라도 그것은 우리 주변, 나아가 지구를 구성하는 삼라만상과 어떻게든 연결되어 있음을 느낀다. 그런 맥락에서 음식을 먹는 행위는 그 자체로 우주를 삼키는 것 아니겠는가.

29. 청어, 가난한 선비의 생선

바다 가까운 농촌에서 자란 덕분에 어릴 적부터 밥상에는 생선
구이든 생선조림이든 탕이든 늘 물고기 반찬이 올랐다. 가장 자주
먹은 것은 역시 이면수(임연수어, 우리는 새치라고 불렀다)와 명태류
였다. 어릴 적 입맛은 쉽게 변하지 않는 모양인지 생선구이집에 가
게 되면 고민 없이 이면수와 명태를 고르곤 한다.

20대 후반에 친해진 생선은 청어다. 지금은 완전히 리모델링되
어 옛 모습을 찾아볼 길 없는 서울 종로 뒷골목인 피맛골에서 청어
구이를 처음 맛보았다. 공부하느라 돈도 없었지만, 청어 한 마리 구
워놓고 이런저런 반찬을 곁들여 내주는 점심 밥상은 요즘 말로 가
성비가 훌륭했다. 이따금 서점 순례를 마치고 늦점심을 먹게 된 기
난한 대학원생에게 피맛골의 청어구이 백반은 그야말로 진수성찬
이었다. 살에 박힌 잔가시를 조심스레 발라내며 밥을 먹노라면 세
상 근심걱정이 사라지는 기분이었다. 어쩌다 사람들과 어울려서 청

어구이를 먹고서 뒷골목에 있는 '시인통신' 주점에서 맥주를 마시며 이런저런 이야기를 나누던 기억도 떠오른다. 그 시절 젊은 영혼을 얼마나 풍성하게 해준 공간인지……. 담배 연기 자욱한 그곳에서 예술계 원로들의 이야기에 귀를 기울이기도 하고 풋내 가득한 문학론을 떠들어대던 그때 그 기억들이 지금의 나를 만든 것 아니겠는가. 내게 청어는 그런 기억들로 가득한 생선이다.

청어에 다시 관심이 생긴 것은 허균의 편지에 나오는 작은 구절 때문이다. 사실 그는 절친한 벗 권필이 세상을 떠난 1612년, 절필을 선언한 적이 있었다. 그렇다고 해서 그 후로 아무 글도 쓰지 않은 것은 아니다. 그 선언은 다소 상징적인 것이었다. 다만 허균이 금산부사錦山府使에게 보내는 친필 편지에 절필 사실을 직접 언급한 것은 흥미로운 일이 아닐 수 없다. 그 편지는 시를 한 수 지어달라는 금산 원님의 부탁을 은근히 거절하는 내용이었는데, 그 안에 이러한 문장이 있다.

"여장汝章이 죽은 뒤로는 하늘에 맹세컨대 시를 쓰지 않기로 했습니다. 비록 좋은 글귀를 얻는다 해도 어찌 하늘을 속일 수 있겠습니까?"

'여장'은 허균의 절친한 벗 석주石洲 권필의 자字다. 당대 최고의 시인으로 명성이 자자했던 권필은 벼슬을 멀리한 채 야인의 삶을 살았는데, 외척 왕실을 풍자한 궁류시宮柳詩를 지었다는 죄로 유배형에 처해져 귀양지인 해남으로 떠나던 첫날 밤 폭음을 하여 죽음을 맞았다. 당시 이이첨, 유희분柳希奮 등이 광해군을 옆에 끼고 국정을 농단하는데다 지식인의 언로가 완전히 막혀 있는 상황에서 필화 사건에 연루된 권필이 울분에 찬 통음으로 죽었다는 소식은 모두에게 충격적인 사건이었을 터였다. 하물며 평생 친한 벗이었던 허균은 이 소식에 비통함을 금할 수 없었을 것이다. 허균 본인도 전라도 함열에서 막 귀양살이를 끝낸 터였으니 슬픔이 오죽했으랴.

허균이 금산부사에게 보낸 편지에는 또 다른 흥미로운 구절이 있다. 허균은 편지 말미에 자신의 이름을 적은 뒤, 무심한 듯 혹은 깜빡 잊었다는 듯 연말 선물로 보낸 청어 두름 2개를 잘 받았노라고 덧붙인 것이다. 정리하자면, 권필이 죽은 1612년 이후 어느 해 겨울에 금산부사가 허균에게 시 한 편을 지어달라는 부탁과 함께 청어 두름을 보냈고, 이듬해 정월 허균은 거절의 답장을 보내면서 무심한 척 청어 선물에 대해 언급한 것이다.

『도문대작』에는 청어에 대해 다음과 같이 적혀 있다. "청어青魚. 네 종류가 있다. 북도에서 나는 것은 크고 배가 희며, 경상도에서 잡히는 것은 등이 검고 배가 붉다. 호남에서 잡히는 것은 조금 작고, 해주海州에서는 2월이 되어야 잡히는데 맛이 매우 좋다. 옛날에는 흔히 구할 수 있는 생선이었으나 고려 말에는 쌀 한 되에 40마리가 되자 목로牧老는 시를 지어 이를 한탄했다. 세상이 어지럽고 나라가 황폐해져서 모든 물자가 부족해지자 청어마저 귀해진 것을 말씀하신 것이다. 명종 이전만 해도 쌀 한 말에 50마리였는데 지금은 전혀 잡히지 않으니 괴이하다."*

여기서 목로牧老는 고려의 충신 목은牧隱 이색李穡(1328~1396)을 지칭하며, 그가 지은 시 「부청어賦靑魚」(『목은시고牧隱詩稿』 권14)의 내용은 이러하다.

쌀 한 말에 청어 스무 마리 남짓 斗米靑魚二十餘

끓여오니 흰 주발이 쟁반의 채소를 비춘다 烹來雪盌照盤蔬

세상에 맛좋은 것 응당 많으리니 人間雋永應多物

산 같은 흰 물결이 하늘을 때리는 곳에 白浪如山擊大虛

쌀 한 되에 40마리라고 한 허균의 기록은 착오인 듯하다. 허균의 기록에 따르면 우리나라에서 잡히는 청어는 모두 4종으로, 모양과 맛의 특색이 뚜렷하다. 이유는 모르겠으나 청어의 생산량이 들쭉날쭉했는데 허균의 시대에는 거의 잡히지 않았던 모양이다.

사실 청어는 우리나라 모든 해안에서 잡히는 어종이었다. 조선 전기에 편찬된 『신증동국여지승람』을 보면 각 지역의 토산물을 수록하고 있는데, 청어는 황해도·충청도·전라도·경상도·함경도 등 강원도를 제외한 모든 해안에서 잡히고 있었음을 알 수 있다. 강원

* 靑魚. 有四種. 北道産者, 大而內白; 慶尙道産者, 皮黑內紅; 湖南則稍小; 而海州所捉, 二月方至, 味極好. 在昔極賤, 前朝末, 米一升只給四十尾, 牧老作詩悼之, 謂世亂國荒, 百物凋耗, 故靑魚亦希也. 明廟以上, 亦斗五十, 而今則絶無, 可怪也.(『도문대작』)

도가 빠진 것은 아마도 이 지역이 어업보다는 농업에 주력했기 때문이 아닐까 추정된다. 겨울에 주로 잡히는 청어는 회나 구이로도 먹고 과매기처럼 말려서도 먹고 탕으로도 먹는, 그야말로 전천후 식재료였다. 이순신 장군이 청어 7000마리를 곡식과 바꾸려 했다는 기록으로 보건대, 청어가 많이 날 때는 식량인 곡식과 교환할 정도로 용도가 다양했던 것 같다.

조정에서는 바다에서 잡히는 생선에 대해서도 세금을 부과했다. 유형원柳馨遠(1622~1673)의 글을 보면 어장을 설치하는 모든 어민에게 어장세를 물렸으며, 소금을 생산하는 자에게는 소금세를 물렸다. 또한 물고기 종류에 따라 세금의 비중이 달라서 청어잡이에게는 청어세를 물렸다. 이때 큰 배를 소유한 어민은 세포稅布(세금으로 징수하는 베) 18동을 내야 했다. 시대에 따라 도량형이 조금씩 다르기는 하지만, 세종 당시에 베 1필의 길이는 35척(약10.6미터)이었고 명종 당시에 베 1동同은 50필 묶음이었으니, 18동이면 어마어마한 양이다. 조기잡이 배의 경우에 세금 6동을 매겼는데, 이는 1000마리를 1동으로 계산하여 매긴 것이라 한다. 이런 식으로 추정하면 청어는 2000마리를 1동으로 계산한 것이다. 당시 백성에게 부과된 세금이 얼마나 가혹했는지 헤아릴 수 있는 수치다. 한편으로는 당시 청이가 꽤 많이 잡혔으며 거래가 활발했다는 사실도 알 수 있다.

조선 후기의 기록을 보면 청어가 풍부했던 것은 사실이지만, 그렇다고 해서 값이 저렴하지는 않았다. 배를 타고 바다로 나가 어로 행위를 하는 것 자체가 쉬운 일이 아니었기 때문이다. 특히 동지 전에 거래되는 청어는 비쌌다. 이익李瀷의 『성호사설星湖僿說』에서도 "청어는 북도北道에서 처음으로 보이기 시작하여, 강원도의 동해변을 따라 내려와서 11월에 이곳(울산·장기 지역)에서 잡히는데, 남쪽으로 내려올수록 점점 작아진다. 어상魚商들이 멀리 서울로 수송하는데, 반드시 동지 전에 서울에 도착해야 비싼 값을 받는다"라고 했다. 이는 청어를 첫 수확물로 제수를 올리는 천신 때문에 수요가 많았다는 뜻이다. 동지 전에 도착해야 동지 제사와 연말연시 각종 제사에 청어를 올릴 수 있으니 그 시기에 가장 비쌀 수밖에 없는 것이다.

제사가 끝난 뒤에 청어는 당연히 제사를 지낸 사람들의 몫이다. 제사상에서 밥상으로 옮겨진 청어는 사람들의 입맛을 돋우고 식사의 풍미를 한층 깊게 해주는 음식이었다. 자식들 입장에서는 부모님께 겨울철 별미인 청어를 드리는 게 효행 중 하나였다. 전남 구례에서 강학에 몰두한 조선 후기의 유학자 박광기朴光夔(1708~1761)의 행장에 그러한 일화가 담겨 있다. 매천梅泉 황현黃玹(1855~1910)이 쓴 이 행장의 내용에는 병으로 몸져누운 모친의 밥상 위에 청어를 올려드리지 못한 죄스러움 때문에 박광기는 청어를 입에 대지 않았을 뿐 아니라 자손들에게 자신의 제사상에 청어를 올리지 말라고 유언했다는 이야기가 담겨 있다. 박광기의 효성을 드러내는 이 이야기에서 가난한 선비의 처량한 현실을 엿볼 수 있다.

이유원李裕元의 『임하필기林下筆記』(권27)에는 청어를 좋아한 어느 재상의 일화가 수록되어 있다. 한용구韓用龜(1747~1828)는 끼니때마다 자신이 좋아하는 청어를 올리도록 했다. 이 사실을 알게 된 권두權頭(하인들 중 우두머리)가 음식을 준비하는 종을 불러 재상의 밥상에 청어만 올리는 것은 볼기를 맞아야 할 죄라며 꾸짖었다. 이 사실을 전해 들은 한용구는 "권두가 청어를 먹지 못하게 하려는 것"이라며 웃었다고 한다. 당시에는 청어 한 두름에 3~4문文 정도로 저렴해서 천한 사람들이 먹는 생선이라는 인식이 있었기 때문이다. 그만큼 청어는 많은 사람의 사랑을 받으면서 밥상의 귀물로 대접 받았다.

이런 사정은 한용구와 같은 시기를 살았던 추사秋史 김정희金正喜(1786~1856)의 시에도 보인다. 그는 「청어」(『완당집』 권10)라는 제목의 시에서 이렇게 노래했다.

바닷배의 청어가 온 성에 가득한데 海舶靑魚滿一城

살구꽃 봄비 속에 생선 파는 사내의 소리 杏花春雨販夫聲

구워보니 예년의 맛 그대로인데 炙來不過常年味

시절 따라 눈이 끌려 각별한 정 생긴다 眼逐時新別有情

이 작품을 읽으면 추사가 입맛 섬세한 미식가였음을 새삼 떠올리게 된다. 그는 제주도에 유배되었을 때도 본가에서 음식을 받아

먹는 일이 잦았을 정도로 미각이 각별했다. 추사가 언제부터 청어를 즐겼는지는 모르겠지만, 살구꽃 피는 봄날 생선장수 지나는 소리에 얼른 청어를 사다가 구워먹는 모습을 그려보니 소박하고 정겹게 느껴진다.

명종 이전에는 흔히 구할 수 있었던 청어가 잡히지 않으니 이상한 일이라고 허균은 탄식했지만 조선 후기에는 청어가 꽤 풍성했다. 청어가 얼마나 흔했는지 이옥李鈺(1760~1812)은 자신의 저서 『백운필白雲筆』에서 가난한 유생들도 청어로 배를 불린다고 해서 청어를 '유어儒魚', 즉 선비들의 물고기라고 기록하고 있다. 선비를 살찌게 만드는 물고기라는 뜻의 별칭 '비유어肥儒魚'도 같은 맥락에서 생겨난 것이다. 경제적 여유가 없는 대학원 시절 청어구이를 맛있게 먹었던 기억을 되살려보면, 내게도 청어는 유어 또는 비유어로 불릴 만하다. 세월이 지나면 모든 게 아름다워지는 법인가. 가난했던 어린 시절도 이제는 제법 그리워지는 나이가 되었다. 점심이나 저녁 무렵이면 생선을 굽는 연기로 가득하던 피맛골도 이제는 사라지고, 담배연기 자욱하던 가난한 예술인들의 놀이터도 사라졌다. 얼마 전 시장 한켠에서 청어구이를 놓고 왁자하게 막걸리를 마시던 사람들의 모습이 눈에 선하다. 여전히 청어는 필부匹夫들의 입맛을 사로잡으면서 훈훈한 기억을 남겨주는 소재가 되고 있었다.

30. 푸른 바다 스며 있는 전복

　입맛은 사람마다 다르기 때문에 어떤 음식의 맛을 평가하는 절대적인 기준도 정하기 어렵다. 그러나 오랜 기간에 걸쳐 공동체가 선호하는 맛이 형성되어 개인의 입맛에 큰 영향을 끼친다는 점은 인정해야 할 것이다. 예컨대 중국이나 동남아시아 음식에 널리 쓰이는 고수라는 채소가 한국에서는 크게 환영받지 못한다. 중국의 전통음식인 취두부라든가 청어를 삭혀 지독한 냄새를 풍기는 스웨덴의 수르스트뢰밍 같은 음식도 한국인이 즐겨 먹기는 쉽지 않다. 반면 오래전에 한국을 떠난 교포들의 여전한 김치 사랑은 어렸을 때부터 사회적으로 길들여진 입맛 덕분이다. 물론 요즘은 김치를 좋아하는 외국인이 많아졌지만 여전히 김치 냄새를 불쾌하게 느끼는 이들도 많다.

　내게는 전복이 그랬다. 전복을 좋아하는 사람은 어떻게 조리하든 그 맛에 열광하는데, 나는 바다 근처에서 자랐으면서도 홍합이나 조개를 더 좋아했다. 전복을 회로 먹으면 비릿한 맛과 미끈거리는 느낌 때문에 친해지기 어려웠다. 남들은 전복을 씹으면서 쫄깃하다고 하는데 내게는 질긴 느낌이었다. 19세기 말에 편찬된 조리서인 『시의전서是議全書』에 전복의 살을 부드럽게 하는 조리법이 소개되어 있는 것도 그러한 맥락이 아닐까 싶다. 이런 조리법은 치아가 부실한 노인들을 위한 보양식으로 조리할 때 유용할 만하다.

전복의 맛을 제대로 음미할 수 있게 된 것은 40대가 되어서였다. 사실은 생전복을 맛본 게 아니라 미역국에 들어 있는 오분자기의 맛이었다. 제주도 음식으로 미역국 기반에 오분자기를 세 개쯤 넣은 오분자기 뚝배기가 유행했을 때 먹어보았는데, 미역국물이 친숙해서였는지 충분히 익혀서였는지는 몰라도 오분자기가 제법 쫄깃하고 맛있었다. 좋은 점이 발견되면 다른 것까지 좋아지는 법인지, 오독오독 씹는 느낌도 나쁘지 않았다. 며칠에 한 번 꼴로 오분자기 뚝배기를 먹으러 다니면서도 오분자기가 전복과 비슷한 종류라는 걸 몰랐다. 한동안 제주도에서 지낼 때도 오분자기 미역국을 만나면 참으로 반가웠다. 지금이야 여러 전복 요리를 즐겨 먹게 되었지만, 내게 전복 요리의 출발점은 미역국에 담긴 오분자기였다.

전복은 제주도를 비롯한 우리나라 해안 곳곳에서 채취되는데 허균이 어느 지방의 전복을 맛보았는지는 기록에 없다. 조선 중기의 문인 허목許穆(1595~1682)은 삼척부사로 근무할 때 지역의 물산에 대한 기록*을 남겼는데, 전복은 양야산陽野山 바닷가에서 나는 게 좋다고 했다. 강릉 지역에서 오래 머무르기도 했고 며칠일망정 삼척 부사를 지내기도 한 허균 역시 동해안의 전복을 맛보지 않았을까 싶다. 그러나 그는 『도문대작』에서 이렇게 썼다. "큰전복[大鰒魚]. 제 주에서 나는 것이 가장 크다. 맛은 작은 것보다는 못하지만 중국 사 람들이 매우 귀히 여긴다."**

이 문장은 보기에 따라 해석이 달라질 수 있다. 일단 제주에서 나 는 전복이 가장 크고, 큰 전복은 작은 전복보다 맛이 덜하다고 한 부분에는 이견이 없을 것이다. 그런데 중국 사람들이 귀하게 여기 는 것이 작은 전복인지 제주산 큰 전복인지, 아니면 전복 자체를 귀 하게 여긴다는 뜻인지 명확하지 않다. 어쨌거나 허균은 조선에서나 중국에서나 전복이 귀한 대접을 받는 식재료라는 점을 강조하고 있다. 제주목사를 지낸 기건奇虔(? ~1460)은 제주 어민들이 고생스럽 게 전복을 채취하는 모습을 목도한 이후로 전복을 먹지 않았다고 한다. 또한 중국 사신에게 대접하기 위해 수천 첩의 전복을 올려보 내라는 조정의 명령에 대해 감당할 도리가 없어 자살하는 백성도 있었다고 한다. 전복의 드높은 명성에는 뭇 백성의 피와 땀과 목숨 이라는 대가가 따랐다.

전복은 크기에 따라 대복大鰒과 중복中鰒으로 구분한다. 제주도에 서 주로 생산되는 것은 대복이고, 중복 중에서는 울산에서 채취되

---

*   허목許穆, 「척주기사陟州記事」, 『기언記言』 권37.
**   大鰒魚. 産濟州者最大. 味不及小者, 而華人極貴之.(『도문대작』)

는 조자복照字鰒을 으뜸으로 쳤다. 허균이 제시한 '큰 전복'은 당연히 제주도에서 잡힌 것인데, 그중에서도 특별히 귀한 취급을 받는 것은 제주도의 무혈복無穴鰒이었다. 전복은 주둥이로 빨아들인 바닷물을 출수공出水孔을 통해서 내보내기 때문에 껍데기를 보면 몇 개의 구멍이 나 있는데, 무혈복은 그런 구멍이 없다. 정약용은 제주도백성이 무혈복과 조자복을 공물로 바치느라 고생이 크다고 했다. 아마도 허균은 궁궐로 진상된 제주도의 큰 전복을 맛보았을 것이고, 이를 토대로 강릉과 삼척의 전복과 비교할 수 있었을 것이다.

유통 체계가 원활하지 않았던 시대에 생물류는 운송 도중에 상하는 경우가 많았고, 그런 까닭에 주로 말린 건복乾鰒이 유통되었다. 하지만 전복을 가장 맛있게 즐기는 방법은 신선할 때 회로 먹거나 즉시 조리해 먹는 것이다. 그래서 해안 지역에서는 손님들이 찾아오면 생전복을 썰어 회처럼 대접하곤 했다. 조선 후기에 일본 통신사로 파견되었던 문인들의 기록을 살펴보면 일본에서도 이와 비슷한 풍습이 있었음을 알 수 있다. 남용익南龍翼(1628~1692)의 『문견별록聞見別錄』을 보면 대마도에서 받은 음식 접대에 대한 기록이 있다. 처음으로 차려낸 나무상에는 "가늘게 썬 전복을 담아 내오고, 다음에는 금칠을 한 채색상에다 6~7개의 그릇을 놓고 가늘게 썬 어육魚肉 등의 반찬이 정갈하게 배열되었으며, 또 물새를 그 털과 깃을 둔 채로 두 날개를 펴서 말리고, 조개·소라·가재·방게 등은 그 껍질을 벗기지 않고 삶아서 모두 그 위에 올려놓았다"고 했다. 대마도에서 채취되는 다양한 어류 및 패각류를 어떻게 먹는지 잘 묘사되어 있다.

당시에는 몸값 비싼 전복을 둘러싼 많은 일이 벌어지곤 했다. 현종 5년(1664) 11월쯤 경상도 수군통제사를 맡고 있던 김시성金是聲(1602~1676)이 청풍부원군清風府院君 김우명金佑明(1619~1675)에게 좋은 전복을 선물했다. 김우명은 현종의 장인이었고, 당시 김시성은 관리로서 좋은 평가를 받지 못하고 있는 상황이었다. 김우명은 김시성에게 받은 전복을 임금에게 바쳤다. 문제는 김시성의 후임으로 발령받은 정부현鄭傅賢도 전복 선물을 보내기 시작하면서 이것이 관행처럼 굳어졌다는 것이다. 그들이 바친 전복은 '생전복'이었으니, 전복이 상하지 않도록 특별 처리했음은 물론 한양까지 가장 빠른 운송 방편을 썼을 게 자명하다. 그 과정에서 김시성이 당시 노론의 실세인 우암尤庵 송시열과 상의했다는 소문이 퍼져 소명까지 해야 했으니, 전복 선물이 정치적 논란거리가 된 것이다. 이 문제는 김시성이 파직되는 선에서 마무리되었지만, 때에 따라서는 작은 선물이 큰 사건으로 이어지기도 한다. 1781년 3월, 전라도 영암에서 전복 때문에 살인사건이 벌어지기도 했다. 이학년李鶴年이 전복을 팔지 않았다는 이유로 천갓농千㓋同과 시비를 나두나가 이흭년에게 밀쳐진 천갓동이 바위에 머리를 부딪쳐 18일 만에 사망한 것이다. 이 송사는 이학년을 유배형에 처함으로써 마무리되었다.

이처럼 조선시대에 전복은 구하지 못할 정도는 아니었지만 상당히 귀한 식재료로 인식되었다. 그러다 보니 제사상에 올리는 경우도 있었다. 홍대용의 글에 보면, 그가 청나라에 갔을 때 교분을 나눴던 엄성嚴誠이란 선비의 부고를 받은 뒤 제문을 지어 제사를 올렸다. 제문 내용을 보면 향촉香燭을 갖추고 전복 10개를 올려 그를 조문한다는 표현이 나온다. 그로서는 정성을 다해 먼 나라의 벗을 영결永訣한 것이다.

뚝배기로 시작된 나의 전복 요리 여정은 다양한 노선을 확장해왔다. 그러고 보면 전복은 회를 비롯해 찜, 죽, 탕, 구이, 튀김 등 다양한 조리 방식으로 사람들의 변화하는 입맛을 충족시켜왔다. 나 역시 전복에 깃든 푸른 바다의 맛을 재해석한 새로운 요리에 도전할 준비가 되어 있다.

31. 꽃같이 아름다운 음식 화복花鰒

1715년(숙종 41) 9월, 제주도에 사는 네 명의 부로父老가 궁궐에 바칠 선물을 가지고 한양에 올라왔다. 이는 조정에서 흉작으로 고통받는 제주도 백성을 진휼賑恤하기 위해 육지 곡식을 보내준 은혜에 대한 보답 차원이었다. 그들이 가져온 선물은 제주도의 토산물인 화복花鰒과 인복引鰒으로, 이것을 궁궐 부엌에서 요리하여 임금의 밥상에 올려지기를 원했다. 그러나 해당 관청인 사옹원司饔院은 이를 받아들이지 않았다. 담당 관리로서는 그 식재료가 어떤 경로를 거친 것인지 확인되지 않았으니 임금의 밥상에 올리기는커녕 궁궐 내 식재료로 사용하기도 조심스러운 입장이었다. 그러자 제주도 부로들은 궁궐 앞에 있는 북을 울려 사정을 호소했고, 형조刑曹 관원이 이들을 처벌하려 했으나 왕은 그들을 풀어주라고 명했다. 숙종실록에 담긴 일화다.

제주도에서 화복과 인복을 가지고 한양까지 올라온 부로들의 정성도 지극하고, 이들의 입장을 알지만 규정에 따라 외부 물건을 반입하지 않은 사옹원 관리의 처신도 적절했다. 그들을 잡아들여 처벌하려 한 형조 관원에 대해서도 인정상 비난할 수는 있겠지만 그들 또한 자기 업무에 충실했으리라는 점은 헤아릴 수 있다. 사실 이 일화에서 나의 호기심을 자극한 부분은 화복과 인복이었다.

어류든 어패류든 바다에서 나는 것은 대부분 유통 과정에서 쉽게 상해버린다. 전복 역시 바닷가에서 채취한 뒤 궁궐이나 한양의 대갓집까지 올려보내려면 여러 날이 걸릴 수밖에 없기 때문이다. 궁궐이나 권력자가 특별히 전복을 신선한 상태로 보내라는 명령을 내리면 귀한 얼음을 채워 포장하거나 수송 기간을 최소화하기 위해 역참의 말을 부지런히 갈아타고 밤낮없이 달려야 했을 것이다. 그런 경우가 아니라면 보통은 건복乾鰒이라 불리는 말린 전복을 보냈다. 말린 전복은 물에 담가놓으면 상당 부분 원래의 전복 상태를 회복한다. 제주도 부로들이 가져왔다는 화복과 인복이 모두 말린 전복 종류다. 인복은 전복을 납작하게 펴고 잡아당겨서 말린 것이고, 화복은 말려서 꽃 모양으로 만든 것이다.

전복이 귀한 식재료임은 두말할 나위가 없으나, 그중에서도 화복은 허균이 따로 취급할 만큼 특별한 식재료로 쓰였던 듯하다. 그는 『도문대작』에서 이렇게 서술한다. "화복花鰒. 경상우도慶尙右道 해변 사람들은 전복을 채취하면 갈라서 꽃 모양으로 만들어서 상에 올린다. ○ 또 큰 것은 얇은 조각으로 썰어서 만두를 만드는데 이 또한 맛있다."*

예전에는 낙동강을 기준으로 동쪽을 경상좌도라 하고 서쪽을 경상우도라고 했다. 지금의 경상남도와 경상북도와는 지역이 다른 구분이다. 허균이 맛본 화복은 경상우도의 것이었으니, 아마도 경상남도 해안 지역에서 채취한 전복으로 만들었으리라. 허균의 서술에서는 전복을 땄을 때 바로 화복을 만드는 것처럼 생각되지만, 기본적으로 화복은 건복으로 만든 것이다.

1763년 일본에 통신사로 다녀오면서 고구마를 들여온 인물로 알려진 조엄趙曮(1719~1777)의 『해사일기海槎日記』(권2)를 보면 비주肥州의 수령이 관포串鮑를 한 궤짝 보내왔다는 내용이 있다. 덧붙여 관포는 건복을 말하며, 조선의 화복과 같은 것이라고 설명했다. 이런 기록에 근거하면 허균이 말하는 화복은 건복에 해당하며, 그것을 칼로 잘 저미고 새겨서 꽃처럼 만들어 밥상에 올리는 것이다.

조엄보다 앞선 시대를 살았던 이경석李景奭(1595~1671)은 화복과 정과正果를 보내준 동래부사 원만석元萬石(1623~1667)에게 감사를 표하는 시를 지었다. 시에는 "전복은 동해에서 나온 것인데 꽃을 마름질하여 아름답고, 정과는 부상扶桑에서 나온 것인데 꿀을 발라 향기롭다鮑從東海裁花美, 果出扶桑帶蜜香"**라는 구절이 있다. 또한 비슷한

---

* 花鰒. 慶尙右道海上人採鰒, 割作花樣而釘之. ○又以大者, 割爲薄片, 作饅頭, 亦好.(『도문대작』)

** 李景奭, 「謝東萊元府伯萬石, 餉以花鰒及正果小傘」, 『白軒集』 卷20.

시대를 살았던 이해조李海朝(1660~1711) 역시 제주도의 풍속을 기록한 장편의 한시에서 "화복은 상에 올라 아름답고, 생선은 음식으로 들어와 신선하다花鰒登盤美, 銀脣入饌鮮"라고 묘사했다. 화복은 맛도 좋으려니와 음식이 차려진 상을 아름답게 하는 역할을 했음을 알 수 있다. 당연히 평범한 백성이 일상적으로 접할 수 있는 음식은 아니었다.

『도문대작』 원문에서 허균은 동그라미(○)를 넣어 서술 내용을 구분했다. 동그라미 뒷부분의 내용, 즉 큰 전복을 얇게 썰어서 만두소로 사용한다는 것은 화복이 아니라 전복 전체에 관한 내용이다. 물론 전복이 아무리 귀한 식재료라 해도 만두소를 전복으로만 삼지는 않았을 것이다. 전복만 넣으면 씹기도 어렵고 만두피와 어울리는 맛을 낼 수 없을뿐더러 간도 맞지 않는다. 자세히는 알 수 없으나 다른 여러 재료에 전복을 섞은 만두소라고 봐야 한다. 만두에 전복을 넣다니, 귀한 식재료를 호사스럽게 사용하는 것을 보면『도문대작』에 포함할 정도로 허균의 미각을 자극하는 식재료였음이 분명하다.

넓게 보면 화복은 전복 종류인데 어째서 허균은 항목을 따로 할애했을까. 사실『도문대작』에는 그런 경우가 종종 보인다. 아마도 음식에 깃든 사회적 의미를 고려한 게 아닐까 싶다. 어떤 음식을 좋아한다는 것은 그 내면의 사회 문화적 맥락에 따른 것이다. 나는 지금도 된장찌개나 순두부찌개 같은 음식을 좋아하는데, 아마도 가족들과 함께 밥을 먹던 시절의 숱한 기억이 묻어 있기 때문일 것이다. 이와는 달리 자신의 사회적 신분이나 문화적 수준을 은밀히 드러내려는 욕망이 개입된 경우도 있다. 허균의 시대에 웬만한 양반 집에서는 가끔 전복을 맛볼 수 있었을 테지만, 손질 과정이 더해지고 장식적 역할도 제공하는 화복을 즐기는 집은 드물었을 것이다. 즉 화복을 즐긴다는 것은 그 자체로 사회 문화적 상류층을 상징하는 셈이다. 사실 어떤 음식을 즐기는가를 통해 사람을 평가하는 분위기는 그때나 지금이나 마찬가지 아닐까. 『도문대작』의 항목 분류를 통해 자신은 비록 하찮은 귀양바치 신세지만 문화적으로는 누구에게도 처지지 않는다는 점을 은근히 드러내려는 허균의 욕망이 읽힌다.

32. 은어 낚시의 추억

민물과 바닷물이 만나는 지역에서 자란 덕분에 얻은 흥미로운 경험들은 내가 살아가는 동안 큰 힘이 되었다. 지나간 것은 모두 아름답게 착색되는 법이라지만 특히 어린 시절의 경험은 그러한 경향이 더욱 짙다. 어른들이 세상의 험한 파도를 막아준 덕분에 어떤 걱정도 없이 지냈기 때문인 것 같기도 하다. 큰 고민이라봤자 숙제를 안 해서 선생님께 혼나지 않을까 하는 정도였으니, 그 시절의 우리는 아무 근심걱정 없이 뛰어놀기만 했다.

은어 낚시를 다니던 시절
-

여름방학이 시작될 즈음이면 우리는 낚싯대를 어깨에 둘러메고 동네 앞 강가로 간다. 바야흐로 은어 낚시의 계절이 도래한 것이다. 전기도 안 들어오던 시골에 변변한 낚싯대가 있을 리 만무였다. 그저 뒤뜰에 자라는 대숲에 들어가 적당한 놈을 골라 낫으로 가지를 툭툭 쳐내고, 날카로운 대나무 가지에 손이 다치지 않게 정리하고 끝에다 낚싯줄을 매달면 끝이다. 낚시 바늘에 미끼를 끼우는 경우도 있지만 우리에겐 번거로운 짓이다. 그 대신 깃털 달린 찌, 말하자면 '루어'라는 가짜 미끼를 달았다. 강가에 당도하면 적당한 지점을 탐색한다. 약간 경사져서 어느 정도 물살이 세게 흐르는 여울 근처에 낚싯대를 드리운다. 가만히 있어서도 안 된다. 은어가 낚싯바늘에 달린 찌를 먹이로 착각해서 덥썩 물게 하려면 낚싯대를 쉬지 않고 움직여야 한다.

강릉 인근 산골에서 자란 내게 은어 낚시의 기억은 어린 시절을 빛나게 해주는 것 중의 하나다. 어쩌면 은어 낚시에 관한 나의 기억에 착오가 있을지도 모르겠다. 그렇지만 그게 무슨 대수란 말인가. 나에게는 은어 낚시를 하던 순간의 아름다운 기억이 남아 있지 않은가. 지난 기억으로 구성되는 존재가 인간이다. 그런 탓인지 나이가 들수록 모든 사안을 과거의 기억과 연결시키려는 태도는 어느 정도 불가항력인 듯하다. 그것을 우리 사회의 꼰대 문화로 치부하고 괄호 처리하려는 시선에는 신중할 필요가 있다.

어린 시절에 즐거웠던 은어 낚시 이후로 낚시를 해본 적은 열 손가락에 꼽을 정도다. 시간도 계기도 없었고 같이할 친구도 없었기 때문이기도 하지만, 젊은 시절 우연히 읽게 된 『채근담菜根譚』의 특정 문장이 마음을 울렸기 때문이다. "낚시는 한가로운 일이지만 오히려 생살生殺의 권력을 쥐고 있고, 바둑과 장기는 맑은 놀이지만 또한 전쟁하는 마음을 움직이게 한다."* 이 문장은 나로 하여금 세상을 다른 시각으로 보도록 이끌었다. 낚시질을 하지 말자는 주장이 아니라 단지 문화적 충격이 낚시질로부터 나를 멀어지게 했다는 사실을 말하려는 것이다.

또 하나, 은어를 생각하면 떠오르는 풍경이 있다. 여름 해가 저물어갈 무렵 강둑을 걷다보면 무언가 말로 표현할 수 없는 처연한 아름다움이 느껴질 때가 있다. 오후를 스쳐간 소나기 때문에 대기에 습한 공기가 머물러 있을 때 산 너머로 붉은 햇살이 내려와 잔잔한 물에 비치면 어떤 아득함 가운데 슬픔 같은 것이 밀려오곤 했다. 열댓 살쯤 되는 아이가 인생에 대해 무얼 알겠는가마는 이런 순간을 강둑에 서서 즐기곤 했다. 인적 없는 강둑에서 고요한 분위기에 잠겨 있던 나를 깨워준 것이 바로 은어였다. 저물녘 고요한 수면 위로 튀어오르던 수많은 것 중에 압권은 은어였다. 은어가 물 위로 튀어올랐다가 떨어지는 소리에 나는 깊은 상념에서 깨어나곤 했던 것이다. 훗날 『중용中庸』을 읽으면서 "솔개는 하늘에 이르고 물고기는 연못에서 뛰어오른다鳶飛戾天 魚躍于淵"라는 『시경詩經』의 한 구절을 만났을 때도 어린 시절 강둑에서 은어가 튀어오르던 풍경을 떠올렸다.

---

* 釣水逸事也, 尙持生殺之柄; 奕棋淸戲也, 且動戰爭之心.(洪自誠, 『菜根譚』 후집 제2장)

허균의 은구어銀口魚는 지금의 은어

-

은어를 낚기는 했어도 그것을 먹었던 기억은 거의 없다. 친구들과 어울려 낚시질을 한다는 즐거움으로 강가를 쏘다닌 것이지, 은어를 먹겠다는 의지는 별로 없었다. 잡은 은어를 꿰어서 집으로 돌아가다가 동네 어른들이 사주는 과자 한두 봉지에 은어를 넘겨주었다. 오히려 나이 들어 경상도 밀양의 어느 식당에서 우연히 은어정식을 먹어보고서야 그 맛을 알았다고 할 수 있다. 다양하게 조리한 은어를 코스 요리처럼 즐기는 방식으로, 그때 은어의 제 맛을 느끼고 신기하게 여겼던 기억이 있다.

허균은 은어를 어떻게 먹었을까. 허균의 문집에는 은어의 조리법에 대한 기록을 찾아볼 수 없고, 오직 『도문대작』에 다음과 같이 간략한 기록만 담겨 있다. "은어[銀口魚]. 영남에서 나는 것은 크고 강원도에서 나는 것은 작다. 해주에도 있다."*

옛 한문을 접하다보면 한자는 같지만 의미가 지금과 다른 경우가 있는데, 자칫하면 번역 실수로 이어질 수 있다. 우리가 말하는 은어銀魚와 은구어銀口魚의 관계가 그러하다. 한자로 표현된 은어는 오늘날의 도루묵에 해당하고, 오늘날 우리가 은어라고 말하는 것은 한자로 은구어라고 쓴다. 글을 쓰다보면 두 단어가 늘 헷갈린다. 물

---

* 銀口魚. 嶺南大, 而江原則小. 海州亦有之.(『도문대작』)

론 『도문대작』에는 두 가지 항목이 따로 수록되어 있어 혼선을 빚을 일은 없다. 다만 오해가 없도록 허균이 '은구어'라 표기한 것을 '은어'로 번역하겠다. 읽는 분들은 착오가 없기를 바란다.

허균의 기록을 보니 예전 밀양에서 먹었던 은어의 크기가 떠오른다. 어린 시절 고향에서 낚시하던 그 은어보다 훨씬 커서 속으로 놀랐던 기억이 있다. 허균은 강릉에서 1년 넘게 피란살이를 통해 몸과 마음을 추스른 뒤 드디어 과거 시험에 응시하기로 마음 먹는다. 『도문대작』에는 그 시절에 맛본 여러 음식이 수록되어 있다. 고통스러운 시기에 먹은 음식이니만큼 오랫동안 잊히지 않았을 것이다. 강릉의 은어에도 그 시절의 기억이 스며 있을 것이다.

황해도 은어는 그가 황해도사黃海都事로 일하던 시절과 공무로 북방 지역을 오갈 때 자주 경험했을 것이다. 대체로 순탄하게 지내던 시절에 자주 즐긴 음식이었을 테니 저절로 떠올랐을 것이다. 그러나 영남 지역의 은어를 높게 친 것으로 보아 아무래도 허균에게는 영남의 은어가 최고의 맛이었던 모양이다. 『신증동국여지승람』이나 『대동여지지』 등의 문헌을 살펴보면 은어는 전국적으로 잘 잡히는 어종으로, 은어 철이면 어디에서든 맛볼 수 있었을 것이다. 다만 허균에게는 영남 지역과 강릉, 황해도에서 먹어본 은어의 맛이 인상적이었다는 뜻이겠다.

민물에 서식하는 물고기 중에서 은어는 상당히 재빠른 놈이다. 개울에 서서 반두(지역에 따라서는 족대로 부른다)를 휘저으면 은어는 대부분 빠져나가고 피라미들만 잡힌다. 반두질로 은어잡이를 하기 좋은 시기는 장마가 막 끝난 뒤 강물이 탁해졌을 때다. 아이들이 우르르 몰아서 반두질을 하면 물이 혼탁해져 은어는 빠져나갈 길을 잃고 그물에 걸린다. 그러나 낚시 도구가 발달하지 못했던 근대 이전에는 대나무나 싸리로 엮어 만든 통발을 이용해 은어를 잡았다. 옛 시문을 읽다보면 천렵을 가서 은어를 잡았다거나 강에서 은어를 잡는 광경을 구경하는 묘사가 자주 등장하는데, 도구는 거의 통발이었다.

은어로 드러내는 유교 윤리

–

조선 전기의 이름난 문인 김수온金守溫(1410~1481)의 「고몽문告夢文」(『식우집拭疣集』 보유)은 우리나라 시문 중 유일하게 은어(한문에서는 '은구어'라고 표기된 어종)를 내세워 우의적寓意的으로 전개한 흥미로운 이야기다. 작품에 등장하는 서술자는 태백거사太白居士로, 그는 속세를 벗어나 유교와 불교를 넘나들고 세상의 법도에 구애되지 않는 방달放達한 삶을 사는 인물이다. 그는 구성龜城(지금의 경상북도 영주)의 태수로 있으면서 성의 남쪽에서 피서를 즐기던 중 연못 옆에서 잠이 들었다. 태백거사는 꿈속에서 연못을 바라보는데 수없이 많은 은어가 펄떡거리고 있었다. 그중 한 은어가 나타나더니, 태수의 마음이 인자하고 형벌을 일삼지 않으며 백성을 사랑하고 고기잡이를 할 때 그물로 하는 것을 금지하여 수많은 물고기가 혜택을 입었다는 말을 듣고 찾아왔노라면서, 태수가 떠나고 난 뒤에 나쁜 태수가 부임할까 걱정이라고 말했다. 김수온은 아직 유교가 조선의 지식인들에게 보편적으로 수용되지 못하던 시대에 은어의 입을 빌려 유교적 이념에 입각한 관리의 자세와 정치적 태도를 제시한 것이다.

은어가 전국에서 널리 잡히는 물고기라 해도 주로 여름과 초가을에 잡힌다. 늦가을에서 초겨울이 되면 알을 낳고 최후를 맞이하기 때문에 다른 계절에는 보기가 어렵다. 예로부터 사람들은 은어의 맛을 좋아했고, 특히 연로한 계층에게 인기가 있었다. 조선 후기의 문인 박형순朴亨淳은 늙은 아버지가 겨울철 은어를 좋아해서 어렵사리 구해 올렸다는 기록이 있다. 박형순의 지극한 효성을 강조하기 위한 일화지만, 그만큼 당시에 은어를 좋아하는 사람이 많았다는 사실을 알 수 있다. 요즘 은어는 계절에 따라 수급 차이가 있지만 구하기 어려운 물고기는 아니다. 게다가 먹을거리가 넘쳐나는 시대이기 때문에 은어에 대한 특별한 기억이 없다면 일부러 찾아 먹는 사람도 흔치 않다. 그러나 여전히 회부터 구이와 탕에 이르기까지 다양한 방식으로 조리되어 소비되는 것을 보면 예나 지금이나 은어는 사람을 매혹시키는 맛과 향이 있는 듯하다. 환경의 변화와 함께 전국에서 발견되던 은어는 보기 힘들어졌고, 그와 함께 내 어린 시절의 추억도 희미해졌다.

여름 저녁 바람에 실려오던 희미한 물비린내와 함께 서양빛 아래 튀어오르던 은어를 생각할 때면 언제나 마음이 호젓해진다.

33. 오대산 금강연의 열목어 구경하기

　시골에서 성장할 때는 꽃이나 나무 이름을 잘 알지 못했다. 나이
들어 관심이 생기면서 식물 이름을 찾아보면서 알게 된 게 훨씬 많
은 편이다. 당시 우리에게는 사람이나 소가 먹어도 되는지가 중요
했을 뿐 어떤 풀이 천연기념물이며 어떤 물고기가 생물보호종인지
따위는 안중에 없었고 알 수도 없었다. 여름이면 집 뒤에서 시끄럽
게 울어대는 맹꽁이가 멸종위기 2급의 야생동물이라는 사실도 최
근에 알았다. 나의 무지함도 문제였지만 그러한 정보에 접근할 수
있는 통로가 별로 없으니, 주변 환경에 특별히 관심을 가지고 살펴
보는 사람이 아니라면 무심해지기 십상이다.

　변명으로 글을 시작하는 이유는 바로 열목어에 대한 기억 때문
이다. 농사 짓는 산골 마을에서는 사시사철 물고기를 잡아 구워 먹
거나 매운탕을 끓여 먹곤 했다. 봄부터 가을까지는 어느 개울에서
나 민물고기를 잡을 수 있었고, 추운 겨울이 되면 논바닥 얼음을 깬

뒤 고인 물을 퍼내고 진흙 바닥에서 미꾸라지를 잡았다. 그래도 매운탕을 즐기기에 가장 좋은 계절은 초여름 무렵이다. 시원한 계곡으로 들어가서 얼음처럼 차가운 물에 발을 담그고 놀다가 그물을 던지거나 낚싯대를 드리우면 금세 손바닥만 한 물고기가 잡히곤 했다.

열목어는 약간 여울이 있고 아래쪽으로 깊은 소沼가 있는 물굽이 주변에서 많이 잡혔다. 그렇게 잡은 열목어는 굽거나 매운탕으로 끓여 먹었는데, 내 기억에 그리 맛있는 편은 아니었다. 그런 시덥잖은 열목어가 1962년에 천연기념물로 지정되어 있었다니, 까까머리 중학생들은 알 수도 없고 관심도 없는 내용이었다. 아예 생물을 보호하는 제도가 있는 줄도 몰랐으니, 지금 생각하면 참으로 한심한 일이다.

조선시대에 열목어는 주로 강원도 지역에서 궁궐에 올리는 공물 품목이었다. 영조실록에는 강원도 정선군수 이기항李箕恒을 비롯하여 횡성 현감橫城縣監 이여익李汝益, 인제 현감麟蹄縣監 조진세趙鎭世, 홍천 현감洪川縣監 최상복崔尙復 등이 열목어를 기한에 맞춰 진상하지 못했다는 이유로 파직하자는 논의가 있었으나 영조가 주의만 주도록 했다는 기록을 보면 당시에 열목어가 꽤 귀한 산물이었던 듯하다. 그랬던 영조가 건강에 관한 보양식 이야기가 나왔을 때 열목어를 별로 먹지 않는다고 하자 서명균徐命均(1680~1745)이 맛없는 생선이라서 그럴 것이라고 아뢰는 대목이 있다. 나는 이 대목에서 어릴 적 기억이 떠올라 웃었다. 열목어가 천연기념물이라지만 그때 우리에게 열목어는 그다지 매력적인 대상이 아니었다. 다시 말해서 여기저기 찾아다니며 잡아야 할 만큼 열목어가 인기 있는 편은 아니었다.

세계적으로 열목어가 서식하는 남방한계선은 남한 지역이다. 그 중에서도 남한강 상류인 강원도 정선군 고한읍 고한리의 서식지와 낙동강 상류인 경북 봉화군 석포면 대현리 서식지는 각각 천연기념물 보호구역으로 지정되어 있다. 이런 서식 환경을 고려할 때 열목어는 1급수 청정계곡에서만 살아가는 어종이다. 조선시대 기록에 열목어가 한반도 전역의 특산물로 보고된 것을 보면 그동안 생태계가 크게 훼손되었음을 실감하게 된다.

열목어熱目魚라는 이름은 문자 그대로 눈에 열이 있는 물고기라는 뜻이다. 실제로 그런 것은 아니고, 차가운 물을 선호하는 특성상 열이 많은 어종이라 생각했던 것 같다. 원래는 우리말 이름이 있었을 테지만 한자로 기록하면서 열목어라는 이름을 얻은 듯하다. 조선시대에는 열목어보다는 여항어餘項魚라고 적은 기록이 더 많은데, 우리말 이름을 한자로 음차하는 과정에서 '목'이라는 의미를 지닌 '항項'자를 가져다 쓴 것으로 보인다. 조선 후기의 실학자로 잘 알려진 서유구徐有榘(1764~1845)는 여항어라고 쓴 뒤 한글로 '연목이'라고 덧붙였다. 『도문대작』에는 이렇게 적혀 있다. "여항어餘項魚. 산골 마을이라면 어디에나 있는데, 강릉의 것이 가장 크고 맛도 좋다."*

40여 년 전만 해도 강원도 산골 어디서나 열목어를 볼 수 있었다. 조선시대의 문헌에 따르면 전국 곳곳의 계곡에 서식하고 있다고 되어 있는데, 문인들에게는 강원도 깊은 계곡에서 맛볼 수 있는 별미로 인식되었다. 여러 지방의 열목어를 맛보았을 허균 역시 강릉 지역의 열목어를 최고로 지목했다.* 어쩌면 20대 초반에 강릉에서 피란 생활을 하고 있을 때 먹어본 맛은 아닐까. 그때가 아니더라도 그는 수시로 강릉을 찾아가서 머물곤 했으니, 강릉 열목어가 그의 미각에 강한 인상을 남긴 모양이다.

조선시대 문인들이 남긴 열목어 관련 기록을 보면 오대산 계곡이 자주 등장한다. 월정사 앞으로 큰 물이 흐르는 가운데 깊은 소가 하나 있는데, 이곳이 바로 금강연金剛淵이다. 이곳에 유독 열목어가 많았는지, 여기서 만난 열목어를 인상적으로 묘사한 문인들이 있다. 조선 중기에 『어우야담』을 지은 유몽인柳夢寅(1559~1623)은 이러한 글을 남겼다. "금강담金剛潭은 강릉 대관령 서쪽 오대산 월정사 아래에 있다. 높이 100척에 둘레 수십 척 되는 푸른 전나무가 5, 6리에 걸쳐 서 있고, 10묘나 되는 못은 깊이가 한 길이 넘는다. 수십 척 되는 폭포가 날려서 못에 물을 쏟아내는데, 여항어 수백 마리가 그 속에서 헤엄치고 있다. 매년 봄 3월 복숭아꽃이 필 때면 물고기들이 꼬리에 꼬리를 물고 뛰어올라 못 위로 올라간다. 팔딱팔딱 뛰

---

* 餘項魚. 山郡皆有之, 而江陵最大且好.(『도문대작』)

는 물고기들이 계속 이어져 어떤 놈은 못 위를 지나치기도 하고 어떤 놈은 미치지 못하기도 하는데 모두 활기차게 앞을 다투니 참으로 제일 기이한 경관이라 하겠다."*(『어우집』권6) 이 글은 감파紺坡 최유해崔有海(1587~1641)가 금강산 유람을 하고 나서 쓴 글의 제발題跋의 일부다.

아름드리 전나무가 빼곡히 숲을 이루는 계곡에 수십 척의 폭포가 쏟아지고, 그 아래로 한 길 넘는 소에 수백 마리의 열목어가 유영하는 풍경을 그려본다. 이것도 멋지지만 복숭아꽃이 피는 봄날이면 물고기들이 줄지어 소 위로 뛰어오르는 풍경은 마치 등용문登龍門의 고사를 연상케 한다. 잉어가 용문의 거센 물살을 거슬러 오르는 데 성공하면 용이 된다는 이 고사는 금강연에 사는 열목어의 힘찬 도약을 묘사하는 데 사용된다. 김창흡金昌翕(1653~1722)의 산수유기인 「오대산기五臺山記」(『삼연집』권24)에도 그 모습이 그려져 있다. 금강연에 이른 김창흡은 엄청나게 넓은 너럭바위에 앉아 열목어를 바라본 뒤, 봄이 되면 다투어 뛰어오르는 열목어가 마치 용문에서 노니는 듯하다고 묘사했다. 조선 후기의 문인 강재항姜再恒(1689~1756)은 금강연 아래에 신룡神龍이 살고 있다는 전설을 소개하면서, 봄이면 열목어가 무리 지어 뛰어오르는 장관을 언급하고 있다(「오대산기」, 『입재유고立齋遺稿』권12). 복숭아꽃 가득한 무릉도원

---

* 柳夢寅, 「題紺坡副墨遊金剛山錄後」, 『於于集』권6

의 이미지, 신룡이 살고 있는 금강연을 유유히 헤엄치는 열목어, 그 열목어가 만들어내는 등용문의 힘찬 이미지를 통해 이들은 오대산 월정사의 신비하면서도 동적인 분위기를 전하고 있다.

금강연 너럭바위에 앉으면 오대산의 수려한 계곡과 주변에 도열한 산봉우리들이 한눈에 들어온다. 그래서 오대산 월정사를 찾는 시인묵객이나 관료들이 이곳에서 자주 연회를 벌이곤 했으며, 이러한 풍경을 감상하고 지은 시문들이 제법 전해지고 있다. 그리고 그 시문에 심심찮게 등장하는 소재가 바로 열목어다. 앞서 언급한 유몽인이나 강재항 외에도 정사룡鄭士龍(1491~1570), 양대박梁大樸(1544~1592), 정기안鄭基安(1695~1767) 등 여러 문인이 금강연의 열목어를 묘사하고 있다. 강원도의 청정자연은 그렇게 열목어를 길러냈고, 조선의 선비들은 그것을 맛보면서 이곳의 산수를 완상하면서 유람했다. 요즘은 금강연이 내려다보이는 곳에 아름다운 찻집이 있어서, 데크 위의 의자에 앉아 차를 마시면서 주변 풍광을 즐길 수 있다.

열목어가 물속에서 유영하거나 물 위로 뛰어오르는 모습은 그 자체로 멋진 볼거리지만, 우주의 이치를 함축한 모습으로 이해한 선비들은 심성 수양의 대상으로 삼기도 했다. 즉 금강연의 열목어를 천지 모든 생명이 자기 본성을 발현하는 것의 상징이자 우주의 구체적 현현으로 받아들인 것이다.

허균이 열목어를 어떤 방식으로 조리했는지는 알 수 없으나 비숫한 시기의 문인들이 남긴 기록으로 유추해보면, 회로 먹기도 하고 구워서 방풍나물이나 고사리 등의 봄나물 또는 버섯을 곁들여 먹은 것으로 보인다. 열목어는 오대산의 금강연이 가장 유명하지만 김수증金壽增(1624~1701)이나 성해응成海應(1760~1839)의 기록을 보면 춘천 인근에서도 제법 열목어가 잡혔음을 알 수 있다. 강원도의 청정자연은 그렇게 열목어를 길러냈고, 조선의 선비들은 그것을 맛보면서 산수를 완상하고 유람했다.

인간의 욕망이 자연을 바꾸었고, 열목어는 영문도 모른 채 급격히 개체수를 줄여갔다. 지금은 환경의 변화로 인해 열목어를 맛보기 어려워졌지만, 언젠가 청정계곡에서 노니는 열목어를 쉽게 발견할 수 있기를 기대한다.

34. 봄날 시냇가의 금린어를 상상하는 즐거움

강원도 춘천부에 사는 동몽교관童蒙教官 정광형鄭光衡은 자신의 부친과 동시에 역병에 걸렸다. 자리에 앓아누운 부친이 금린어錦鱗魚를 먹고 싶어하자 그는 무거운 몸을 이끌고 강으로 가서 물고기를 잡다가 넘어져 무릎을 다쳤지만 간신히 금린어를 구해 부친에게 드릴 수 있었다. 훗날 부친이 세상을 떠나자 그는 무릎의 상처를 어루만지면서 "다시 무릎을 다치고 싶어도 그럴 수가 없게 되었다"면서 통곡했다. 이에 같은 마을에 사는 유생 최성해가 임금에게 글을 올려 정광형에게 상을 내려 정문旌門을 세워달라는 청을 올렸다. 최성해는 춘천 서면 지역에 기반을 두고 세거한 수성최씨隋城崔氏 집안 사람으로, 자세한 이력을 알 수는 없지만 춘천에서 상당히 영향력이 있었던 것으로 보인다. 그의 상소 덕분에 춘천의 효자 정광형이 후세에 이름을 남기게 되었다. 순조 16년(1816) 8월 26일자 『일성록日省錄』에 나오는 이야기다.

금린어는 쏘가리를 뜻하는 한자명이다. 쏘가리는 한반도를 중심으로 동아시아 전역에 서식하는데, 예전에는 흔히 발견되었지만 이제는 생태계가 많이 변화된 탓에 개체수가 매우 적어졌다. 그래서 요즘 식당에서 파는 쏘가리 매운탕은 제법 비싸다. 천연기념물로 지정된 황쏘가리는 몸빛이 황금색으로 빛나지만, 일반 쏘가리는 온몸에 표범무늬 같은 얼룩이 퍼져 있다. 입도 큰 편이고 등에 가시 달린 지느러미가 길게 돋아 있어서 위험을 느끼면 가시를 세워 힘을 과시한다. 쏘가리는 선비들에게 과거급제나 관직 영달의 상징으로 인기가 높기도 했지만, 워낙 맛이 좋아서 옛날부터 많은 사람이 즐겨 먹었다는 기록이 있다. 『신증동국여지승람』을 보면 쏘가리는 전국 어디서나 잡히는데, 강원도에서는 원주·춘천·정선·영월·평창·인제·홍천·회양·철원 등의 토산물이라 되어 있다.

옛 기록에는 쏘가리라는 이름보다는 금린어로 많이 적혀 있다. 고등학교 교과서에 수록된 맹사성孟思誠(1360~1438)의 「강호사시가江湖四時歌」라는 유명한 연시조 중 첫 수에 그 이름이 등장한다. "강호에 봄이 드니 미친 흥이 절로 난다. 탁료계변濁醪溪邊에 금린어 안주로다. 이 몸이 한가하옴도 역군은亦君恩이샷다." 이 작품은 우리의 시조문학사에서 이른 시기에 쓰인 작품으로, 조선시대 선비들이 자연에서 유유자적하면서 한가로운 흥취를 노래한 강호가도江湖歌道의 초기작이라는 점에서 문학사적 의의를 지닌다.

이 시조 작품은 강호에 은거하고 있는 가난한 선비의 한가로운 봄날을 보여준다. 그에게 가장 즐거운 시간은 시냇가에서 금린어를 안주 삼아 막걸리 한 잔 마시는 시간이다. 물론 임금의 은덕으로 한가로운 생활을 누릴 수 있다는 후렴구가 좀 아쉽지만, 이는 지금의 시각일 뿐이다. 당시에는 모든 것이 군주의 덕으로 연결되는 시대였으므로 단순히 관용적인 것으로 치부하기는 어렵다.

어떻든 금린어는 오래전부터 우리의 식생활에 깊이 들어와 있었다. 『도문대작』에도 그러한 점이 반영되어 있다. 허균은 금린어 항목을 이렇게 서술한다. "금린어錦鱗魚. 산골에는 어디에나 있는데 양근楊根에서 나는 것이 가장 좋다. 처음 이름은 천자어天子魚였는데 동규봉董圭峯이 먹고는 맛이 좋아 이름을 물으니 통역관이 얼떨결에 금린어라고 했는데 모두 좋다고 하여 금린어가 되었다."

『도문대작』에서 드물게도 설화가 소개된 항목이 바로 금린어다. 이 이야기가 실제로 있었던 일인지는 모르겠지만, 허균은 금린어라는 명칭이 동규봉이라는 인물에 의해 생겨났다고 한다. '규봉'은 조선 성종 19년(1488) 당시 조선에 온 명나라 사신 동월董越의 호다. 그는 성품이 온화하고 예禮에 충실한 사람으로 조선 관료들에게 존경을 받았으며, 15세기 조선의 풍물을 생생하게 담은 『조선부朝鮮賦』를 저술하기도 했다.

동월이 조선에 와서 쏘가리를 무어라 부르는지 물었을 때 통역관이 제대로 답변하지 못하고 금린어라 둘러댄 데는 이유가 있다. 조선에서는 원래 이 물고기를 '천자어天子魚'라 불렀는데, 불경하게도 한낱 민물고기 이름이 '천자'라는 것을 감히 중국 사신에게 말할 수가 없었던 것이다. 게다가 우리말 이름인 '쏘가리'는 통역이 어려울 수밖에 없다. 그러나 물고기의 모습을 보면 역관이 황망한 와중에도 금린어라 급조한 이유를 짐작할 수가 있다. 금린, 즉 쏘가리 몸통의 알록달록한 무늬를 비단 무늬에 비유해 비단 비늘이라 한 것이 제법 잘 어울린다.

어찌 보면 허균이 명나라 사신을 등장시켜 금린어에 대해 서술한 것은 터무니없는 태도가 아니다. 동월이 조선을 다녀간 뒤에 지은 『조선부』는 당시 조선에서 보고 겪은 다양한 기록이 담겨 있어 당시의 풍속사를 연구하는 이들에게는 귀한 자료다. 바로 이 책에도 쏘가리가 언급되어 있다. 동월은 조선의 물고기를 소개하면서 금문錦紋, 이항飴頂, 팔초八稍 세 종류를 거론했으며, 주석에 '금문'이라는 물고기는 궐어鱖魚(쏘가리)와 비슷한데 몸이 둥글다고 덧붙였다. 허균도 『조선부』를 익히 알고 있었을 것이고, 여기에 등장하는 금문어의 기억을 해당 설화에 투영하지 않았을까 추정해볼 수 있다. 조선 후기의 역사가 한치윤韓致奫(1765~1814) 역시 『해동역사海東繹史』를 쓰면서 동월의 『조선부』에 나오는 금문어는 금린어와 같은 것이라고 주석을 붙인 바 있다.

사실 허균의 이 기록은 전해지는 이야기에 불과할 뿐이다. 그보다 앞선 고려 말, 이색의 문집에 이미 금린어라는 이름이 등장하기 때문이다. 젊어서 관향貫鄕인 한산韓山을 배로 왕래할 때 등불을 켜

놓고 금린어를 안주 삼아 술잔을 기울였노라 하는 내용이 담긴 시였다. 더 자세히 말하자면 낚시로 금린어를 잡아서 얇게 회를 치거나 파를 잘게 썰어서 양념을 했다고 되어 있다. 조선 중기의 문신 이응희李應禧(1579~1651)의 글에도 금린어를 낚시로 잡아 회를 뜨고 매운탕을 끓여먹는다는 내용이 있다. 그보다 후대 인물인 신석우申錫愚(1805~1865)의 시에는 쏘가리를 그물로 잡아 매운탕을 끓여서 먹는 풍경이 묘사되어 있다. 이처럼 근대 이전에는 금린어를 다양한 방식으로 즐겼다는 사실을 알 수 있다.

허균의 기록을 입증이라도 하듯, 조선 후기에 편찬된 『대동여지지』에는 경기도 양근의 토산물 가운데 금린어가 있다. 이미 이 지역의 쏘가리가 맛있기로 알려져 있었던 모양이다. 쏘가리는 전국 어디에서나 잡히는 물고기이지만 하찮게 여겨진 것은 아니었다. 궁중이나 관청의 제수거리로 쓰이기도 했고 궁궐에서 중요하게 취급되는 식재료이기도 했다. 19세기 초에 편찬된 『만기요람萬機要覽』「재용財用」편에는 조선시대 전국의 물건을 궁중에 들여오면서 적어놓은 가격표가 있다. 선혜청宣惠廳에서 전국의 물건에 대한 값을 기록한 것이었으므로 세금을 매길 때의 물품 가격과 큰 차이가 없다. 여기에 기록된 가격표는 조선 후기의 물가가 그대로 반영된 것으로, 값을 비교해보면 어떤 물품이 귀한 대접을 받았는지를 간접적으로 확인할 수 있다. 이 목록에는 생물 쏘가리도 포함되어 있으며 '충청도 공주公州에서 산출되며 1마리에 1냥 2전'이라는 짧은 주석이 달려 있다. 다른 물고기의 시세를 보면 생오징어 1마리는 6전, 구이용 조기는 1전 6푼, 생조기는 2전, 은어는 4전, 게는 8푼으로 적혀 있으니, 쏘가리는 제법 비싼 값에 거래되었다.

쏘가리가 맛좋기로 유명해서인지 효성에 관한 이야기에도 자주 등장한다. 예컨대 조선 후기에 활동한 정종로鄭宗魯(1738~1816)가 쓴 김서귀金瑞龜의 묘갈문墓碣文을 보면, 그의 지극한 효심을 말해주는 일화 몇 가지가 소개돼 있다. 종기를 앓는 아버지가 금린어를 드시고 싶어 하여 그는 낚시대를 만들어 강으로 나갔으나 강물이 범람하여 아무것도 잡을 수 없었다. 그가 하늘에 간절히 기도를 드렸더니 한 자 남짓한 커다란 금린어 두 마리가 잡혔고, 이 물고기를 드신 아버지의 종기가 깨끗하게 나았다는 이야기다. 또한 정조 때 양주에 살던 통덕랑通德郎 김정좌金廷佐는 부친이 병으로 위독해지자 추운 겨울에 옷을 벗고 강물에 들어가 금린어를 잡아와 드시게 했다는 일화가 있다.

효자 인증의 일화에 쏘가리가 심심치 않게 등장하는 것은 당시 민간에서 쏘가리를 즐겨 먹었다는 사실을 말해준다. 물론 계절 상관없이 아무 때나 잡을 수 있는 것은 아니었다. 요즘이야 쏘가리를 양식으로 길러내지만, 근대 이전에는 여름에서 가을까지만 잡을 수 있었다. 그러니 겨울에 쏘가리를 잡으러 나서는 자식의 마음은 간절함 그 자체였을 것이다. 중국에도 왕상王祥이 계모를 위하여 한겨울에 얼어붙은 강에 가서 잉어를 잡아왔다는 왕상득리王祥得鯉 고사

허균의 맛

가 있듯이, 우리나라에서는 겨울철 쏘가리를 잡아오는 이야기가 효성의 사례로 자주 거론되었다.

쏘가리와 함께 민물고기를 잡아와 한솥 가득 매운탕을 끓여놓고 마을 사람들이 떠들썩하게 한 그릇씩 즐기던 시절이 그리워진다. 이제는 마을 공동체 개념이 약해져서 천렵을 즐기는 사람도, 그것을 함께 나눠 먹는 풍습도 사라지고 있다. 시대가 변했다고 치부할 수 있는 일이겠지만, 그래도 다른 사람들과 함께 살아가는 게 인간이라는 種의 숙명 아니던가. 겨울이 가고 봄이 오면 살진 쏘가리와 함께 막걸리를 한 잔 기울이는 시냇가를 상상해본다.

35. 삶과 죽음의 경계에서 즐기는 황홀한 복어의 맛

17세기의 명신名臣 홍명하洪命夏(1607~1667)와 우암 송시열은 매우 가까운 사이로, 어쩌다 송시열이 한양에 들르면 늘 홍명하의 집에 묵곤 했다. 홍명하가 세상을 떠난 뒤 그의 아들 홍원보洪遠普가 부여현감이 되어 모친을 모시고 지낸다는 소식에 송시열은 홍명하를 기리는 마음으로 부여 관아를 찾았다. 그러자 홍명하의 부인이 반기며 친히 밥을 지어 대접했는데, 늦은 봄철인지라 밥상에 복어가 올랐다. 송시열이 기뻐하면서 "내가 산중에 살다보니 복어를 먹어본 지가 오래되었다"고 하자, 그 자리에 함께한 제자 윤증이 복어의 독을 조심해야 한다고 했다. 이에 음식을 대접하는 홍원보가 난처해하면서 "자기 집안에서는 오랫동안 복어를 먹어왔고, 이번 밥상은 모친께서 친히 살피어 조리했으니 독성을 걱정하지 않아도 된다"고 했다. 송시열 역시 "대부인께서 나는 옛날부터 알던 반가운 손님이라 하여 이렇게 잘 차려내셨으니 어찌 독성을 의심하겠는가"라고 응대했다. 그러자 윤증은 "복어 고기가 맛은 있으나 독이 있어 위험한 물고기이니, 배를 채우기 위해 그것을 경계하지 않고 먹는 것을 조심하라는 뜻이었다"고 했다. 그러자 송시열은 젓가락을 놓으면서 제자의 말이 사리에 맞다고 동의했다. 홍원보 역시 사제지간에 이렇게 이치를 놓고 토론하는 모습에 탄복했다고 말했다. 송시열의 문집에 기록된 일화다.

목숨과 바꿀 수 있는 맛이라고 극찬했다는 소동파蘇東坡의 말이 아니더라도 복어 요리가 주는 즐거움은 상당하다. 지리나 얼큰한 탕으로 먹어도 좋고 회로 먹어도 좋으며 무침이나 불고기 형태로 먹어도 좋다. 맛이 조금은 밋밋하니 미나리를 넣어 함께 먹기도 한다. 뼈부터 껍질까지 부위마다 나름의 풍미가 있기 때문에 복어를 좋아하는 미식가들은 각자 좋아하는 부위나 조리 방식을 알고 있기도 하다. 심지어 치사량에 가까운 복어의 독마저 즐긴다고 하니, 그야말로 목숨과 바꿀 수 있는 맛을 지닌 생선인가보다. 그만큼 위험한 어종이기에 복어 조리기능사 자격증을 가진 사람이 손질하도록 되어 있지만, 위험한 것을 알면서도 그 맛에 홀려서 삶과 죽음의 경계에서 노니는 존재가 바로 인간이다.

예진에 추사 김정희의 『완당집阮堂集』을 통독한 적이 있다. 치음에는 번역본을 읽으면서 필요한 자료를 찾곤 했는데, 추사가 심희순沈熙淳(1819~?)에게 보낸 편지에서 무슨 뜻인지 이해할 수 없는 구절이 보였다. "하돈河豚은 맛이 없어졌고 녹음은 이미 거칠어져서 황폐한 마을의 봄은 또 한 번 순식간에 지나가니 잡아두고 싶어도 그럴 수가 없구려. 이즈음 그리운 생각이 어찌 아련하지 않겠는가. 홀연 편지를 받으니 마치 손을 잡고 숲으로 들어가는 것만 같소. 봄날이 다 지나간 이때, 그대의 건강이 평안하시다 하니 축하할 일이오."*

간혹 옛사람들의 글을 읽을 때 무슨 뜻인지 요령부득일 때가 있다. 아무리 읽어도 알 수 없을 때는 옛글이 참 어렵게 느껴진다. 내 사정이 이러하니 요즘 학생들에게 고전문학이 어려운 과목으로 꼽히는 것도 당연하다. 김정희의 편지글도 마찬가지다. 내용을 제대로 번역했어도 한문에 익숙하지 않은 사람들에게는 의미가 잘 전달되지 않는다.

윗글에 나오는 '하돈'은 복어를 지칭한다. 강물에 사는 돼지라는 뜻이니, 몸을 부풀린 복어의 모양 때문에 하돈이라 불리게 된 듯하다. '하돈의 맛이 없어졌다'라는 표현은 '녹음이 이미 거칠어졌다'는 표현과 어우러져 봄이 가고 여름이 왔음을 비유한 것이다. 복어는 봄 무렵에 살이 올랐을 때가 가장 맛있다. 그러니 하돈 맛이 없어졌다는 말은 봄이 지나 여름으로 접어들었다는 의미가 된다. 또한 봄날 나뭇잎은 사람의 마음을 부드럽게 하는 연록색 푸른빛이지만 날이 더워질수록 잎이 무성해지고 푸른빛은 짙어진다.

---

* 河豚無味, 綠陰已麤, 荒村春事. 又此一番彈指, 句留不得. 此際懷想, 能不依依? 忽承雲椷, 若將把臂入林. 仍審春盡. 令體省福, 耿祝(金正喜, 「與沈桐庵(二)」, 『阮堂全集』卷4)

미식가로 꼽히는 소동파의 시에 이런 구절이 보인다. "물쑥은 땅에 가득하고 갈대 싹은 짤막한데, 이때야말로 하돈이 올라오려는 때로구나蔞蒿滿地蘆芽短, 正是河豚欲上時." 물쑥은 약초로도 널리 쓰이는데, 봄에 올라오는 싹은 국이나 나물무침으로 먹으면 향기롭다. 엷은 녹색으로 땅을 헤치면서 올라오는 갈대 싹은 식용으로 널리 사용되지는 않지만, 봄날의 강 언덕을 아름다운 빛으로 장식한다. 그런 물쑥과 갈대 싹이 세상에 얼굴을 내미는 무렵에 드디어 복어가 잡히기 시작한다.

옛날 사람들은 살진 고사리와 복어를 함께 언급하는 경우도 많다. 고사리가 한창 올라오는 무렵이 바로 복어철인 것이다. 조선 전기의 유학자 김종직金宗直(1431~1492)은 한식 무렵 고향을 그리워하면서 "하돈이 강물로 올라오고 고사리 싹이 새롭겠구나河豚上水蕨芽新"라고 읊었다. 그 밖에도 많은 선비가 복어를 즐기는 봄날의 풍류를 노래하곤 했다. 조선 후기의 문인 서영보徐榮輔(1759~1816)는 초여름이 되니 복어를 구할 수 없어 서운하다면서, 미나리 잎과 참깨 맛이 좋은데 복어의 계절을 떠나보내야 하는 안타까움을 시로 읊었다. 이처럼 봄이 되면 복어는 많은 사람에게 식도락을 전해주는 식재료로 각광을 받았다.

복어는 우리나라 전역에서 잡히는 물고기라서 허균은 자주 맛보았을 것이다. 『도문대작』에는 이렇게 기록되어 있다. "하돈河豚. 한강에서 나는 것이 맛이 좋은데 독이 있어 사람이 많이 죽는다. 영동

嶺東 지방에서 나는 것은 맛이 조금 떨어지지만 독은 없다."

허균이 주목한 것은 두 가지다. 복어 독으로 인해 많은 사람이 죽었다는 것, 복어는 한강에서 나는 것과 강원도 영동에서 나는 것이 있는데 그 나름의 특징이 있다는 것이다. 그리고 독이 없는 종류에 대해서도 언급했는데, 실제로 모든 복어가 독을 가진 것은 아니다. 독성이 강한 종은 한 마리에서 채취한 독으로 성인 30명 이상의 목숨을 앗을 수 있으나, 가시복이나 개복치처럼 독을 품지 않은 종도 있다. 따라서 허균이 서술한 한강의 복어와 영동 지역의 복어는 다른 종일 것이다.

사람의 취향이란 미묘해서 때로는 목숨을 담보로 한 위험에 도전하기도 한다. 복어의 독을 즐기는 사람도 마찬가지다. 사람이 감당할 수 있는 최대치의 독을 넣어 죽음에 도전하는 것은 평범한 사람으로서는 이해하기 어려운 음식 취향이다. 그러나 『도문대작』에서 복어 독에 의해 죽은 사람들은 맛을 즐기려다가 변을 당한 경우라 할 수 없다. 조선시대 기록을 보면 복어를 먹고 죽은 사람에 대한 이야기가 적지 않다. 이민구李敏求(1589~1670), 이덕무李德懋(1741~1793) 등의 글에도 복어를 먹다가 죽은 사람들이 등장하는데, 이덕무는 부친의 이야기를 전하면서 복어 독을 조심하라고 여러 번 경고했다. 그의 부친은 관직을 맡게 되자 "먹고 살기 위해 어찌 자기 생명을 잊을 수 있겠느냐"면서 평소 즐기던 복어를 삼가고 술과 흡연도 끊었다고 했다. 또한 박지원朴趾源(1737~1805) 역시 김이소金履素(1735~1798)에게 보내는 편지에서 먹을 것을 탐내는 솔개나 까마귀조차 복어를 먹지 않고 조심하는데 사람들은 제 목숨을 걸고 복어를 먹는다며 한탄했다.

복어 독을 범죄에 이용하는 사건도 있었다. 왕조실록을 보면 세종 6년 12월에 복어독으로 친족을 살해한 자에 관한 기사가 있다. 전라도 정읍현의 전별장前別將 정을손T乙孫이 그의 딸 대장臺莊과 후처後妻 조이[召史]에게 음란한 행실이 있다면서 이들을 구타하고 대장의 남편 정도鄭道 역시 매질하여 내쫓으려 했다. 그러자 정도가 정을손의 국에 복어 독을 타서 독살했으며 조이와 대장은 그의 범죄를 방조한 것으로 확인되었다. 결국 정도는 옥중에서 사망했으며 조이와 대장은 법률에 따라 사형에 처했다. 복어독으로 인한 인명 피해가 잇따르자 해독하는 방법이 민간에 공유되었다. 『동의보감』에는 복어독을 먹었을 때 빨리 갈대뿌리를 찧어서 즙을 마시게 하거나 인분人糞의 즙이나 향유를 많이 먹여서 토하게 해야 하며, 백반가루나 백편두 가루를 물에 타서 먹이거나 양제엽羊蹄葉 가루를 찧어서 즙을 내서 먹이라고 되어 있다.

이렇듯 맹독성 어류인 복어를 사랑하는 걸 보면 복어의 천적은 인간인 것 같다. 복어의 독//사시 미식의 재료로 삼는 데시 문득 인간의 끝 모를 식탐 또는 채워지지 않는 갈증을 엿보게 된다.

36. 방어의 붉은 꼬리는 포악한 정치의 상징

조선을 대표하는 문장가인 월사月沙 이정구李廷龜(1564~1635)는 1603년 8월 금강산 유람을 다녀온 뒤 「유금강산기遊金剛山記」(『월사집』 권38)를 남겼다. 이 유람은 원래 일정에 없던 것으로, 그는 8월 11일 함흥에 도착해 공무를 처리한 뒤 한양으로 돌아갈 준비를 하고 있었다. 그런데 함경도관찰사가 며칠 쉬면서 함께 근처를 돌아보자고 권하여 머물게 된 것이다. 16일 저녁 이정구는 낙민루樂民樓에 올라 술을 마시며 달구경을 하다가 어부들이 강물에 넓게 쳐놓았던 그물을 잡아당기는 모습을 보았다. 그물 안을 살펴보니 연어와 방어가 주로 잡혔는데, 큰 놈은 한 자가 넘고 작은 놈은 부채만 하다고 했다. 그 물고기 몇 마리를 회로 쳐서 술을 곁들이니 풍미가 좋았다고 했다.

조선시대 함흥 지도를 살펴보면 함흥 감영 구역 옆으로 성천강城川江이 흐른다. 북문과 서문 가운데에 출입구가 하나 있는데, 그곳

문루를 낙민루라 한다. 낙민루를 나서면 만세교萬歲橋라는 제법 큰 다리가 있고, 다리 아래로 흐르는 성천강은 동해로 빠져 나간다. 즉 이정구는 만세교 아래에서 고기잡는 풍경을 낙민루에서 내려다본 것이다. 연어와 방어는 모두 일정 시기가 되면 바다에서 성천강으로 거슬러 오르는 회귀성 혹은 회유성 어종이다.

　동아시아 문화권에서 방어는 매우 일찌감치 문헌에 등장한다. 『시경詩經』「주남周南·여분汝墳」편에 "방어의 붉은 꼬리, 왕실이 불타는 듯魴魚赬尾, 王室如燬"이라는 시구절이 있다. 이에 대해 주희朱熹는 "방어가 피로하면 꼬리가 붉어진다"는 주석을 붙였다. 군자君子가 난세에 벼슬을 하면 왕실의 잔혹함을 두려워하여 늘 안색이 초췌한데, 그 모습이 마치 붉어진 방어 꼬리와 같다고 한 것이다. 정치가 포악하여 먹고 살기가 힘들어진 백성은 낚싯줄에 걸려서 몸부림치는 방어처럼 고통스러웠을 것이다. 옛 문인들은 시대가 혼란스럽고 백성이 도탄에 빠졌다고 생각될 때면 항상 이 구절을 인용하여 자신의 심정을 드러내곤 했다. 그런 까닭에 시문에서 방어가 언급되는 경우는 거의 이 『시경』 구절이 인용되었을 때다. 방어를 실물로 본 적이 없는 선비들이 우연히 방어를 보면 『시경』의 시구절부터 떠올렸을 것이다.

　고대 기록에 이미 방어가 등장하는 것을 보면 한반도 지역에서도 일찌감치 방어를 즐겨 먹었을 것으로 보인다. 조선시대 지리지를 살펴봐도 동해안과 남해안 일부 지역에서 생산되는 산물로 기재되어 있으며, 특히 강원도와 함경도 지역에서 주로 잡히는 물고기라고 되어 있다. 실제로 방어의 꼬리가 흰색에서 붉은색으로 변하는지는 알 수 없지만, 잡아놓은 방어를 보면 몸통 일부와 꼬리 부분이 불그스름한 것을 쉽게 발견할 수 있다.

회유성 어종인 방어는 대체로 늦봄부터 여름까지 북상하여 함경도 해역에 도달했다가, 늦여름부터 이듬해 봄까지 바닷가로 돌아가 남하한다. 알을 낳기 위해 민물로 올라오는 연어와 달리 방어는 바다에서 산란하며, 부화한 치어는 여름 내내 육지에 가까운 바다 수초 주변에서 성장한다.

『도문대작』에는 이렇게 서술하고 있다. "방어鲂魚. 동해에서 많이 나지만 독이 있어 임금께는 올리지 않는다."

흥미롭게도 허균은 방어에 독이 있다고 했다. 꽤 오랫동안 겨울 방어철이면 방어회를 즐겨온 나로서는 처음 접하는 이야기로, 이런저런 자료를 뒤져보아도 과문한 탓인지 방어에 독이 있다는 기록은 발견할 수 없었다.

먹어본 사람은 알겠지만, 방어는 매우 기름진 물고기다. 여름 방어에는 기생충이 있어서 회를 뜨기가 조심스럽지만 겨울 방어는 상대적으로 안전하며 기름기가 풍부하다. 회를 떠놓은 붉은 살을 자세히 살펴보면 탱탱한 살과 기름기의 조화가 한우의 마블링에 비견될 정도다. 다 자란 방어는 길이가 1미터 전후로, 요즘에는 사람들을 한자리에 모아놓고 방어를 해체하는 모습을 보여준 뒤 회를 제공하기도 한다. 그러나 근대 이전에는 이러한 음식 문화가 없었을 뿐만 아니라 일반 백성이 방어회를 접하기란 쉬운 일이 아니었다. 주로 지체 높은 양반층이 방어회를 즐겼을 것이다. 방어는 기름기가 워낙 많아서 많이 먹으면 배탈이나 설사 증세가 나타난다. 어쩌면 허균이 방어에 독이 있다고 한 것은 이 때문이 아닐까. 더욱이 기록을 살펴보면 수많은 종류의 물고기가 수라상에 올려졌지만 방어가 올려졌다는 사실은 찾아볼 수 없다. 방어의 독 때문인지는 모르겠지만 방어가 수라상에 오르지 않았다는 허균의 발언은 사실일 수도 있다.

방어는 힘이 좋아서 그물이 변변치 않았던 조선시대에는 그물을 찢어놓기 일쑤였다. 특히 대방어는 잡기도 만만치 않지만 한꺼번에 얻은 대량의 생선살을 처리하는 것도 문제였다. 주로 겨울에 잡히기 때문에 갑자기 상하지는 않지만 저장해두고 먹기 위해 염장을 하기도 했다. 대개 물고기는 덩치가 클수록 값이 떨어지는데 방어는 반대로 덩치가 클수록 비싸게 거래된다. 조선 말기 지규식池圭植의 『하재일기荷齋日記』 1892년 11월 19일자 기록에 보면 방어 값으로 10냥을 지급한 내용이 들어있다. 얼마나 많은 양을 구입했는지는 모르겠지만, 같은 날 돼지 값이 30냥이라고 했으니 방어 값이 꽤 비쌌다는 사실을 짐작할 수 있다.

겨울이 깊어지면 방어를 먹자는 벗들이 더러 있다. 큰 방어를 구했으니 핑곗김에 여러 사람이 모여서 서로의 안부를 물으며 살아가는 이야기를 나누자는 심산이다. 방어계鲂魚契라도 만들어서 흥성스러움을 즐기고 싶어지는 요즘이다.

37. 양양부사가 감동했던 황어의 맛

바다에서 살다가 산란기가 되면 강으로 올라와 알을 낳는 회귀성 어류 가운데 우리에게 익숙한 종류는 연어, 은어, 송어, 갈겨니 등이다. 어찌 보면 장엄하기까지 한 회귀성 어종의 산란은 종의 생존을 위한 치열한 몸부림이기도 하다. 이들 물고기는 알을 낳으면 몸속의 모든 에너지가 한꺼번에 빠져나간 듯 맥없이 널브러져 죽어간다. 우리는 새로운 생명 탄생을 위해 자기를 바치는 듯한 그 모습에서 감동을 받곤 한다.

회귀성 어종 가운데 황어黃魚라는 물고기가 있다. 힘차게 거슬러 오르다가 물살을 이기기 위해 펄쩍 뛰어오르는 습성은 연어와 비슷하지만 생긴 보양은 전혀 다르다. 세나가 황어는 연어과가 아닌 잉어과로, 전체적으로 적갈색 몸통에 두어 개의 거무스름한 가로줄 (혹은 황금색 줄)이 선명해서 알아보기 쉽다. 가로줄이 희미한 종류도 있기는 하지만 연어를 아는 사람이면 전혀 다른 종이라는 사실을 금세 알아차릴 수 있다.

『도문대작』의 내용은 정말 간단하다. "황어黃魚. 2월에 동해에서 난다." 황어가 바다에서 민물로 돌아오는 시기는 늦겨울에서 봄 사이로, 허균이 2월에 난다고 한 것은 이 시기에 어획량이 가장 많기 때문이다. 그래서 황어는 봄에 진상하도록 되어 있다. 사실 황어가 동해안에서만 잡히는 건 아니었으나 근대 이전에는 동해안에서 잡힌 것을 선호했다. 조선시대 황어의 주 생산지는 함경도, 강원도, 경상도의 해안 지역으로, 유형원이 편찬한『동국여지지東國輿地志』에 따르면 동해안 지역 대부분의 특산물 목록에 황어가 포함되어 있다. 회귀성 어종이라는 특성상 황어가 바다에서 강으로 혹은 강에서 바다로 나가는 길목에서 어로 행위가 이루어진 듯하다.

일제강점기에 발행된 월간지『개벽』(1923년 12월호)에도 강원도 지역의 명승과 특산물을 소개하는 기사에 황어가 등장한다. 기사 내용을 보면 양양의 명물로 연창탁주連昌濁酒와 황어회를 소개하면서 "탁주와 황어회는 특히 가미佳味가 있어서, 속담에 양양군수가 체임될 때 그것이 아까워서 눈물을 흘린다"고 했다. 그러면서 기자는 "먹어보지는 못했으나 말만 들어도 침이 슬슬" 고인다고 했다. 지금도 양양 해변이나 바다와 만나는 강이나 호수에 황어가 서식하고 있다. "2월에 동해에서 난다"는 허균의 간략한 서술에는 당시에 황어의 풍미가 널리 알려져 있었으며, 마땅히 민간에서도 얼마든지 그 맛을 즐길 수 있었다는 의미가 함축된 것은 아닐까.

조선왕조실록을 살펴보면 1429년(세종 11) 6월 명나라에서 온 사신이 황어를 잡고 싶다면서 한강 양화나루에서 배를 띄워 하구쪽 조강祖江으로 향했다는 기록이 있다. 황어는 중국에서도 많이 잡히는 어종인데 어째서 조선에 와서 황어를 잡으려 했는지 의아한 일이다. 어떻든 당시에 황어는 동해안 지역의 공물이었기 때문에 일정량을 조정에 바쳐야 했으며, 궁궐에 진상된 황어는 왕실뿐만 아니라 신하들에게 나눠졌으며, 드물지만 궁중의 제례에 사용되기도 했다.

조선 초기 남효온南孝溫(1454~1492)의 「조대기釣臺記」(『추강집』 권4)을 보면 이침李琛과 만나서 황어와 잉어를 낚아올려 굽기도 하고 회를 치기도 해서 조촐한 술자리를 열고 즐겼다고 서술하고 있다. 조선 중기의 문신 이정귀李廷龜(1564~1635)는 박동량朴東亮(1569~1635)에게 보내는 편지에 암탉을 삶고 햇보리로 밥을 짓고 황어를 굽고 막걸리를 기울이는 것이야말로 향리에서 즐길 수 있는 아름다운 흥취라고 했다. 조선 말기의 유학자 장복추張福樞(1815~1900)는 부모님께서 병에 걸리자 황어를 올려서 낫게 했다는 기록을 남겼다. 황어는 조선시대를 통틀어 많은 사람이 즐기던 생선이었음에 틀림이 없다.

그렇다면 황어를 어떤 방식으로 요리해 먹었을까? 일단 황어는 낚시로 잡기도 하고 그물로 잡기도 하며, 신선할 때 바로 회를 떠서 먹거나 구워 먹거나 탕으로 끓여 먹기도 했다. 한꺼번에 많이 잡히는 경우에는 야외에서 바람에 말려 보관하거나 염장했다. 건조한 것을 건황어乾黃魚라 하고 젓갈로 담근 것은 황어해黃魚醢 혹은 황어자黃魚鮓라고 한다. 이제는 보기 힘든 풍경이 되었지만 1970년대 전까지만 해도 강원도 산간 지역에서는 황어젓을 여러 해 묵혔다가 김장을 담글 때 넣기도 했다.

맛의 기준은 개인마다 편차가 크다. 그런 점을 감안할 때 황어는 내게 그리 매력적이지 않다. 몇 차례 시도해본 적이 있는데, 회로 먹든 튀김이나 탕으로 먹든 비린 맛이 느껴져서 즐기지는 못했다. 생선살은 특별한 맛이 느껴지지 않았고 식감 역시 그리 좋지 않았다. 중국 동부 지역에 갔을 때도 황어튀김을 먹어보긴 했는데 그다지 성공적이지는 않았다. 그러나 낚시 좋아하는 사람들 중에는 황어를 잡으러 다니는 사람도 적지 않다. 황어가 힘이 좋아서 낚시에 걸렸을 때 밀고 당기는 손맛을 한껏 느낄 수 있기 때문이라고 한다.

나는 워낙 잡식성이라 음식을 가리지도 않고, 제법 모험심도 있다고 자부한다. 새로운 요리를 만나는 것도 설레는 일이지만, 기존의 선입견을 깨는 경험도 환영한다. 양양군수가 더 이상 황어회를 먹을 수 없어 눈물을 흘렸다고 하니, 언젠가 황어의 풍미를 한껏 느낄 수 있는 그날이 기대된다.

38. 가자미, 다른 눈과 합쳐져야 비로소 세상을 보는 물고기

영조 때 대사간大司諫을 지낸 신위申暐(1707~?)가 함경도 종성鍾城에서 귀양살이를 마치고 풀려났을 때의 일이다. 사람들의 배웅을 받으며 종성을 출발한 신위가 경성부鏡城府 경계에 도착했을 때 경성부사 유관현柳觀鉉(1692~1764)이 관청 하인을 시켜 말을 전하는 길에 약간의 쌀과 가자미를 선물하려 했다. 그러자 신위를 수행하던 군관이 경성부 하인을 크게 꾸짖고 밖으로 끌어냈다. 이 사실을 전해 들은 신위는 얼른 군관에게 쌀과 가자미를 받아오게 했으며, 다음 날 경성부 관아에 들러 감사의 인사를 전한 뒤 떠났다.

이 이야기는 유관현의 아들 유장원柳長源(1724~1796)의 시문집 『동암집東巖集』에 담겨 있다. 유장원은 어째서 특별할 것 없어 보이는 부친의 일화를 기록으로 남겼을까?

당시 귀양살이하는 죄인이라 해도 그의 이력이나 집안, 정치적 관계에 따라 귀양지에서의 대우는 천차만별이다. 신위는 조정에서 벼슬을 했을 뿐만 아니라 다시 복귀할 것으로 기대되는 인물이었으니 가혹한 대우를 받지는 않았을 것이다. 그런 그가 귀양을 마치고 한양으로 돌아가는 상황이니 연줄을 대보려는 자들이 제법 많았을 테고, 그렇게 접근하는 자들을 차단해야 하는 수행 군관으로서는 마땅히 뇌물을 가져온 하인을 쫓아내야 했다. 그러나 쌀 몇 되와 가자미 몇 마리 정도는 뇌물이라 하기에는 너무 약소한 것으로, 신위는 귀양에서 풀려나 한양으로 돌아가는 길에 필요한 양식을 보태준 것으로 생각했기에 얼른 예물을 받아오라 한 것이다. 더욱이 그것을 선물한 유관현의 훌륭한 인품을 잘 알고 있었기에 정치적인 의도가 없다고 믿어 의심치 않았으리라. 『대동지지大東地志』에 따르면 가자미는 함경도 길성현吉成縣의 토산품이고, 길성현은 경성도호부의 속현이다. 경성부사 유관현은 관내에서 생산되는 먹거리를 선물한 것이다. 아들인 유장원의 입장에서는 평범해 보이는 일화지만 아버지의 인품과 평판을 드러내는 것이라 판단했으리라.

허균은 함경도 지역에 갔을 때 보고 들은 다양한 것을 기록으로 남겼으며, 그중에는 지역의 향토음식에 관한 내용도 포함되어 있다. 가자미 역시 그러한 기록의 소산으로, 『도문대작』에는 이렇게 기록했다. "가자미[鰈魚]. 동해에서 많이 난다. 옛날에 '비목比目'이라 한 것이 이것이다."*

---

* 鰈魚. 海多産, 所謂比目是也.(『도문대작』)

무심하게 툭 던지는 듯한 이 문장에 특별한 내용은 없다. 그러나 허균은 가자미의 맛을 떠올리며 자신의 화려했던 시절을 상상했을 것이다.

가자미의 한자어는 접어鰈魚다. 이규경李圭景(1788~1856)의『오주연문장전산고』에서는 한나라 때 허신許愼의『설문해자』에 담겨 있는 "접어는 낙랑번국樂浪藩國에서 난다"고 했다. 이 기록 때문에 오랫동안 동아시아에서는 한반도 지역을 접역鰈域이라 표기하기도 했다. 덧붙여『오주연문장전산고』에는 "동방에 비목어比目魚가 있는데 눈을 나란히 하지 않으면 가지 못한다"는『이아爾雅』의 문장도 인용되어 있다. 이러한 맥락에서 허균이 '비목'이라 말한 것이다. 비목比目이란 글자 그대로 눈을 나란히 한다는 뜻이다.『지봉유설』의 저자 이수광李睟光(1563~1628)은 접어를 가좌어加佐魚라고 표기했는데, 이는 가자미라는 우리말을 음차한 것으로 볼 수 있다. 가자미는 성어가 되기 전까지는 눈이 한쪽에 몰려 있는데, 이에 대해 옛사람들은 가자미의 눈이 하나라고 인식하여 다른 물고기와 몸을 합쳐서 두 눈을 나란히 해야 앞으로 나아갈 수 있다고 생각했던 것이다. '가좌'란 가장자리가 변화된 말이다.

이런 이름의 연원 때문에 비목어는 때때로 비익조比翼鳥와 함께 거론된다. 비익조 역시 날개가 하나이기 때문에 반드시 다른 새와 함께해야 날아오를 수 있다. 한나라 문제文帝 때 한영韓嬰이 임금에게 간언한 내용에 그 의미가 설명되어 있다. "동해東海에 물고기가 있으니 그 이름을 접어라고 합니다. 눈을 나란히 해야 갈 수가 있으며, 서로 의지하지 않으면 목적지에 도달할 수 없습니다. 남해南海에 새가 있는데 그 이름을 겸조鶼鳥(비익조)라고 합니다. 날개를 나란히 해야 날 수 있으며, 서로 의지하지 않으면 날 수 없습니다."* 비목어나 비익조 같은 생물도 짝을 지어 힘을 합쳐 살아가듯이 임금 혼자만의 힘으로는 천하를 다스릴 수 없으며, 반드시 뛰어난 인재를 등용해서 그들과 힘을 합쳐야만 태평성대를 이룰 수 있다는 뜻이다.

어쩌면 허균은 비목어를 언급할 때 한영의 비유를 떠올리지 않았을까. 자신이 뜻하지 않은 죄를 얻어 귀양살이를 하는 처지이니, 비목어처럼 자신과 함께할 짝을 기대했을지도 모르겠다. 그의 죄목은 과거시험에서 부정 합격에 가담한 것으로, 허균이 잘못을 저지르기는 했어도 연루된 사람이 한둘이 아니었는데 유독 허균만 유배형을 치른 데는 뒷이야기가 있다. 어찌 보면 허균은 죄를 뒤집어쓴 셈이다. 열악한 유배생활 속에서 그는 자신의 처지가 고립무원孤立無援이라 생각한 모양이다. 귀양살이가 끝난 뒤에도 은거할 뜻을 가지고 있었던 것을 보면, 위기에 처했을 때 자신을 도와줄 사람이 없다는 데 크게 실망한 듯하다.

강원도 영동 지역에서는 제사상에 가자미가 반드시 오른다. 그래서 제삿날에는 가자미를 찌는 냄새가 집안에 은은하게 풍겼다.

---

* 韓嬰有言曰: "東海有魚, 其名曰鰈. 比目而行, 不相得, 不能達. 南海有鳥, 其名曰鶼. 比翼而飛, 不相得, 不能擧矣." (鄭斗卿,「詩風 法篇2」,『東溟集』卷20)

이날의 가자미는 양념이나 특별한 조리를 하지 않고 간단히 찌기만 하는데, 제사를 마치고 난 뒤에 가자미 살을 발라 간장에 살짝 찍어 먹는 맛은 매력적이다. 두툼한 가자미의 속살에서 느껴지는 약간의 쫄깃함과 퍽퍽함 뒤에 이어지는 고소함은 말로 표현하기 힘들다. 허균이 접한 동해안의 가자미 요리는 어떤 맛이었을까. 기록에는 나와 있지 않지만 왠지 나와 비슷한 식감과 맛을 간직하지 않았을까 상상해본다.

39. 양반가의 귀한 식재료 문어

한반도를 둘러싼 해안 지역이 모두 그러한지는 모르겠지만, 적어도 강원도 동해안 지역에서 문어는 특별한 식재료다. 문어는 제사 또는 잔치의 주인공으로, 딱히 간을 할 필요도 없고 어떤 조리법을 동원할 필요도 없이 살짝 데치기만 하면 된다. 담박하기 그지없이 슴슴한 맛이라 처음 접하는 사람은 무슨 맛으로 먹나 싶을 것이다. 나 역시 어릴 적부터 문어를 행사 음식으로 먹어왔지만 그 맛의 묘미를 느낀 것은 20대 시절인 듯하다. 문어는 자극적인 맛이 없기 때문에 어린 시절에는 데친 문어가 맛있다고 느끼기 어려웠지만 어렸을 때부터 서서히 그 맛에 길들여진 것인지, 어느덧 문어의 담박한 맛에 빠져들었다.

잘 데친 문어 한 점을 씹을 때 그 탱글탱글하면서도 쫄깃한 식감은 무엇에도 비할 수 없다. 부드러우면서도 쫄깃한 문어를 음미하며 씹다보면 단맛이 느껴지기도 한다. 말린 문어를 오래 씹을 때 느끼는 단맛을 데친 문어에서도 느낄 수 있다. 그런 탓에 동해안 지역에서는 문어 데치는 기술에 민감하다. 팔팔 끓는 물에 문어를 담그는데, 시간이 짧으면 설익고 오래 담그면 질겨진다. 타이머를 맞춰놓고 데쳐도 그 적절함을 얻어내기란 쉽지 않다. 옛 어른들은 문어를 데칠 때 전적으로 육감에 의지했다. 이는 자신의 오랜 경험으로 터득한 것이라 말로 설명하기도 힘들다. 강원도 영동 지역에는 문어를 잘못 데쳐서 야단맞은 며느리 이야기가 많이 퍼져 있을 만큼 이 지역에서는 데친 문어에 진심이다.

물론 문어를 데쳐 먹기만 하는 건 아니다. 조림, 탕이나 국, 말림, 구이, 튀김 등 문어로 할 수 있는 요리는 정말 다양하다. 심지어 말린 문어를 다양한 문양으로 오려서 음식 고명으로 활용하기도 한다. 문어는 뼈가 없기 때문에 버릴 것 하나 없는 식재료다.

가장 널리 통용되는 이름은 문어文魚이지만, 옛 기록을 보면 다양하게 불렸음을 알 수 있다. 팔초어八梢魚, 장어章魚, 장거어章擧魚, 망조望潮와 함께 팔대어八帶魚라는 이름이 기록으로 남아 있다. 『도문대작』에는 '팔대어'라고 적혀 있다. "팔대어八帶魚. 문어文魚인데 동해에서 난다. 중국인들이 좋아한다."

허균의 기록처럼 문어는 지금도 동해안 지역에서 많이 잡힌다. 조선 전기 지리지인 『동국여지승람』에는 문어가 동해안 전역과 남해안 일부 지역의 특산물로 기록되어 있다. 이렇듯 넓은 지역에 분포하며 일반적으로 인기 있는 해산물이었다. 한치윤韓致奫

(1765~1814)의 『해동역사海東繹史』에는 조선의 팔초어를 중국 남부의 강절江浙에서는 망조라 부르는데 맛은 그리 좋지 않다고 했다. 아울러 『책부원귀册府元龜』라는 중국 문헌을 인용하여 당나라 개원 26년(738)에 발해가 말린 문어 100마리를 바쳤다는 기록을 남겼다. 한치윤은 또한 구암龜巖 허준許浚의 말을 인용하여 이렇게 덧붙였다. "(팔초어는) 문어다. 동해와 북해에서 나는데, 몸체에 여덟 개의 긴 다리가 있으며, 비늘이 없고 뼈도 없다. 팔대어라고도 불린다. 또 이와 다른 소팔초어小八梢魚라는 한 종류가 있는데, 형체는 팔초어와 비슷하나 작으며, 역시 비늘과 뼈가 없다. 세속에서는 이를 낙지[絡締]라고 하니, 이것이 『본초本草』에서 말하는 장거어章擧魚다."

허균의 기록이 너무 소략해서 행간을 읽어야 하는 어려움이 있지만, 『도문대작』에서 허균이 분명하게 드러낸 것은 두 가지다. 우리나라 동해안에서 널리 잡힌다는 것과 중국 사람들이 좋아한다는 것이다.

허균과 동시대 인물인 김상헌金尙憲(1570~1652)은 강원도 양양부사로 부임하는 권진權縉(1572~1624)에게 보낸 송별시에 이런 구절을 넣었다. "철따라 나오는 진미珍味 관청 주방에 올리나니, 입 큰 농어 붉은 방어에 팔대어도 있다오." 게다가 율곡 이이李珥(1536~1584)와 송익필宋翼弼(1534~1599)은 편지를 통해 학문적 논의를 주고받았는데, 율록이 보낸 편지 중에는 맛있는 음식은 금세 없어지는 법이어서 부끄러우나 문어 두 마리를 보낸다는 내용이 있다. 또한 조선 전기의 대표적인 관료인 신광한申光漢(1484~1555)은 강원도관찰사가 보내준 문어 선물에 대해, 치아를 잃은 늙은이에게 '진귀한 해물[珍鮮]'인 문어를 보내준 덕에 모든 병이 나았다는 답례의 시를 써보냈다. 그만큼 문어는 귀한 대접을 받았다.

문어가 귀한 대접을 받게 된 요인 중 하나는 보관성이다. 예전에는 잡은 문어를 오래 보관할 수 없었기 때문에 내륙 지역에서는 거의 생문어를 즐길 수 없었다. 그러나 조정에서 생문어를 공물로 요구하는 경우가 빈번하자 북방을 수호하는 데 지장을 초래한다는 주장이 제기되기도 했다. 중종 10년(1515) 2월 8일자 왕조실록 기사를 보면, 정광필鄭光弼(1462~1538)을 비롯한 여러 대신이 3월부터 8월까지 함경도 지역의 생문어 공물 요구를 자제해달라고 간청하기도 했다. 공물은 기본적으로 역로驛路를 이용한다. 역로의 시설과 역마驛馬, 근무 인원은 국가의 명령을 신속하게 전달하거나 지방에서의 긴급한 사안을 조정으로 보낼 때 사용하기 위한 것이다. 그런데 겨울을 제외한 나머지 계절에 함경도에서 생문어를 신선하게 보내기 위해서는 역로 시설을 최대한 동원해야 했다. 생문어를 공수하는 데 역로의 말과 인력을 동원했을 때 북방 지역에 화급한 일이 발생한다면 문세가 심각해질 수밖에 없다.

그렇다면 중국 사람들이 문어를 좋아한다는 허균의 언급은 어디에 기초한 것이었을까? 일단 중국 사신들이 조선의 문어를 좋아했다는 사실을 알 수 있는 기록이 있다. 세종 5년(1423) 8월 21일자 왕조실록 기사에 명나라 사신 해수海壽가 요청한 물품 목록이 수록돼 있다. 강원도 공물로는 미역, 말린 연어, 말린 송이, 말린 문어였다. 강원도 관아에서는 갑자기 명령이 내려질 때를 대비해 항상 문어를 준비해두었으며, 실제로 왕조실록에는 중국 사신에게 선물할 말린 문어 수백 마리를 올려보내라는 지시 내용이 자주 발견된다. 중국 땅에 문어가 없을 리는 없겠지만, 조선에 파견된 사신들은 주로 문어를 쉽게 접할 수 없는 북경 지역 출신이었다. 이익의 『성호사설』에는 명나라 장수에게 문어국을 끓여 올렸더니 장수가 난처해했다는 기록이 있다. 이에 사람들은 중국에서는 문어가 없어서 그 맛을 모른다고 여겼다. 사실 문어는 중국 남쪽 지역에서 많이 잡힐 뿐 아니라 다양한 요리에 이용되는 식재료였다. 단지 임진왜란에 파견된 명나라 장수들은 대부분 북방 지역 출신이라서 문어를 처음 보았거나 문어 요리에 익숙하지 않았던 것이었으리라.

그런가 하면 한자 소통의 문제로 오해가 발생하기도 하고, 문화적 차이로 오해가 빚어지는 경우도 있다. 임진왜란 때 조선에 온 명나라 장수는 '정蟶'이라는 해물을 구해달라고 요구했는데, 이름이 생소하여 조선에서 나지 않는다고 거절했다고 한다. 그런데 알고보니 가리비 조개를 뜻하는 글자였고, 명나라 장수는 조선인이 자신을 속이려 했다며 화를 냈다.

고향에서 행사 음식에 항상 문어를 올리는 이유에 대해 어른들은 이렇게 설명했다. 문어는 몸 안에 먹물을 간직하고 있기 때문에 그 이름에 '문文'자를 쓰는 것이며, 글을 쓰는 행위를 고귀하게 여기어 큰 행사 때마다 문어를 올린다는 것이었다. 그것은 지역의 문화 전통에 대한 자부심의 표현이기도 했다. 그러나 문어의 '문'자는 우리말 '민'을 음차한 것으로 보는 사람이 많다. '민'은 나무가 자라지 않는 민둥산을 말하며, 머리카락이 없거나 짧은 머리를 민머리라고 하는 것과 같은 어원이다. 실제로 19세기의 문인 이규경은 『오주연문장전산고』에서 조선 사람들이 문어라는 이름을 붙이게 된 유래는 사람의 민머리에서 착안한 것이라고 서술했다. 문어라는 이름의 정확한 어원에 대해서는 좀더 면밀히 검토할 필요가 있겠으나, 분명한 사실은 문어가 전통적으로 우리에게 사랑받는 소중한 식재료였다는 것이다.

40. 도루묵의 계절이 다가온다

추분秋分 지나 무성하던 녹음이 한풀 꺾이는 가을 중턱에 이르면 생각나는 물고기가 있다. 도루묵이다. 예전에는 무척 흔한 어종이었지만 요즘에는 도루묵 구경하기 어려울 때가 있는 걸 보면, 역시 기후 변화의 영향인가 싶어 아쉽고 걱정스럽다. 갈수록 도루묵 어획량이 감소하자 강원도에서 도루묵 자원회복사업을 전개하고 있다. 어떤 이유에서인지 중단되기도 했으나 최근 다시 재개하여 소기의 성과를 얻고 있다는 풍문이다. 도루묵을 좋아하는 나로서는 망외望外의 희소식이 아닐 수 없다.

이맘때가 되면 나는 산책길에 인근 시장을 돌면서 도루묵이 나왔는지 확인한다. 요리에 젬병인 나로서는 아내에게 도루묵 철이 되었음을 넌지시 알린다. 아내 역시 도루묵을 좋아하는지라 조만간 식탁 위에 도루묵 요리가 등장한다. 주말이면 동해안의 도루묵 축제에 가서 기웃거리기도 하고 신선하다 싶으면 한 박스씩 사오기도 한다. 도루묵은 11월부터 이듬해 1월까지만 맛있게 먹을 수 있는 생선이다. 그래서 정신이 팔려 시기를 놓치면 도루묵을 맛있게 먹는 일은 말 그대로 말짱 도루묵이 되고 만다.

　도루묵이라는 이름의 유래에 관한 이야기는 모르는 사람이 없을 만큼 유명하다. 시대는 확실치 않지만 어느 왕이 전쟁통에 피란을 가게 되었다. 이리저리 옮겨 다니느라 몸도 마음도 지쳐 있을 때 밥상 위에 처음 보는 생선이 올랐다. 먹어보니 참으로 맛이 있어 그 이름을 물어보니 아는 사람이 없었다. 생선의 몸통이 은빛으로 하얗게 빛난다 하여 왕은 은어銀魚라는 이름을 지어주었다. 전쟁이 끝나고 궁궐로 돌아온 왕은 피란길에 먹었던 물고기의 맛이 그리워 은어를 올리라 명했다. 하지만 맛도 없는데다 예전의 그 맛이 아니었던지라 도로 물리라고 했다는 데서 도루묵이라 불렸다는 이야기다.

　이 설화는 약간씩 변주되기는 하지만 대체로 서사 구조는 비슷하다. 근대에는 이야기의 주인공이 임진왜란 당시의 선조라는 설이 널리 퍼졌다. 작자 미상이기는 하지만 『후광세첩厚光世牒』에 부록으로 수록된 윤두수尹斗壽(1533~1601)의 연보에도 선조가 의주로 몽진할 때의 일화로 서술되어 있다. 그렇지만 이 이야기는 신빙성이 없다. 왜냐하면 임진왜란을 몸소 체험한 허균이 도루묵의 전설을 『도문대작』에서 거론하고 있기 때문이다. 그는 이렇게 서술했다. "은어銀魚. 동해에서 난다. 처음 이름은 목어木魚였는데 고려 때 좋아하는 임금이 있어 은어라고 바꿨다가 많이 먹어 싫증이 나자 다시 목어로 바꿨다 하여 환목어還木魚라 한다."

24세의 나이에 임진왜란을 겪은 허균이 이 설화를 알고 있다는
것은 이전부터 이런 유형의 설화가 전해지고 있었다는 뜻이다. 허
균과 함께 관직 생활을 했던 이식李植(1584~1647)의 시에도 이와 같
은 내용이 기록되어 있다. 아무리 생각해도 선조와 연관된 이야기
는 아닌 듯하다.

도루묵이라는 이름이 우리말이다 보니 한자로는 이두식으로 표
기할 수밖에 없다. '환還'은 원래 상태로 되돌린다는 뜻이니 우리말
로 '도로'에 해당하는 부사어다. 그러니 '환목어'는 '도로목' 혹은
'도루목'으로 발음되는 것이다. 한자의 음만 빌려서 표기하는 음차
방식으로는 19세기에 편찬된 조재삼趙在三(1808~1866)의『송남잡지
松南雜識』에 나오는 '도로목都路木'일 것이다. 여기서는 인조가 병자호
란 당시 공주로 몽진을 갔을 때의 이야기라 했는데, 이는 잘못된 기
록이라 할 것이다. 다만 그의 글을 통해서 도루묵이 사람들에게 사
랑받는 생선이며 다양한 관련 설화가 전승되고 있다는 점을 확인
할 수는 있다. 김양섭 선생의 연구에 따르면 이 생선에 대한 기록은
조선 태종 때 이후로 수많은 책에 꾸준히 등장하고 있는바, 우리 민
족의 도루묵 사랑이 꽤 오래되었다는 점은 확실하다.

도루묵은 몸통 전체가 은빛으로, 햇살을 받으면 살짝 무지갯빛
이 감돈다. 그래서 이 생선을 좋아하는 사람들은 '은어銀魚'라 지칭
했다.『도문대작』에서도 이 물고기를 맛있게 먹을 때는 은어라 불

렀다고 했다. 앞서 은어 항목에서도 언급했지만, 여기서 말하는 '은어銀魚'와 허균이 말하는 '은어'는 다른 어종이다. 근대 이전 한문 기록에서 '은어'라고 쓴 것은 우리가 도루묵이라 부르는 물고기이고, 우리가 '은어'라고 부르는 물고기의 한자 표기는 '은구어銀口魚'다. 이처럼 시대에 따라 글자의 의미가 대폭 달라진 경우가 적지 않아서, 한문 자료나 글을 읽을 때 이런 대목을 만나면 헷갈리기 십상이다. 이 글에서는 편의상 '도루묵'으로 표기를 통일했다.

도루묵은 대체로 강원도와 함경도 동해안에서 잡히는 물고기다. 강릉 지역에서는 도루묵을 도루메기라 불렀는데, 이는 현재 북한의 문화어(표준어)와 같다. 이는 함경도와 강원도 해안이 도루묵의 주요 생산지라는 사실을 방증하는 것이다. 허균은 강릉을 비롯하여 동해안 지역에서 살았던 적이 있으니 싱싱한 도루묵을 먹었을 것이다. 게다가 내자시정으로 근무할 때 궁궐에 반입되는 모든 식재료를 살피고 경험했으니 당연히 도루묵에 대한 기억이 남아 있었을 것이다. 궁중에서는 가을 무렵이면 그해 첫수확한 농산물로 천신을 지냈기 때문에 당연히 허균은 제사상에 올려질 도루묵을 살폈을 것이다. 그의 「태관고太官藁」에 수록된 시 가운데 "젓가락질하는 동안 도루묵은 꿈틀거리고, 주렴 너머로는 때까치 비스듬히 난다鬪筯銀魚動, 穿簾練鵲斜"(「귀가貴家」, 『성소부부고』 권2)는 구절이 있다. 대체로 귀한 집안의 밥상에 싱싱한 도루묵이 올라온 것을 묘사하고 있지만 이는 궁중의 모습을 상징적으로 표현한 것이다.

도루묵은 매년 많이 잡히지는 않는다. 20세기 이후의 자료만 봐도 날씨의 변화에 따라 도루묵의 어획량은 큰 차이를 보인다. 많이 잡히는 해에는 사가는 사람이 없어서 항구에 쌓아둔 생선이 썩어갈 정도였고, 그렇지 않은 해에는 값비싼 생선으로 대접받았다. 도루묵이 귀한 시기도 있었지만 대체로 많은 어획량을 자랑하는 어종이었으므로 일반 백성은 다양한 방식으로 도루묵을 즐겼다. 찌개로 먹기도 하고 구이나 조림으로도 먹었다. 일본에서는 삭혀서 먹는 방식도 있다. 허균이 『도문대작』을 쓰던 귀양지는 서해안에서 가까운 함열이었고, 그가 함열에 갓 도착했을 때는 도루묵 철이 끝난 시기였으므로 그곳에서 도루묵을 맛보지는 않았을 것이다. 그렇다 해도 겨울은 도루묵의 계절이었으니 그의 섬세한 미각의 범주에 빠졌을 리 없다.

41. 고등어 내장으로 만든 젓갈

예나 지금이나 나는 비린 것을 좋아하지 않는다. 명태나 새치, 가자미 같은 생선을 즐겨 먹는 것도 그런 식성과 관련이 있을 것이다. 동해바다가 바라다보이는 시골 마을에서 자란 탓에 겨울철이면 곳곳에 명태 덕장이 지어졌는데, 우리는 그 밑을 지나면서 바짝 얼어붙은 명태 한 마리를 떼어내 몽둥이로 자근자근 두드려서 뜯어먹곤 했다. 겨우내 밥상에는 명태 대가리를 넣고 끓인 자작장이 올라왔고 제삿날에는 담백하게 쪄낸 가자미 살점을 간장에 찍어먹곤 했다. 가난한 탓이었는지 고등어는 한 해에 한두 번 맛보는 정도였다.

다양한 생선을 접하게 된 것은 도시에 나와 살면서부터였다. 특히 고등어의 맛을 재발견하게 된 것은 대학원 다닐 때로, 누구랄 것 없이 주머니 사정이 가벼운 처지에 어쩌다 학교 뒷골목 식당에서 '고갈비'를 안주 삼아 밤늦도록 막걸리 잔을 부딪치곤 했다. 고갈비를 맛있게 구워주는 단골집에서 가난한 학생들은 밤늦도록 뜨거운 열기와 흥을 내뿜었다. 이전까지만 해도 내가 고등어구이에 대해 아는 것이라고는 산울림의 노래 제목 아니면 안동의 특산물인 간고등어가 전부였다. 비린내도 싫지만 기름이 많은 생선이어서 먹기에는 좀 부담스러웠던 것이다.

고갈비는 생고등어를 손질해서 약간의 양념을 바른 뒤 구워낸 것으로, 소갈비는 언감생심焉敢生心인지라 저렴한 고등어구이를 소갈비 뜯는 마음으로 먹었다. 기름진 생선으로 장어구이만 한 게 없지만 장어는 원체 비싸기 때문에 서민에게는 고등어가 기름진 술안주가 되어줬다는 설도 있을 만큼 고갈비는 20세기 후반 도시의 뒷골목을 대표하는 값싸고 영양 풍부한 음식이었다. 알려진 바로는 1970년대 부산에서 처음 고갈비가 인기를 얻어 전국으로 퍼져 나갔다고 한다. 부산이 고등어를 시어市魚로 정한 것을 보면 나름 지역적 상징성을 지닌다 하겠다. 어쨌든 젊은 시절 만난 고갈비 덕분에 나는 고등어구이나 고등어조림을 무난히 즐기게 되었고, 나아가 고등어국이나 찌개, 고등어회까지 소화하는 수준으로 발전했다. 특히 고등어회는 부드러우면서도 쫄깃한 식감과 고소한 맛이 참으로 빼어나다.

고등어의 명성에 비하면 근대 이전의 기록은 영성零星하기 그지없다. 몇 안 되는 용례를 보면 고등어의 한자어 표기는 고도어古刀魚, 고도어古道魚, 고도어高刀魚, 고등어皐登魚 등으로 나타난다. '고돌' 혹은 '고도리'로 불렸던 우리말 생선 이름을 한자로 음차하는 과정에서 나타난 것으로 보인다. 고등어는 따뜻한 바다를 좋아하는 회유성 어종이라서 제주도에서 많이 잡히는 편이며, 여름이 되어 바다의 수온이 올라가면 동해안 전 지역에서도 많이 잡힌다. 지금도 동해안 항구나 인근 연안에서는 고등어 낚시를 즐기는 사람이 많은데, 특히 강릉을 비롯한 동해안에서는 고등어 낚시를 '소고도리'를 낚는다고 표현한다. 작은 고도리라는 뜻인데, 원래 고등어 새끼를 고도리라고 하기 때문에 동어반복인 느낌도 있다. 그러나 근대 이전에 고도리라고 순우리말로 부르던 흔적이 묻어나기도 한다.

『도문대작』에서 허균은 고등어를 다음과 같이 적었다. "고등어[古刀魚]. 동해에서 나는데 내장으로 담근 젓갈이 가장 좋다."*

유통망이 발달하지 않았던 조선시대에도 고등어는 선물로 주고받을 만큼 인기가 많은 생선이다. 고등어의 고소함이야 말할 것도 없지만 허균의 기록에서 흥미로운 대목은 역시 고등어 내장으로 담근 젓갈이다. 요즘은 흔치 않지만 전라도 일부 지역에서는 고등어 내장으로 젓갈을 담갔으며, 여러 경로를 통해 근대 이전에는 고등어 젓갈이 널리 애용되었음을 확인할 수 있다. 한 예로 2010년 충남 대안 앞바다에서 침몰된 고려시대의 배가 발굴되었다. 많은 유물과 함께 출토된 죽찰竹札 내용을 통해 이 배는 1208년 무렵 개

---

* 古刀魚. 東海有之, 而腹藏醢最好.(『도문대작』)

경의 권력자에게 보내는 물건이 다수 선적되어 있었다는 게 확인되었으며, 물건 목록 중에 고도해古道醢, 즉 고등어 젓갈이 포함되어 있었다. 허균이 서술한 음식과 일치한다. 인조 때에도 고등어 창자를 진상했다는 기록이 남아 있는 것을 보면 확실히 별미로 취급된 듯하다. 이로써 우리는 고려시대부터 전라도를 비롯한 남쪽 지역에서는 고등어 내장으로 젓갈을 담그는 풍속이 있었으며 그 후로도 오랫동안 전통 음식으로 이어져왔음을 알 수 있다. 더욱이 허균은 고등어 내장 젓갈 가운데 동해안의 것이 가장 좋다고 했으니, 조선 중기에도 고등어 젓갈이 전국적으로 만들어졌음을 알 수 있다.

그러나 이상하게도 20세기 들어서면서 강릉을 비롯한 동해안에서 고등어 내장 젓갈이 자취를 감추었다. 물론 동해안은 함경도에서 경상남도 부산까지 이어지므로, 허균이 언급한 동해안이 정확히 어디인지 알 수는 없지만, 그의 행적을 볼 때 강원도 영동 지역일 가능성이 높다. 그렇다면 근대로 접어들면서 고등어 젓갈은 어떤 이유에서인지 이 지역의 음식 문화에서 사라진 것으로 보인다. 어쩌면 명태나 오징어처럼 더 맛있고 질 좋은 젓갈 재료가 넘쳐나 상대적으로 고등어 내장의 인기가 시들해졌을 수도 있다. 확실한 이유는 알 수 없다. 다만 허균이 고등어 내장으로 만든 젓갈에 깊은 인상을 받았던 때로부터 400년 세월이 흐르는 동안 변화된 우리의 음식 문화를 실감하게 된다.

세종 때 함길도관찰사가 여름에 잡힌 고등어를 진상한 일이 있

었다. 워낙 별미라서 공문을 전하는 인편에 올려보낸 것인데, 세종
은 마음이 고맙지만 앞으로는 그렇게 하지 말라고 명했다. 그만큼
고등어는 밥상의 큰 별미로 인정되었다. 그러나 많은 사람이 아파
트에서 거주하는 오늘날에는 실내에서 고등어를 해먹기가 불편하
다. 어쩌다 고등어를 굽거나 조리기라도 하면 온 집안에 비린내가
진동하기 때문에 냄새가 빠질 때까지 모든 창문을 열어놓아야 한
다. 반면 지금은 강원도에서 자취를 감춘 고등어 내장으로 담근 젓
갈이 궁금해진다. 생각난 김에 고향의 친구들에게 전화를 해보았는
데 역시 이에 대해 아는 친구는 없었다. 지역의 특산물로 개발하면
좋겠다면서 흥미를 보이는 친구도 있는 걸 보면 고등어 내장 젓갈
의 맛이 궁금한 사람은 나만은 아닌 듯하다.

42. 제곡齊穀을 찾아서

음식에 관련된 옛 기록을 읽다보면 간혹 어떤 음식인지 요령부 득일 때가 있다. 아무리 읽어봐도 풀리지 않는 암호문처럼 느껴질 뿐 지금의 상식으로는 도저히 접근하기 어려운 경우다. 그냥 치지 도외置之度外하려 해도 궁금증은 가시지 않는다. 그런 음식이 한둘이 겠냐만, 그중에서도 오랫동안 궁금했던 식재료가 하나 있다. 바로 『도문대작』에 기록되어 있는 제곡齊穀이다. 그 내용은 이렇다. "제 곡齊穀. 작은 조개로 껍질이 자색紫色이다. 경포鏡浦에 있는데, 흉년에 이것을 먹으면 굶주림을 면할 수 있기 때문에 그렇게 이름을 붙인 것이다."* 이 기록을 접한 뒤로 제곡에 대해 궁금증이 떠나지 않았 다. 주어진 정보라고는 경포에서 많이 채취되는 자줏빛 껍질을 가 진 작은 조개라는 것.

---

* 　齊穀. 小蛤紫甲. 鏡浦有之. 凶年食之則不飢. 故名之.

지금과 달리 과학적으로 기후를 관측할 수 없던 시절에는 풍흉^豐凶을 예측할 수 없었다. 그로 인해 흉년이 들면 겨울부터 봄까지 굶어죽는 백성이 속출했고, 산과 들에 자라는 풀을 뜯어 양식을 대신해야 했다. 배고픈 백성에게 주어진 선택지는 많지 않았다. 그대로 굶어죽거나 도둑질을 하거나 떼강도가 되는 것이었다. 결국 세금을 내세우는 가혹한 관리의 수탈을 피해 고향을 떠나 유랑하는 이들이 많았다. 조선시대 기록을 조금만 뒤져보면 이런 내용을 쉽게 발견할 수 있어 그 시절 민초들의 황폐한 생활을 알 수 있다. 그런 흉년에 경포호에서 자라는 제곡이라는 조개가 굶주리는 백성에게 유용했다 하니 신기하기 그지없다. '제곡^{齊穀}'은 글자 그대로 번역하자면 '곡식과 같다'는 뜻으로, 오죽하면 이름도 제곡이라 했을까 싶다. 그러나 다른 기록을 아무리 뒤져도 제곡이라는 조개는 찾아볼 수 없다. 결국 제곡은 『도문대작』의 항목 가운데 실체가 뚜렷하지 않은 것으로 남아 있다.

얼마 전 양양 낙산사를 찾아가 바닷가 길을 산책했다. 그 길을 걷노라면 세상의 번잡한 일들이 부질없이 느껴지면서 마음이 차분히 정리되는 기분이 들어 이따금 찾는 곳이었다. 저녁 먹을 때가 되어 식당가를 둘러보는데 때복국을 파는 집이 눈에 띄있다. 순간 나는 허균이 기록해놓았던 제곡이 떠올랐다. 때복과 제곡, 발음도 비슷하지 않은가.

때복이란 무엇인가. 강원도 영동 지역에서는 째복이라고도 불리는데, 동해안 바닷가라면 어디서나 쉽게 잡을 수 있는 조개다. 자료를 찾아보니 정식 명칭은 백합목에 속하는 민들조개다. 패각 길이는 약 5센티미터 정도로 그리 크지 않은 편인데, 생각해보니 어렸을 때 여름철 바닷가에서 놀다가 지치면 때복을 잡았던 기억이 있다. 얕은 바닷물에 들어가서 발로 모래를 헤치면 매끈한 조개가 걸리곤 했다. 어른들은 아예 그물망을 매단 긴 장대로 물속 모래밭을 훑어서 채취하곤 했다. 조개를 잔뜩 잡아서 집에 가져오면 할머니는 조개를 간단하게 해감한 다음 물에 넣어 끓인 육수로 국수를 삶아주셨다. 때복국 파는 집을 보는 순간 어릴 적 기억이 마구 떠올랐다.

경포호에는 때복과 관련된 설화도 전한다. 경포호가 원래 뭍이었던 시절, 이곳에 강릉에서도 알아주는 부자가 살고 있었다. 마음씨 고약한 부자는 시주하러 온 스님에게 쌀 대신 똥 한 바가지를 퍼주었는데, 다음 날 그 집이 있는 터가 커다란 호수로 변하고 곳간에 쌓아둔 쌀이 조개로 변해버렸다는 이야기다. 강릉 사람들은 이 조개를 매복이라고 부르며 음식의 국거리로 채취해왔는데, 이것이 바로 때복이다. 이런 이야기를 확인하고 보니 제곡과 연관성이 더 깊은 듯하다.

나는 집으로 돌아오자마자 『도문대작』을 펼쳐 제곡의 내용을 확인했다. 읽으면 읽을수록 때복은 제곡과 비슷하게 느껴졌다. 그러나 설명과 맞지 않는 점들이 있었다. 크기가 작다는 것, 그리고 경포호에서 잡히며 자색을 띤다는 것이 맞지 않는다. 때복은 흰색 바탕에 갈색 줄무늬가 있으니 이 줄무늬색을 자색이라 했을 수도 있다고 인정하더라도, 경포호에서 잡힌다는 조건에는 전혀 들어맞지 않는다. 경포호는 모래가 바다 입구를 막아 형성된 거대한 석호潟湖다. 큰 파도나 태풍이 몰아칠 때 바닷물이 들어올 수는 있지만 기본적으로 민물 호수다. 그러니 바다에 서식하는 때복이 경포호에 있을 리 만무하다. 옛 기록은 구체적인 지점까지 기술하지 못하는 경우가 많은데 허균이 경포호를 특정했다는 것은 그에게 인상적인 기억을 심어준 일이 있었기 때문일 것이다.

앞서 말했듯이 나는 꽤 오래전부터 제곡의 정체를 탐색해왔고, 우연히 때복을 떠올려냈지만 완전히 일치하다고 볼 수 없다. 문득 고향 친구들이 생각났다. 고등학교 친구들 가운데 경포호를 비롯해 동해안 석호 주변에 살았던 이들에게 물어보았으나, 모두 허균이 언급한 조건에 해당하는 조개는 들어본 적이 없다고 했다. 단 한 명, 제곡이라는 말을 듣는 순간 때복을 떠올린 친구가 있었다. 그는 강릉에 관한 한 걸어다니는 백과사전이라 할 수 있는 우추라는 친구였다. 나만 그렇게 생각한 게 아니라는 생각이 들어 반갑긴 했지만, 때복은 엄연히 바다에서 잡히는 조개이므로 경포호에 서식힐 수가 없다.

또 다른 고향 친구인 자하가 떠올랐다. 평생을 수산업 관련 일을 해왔을 뿐 아니라 물고기에 관한 해박한 지식을 자랑하는 친구였다. 이 친구가 주문진에 있는 석호 근처 마을에 살았기 때문에 어려서부터 민물조개를 많이 보았을 것이라는 생각에 바로 전화를 걸어 제곡 이야기를 들려줬더니 때복은 아닐 거라 했다. 이 분야에 지식을 갖고 있는 만큼 민물조개와 바닷조개는 명백히 다르기 때문에 가장 먼저 제외시킨 것이다. 그러면 뭐가 있겠느냐고 물었더니, 뜻밖에 재첩이 아니겠느냐고 했다. 재첩이라고? 재첩이라 하면 남쪽 섬진강 주변 지역이 워낙 유명해서 영동 지역의 재첩은 생각해본 적이 없었다. 게다가 고향 마을에는 민물조개가 흔치 않았기 때문에 어릴 때 재첩이라는 이름은 들어본 적이 없었다. 나의 의구심에도 자하는 확고한 어투로 이 지역에서 재첩이 많이 난다고 말했다. 확인차 자료를 찾아보니 이것도 때복과 마찬가지로 백합목에 속하는 민물조개였다. 우리나라에서는 섬진강 유역의 재첩이 유명하기는 하지만 전국적으로 널리 분포하며, 특히 강원도 영동 지역에서 많이 서식하는 조개였다. 내가 몰랐을 뿐 재첩은 고향에도 많았던 것이다. 정말 신기했다. 내가 아는 게 전부가 아니라는 점을 새삼 깨달았다. 갑자기 겸손한 자세가 되었다.

나중에 다시 자하에게 전화를 걸어 어렸을 때 민물조개를 재첩이라고 불렀는지 물었다. 그러자 그는 재첩이 아닌 다른 이름이 있었는데 기억이 나지 않으니 나중에 알려주겠다고 했다. 얼마 안 되어 소식이 왔다. 누나에게 물어본 결과 갯조개라 불렀다고 했다. 어렸을 때 어머니가 큰 함지박을 내주고 갯조개를 캐오라고 하면 호수로 가서 발로 호수의 흙바닥을 헤쳐 갯조개를 주웠으며, 한 시간 가량이면 함지박에 가득 찼다고 한다. 그러면서 자하는 허균이 말하는 제곡은 재첩, 즉 갯조개가 분명할 거라고 했다. 물론 여기에는 그 친구 나름의 논리가 있었다. 우선 때복에 비해 갯조개는 크기가 작고, 껍데기가 갈색이라서 허균이 말하는 자색과 비슷하다는 것이다. 결정적으로 갯조개는 민물에 서식하므로 충분히 경포에서 자생할 수 있으니, 허균이 말하는 조건을 완전히 갖추었다는 것이다.

자하의 주장은 꽤 설득력이 있었다. 설명을 들을수록 내 속에서 제곡의 실체가 갯조개로 기울어지는 걸 느꼈다. 친구들의 산경험을 통해서 나는 허균이 말하는 제곡의 정체에 한 발 가까이 다가간 듯했다. 그렇지만 여기서는 제곡에 대한 결론을 내지 않을 작정이다. 내 공부가 조개의 식생이나 종류에 무지할 뿐만 아니라 이것은 여러 분야의 연구자들이 답사를 하고 현지인 조사도 거쳐 논의할 부분이기 때문이다. 다만 제곡의 정체를 오랫동안 궁금해왔던 나로서는 친구들의 해박한 지식에 힘입어 나름대로 추리한 기록을 남겨두고자 한다. 희망 섞인 상상이지만, 언젠가 갯조개가 제곡으로 밝혀진다면 그것은 나와는 다른 기억과 지식을 가진 벗들 덕분이리라.

43. 달고 부드러웠던 동해의 살조개

　고려 후기의 관료 가운데 유석庾碩(? ~1250)은 조선 말기에 이르기까지 청백리로 칭송되었다. 그는 여러 지역의 안찰사를 지내면서 백성을 위한 일에 발 벗고 나섰으며 지역민은 그를 어버이처럼 여겼다고 전해진다. 최씨정권의 실력자였던 최항崔沆(? ~1257)이 민심을 수습하고자 유석을 중용할 정도였으니, 선정善政의 표본이라 할 것이다. 그 당시 유석은 대장군이었던 김보정金寶鼎과 이보李輔의 송사를 맡아 공명정대하게 처리했으나, 양쪽 모두 만족스럽지 못한 판결이었던 모양인지 결국 그는 참소를 당해 좌천되었다. 그로부터 얼마 후 병을 얻어 세상을 떠났으니 참으로 안타까운 일이다.

　유석이 안북도호부사安北都護副使로 근무할 때의 일이다. 그곳의 용진현龍津縣에서는 강요주江瑤柱라는 해산물을 채취해 공물로 바쳐왔는데, 채취 작업이 힘들어서 어민의 고통이 컸다. 이를 견디다 못해 50가구가 달아나는 일도 있었다. 이 사정을 알게 된 유석은 병마

사들에게 강요주를 공물로 올리지 말라고 지시했다. 당시 최고 권력자였던 최이가 이 소식을 듣고 "유석은 나에게 강요주를 바치지 않으면 될 일이지, 어째서 도내의 수령들에게까지 금지시키는 것이냐?"라고 말했다고 한다. 이 이야기는『고려사절요高麗史節要』(권16) 1250년(고종 37) 7월의 기사로, 조선시대에 이르기까지 입에서 입으로 전해졌을 뿐 아니라 조선왕조실록에도 수차례 언급되었다.

이 기사를 접했을 때 나의 호기심을 자극한 것은 강요주라는 이름의 해산물이었다. 사전을 찾아보니 '살조개 혹은 꼬막'이라 설명되어 있는데, 관련 문헌을 살펴보면 살조개와 꼬막은 다른 품종이다. 생물학적 분류로 살조개는 백합목 백합과에 속하는 조개이고, 꼬막은 돌조개목 돌조개과에 속한다. 그러나 많은 번역본에서는 강요주를 살조개 아니면 꼬막으로 표기하고 있는 게 현실이다. 살조개와 꼬막의 차이를 알고 있다 한들, 조선시대 문헌에서 어떤 의미로 사용한 것인지는 알 수 없는 노릇이다.

재미있게도『도문대작』에는 강요주를 다음과 같이 설명했다. "강요주江瑤柱. 북청北青과 홍원洪原에서 많이 난다. 크면서도 달고 부드럽다. 고려 때에는 원나라의 요구에 따라 모두 바쳐서 국내에서는 거의 먹을 수 없었다."*

허균이 맛본 강요주는 함경남도 북청과 홍원 지역에서 생산되는

---

* 江瑤柱. 北青洪原多産之. 大而甘滑. 前朝因元之求, 殆至國匱.(『도문대작』)

것이었다. 이곳은 유석이 강요주 채취를 금지한 용진현과 가까운 지역으로, 용진현은 현재 북한 강원도의 문천시에 해당한다. 두 지역은 북쪽의 동해에 면한 곳이므로 강요주라는 것도 남쪽 해안 지역에서 생산되는 꼬막과는 거리가 멀어 보인다. 무엇보다도 꼬막은 주로 갯벌 지역에서 번식하며 채취하기에 까다롭지 않다. 반면 살조개는 우리나라 전 연안에 서식하지만 수심 2미터 깊이에서 발견되므로 채취하기에 힘들다.

조선 후기의 문인 김려金鑢(1766~1822) 역시 「우해이어보牛海異魚譜」(『담정유고藫庭遺藁』 권8)에서 강요주가 북관北關 지역의 특산물이라면서 『동의보감』의 내용을 인용하여 껍데기(패각)에 아주 미세한 줄이 있고 색깔이 흰 조개 종류라고 설명했다. 식초를 쳐서 구워 먹으면 부인병에 좋다는 효능까지 덧붙였다. 비슷한 시기의 문인인 심상규沈象奎(1766~1838) 역시 강요주가 홍원 지역의 바다에서 생산된다는 기록을 남긴 바 있다.* 이런 기록들을 참고할 때 허균이 언급한 강요주는 살조개가 아닐까 싶다.

사실 강요주를 꼬막으로 번역한 입장도 이해되지 않는 건 아니다. 드물기는 하지만 이것이 꼬막을 지칭하는 것으로 보이는 기록도 있기 때문이다. 예컨대 조선 성종 때 충청도관찰사를 지낸 김여석金礪石(1445~1493)이 강요주 100개를 바쳐서 비난을 받은 바 있는

---

* 「次韻楓皐」, 『斗室存稿』 권2.

데, 실록의 해설에 따르면 강요주는 비인庇仁이나 내포內浦 등지에서 잡히며 조수가 빠져나가면 진흙이 드러난 곳에서 구한다고 적혀 있다. 이에 따르면 확실히 꼬막을 지칭하는 것으로 볼 수 있다. 그러나 강요주 관련 기록은 한반도 동북 지역의 바다에서 생산된다는 기록이 압도적으로 많다.

동해 바닷가 시골에서 자란 내게 조개는 탕으로 끓여 먹거나 국수 고명으로 먹는 정도가 고작이었다. 바다에서 캔 조개를 한 보따리 가져오면 어머니가 조개로 육수를 낸 국수를 해주시곤 했다. 성인이 되어 전라도 지역에서 먹어본 꼬막정식 같은 화려한 조개 요리는 언감생심 꿈도 꿀 수 없었다.

허균은 어떤 방식으로 살조개를 먹었기에 북청과 홍원의 조개가 맛있다고 했을까? 『동의보감』에서 소개한 것처럼 식초를 살짝 둘러서 구운 조개였을까? 아니면 시원하게 끓여낸 조개탕이었을까? 워낙 귀하다고 했으니 젓갈 재료로 쓰이지는 않았을 것 같다. 남쪽 유배지에서 북쪽 강원도의 살조개를 떠올리는 허균의 모습을 상상하니 고향의 맛이 얼마나 그리웠을까 싶다.

44. 강아지만큼이나 큰 강원도 삼척의 대게

　겨울이면 대게가 생각난다. 워낙 비싸서 자주 먹기는 어렵지만 추위가 매서워질 무렵이면 대게를 먹으러 동해안으로 달려간다. 요즘은 '영덕대게'라는 명칭으로 많이 불리고 있지만 대게는 영덕뿐만 아니라 동해안 전역에서 잡힌다. 11월이 되면 대게잡이가 본격적으로 시작되어 이듬해 5월까지 꾸준히 어로활동이 이어진다. 물론 크기가 작은 어린 대게는 놓아주고 산란기를 금어기로 지정하여 자원 보호가 엄격히 관리되고 있다. 대게잡이 어선은 새벽에 출항하여 1~2시간 걸리는 바다 어장에서 조업을 하기 때문에 어릴 적 바다가 보이는 지역에서 자랐어도 대게를 직접 볼 수는 없었다.

　저장 방법과 시설이 여의치 않던 시절, 해산물을 내륙 지역으로 운송하는 가장 안전하고 보편적인 방법은 소금을 듬뿍 뿌리는 염장鹽藏이었다. 게 종류도 오래 보관하기 위해 간장에 절이는 해장蟹醬, 즉 게장 방식이 개발되었다.

조선 후기의 사설시조 중에는 게장을 팔러 다니는 장사치와 아낙네 사이에 주고받는 대화로 이루어진 작품이 있다.

댁들에 동난지 사오, 저 장사야 네 황후 무엇이라 외치느냐 사자
외골내육外骨內肉 양목兩目이 상천上天 전행후행前行後行 소아리 팔족八足
대아리 이족二足 청장清醬 아스슥하는 동난지 사오
장사야 하 거북이 외치지 말고 게젓이라 하려믄.

초장에서는 장사꾼이 '동난지'를 사라고 외치며 다니자, 누군가 나타나서 당신이 가지고 다니는 물건(황후)이 무엇이냐고 묻는다. 중장에서는 장사꾼이 자신이 파는 물건에 대해 설명하는 대목이다. 바깥은 뼈고 안쪽은 살이며, 두 눈은 하늘을 향해 솟아 있고, 앞뒤로 다니며, 작은 다리는 여덟 개 큰 다리는 두 개인데, 맑은 간장에 담긴 것을 씹으면 아스슥 소리가 난다고 한다. 그러자 종장에서 상대방은 그렇게 복잡하게 외치지 말고 그냥 '게젓'이라 하라고 말한다. 이 작품은 흔히 '장사치 사설'이라는 유형의 시조로서, 무엇보다 언어유희가 주는 재미가 큰 매력요소다. 장사꾼이 파는 '동난지'는 바로 게젓, 즉 요즘 간장게장이라 불리는 것이다.

개인적으로 나는 간장게장을 참 좋아한다. 이름만 들어도 입에 침이 고인다. 어렸을 때는 간장게장의 살을 싹싹 발라먹은 뒤 남은 간장에 따끈한 쌀밥을 비벼 먹는 걸 좋아했다. 건강을 생각하는 이

들은 간장게장에 염분이 너무 많다고 하지만, 좋아하는 것을 먹으면서 모든 조건을 완벽하게 갖출 수는 없는 노릇 아니던가. 이제는 간장게장 국물에 밥을 비벼 먹지는 않지만 여전히 즐겨먹는 음식 중 상위권에 속한다. 이미 조선시대부터 많은 사람이 간장게장을 즐겼다고 하니, 맛있는 건 예나 지금이나 같은 모양이다.

어찌 간장게장뿐이랴. 얼큰하고 단맛이 혀끝에 감도는 꽃게탕이며, 갖은양념을 넣어서 만드는 꽃게찜, 꽃게무침, 꽃게소금구이 등 다양하게 먹을 수 있는 꽃게는 남녀노소 모두가 즐길 수 있는 음식이다. 게를 넣어서 깊은 맛을 낸 라면은 우리의 입맛을 사로잡은 지 오래고, 해물탕의 국물을 시원하고 감칠맛 나게 하는 주인공 역시 꽃게 아닌가. 내가 좋아하는 종류는 꽃게튀김이다. 바짝 튀긴 꽃게를 씹을 때의 아삭한 식감과 고소한 풍미는 언제 먹어도 즐겁다. 게는 지역마다 크기도 다양하고 모양도 조금씩 달라서 그에 맞는 여러 레시피가 이어지고 있다.

그렇지만 가장 인상적인 게는 역시 대게다. 계절마다 한 번쯤은 먹어줘야 그 계절을 잘 보낸 듯한 느낌을 주는 음식이 있다. 나는 한겨울에 대게를 먹어야 겨울을 잘 보내고 있다는 느낌을 받는다. 깜박 잊고 있다가 생각이 나면 대게를 먹으러 부랴부랴 동해안으로 향하곤 한다. 요즘은 대게를 대부분 찜으로 먹는다. 대게는 살이 풍성할 뿐 아니라 단맛이 도는 쫀득함이 일품이다.

허균도 대게가 인상적이었던 모양이다. 『도문대작』에 이렇게 기록되어 있다. "게[蟹]. 삼척에서 나는 것은 크기가 강아지만 하고 그 다리는 큰 대[竹]와 비슷하다. 맛이 달며, 포脯를 만들어 먹어도 좋다."*

대게의 '대'는 '큰 대大'자가 아니라 대나무를 뜻하는 것으로, 게 다리가 대나무 마디처럼 생겼다고 붙여진 것이다. 그래서 한자로는 죽해竹蟹라고 표기했다. 『도문대작』에서도 게 다리가 큰 대나무와 비슷하다고 한 것을 보면 허균은 이름의 유래를 알고 있었던 모양이다. 또한 허균은 대게잡이로 유명한 영덕과 울진이 아닌 삼척의 대게를 최고로 꼽았다. 요즘은 기후 변화로 인해 전반적으로 동해 앞바다의 어획량이 예전만은 못하지만 여전히 삼척 인근에서 대게가 잡히고 있다. 그 대게 크기가 강아지만 하다는 표현은 매우 크다는 비유일 것이다. 허균이 포脯로 만들어 먹는다고 한 것은 대게 다릿살을 말린 해각포蟹脚脯라는 것이다. 붉은색을 띠며 부드럽고 단맛이 나서 간식거리로는 그만이다.

아마도 게는 인간에게 가장 큰 사랑을 받는 바다 갑각류일 것이다. 그런 만큼 게가 나는 곳이라면 관련된 일화도 많이 전해지겠지만, 우리나라에서는 중국 진晉나라 때 이부랑吏部郎을 지낸 필탁畢卓에 관한 이야기가 많이 전해졌다. 그는 평소 술을 좋아하여 일을 팽개쳐놓고 마실 정도였다. 심지어 옆집에 술이 익은 걸 알고 한밤중

---

* 蟹. 産三陟者, 大如小狗, 其足如大竹. 味甘, 脯而食之亦好.(『도문대작』)

에 몰래 들어가 술을 마시다가 잡혔는데, 이튿날 주인은 필탁이 술 도둑인 것을 알아보자 그를 풀어주고 함께 술을 마셨다고 한다. 필탁은 주변 사람들에게 늘 이렇게 말하곤 했다. "수백 섬의 술을 가득 실은 배에 사시사철 맛있는 음식을 양쪽에 차려놓는다. 오른손에는 술잔을 들고 왼손에는 게 다리를 잡고 술 실은 배를 띄우고 지낸다면 한 생애가 만족스러울 것이다."* 술을 잡고 게 다리를 들고 있다는 뜻의 사자성어 '파주지해把酒持蟹'가 바로 필탁의 말에서 비롯된 것이다.

송나라의 사신으로 고려에 다녀간 서긍이 펴낸 『고려도경』에는 고려인의 풍속뿐만 아니라 식생활에 대한 언급도 많다. 예컨대 고려의 부유한 사람들은 양과 돼지를 먹을 수 있지만 가난한 백성은 해산물을 많이 먹는다고 했다. 그 종류로 미꾸라지, 전복, 조개, 왕새우, 굴, 거북이 다리, 해조류, 다시마 등과 함께 붉은게[紫蟹]를 적었다. 붉은게는 동해안에서 많이 잡히는 홍게를 말하는 것으로, 가난한 백성 입장에서는 흔히 마련할 수 있는 식재료였을 것이다. 고려시대의 문인 이규보는 찐 게를 맛본 뒤, 원숭이 입술이라든지 곰 발바닥 같은 진귀한 음식도 입맛을 새롭게 하기는 하지만 술을 마실 때는 역시 게가 최고라고 찬탄하는 장편의 시를 남겼다.

『본초강목』에는 게에 관한 다양한 명칭이 소개되어 있다. 방게라

---

* 得酒滿數百斛船, 四時甘味置兩頭. 右手持酒杯, 左手持蟹螯, 拍浮酒船中, 便足了一生矣.(『晉書』「畢卓傳」)

는 뜻의 방해螃蟹, 방게가 진흙 뻘을 기어갈 때 나는 소리를 표현한 곽삭郭索, 옆으로 걷는 갑옷 입은 무사를 뜻하는 횡행개사橫行介士, 수놈은 낭의蜋蚁, 암놈은 박대博帶라고 했다. 또한 창자가 없는 공자라는 뜻의 무장공자無腸公子라는 표현도 있다. 무장공자란 게딱지를 열어보면 창자가 보이지 않는다고 하여 붙여진 별칭이다. 고려 중기인 의종 때 이윤보李允甫(생몰연대 미상)는 「무장공자전無腸公子傳」이라는 의인체 작품을 썼다고 하는데, 지금은 전하지 않지만 이 작품을 읽은 문인들이 남긴 글을 통해 추정컨대 세상을 비판하면서 희롱하는 내용을 담은 작품인 듯하다.

조선 중기의 김성일金誠一(1538~1593)도 게를 소재로 한 「무장공자사無腸公子辭」(『학봉집鶴峯集』 권2)라는 작품을 남겼다. 섬 안에 작은 게 종류가 서식하는데 크기도 작은데다가 맛이 비려서 아무도 잡아먹지 않는다면서, 용과 거북이는 그 신령스러움 때문에 사람들이 서로 잡으려 하지만 창자 없는 게는 아무 짝에도 쓸모가 없어 천수를 누린다는 것이다. 작은 게의 삶을 통해 험한 세상을 살아가는 지혜를 전하는 내용이다.

허균과 같은 시기를 살았던 김시양金時讓(1581~1643)의 저서 『부계기문涪溪記聞』에는 조선 전기의 뛰어난 문인 신광한申光漢(1484~1555)의 일화가 수록되어 있다. 신광한은 세조 때 큰 권세를 누린 신숙주申叔舟(1417~1475)의 손자로, 어려서 부모님을 잃고 나이든 여종의 손에서 키워졌다. 그런 탓인지 조부가 대단한 문장가이자 학자인데도 그는 열여덟 살이 되도록 글을 몰랐다고 한다. 하루는 이웃 아이와 시냇가에서 놀다가 그 아이의 발에 차여서 물에 자빠졌다. 신광한이 화가 나서 "너는 종인데 어찌 감히 양반집 자제를 업신여기느냐?" 하고 꾸짖었다. 그러자 그 아이는 이렇게 대꾸한다. "그대처럼 글을 모르는 사람도 양반이란 말인가? 그대는 아마도 무장공자일 것이다."

여기서 '무장공자'라는 표현은 속없는 한심한 사람을 빗댄 것이다. 조롱을 당한 신광한은 이 사건을 계기로 열심히 공부해서 이듬해 과거시험에서 장원급제를 했고, 종국에는 조선의 문장을 관장하는 문형文衡을 잡았다. 무장공자라는 표현은 험난하고 드라마틱한 세상에 자신을 보존하기 위해 속없이 살아가야 하는 지식인의 처지를 비유하는 의미로 쓰이기도 했다.

독서광이었던 허균 역시 무장공자에 관한 내용을 알고 있었을 것이다. 오장육부가 없는 듯, 재주가 없는 듯 살아야 목숨을 보전할 수 있는데, 자신은 재주를 한껏 뽐내다가 끝내 귀양살이를 하게 되었으니 게를 생각할 때마다 감회가 남다르지 않았을까. 요즘 시절도 하수상하니, 무장공자의 처세가 새삼 부러워진다.

45. 바다 향기 가득한 석화石花

    30여 년 전 서해를 처음 보았을 때의 느낌이 지금도 생생하다. 동쪽 바다만 보면서 자란 내게는 바다에 해가 떨어지는 모습이나 서해안 특유의 갯내음이 신선하게 다가왔다. 드넓은 갯벌 위로 밀려드는 바닷물의 탁한 빛깔은 낯설었지만 바다노을을 바라보면서 조개를 구워먹던 기억은 아름다웠던 한 장면으로 남아 있다. 어쩌면 함께했던 이들과의 즐거운 추억 때문에 아름답게 기억된 것일지도 모르겠으나, 어떻든 그때 처음으로 불 위에 굴을 구워서 먹어보았다.

    바다 가까운 지역에서 자란 사람들이 대체로 그렇듯이 여름방학이 시작되면 30분 거리에 있는 비닷기에서 하루 종일 보내곤 했다. 물놀이에 싫증이 나면 우리는 바위 많은 해변 안쪽으로 건너가서 바위에 다닥다닥 붙어 있는 섭을 땄다. 섭은 동해안에서 채취되는 홍합으로, 우리는 섭 따는 재미에 시간 가는 줄 모르다가 날이 어두워져서야 묵직해진 섭을 허리에 묶고 헤엄쳐 돌아오곤 했다. 그날 저녁 메뉴는 당연히 섭국이거나 섭 고명을 얹은 칼국수였다. 섭국 은 여러 채소와 고추장을 넣어 섭과 함께 끓인 음식이다.

이처럼 나의 어린 시절 생활에서 섭은 무척 익숙한 것이었지만, 비슷한 종류인 굴은 성인이 되도록 먹어본 기억이 없다. 훗날『신증 동국여지승람』에서 강원도 지역의 동해안에서는 굴이 나지 않는다 는 기록을 접하고서야 비로소 내가 굴을 모르고 자란 게 이상한 일 이 아니었음을 알았다. 굴을 처음 맛본 것은 생굴을 초고추장에 찍 어 먹었을 때로, 입 안 가득 퍼지는 특유의 바다 내음이 인상적이었 다. 입 속에 바다가 일렁이는 것 같았다. 그 후로 찬바람이 불기 시 작하는 11월이면 싱싱한 굴을 구해서 한 끼 잘 먹는 게 나의 식도 락이 되었다.

허균이 귀양지인 함열로 내려간 때는 음력 12월이었다. 그곳에 서 생활한 기록이 없어 끼니 거리를 어떻게 조달받았는지 알 수는 없지만, 한창 추울 때 보살펴줄 사람도 없어 제대로 섭생을 챙기지 는 못했을 것이다. 그러나 함열은 금강 하구에 자리하고 있어 강을 따라 서쪽으로 가면 서해 바다이니 해산물이 귀하지는 않았을 터, 다소나마 식생활에 도움이 되었을 듯하다. 물론 허균이 이 귀양지 에서 굴을 접했는지는 알 길이 없다.

보리가 패면 굴을 먹지 말라는 옛말이 있듯이, 바닷물이 따뜻해 지기 시작하면 산란기에 접어든 굴에서 독성분이 형성되기 때문에 음식으로 먹을 수 없다. 조선시대에도 굴은 가을부터 이듬해 봄까지만 섭취했을 것이다. 그러나 성종실록의 1493년(성종 24) 4월 28일자 기사를 보면 경남 진해 웅천현에 사는 백성 24명이 굴과 미역을 따먹고 목숨을 잃는 일이 발생하여 해산물 채취를 금지했다는 기사가 있다. 왕은 그들이 복어를 먹은 게 아닌가 의심했으며 해산물 채취를 금지하여 백성의 생활이 곤궁해질까 우려했다. 3년 뒤인 1496년(연산군 2) 윤3월 26일자에도 웅천현에서 굴을 캐먹은 이들이 중독되어 죽었다는 기사가 있다. 기록된 날짜는 음력이므로 굴을 채취해서 먹기에 적절하지 않은 늦봄 무렵이다.

한편 1794년(정조 18) 7월에는 강화도 지역에서 백성 22명이 굴을 채취하기 위해 바다로 나갔다가 밀물에 갇혔는데 죽기 직전에 정포별장井浦別將 김경국金景國에 의해 구출됐다는 기록이 있다. 1799년(정조 23) 11월에는 강화도 백성 32명이 굴을 따러 갔다가 풍랑을 만나서 배가 뒤집혔는데 전낙추田樂秋라는 사람에 의해 구조되었다는 기록이 있다. 이로 보건대 초가을부터 겨울로 갈수록 굴을 채취하는 사람이 많았음을 알 수 있다.

조선의 굴맛은 중국에서도 유명했다. 1537년(중종 32) 조선을 찾은 명나라 사신은 식사 접대 자리에 굴이 보이지 않자 실망한 듯, 한양에 도착하면 굴을 실컷 먹을 것이라 기대했는데 어찌된 것이냐고 물었다는 기록이 있다.

허균은 『도문대작』에서 굴을 이렇게 서술했다. "석화石花. 고원

高原과 문천文川에서 나는 것이 매우 크지만 맛은 서해西海에서 나는 작은 것에 미치지 못한다."*

　석화는 굴을 지칭하는 한자어다. 모려牡蠣라고도 하지만 대체로 석화라고 부른다. 허균은 함경도 고원과 문천에서 큼직한 굴이 난다고 했는데, 두 지역은 동해 영흥만에 나란히 붙어 있다. 『도문대작』에는 함경도와 강원도 해안 지역이 자주 언급되고 있는데, 젊은 시절 허균이 강릉으로 피란을 갈 때 함경도에서 동해안을 타고 내려간 경험이 영향을 끼친 게 아닐까 짐작해본다. 물론 이후에도 이곳을 여러 차례 다녀갔으니 함경도 지역에서 나는 큼직한 굴의 맛을 익히 알고 있었을 것이다. 그러나 허균은 서해안에서 나는 굴을 더 높게 평가했다. 이 또한 충청도 지역을 방문했을 때 먹어본 것일 터. 그때 자신이 훗날 서해안 가까운 함열에서 귀양살이를 할 줄 상상이나 했으랴.

　조선시대에는 어떤 방식으로 굴을 먹었을까. 당연히 생굴 그대로 먹기도 했겠지만, 조선 후기에는 크게 두 가지 유형으로 분류된다. 하나는 굴젓을 담가 먹는 방식이다. 세종실록에 소개된 1429년(세종 11) 7월의 진상품 목록 중 굴젓 단지 3개가 포함돼 있다. 당시 굴젓 외에도 황어젓, 잉어젓, 토하젓, 대합젓, 밴댕이젓, 백하젓, 자하젓, 황석어젓, 홍합젓 등 웬만하면 젓갈로 만들어 보존하는 풍

---

* 　石花. 産高原文川者甚大, 而味不及西海小者.(『도문대작』)

속이 있었던 듯하다. 특히 굴젓은 조선 말기 고종 시대까지 꾸준히 궁궐에 진상된 것으로 보아 궁중음식에 중요한 재료였을 것이다. 19세기 초에 편찬된 『만기요람萬機要覽』을 보면 당시 생굴 시세는 1말에 1냥 6전이었으며, 이보다 조금 이른 정조 당시에는 1되에 3전이었다. 또한 굴젓은 생굴보다 두 배 이상 비쌌다.

또 다른 방식은 굴김치를 만들어 먹는 것이었다. 조선 후기의 조리서를 보면 석화침채石花沈菜라 불리는 굴김치를 만드는 방법이 담겨 있다. 『산림경제』(권2)에도 자세한 과정이 소개되어 있는데, 지금 우리가 먹는 굴김치와 크게 다를 바가 없다. 적당하게 간이 밴 굴의 짭조름한 맛, 부드러운 식감과 함께 파와 무의 시원함은 겨울 별미라 할 수 있다. 요즘은 생굴과 굴김치, 굴젓뿐만 아니라 굴전, 굴국, 굴국밥, 굴밥, 굴구이, 굴무침, 굴튀김, 굴보쌈, 굴짬뽕, 굴찜 등 다양한 방식으로 조리되고 있다.

굴은 세계 곳곳에서 즐겨 먹는 식재료로, 바다가 있는 곳이라면 그곳의 전통 방식에 따른 굴요리가 있고, 그에 얽힌 이야기도 적지 않다. 그중에서도 희대의 풍류남아인 카사노바가 굴을 무척 즐겼다는 풍설은 유명하다. 기후 변화와 환경오염 때문에 이제는 생굴을 조심해서 먹어야 한다지만, 여전히 비디 내음 가득힌 굴의 풍미는 사람들의 입맛을 사로잡는다. 프랑스의 예술가 장 콕토는 '내 귀는 소라 껍데기, 바다의 소리를 듣는다'고 노래했지만, 내게 바다를 선물해주는 음식은 굴이다. 굴 한 점에 온몸으로 바다를 느낀다.

46. 서해안에서 나는 자하紫蝦의 감동스러운 맛

서해에서는 작은 새우를 닮은 곤쟁이(또는 곤쟁이새우)가 많이 잡힌다. 한자로는 자하紫蝦라 하며, 이것으로 만든 젓갈을 감동해甘冬醢라 한다. 유몽인柳夢寅(1559~1623)이 쓴 『어우야담於于野談』을 보면 감동해라는 명칭에 얽힌 재미있는 이야기가 있다. 조선을 방문하게 된 명나라 사신이 황해도 해주를 지날 무렵 식사를 하는데, 밥상 위에 오른 자하젓을 맛보더니 더 이상 밥을 먹지 못하고 눈물을 흘렸다. 먼 땅에서 이렇게 진귀하고 맛있는 음식을 접하니 집에 계신 노모가 떠올라 차마 밥을 삼키지 못하겠다는 것이다. 이 말을 듣고 명나라 사신을 접대하던 원접사가 해주의 관리에게 자하젓을 진상케 하여 사신에게 선물했더니, 사신이 "감동을 이기지 못하겠소"라고 말했다고 한다. 중국 사신을 감동시킬 만큼 맛이 좋다 하여 감동해感動醢 혹은 감동저感動菹라 불리게 되었다는 것이다.

김정국金正國(1485~1541)의 저서 『사재척언思齋摭言』에는 이런 이야기가 기록되어 있다. 음성陰城에 우스갯소리를 잘하는 박세평朴世 平이라는 선비가 살았는데, 마침 기묘사화에 연루되어 파직된 이자 李耔(1480~1533)가 고향인 음성에 내려와 머물고 있었다. 박세평은 자하와 오이를 섞어서 담근 김치를 이자의 집으로 보내면서 "이 음 식은 너무 맛있어서 공公께선 필시 감동하실 겁니다"라는 말을 전 했다. 김치의 맛을 본 이자는 이렇게 편지를 보냈다. "별미 가득한 음식을 받았는데 거기에 '감동'이 있더군요. 다만 그대는 여러 가지 가 뒤섞여 실속이 없는 말을 너무 좋아하니 세상 사람들이 그대를 과소평가하는 이유가 됩니다. 이제부터는 권정權停(짐짓 그만두다)하 시지요."

박세평과 이자가 주고받은 이야기는 일종의 문자유희로, 한자 를 잘 모르는 요즘 사람들은 공감하기 어려울 수도 있겠다. 설명하 자면, 박세평은 자하젓이 들어간 김치를 보내면서 자하젓을 일컫는 '감동'과 같은 발음을 사용하여 '감동스럽다'라고 했고, 그의 농담 을 알아차린 이자는 '곤쟁(이)'과 발음이 비슷한 '권정權停'을 꺼내어 우스갯소리를 그만두라고 답한 것이다. '감동'으로 던진 농담을 '곤 쟁이'로 받는 두 사람의 문자유희에서 당시 선비들의 풍류가 느껴 지지 않는가. 이 일화가 유몽인의 책에는 어득강魚得江(1470~1550)의 일화로, 이익李瀷(1579~1624)의 시문에는 김정국의 일화로 등장하는 것을 보면, 조선의 선비들에게 널리 알려진 농담이었던 모양이다.

자하는 한반도 서해안 지역의 특산물로, 강원도 지역을 포함한 동해안 사람들에게는 '부새우'라는 이름으로 널리 알려졌다. 너무 작아서 잡는다는 표현보다는 뜬다는 표현이 더 어울리는 자하는 늦봄에서 여름까지가 제철이어서 여름에 많이 먹기도 하지만 젓갈로 담가 가을에 먹는 맛이 일품이다. '봄 자하젓은 개도 먹지 않는다'는 말도 여기서 생겨난 것이다. 자하는 새우와 비슷하지만 생물학적으로는 새우 종류가 아니라고 한다. 탕으로 끓여 먹기도 하지만 젓갈로 담근 자하젓은 국밥이나 찌개에 넣어서 간을 맞추기도 하고, 무나 오이 같은 재료를 깍두기처럼 숭덩숭덩 잘라서 자하젓과 버무려 먹기도 한다.

　허균은 『도문대작』에서 자하를 이렇게 서술했다. "자하紫蝦. 서해에서 난다. 옹강瓮康의 것은 짜고, 통인通仁의 것은 달고, 호서湖西의 것은 매우면서 크다. 의주義州에서 나는 것은 가늘고 달다."

　허균은 서해안에서도 옹강, 통인, 호서 지방에서 잡히는 것의 특징을 언급했다. 크기나 맛은 조금씩 다르지만 조선 사람들에게는 서해안에서 잡히는 자하가 좋다는 인식이 있었던 것으로 보인다. 정조 당시 연안延安의 섬에 사는 백성에게 자하젓을 진상케 하는 데 많은 폐단이 생기니 해주에서 진상하도록 해달라는 건의가 있었고, 이에 대해 정조는 폐단을 줄일 수 있는 방안을 살펴보라고 지시했다. 세종실록을 보면 명나라 황제인 영락제도 나이가 들어 입맛이 없을 때 자하젓을 즐기곤 했으며, 조선을 찾은 명나라 사신은 황제에게 드리기 위해 자하젓을 구해달라고 부탁했다는 기록이 있다.

여기에는 영락제의 여러 황비皇妃 가운데 조선 출신이었던 권비權妃의 영향도 있었겠지만, 황제의 입맛에도 잘 맞았던 모양이다. 뿐만 아니라 1832년 청나라에 사신으로 다녀온 김경선金景善(1788~?)은 요동 지역 사람들이 즐겨먹는 자하젓이 조선의 자하젓과 비슷하다는 기록을 남기기도 했다.

요즘은 음식도 글로벌 시대인지라 독특하고 맛있는 외국 음식을 얼마든지 맛볼 수 있다. 그런 시대에 단순한 곤쟁이젓의 맛을 오롯이 음미하기란 쉽지 않아보인다. 그러나 허균이 지역별로 자하의 맛을 품평한 내용을 읽어보니, 명나라 황제도 즐겼다는 '감동'적인 맛이 새삼 궁금해진다.

47. 벗과 함께 맛보는 죽순 절임

대만에 여행을 가면 자주 접하는 반찬이 죽순 절임이다. 아무래도 대나무는 기후가 더운 지역에서 잘 자라기 때문에 다양한 죽순 요리가 개발된 듯하다. 그래서인지 중국 식당의 짬뽕을 비롯해 채소가 많이 들어가는 요리에는 대부분 죽순이 들어가 있다. 다른 재료의 향이나 맛이 비교적 강해서 죽순 고유의 맛을 느끼기는 어렵지만 식감이 아삭하다. 죽순 본연의 맛보다는 아삭한 식감과 담박한 맛이 다른 재료의 맛을 순화시켜주는 느낌이다. 나의 경우 죽순에 대한 인상적인 이미지가 딱히 없었기에 대만에서 맛본 죽순 절임은 흥미로웠다.

중고등학생 때 고전문학 작품 속의 대나무는 늘 절의節義의 상징이었다. 더욱이 평생 고전문학 작품과 함께 살아온 터라 전형적인 관념 외에 새로운 것이 자리할 틈이 없었다. 그런데 죽순 요리를 접하면서 고정관념에서 벗어나기 시작한 듯하다. 무엇보다 중국 음식의 재료로 쓰이는 죽순 자체가 새로운 인상을 주었고, 대만에 갔을 때 죽순을 활용한 다양한 요리가 있다는 데 놀랐다.

어릴 적 내가 살던 집 뒤에도 대나무 숲이 있었지만 그 생육에 대해서는 잘 몰랐다. 언제나 그 공간에서 대나무가 자란다는 걸 알고 있었을 뿐 죽순이 언제 어떻게 올라오는지, 뿌리는 어떻게 뻗어나가는지, 어떻게 옮겨 심는지는 아는 게 전혀 없었다. 모두가 그렇지는 않겠지만 적어도 나는 대나무의 생태에 관심이 없었다. 그들에게 눈길을 주기에는 세상에 재미있는 게 너무도 많았기 때문이다. 사실 강원도 영동 지역에서는 죽순을 이용한 음식이 별로 개발되지 않았다. 내가 자란 마을 사람들도 죽순에 관심이 없었고, 그것을 식재료로 취급하는 사람도 없었다. 지금은 대나무 생육 상한선이 북쪽으로 많이 올라왔지만, 예전에는 강원도 강릉 지역이 북방 한계선이었다. 따라서 대나무가 많기는 했어도 굵직한 죽순이 왕성하게 돋아나거나 대나무 숲이 왕성한 위세를 보여주는 정도는 아니었다. 식재료로 쓸 만한 죽순은 남쪽 지방에서나 구할 수 있었다. 또한 봄날 전라도 지역의 대숲에서 솟아나는 죽순의 굵기는 강원도 지역의 그것과는 비교가 안 될 만큼 굵직하다.

허균의 죽순 요리 경험은 『도문대작』에 반영되어 있다. "죽순 절임[竹筍醢]. 호남湖南 노령蘆嶺 아래 지역에서 잘 담그는데 맛이 매우 좋다."* 한때 허균은 전라도 지역의 과거시험 감독관으로 왕래했으며 여러 번 호남을 방문했다. 『도문대작』을 저술할 무렵은 한겨울이었고 함열에 적소謫所를 두고 있었으니 죽순 요리를 맛보기는 어려웠겠지만, 기억 속에 저장된 맛을 꺼내는 데는 문제가 없었을 것이다.

노령은 지금의 전라북도 정읍과 전라남도 장성 사이에 위치한 고개 이름이다. 갈대가 많이 자란다고 해서 갈재라 불리기 시작했는데, 표기할 때는 갈대를 뜻하는 '노蘆'자를 쓰게 된 것이다. 허균이 노령 아래 지역의 죽순 절임이 맛있다고 한 것으로 보아 당시 이 지역에서 죽순이 많이 채취되었던 모양이다. 기후가 따뜻한 호남은 대나무가 자라기에 적합하기 때문에 죽순도 풍부하게 수확했을 테고, 그것을 보관하고 처리하는 방법이나 조리법도 개발되었을 것이다. 노령 이남의 죽순절임은 죽순을 오래 보관하기 위해 고안된 방법이다.

만년에 허균은 중국의 뛰어난 문장가들의 글을 모아서 주제별로 묶은 『한정록閒情錄』을 펴냈는데, 그중 허균과 동시대 인물인 명나라의 진계유陳繼儒(1558~1639)가 쓴 글에 이런 문장이 보인다. "산속의 죽순竹筍은 맑고 아름다운 운치가 있으니 진실로 채소로 만든 음식 중에서도 기품奇品이다. 이것으로 국을 끓이거나 포脯를 뜬다면 그 본맛을 모두 잃게 되니, 구워서 찢어 먹는 것이 가장 좋다. 나는 술에 취하고 배가 불러 조갈증으로 괴로울 때면 아내에게 구워 오

---

* 竹筍醢. 湖南蘆嶺以下善沈之, 味絶佳.(『도문대작』)

도록 하는데, 그 단맛은 이루 다 표현할 수 없을 정도다. 그러고 나서 송라松蘿와 무이武夷를 달여서 마시면 간밤의 묵은 괴로움이 확 풀린다."(『한정록』권14)

송라는 흔히 소나무겨우살이라 불리는 것으로, 침엽수가 우거진 그늘지고 습한 곳에서 자라며 말린 것은 이뇨제나 거담제 등 한약재로 쓰인다. 무이는 중국 무이산에서 생산되는 차 종류다. 숙취가 있거나 속이 거북할 때 죽순을 구워서 찢어 먹은 뒤 송라나 무이차를 마시면 편안해진다는 것이다. 진계유가 말한 이 정보를 허균은 이미 다른 문헌을 통해 알고 있었던 것 같다. 그리고 전라남도 지역에서 생산되는 죽순을 먹어보면서 여러 죽순 요리 가운데 죽순 절임의 맛이 가장 인상적이었던 모양이다.

죽순은 보관하거나 다루기가 까다로운 식재료다. 늦봄에 본격적으로 자라기 시작하는 죽순은 부드러워서 잘라서 상온에 두면 금방 부패한다. 그래서 캐낸 즉시 썰어서 볶아먹거나 말려서 저장해야 한다. 서유구徐有榘(1764~1845)의 『임원경제지林園經濟志』「정조지鼎俎志」(권1)에 따르면 죽순을 채취한 지 하루가 지나면 시들고薦 이틀이 지나면 맛이 간다袬고 했다. 그리고『순보筍譜』의 기록을 인용하여 죽순이 바람을 맞으면 닿은 부분의 뿌리가 단단해지고, 물에 닿으면 물이 스며든 부분의 육질이 딱딱해지며, 껍질을 벗겨 삶으면 맛을 잃고, 날것 상태에서 칼을 대면 부드러움을 잃어버린다고 했다. 죽순은 이처럼 다루기 어려운 식재료인데다 중국 남부나 동남아 지역이 아닌 조선에서는 잘 자라지 않기 때문에 다양한 저장 방안을 고안할 수밖에 없었다.

조선 후기에 편찬된 『산림경제』(권2) 「치선治膳」 편에는 죽순을 삶거나 말려서 오래 보관하는 방법이 소개되어 있다. 햇죽순을 삶을 때에는 팔팔 끓는 물에 삶아야 부드러워지며, 조금 시들었다면 박하를 넣으면 나아지고, 소금을 조금 넣으면 죽순 껍질을 쉽게 벗길 수 있다고 되어 있다. 죽순을 말리는 자세한 방법도 있다. 죽순을 조리하는 방법으로는 죽순 절임[순자筍鮓]뿐이다. 3월에 채취한 죽순을 조각내서 팔팔 끓는 물에 데친 뒤 채썬 파, 회향茴香, 분디, 곱게 갈아놓은 붉은빛 도는 누룩, 소금 등을 골고루 섞어서 절였다가 먹으라고 되어 있다. 이는 『거가필용居家必用』 같은 서적의 내용을 인용한 것이기는 하지만, 조선에서도 어느 정도 적용 가능하기에 소개한 것이리라. 허균이 말한 죽순 절임은 어떤 방식으로 담근 것인지 알 수 없으나, 대체로 소금을 사용하기 때문에 앞의 방식이 활용되었을 가능성이 크다. 아마도 아삭한 식감과 함께 담박한 짭짤함이 맛의 매력이었을 것이다. 최근에는 담양 지역을 비롯하여 죽순이 많이 나는 곳에서는 소금을 이용한 죽순 절임이나 물엿을 주재료로 하는 죽순 절임 등 다양한 조리법을 선보이고 있다.

남쪽 지역에서 죽순이 쑥쑥 자라는 시기는 앵두가 꽃을 피우는 음력 3월과 맞아떨어진다. 그래서 앵두와 죽순이 시장에 나오는 3월을 '앵순櫻笋'이라 표현하기도 한다. 이 시기에 문인들은 한자리에 모여 시와 술을 즐기면서 화창한 봄의 풍류를 만끽하는데, 그러한 모임을 앵순회櫻筍會라고 한다. 마당가에 대나무는 없지만, 대문 옆에 심어놓은 앵두나무에 하얀 꽃이 피는 무렵이면 벗들을 초대해 다주茶酒와 함께 담소를 나눠보고 싶다.

48. 원추리 노란 꽃으로 만든 요리

    동서양을 막론하고 인간은 추위를 견뎌내는 방법을 고안해냈다. 우스갯소리지만, 러시아에서는 지루한 겨울밤을 보내느라 위대한 대하소설이 탄생되었다는 말이 있다. 그런가 하면 우리 선조들은 추위 속에서 한 자락 희미한 봄기운을 발견함으로써 기운을 내곤 했다. 차가운 눈 속에 피어난 매화를 찾아다니는 탐매探梅 행위가 그러한 경우다.

    자연은 참으로 신비로워서, 입춘이 지나면 바람이 아무리 차가워도 땅 밑에서 훈기가 돌기 시작한다. 하루가 다르게 햇살은 따스함을 더해가고 얼었던 땅은 푸석푸석해진다. 어느덧 작은 새싹이 고사리손을 내밀 때면 겨울의 그림자는 사라지고 봄 기운이 천지를 덮는다. 그리고 오랜 세월에 걸쳐 축적된 경험으로 우리는 봄철 나물의 향연을 즐긴다. 초봄에 자라는 어린 잎은 대부분 나물로 먹을 수 있지만, 그중에서도 입맛을 돋우는 나물은 따로 있다. 물론 봄

나물은 각자 독특한 향과 맛을 지니고 있어서 맛의 우열을 가릴 수 없다.

추운 겨울, 자신이 맛보았던 음식들을 떠올리며 『도문대작』을 정리하던 허균도 봄나물을 기다렸을 것이다. 수많은 봄나물 가운데 그는 북쪽에서 먹었던 황화채黃花菜를 골랐다. "황화채黃花菜. 원추리[萱草]다. 의주義州 사람들이 중국 사람에게 배워 요리를 잘하는데 맛이 매우 좋다."*

평안북도 의주는 한반도 북쪽 끝으로, 그곳 사람들이 중국 사람에게 원추리 나물을 배웠다는 것으로 볼 때 만주에 거주하는 중국인의 음식 종류인 듯하다. 아쉬운 점은 허균이 그 원추리 요리를 맛있게 먹었다고 기록했을 뿐 조리 방법이나 시기 등에 대한 기타 정보를 제공하지 않은 것이다. 허균은 대부분 외교에 관한 공무를 수행하기 위해 의주 지역을 찾았다. 즉 사신으로 명나라에 가는 길이거나 조선에 오는 명나라 사신을 맞이하기 위해 원접사 역할을 맡은 경우였다. 이러한 직분에 요구되는 가장 중요한 재능은 시 짓기 실력이었다. 우수한 문장가가 나라의 품격을 대변하던 시대였으니, 명나라 사신을 접대할 때 막힘없는 수답酬答을 발휘해야 했다. 허균은 뛰어난 문사였기 때문에 중국에서 사신이 올 때마다 늘 원접사로 거명되어 수차례 의주로 행차했다.

---

* 黃花菜. 卽萱草也. 義州人學於上國, 善爲之, 味極好.(『도문대작』)

허균이 원추리 나물을 '황화채'라 부른 사실에 주목할 필요가 있다. 원추리를 뜻하는 한자명은 원래 망우초忘憂草 또는 훤초萱草이며, 봄철 줄기가 연한 원추리는 나물로 즐겨먹는다. 그러나 황화채란 '노란꽃 채소'라는 뜻으로, 원추리의 줄기가 아닌 꽃 부분을 먹는 것이다. 춘궁기가 되면 산과 들에 풀뿌리가 남아나지 않던 시대에 허균이 원추리 나물을 모를 리가 없다. 그런데 굳이 황화채라 한 데는 조선 사람에게는 낯선 음식이라는 의미가 담겨 있는 듯하다. 조선 사람들은 봄 원추리 새순을 무쳐먹긴 했지만 꽃을 조리하지는 않았기 때문이다. 동시대의 다른 기록을 살펴보면 이런 사정을 짐작할 만한 맥락을 발견할 수 있다.

문집의 기록을 확인해보면 허균은 1594년과 1606년 무렵뿐만 아니라 여러 번 의주를 방문했다. 1594년은 26세 나이에 그가 문과에 급제한 해로, 그해 봄 승문원 사간에 임명되어 외교 문서를 담당했다. 임진왜란이 진행 중이었기에 조선을 돕기 위해 명나라 군사들이 파견되어 있었고, 조선 정부는 명나라 장수의 관직이 유격遊擊 이상인 경우 접반사를 2명씩 붙여주었다. 허균은 당시 경략經略 송응창宋應昌을 돕던 윤두수尹斗壽(1533~1601)의 명으로 자문咨文(외교문서)을 전하기 위해 요동 지역에 다녀왔는데, 이때 분명히 의주를 지났을 것이다.

1606년은 허균이 38세일 때로, 당시 명나라에서 황태손이 탄생했다는 소식을 전하기 위해 주지번朱之蕃과 양유년梁有年이 조선에 파견되었다. 이들을 맞이하기 위한 책임자로 유근柳根(1549~1627)이 임명되고 허균, 조희일趙希逸(1575~1638), 이지완李志完(1575~1617) 등이 종사관으로 임명되었다. 그리고 이 무렵에 허균의 문학적 명성이 중국에 널리 알려지게 되었고, 그의 누이 허난설헌許蘭雪軒(1563~1589)의 문집이 중국에서 출판되는 계기가 되었다.

의주는 평안도의 최북단이기 때문에 아무래도 원추리가 남쪽보다는 늦게 자란다. 봄의 새순도 한양 이남보다 늦게 채취했을 것이고, 원추리 꽃도 한 달가량 늦게 피었을 것이다. 긴장된 공무 일정을 수행하던 허균에게 이 황화채는 꽤 인상적인 맛이었던 것 같다. 그는 어떤 방식으로 조리된 황화채를 먹었을까. 같은 시기에 활동했던 이정귀李廷龜(1564~1635)의 「임진피병록壬辰避兵錄」(『월사집 별집』 권1)에서 작은 실마리를 얻을 수 있다. 1592년 4월 27일 임금이 피란을 결정했다는 문장으로 시작되는 이 글은 젊은 관료 이정귀가 겪은 전쟁의 기록으로, 이듬해인 1593년 9월 9일에 명나라로 돌아가는 장수들을 위해 의주 통군정統軍亭에서 연회를 베풀었다는 내용이 있다. 그 자리에서 이정귀는 하간부河間府의 통판通判 왕군영王君榮과 여러 이야기를 나눈다. 왕군영은 조선에 파견된 경략經略의 막료인데, 이정귀와 4~5개월 동안 왕래하여 상당히 친한 사이가 되어 있었다. 이정귀는 왕군영과 마주 앉아 식사하던 그때를 이렇게 회상했다.

하루는 통판 왕군영과 마주 앉아 밥을 먹는데, 밥상에 노란 채소가 올라와 있었다. 식초에 버무린 채소였는데 먹어보니 부드러우면서도 담박해서 송이보다 더 입맛에 맞았다. 무엇인지 물어보니 이렇게 대답한다. "이것은 황화채라고 하는데, 귀국의 산에 많이 자라니 좋아할 만합니다." 내가 자세히 살펴보았지만 일찍이 본 적이 없었다. 그래서 하인을 불러 이것을 보여주었더니 우리나라 말로는 광채廣菜, 즉 '넙ㄴ믈'(넙나물)이라 하는데 우리는 그저 잎만 먹을 줄 알지 꽃을 먹는 건 모른다는 것이었다. 그러자 통판은 이렇게 말한다.

"이 채소는 비장脾臟을 통하게 하고 사람의 위장에 이로우며 맛 또한 아주 훌륭하니 참으로 신선의 풀입니다. 중국에는 남방에만 자라므로 사람들이 상당히 진귀하게 여깁니다. 안타깝게도 귀국에는 이 채소가 있는데 먹을 줄 모르는군요. 지금 만약 저 때문에 이 채소를 캐서 먹게 된다면 산신령이 반드시 제게 원한을 품을 겁니다."

그 이야기를 듣고 나는 크게 웃었다.(황화채는) 6~8월 사이에 한창 꽃이 만발하는데, 꽃술[花鬚]을 제거하고 물에 깨끗이 씻어 끓는 물에 살짝 데쳐 식초에 버무려 먹으면 입에 넣자마자 신선의 맛을 느끼게 되니 채소 가운데 최고다. 이때부터 주방 사람들에게 캐오게 하여 아침저녁으로 먹었는데, 아무리 오래 먹어도 물리지 않았다. 관서關西 지방의 산에 가장 많으며 길가에서도 잘 자란다고 한다.*

이 내용에 따르면 이정귀가 처음 맛본 원추리 요리는 꽃으로 만든 것이었다. 중국에서는 중양절에 높은 곳에 올라가 국화주를 마시는 풍습이 있는데, 이날의 연회에는 원추리꽃 무침이 등장했다.

우리나라 전역에 자생하는 원추리는 꽃이 분홍색인 것도 있지만 대부분 짙은 노란색을 띠며 아침에 피었다가 저녁에 오무라든다. 새로 돋은 여린 잎을 따서 나물로 무쳐 먹으면 약간 몽롱한 느낌이 들어 모든 시름을 잊게 만들어준다 하여 망우초忘憂草라 한다. 또한 이듬해 봄이면 다시 싹을 피워 올리는 원추리는 해마다 늙어가는 사람의 삶에 비교되곤 했다. 즉 모든 것을 잊고 늘 새로운 싹을 피우는 원추리처럼 어머니도 근심걱정 잊고 장수하시라는 뜻에서 안채 마당에 이 꽃을 많이 심었다고 한다. 남의 어머니를 높여 부르는 '훤당萱堂'이라는 표현이 여기서 비롯된 것으로, '훤'자는 원추리를 뜻한다.

이정귀의 글에서 황화채를 광채廣菜라 표기하고 그 뒤에 한글로 '넙ᄂ믈'이라고 쓴 것을 보면 조선 사람들은 원추리 새순을 넙나물이라 불렀던 모양이다. 아마도 그 잎이 다른 것보다 넓적해서 '넙'

* 一日, 與通判對食, 盤中有黃菜, 和醋作菜, 食之甚柔滑, 且疏淡, 適口味勝松茸. 問: "是何物?" 曰: "是黃花菜也. 貴國山山多有之, 可喜. 余詳見, 則不曾覩也" 仍示下人, 則'是我國俗名廣菜넙ᄂ믈, 鄕人只知食葉而不知食花'云. 通判曰: "此菜通脾, 利人腸胃, 味又極佳, 眞仙草也. 中國只南方有之, 故人頗珍之. 可惜貴國有之, 不知食也. 今若因我見採, 則山神必怪我." 因大笑. 六七八月間方盛, 去花鬚, 淨水微煎一沸, 和醋食之, 入口覺有仙味, 菜中第一也. 自此使廚人採來, 朝夕喫之, 愈久不厭. 關西山最多有, 好生路傍云.(李廷龜,「壬辰避兵錄」,『月沙集』別集 卷1)

이라 불린 것 같다. 그리고 명확히 나물이라 한 것을 보면 당시 민간에서 즐겨 먹었다고 짐작된다. 다만 이정귀는 '노란 채소[黃菜]'가 밥상에 올랐다고 했으니 원추리 새순이 아닌 꽃으로 만든 나물일 것이다. 그가 소개한 레시피에 따르면 꽃술을 제거한 원추리 꽃을 한소끔 데쳐서 식초에 버무린 것인데, 노란 빛깔에 새콤한 맛을 떠올려보니 군침이 돈다. 홍만선의 『산림경제』(권2)에도 이정귀의 글을 인용한 이 요리법이 소개되어 있다.

한반도 어디서나 자생하는 원추리라 해도 그 꽃을 먹는 방법은 중국 사람에게서 들었으니 새로운 메뉴의 발견인 셈이다. 허균 또한 의주 사람들이 중국 사람에게 배운 음식이라 소개한 것도 이러한 문화적 배경 때문이리라. 즉 원추리꽃으로 만든 요리였기 때문에 허균의 뇌리에 깊이 각인되었던 것이다. 이정귀가 원추리꽃 요리를 맛본 시기가 1593년 9월이었으니, 1594년에 의주를 방문한 허균 역시 같은 계절에 맛보았을 것으로 추정해본다. 이후 여러 차례 맛보면서 허균에게 황화채 요리는 의주의 것이며 중국 사람들에게 배운 것이라는 사실을 알게 되었을 듯싶다.

원추리꽃으로 김치를 담근다고도 하는데, 잘 상상이 되지 않는다. 다만 원추리꽃을 튀겨서 먹는 요리는 알고 있다. 사실 우리에게는 봄 새순으로 무친 나물이 널리 알려져 있다. 원추리 새순은 다른 나물보다 오래 데쳐야 하는데, 그러지 않으면 독성이 완전히 가시지 않아서 복통이나 설사를 유발할 수 있다고 한다. 이렇게 데친 나물은 반나절 이상 물에 담가서 완전히 독성을 제거한다. 이것으로 원추리된장국을 끓여 먹어도 좋지만, 대부분은 원추리를 꼭 짜서 초고추장이나 식초를 살짝 넣은 된장에 무쳐낸다. 그러면 아삭한 식감과 함께 봄 향기 가득한 맛있는 반찬이 된다. 봄나물치고 맛있지 않은 것이 있겠는가마는, 역시 원추리 새순을 뜯어서 무침으로 먹을 때 완연한 봄의 맛을 느끼게 된다.

49. 표고버섯에 담은 백성의 마음

　한동안 제주도에서 지낸 적이 있다. 바닷가에 집을 얻고 매일 곶자왈을 찾아다니면서 원시림 같은 숲을 걷고 맛있는 음식을 찾아다니다가 저녁 무렵이면 돌아와 바다의 일몰을 즐기는 나날을 보냈다. 어떤 날은 지인의 안내를 받아 해가 진 뒤의 오름을 즐기기도 했다. 생각해보면 꿈같은 시간이었다. 매일이 새로웠다.

　하루는 한라산 중산간을 가로지르는 길을 넘다가 산책하기 좋은 숲이 있다는 표지판을 보고 즉흥적으로 작은 길로 들어서기도 했다. 작은 마을을 지나서 백록담이 보이는 쪽 숲길로 들어섰더니 웬 표고버섯 농장이 나타났다. 표고버섯 농장은 강원도 웬만한 산간 지역에서는 쉽게 볼 수 있지만 어쩐지 제주도에서는 낯설게 느껴졌다. 그때 문득 『도문대작』 속의 한 구절이 생각났다. 허균은 이렇게 썼다. "표고蔈古. 제주에서 나는 것이 좋다. 오대산五臺山과 태백산太白山에도 있다."

표고버섯은 한반도 어느 지역에나 있을 것 같지만, 이는 큰 착각이다. 조선 전기의 『신증동국여지승람』이나 조선 후기의 『여지도서輿地圖書』에 기록된 특산물 내용을 살펴보면 표고버섯은 주로 경상도와 전라도에서 재배되며, 강원도나 충청도를 포함한 북쪽 지역에서는 잘 나지 않는다. 당시 제주는 전라도 관할지로, 제주목濟州牧의 토산물 중에 표고버섯이 있다. 그리고 허균은 제주도산 표고버섯을 가장 높게 평가했다.

1757년(영조 33) 10월, 인원왕후仁元王后의 장례를 치를 때 제주도민 40여 명이 한양으로 올라와 부역했다. 영조가 그들을 위로하는 자리를 만들었는데, 참석한 제주도민 중 한 명이 표고버섯을 바쳤다. 왕이 그 이유를 묻자 이렇게 대답했다. "일찍이 「권민가勸民歌」를 보니 '미나리를 바친다'는 말이 있었습니다. 저도 이런 뜻입니다." 이에 감동을 받은 왕은 그가 바친 표고버섯을 인원왕후의 빈소에 올리도록 했을 뿐 아니라 그 당시 새로 임명된 제주목사가 부임인사를 드리러 오자 겨울 동안 진상을 중지하도록 하고 진휼미6000석을 하사했다. 『국조보감國朝寶鑑』에 실린 내용이다.

이 이야기에서 제주도 백성이 영조에게 아뢰면서 '미나리를 바친다'고 한 것은 재야에서 항상 임금을 생각하며 가난하게 사는 이름 모를 백성이 자신이 가장 맛있다고 생각하는 살진 미나리를 임금에게 바쳤다는 옛 고사를 일컫는 것이다. 표고가 비록 비싸고 귀한 것은 아니지만 제주도의 백성으로서는 가장 맛있는 것을 바치는 마음이 담긴 것이었다.

제주도의 표고버섯과 관련하여 이렇게 아름다운 이야기만 전해지는 것은 아니다. 왕조실록에는 제주도의 표고버섯을 공물로 바치는 폐단에 대한 언급이 수차례 나온다. 예컨대 바다를 건너는 동안 버섯이 흙비를 맞으면 쓸모가 없어지는데, 그런 상황이 너무 자주 발생해서 궁궐의 담당자에게는 무척 난감한 일이었다. 해마다 표고버섯은 제주도에 지정된 공물이었기에 이 문제는 조선 후기 내내 논란이 되었던 듯하다. 이렇게 제주도에서 우연히 표고버섯 농장을 발견한 낯선 느낌이 옛 기록과 연결되자 현대의 시선으로 과거 문헌을 읽을 때의 간극을 불러일으켰다.

사실 버섯은 종류가 엄청 많기도 하지만 식용버섯보다는 먹을 수 없는 독버섯이 더 많아서 채취 작업이 간단치 않다. 조선 전기의 『용재총화』에는 인왕산 근처의 사찰 법회에 참석했던 부녀자들이 뒷산 소나무숲에서 버섯을 따다가 삶아먹은 뒤 실성한 사람처럼 되었다는 기록이 있다. 환각을 일으키는 독버섯을 먹은 것으로 보인다.

그렇다면 버섯 중의 으뜸은 어떤 버섯일까. 물론 각자의 입맛에 따라 다르긴 하겠지만, 송이버섯을 최고로 치는 사람들은 송이-능이-표고의 순으로 가치를 매기고, 표고를 최고로 치는 사람들은 표고-능이-송이의 순으로 매기고, 능이를 최고로 치는 사람들은 능이-표고-송이 순으로 매기기도 한다. 조선시대 사람들은 표고버섯을 어떻게 조리해 먹었을까? 날것 그대로 먹기도 했겠지만, 대체로 삶아서 먹었을 가능성이 높다. 앞서 언급한 『용재총화』에서 독버섯을 먹은 사례에서도 분명 삶아먹었다고 되어 있다. 다른 식재료가 곁들여지기는 하지만 표고를 주재료로 삼아 삶았다면 그것은 표고탕蔈古湯이다. 이런 일반적인 방식 외에 기름을 두르고 굽는 표고적蔈古炙도 있었는데, 넓게 보면 탕과 적이 가장 일반적인 방식이었던 것으로 보인다.

표고버섯은 아니지만 조선 전기에 매월당 김시습이 쓴 시 「노구솥에 버섯과 채소를 넣고 끓인다煮菌蔬於小鐺」(『매월당집』 권6)를 보면 흥미로운 버섯 요리가 등장한다. 아직 눈이 덜 녹은 이른봄에 막 돋아난 산나물과 버섯을 노구솥에 함께 넣어 삶아 먹는다는 구절이다. 주영하 교수 등이 공저한 『한식문화사전』에 따르면 채소와 버섯을 함께 넣어 데치거나 끓여 먹는 음식은 조선시대 가난한 사찰스님들의 단골 메뉴로, 이것을 골동갱骨董羹이라 한다. 비빔밥을 골동반骨董飯이라고 하는 용례에서 알 수 있듯이, 골동은 섞는 것을 의미한다.

요즘도 우리는 알게 모르게 다양한 버섯을 즐겨 먹는다. 찌개를 끓일 때 표고버섯으로 육수를 내거나 고명으로 쓰고, 고기를 구울 때 석쇠 구석에 양송이버섯을 올려서 구워 먹는다. 제주도산 표고버섯에 대해서만 이야기했지만, 오대산과 태백산 자락에서 재배되는 건강하고 맛있는 표고버섯 또한 오랜 역사와 전통을 지니고 있다. 그러고 보면 시대가 바뀌고 식재료 환경이 바뀌어도 우리의 입맛은 변하지 않는 구석이 있는 모양이다. 허균의 『도문대작』을 통해서 새삼 그런 점을 깨닫는다.

50. 바다 내음 가득한 청각과 황각

음식은 한 사람을 만들어가는 중요한 요소 중 하나다. 어릴 때 자주 먹었던 음식은 감각의 저층을 형성하기 때문에 세월이 흘러도 그 맛을 기억하고 그리워한다. 해외에 나가 사는 교포들이 어린 시절에 먹었던 고향 음식을 그리워하는 이유가 그런 이유다. 음식은 단순히 맛으로만 기억되는 게 아니다. 음식을 구성하는 식재료의 모양, 색깔, 촉각뿐만 아니라 후각으로도 기억에 존재한다. 흔한 재료로 만든 소박한 음식일지라도 처음 접하는 누군가에게는 매우 감동적인 맛으로 각인될 수도 있지만, 과거에 일상적으로 먹었던 별 것 아닌 음식은 세월과 함께 자신에게 익숙한 맛이 된다. 그런 점에서 음식은 한 사람을 만들어가는 큰 요소로 작동한다고 하겠다.

대학 시절에 지리산을 종주한 적이 있었다. 지친 몸으로 산을 내려가서 처음 만난 작은 식당에 들어갔는데 그때 먹어본 김치 맛이 무척 인상적이었다. 배가 너무 고팠던 탓에 밑반찬으로 나온 김치를 밥도 없이 맛나게 먹던 중에 입안에서 무언가 걸리적거렸다. 김치 담글 때 뭔가 잘못 들어갔나보다 하고 뱉어냈는데 몇 젓가락 먹다가 또 다시 입안에 무언가 불편한 게 걸렸다. 꺼내봤더니 거무튀튀한 줄기 조각 같은 것이었다. 주인 할머니에게 항의하듯 말했더니, 웃으시면서 김치에 넣는 청각靑角이라 했다.

당시까지 내가 알고 있던 해조류는 기껏해야 미역이나 다시마, 톳 정도였다. 청각이란 이름은 들어본 적이 없고 먹어본 적도 없다. 세월이 흘러 다시 청각을 만난 것은 가족 모임으로 서해안에 갔을 때로, 저녁거리를 사러 그곳 전통시장에 갔다가 톳 비슷하게 생긴 청각을 발견한 것이다. 우리 중에는 요리에 청각을 써본 이가 없어서 그날은 사지 않았지만, 처음으로 청각을 자세히 살펴볼 수 있었다.

청각은 그 모양이 바다 속에서 자라는 작은 산호 같기도 하지만, 기본적으로 사슴의 뿔을 닮았다 하여 청각이라 불렸다. 바다 속에 있을 때는 푸른빛을 띠지만 채취 후 음식으로 만들면 짙은 갈색이나 검은색에 가까운 빛깔이다. 반면 정약전丁若銓(1758~1816)의 『자산어보玆山魚譜』에서는 청각을 '해송海松'이라 표기하고 있다. 바다에 사는 소나무 같다 하여 그런 이름이 붙은 듯하다. 청각을 씹으면 특유의 바다 향기가 나서 좋아하는 사람도 많다. 최근에는 김치뿐 아니라 된장국 같은 데 넣기도 하고, 흔치는 않지만 초무침 형태로 먹기도 한다. 다만 식감이 부드럽지 않아서 단독 재료로 쓰이기보다는 잘게 잘라서 다른 양념에 섞는 용도로 쓰인다.

허균은 『도문대작』에 청각에 대해 이렇게 서술했다. "청각靑角. 서해 모두에서 나는데, 해주海州와 옹진甕津에서 나는 것이 가장 좋다." 허균이 청각을 어떤 음식으로 만났는지는 알 수 없지만 단독 요리로 맛본 것은 아닐 터다. 허균은 일찍이 황해도사黃海都事를 지냈기 때문에 바닷가에서 나는 산물에 대해 잘 알았고 그것을 재료로 한 음식도 많이 먹었을 것이다. 황해도 해주와 옹진의 청각에 대해 언급한 다른 문헌 기록은 찾아보기 어렵지만, 황해감사로부터 청각을 받았다는 내용이 『묵재일기默齋日記』에 있는 것을 보면 적어도 이곳에서 질 좋은 청각이 채취되었음을 알 수 있다. 또한 1428년(세종 10) 1월 28일자 실록 기사에 따르면 첨절제사僉節制使 박유朴㮯가 당시 좌의정인 황희黃喜(1363~1452)에게 청각을 바친 일로 파면되기도 했다. 조선 말기에서 일제강점기까지의 일상을 기록한 『심원권일기沈遠權日記』에는 청각이 많이 나는 해에는 가뭄이 든다는 속설이 소개돼 있다. 이 일기는 경상도 울산에 사는 유생 심원권(1850~1933)이 쓴 것으로, 청각이 서해안에만 자라는 게 아니라는 걸 알 수 있다. 다만 서해안에서는 모든 해안에서 청각을 채취할 수 있으며 그만큼 생산량이 많기 때문에 그중에 좋은 청각을 구하기 쉬웠을 것이다.

함께 언급할 것은 황각이다. 황각은 청각의 일종으로 모양새는 청각처럼 사슴 뿔처럼 생겼지만 색이 누르스름하다. 조선왕조실록에 이따금 언급되는데, 임진왜란으로 어지럽던 1593년 11월 15일 자 선조실록 기사에는 한성부에서 황해도의 소금과 황각 1000여 석을 한양으로 운송해 식량에 보충하도록 건의하는 내용이 있다.

여러 기록을 살펴보면 청각보다는 황각이 더 많이 채취되었던 것 같고, 식량 가치도 황각이 더 나았던 모양이다. 태종 때에는 전라도와 충청도에서 생산되는 황각을 상납해서 반찬으로 사용하도록 하자는 건의가 담겨 있다. 세종 때에도 흉년이 들어 고통받는 백성을 구제하기 위해 황각을 이용하자는 논의가 기록되어 있다. 여러 기록을 보면 황각은 전국적으로 채취되었지만 그중에서도 황해도의 황각이 자주 언급되었다. 허균 역시 『도문대작』에서 이렇게 기록했다. "황각黃角. 해서海西에서 나는 것이 매우 좋다."

허균은 청각과 황각을 각각 항목을 달리해 서술하고 있지만 엄밀히 따지면 같은 품종으로 보아야 한다. 조선시대에는 청각보다 황각이 더 많은 생산량을 보였지만, 지금은 청각이 훨씬 더 널리 쓰이고 있다. 앞서 언급한 것처럼 황각은 청각의 한 종류이기 때문에 청각이라는 명칭에 흡수된 게 아닌가 싶다. 깊어가는 겨울, 입맛이 떨어졌을 때 새콤달콤한 초고추장에 버무린 청각무침이 생각날 때가 있다. 씹는 순간 입 안 가득 퍼지는 바다 향기와 새콤달콤한 맛은 생각만 해도 침이 고이게 한다.

51. 몸이 허할 때 육포보다는 삼포蔘脯

삼복더위가 한창일 때에는 몸이 허해지고 기운도 빠지게 마련이다. 그럴 때는 땀을 뻘뻘 흘리면서 먹는 보양식 한 그릇이 간절하다. 예전과 달리 요즘은 영양을 섭취하기 어렵지 않은 시대라서 보양식이라는 게 필요할까 싶지만, 여전히 우리는 여름을 나기 위한 이런저런 보양식을 찾는다. 여름철에 가장 흔히 접하는 것은 아무래도 삼계탕이다. 닭 한 마리와 두툼한 인삼을 넣고 여러 가지 약재와 함께 푹 고아내는 삼계탕 한 그릇이면 정말 무더위를 이겨낼 수 있을 것만 같다. 닭이나 대추, 황기, 감초 같은 재료도 몸의 기운을 북돋워주겠지만, 삼계탕의 가장 중요한 재료는 역시 인삼이다.

약재에 둔감하거나 무지한 사람도 인삼의 약효에 대해서는 의심하지 않는다. 1970년대 이전까지만 해도 강원도 곳곳에서는 귀한 산삼을 사다가 어린아이에게 먹이는 습속이 있었다. 산삼이 워낙 귀하고 비싸기 때문에 뿌리가 작고 가는 것을 구하는 수밖에 없었지만, 열 살 미만의 아이에게 산삼을 먹이면 건강하게 자랄 수 있다는 효능을 믿었던 것이다. 어른들의 정성과 바람에도 불구하고 아이들은 쓰디쓴 산삼을 먹지 않으려고 요리조리 몸을 뺐다. 어서 먹으라는 어른들의 성화를 피해 도망다니던 모습은 이제 더 이상 볼 수 없는 아련한 풍경이 되었다.

한반도에서 나는 인삼은 뛰어난 효능 때문에 고대로부터 동아시아 전역에 널리 알려졌다. 『삼국사기』에 보면 신라 효성왕과 경문왕 때 당나라로 사신을 보낼 때 인삼을 선물로 보냈다는 기록이 있다. 이때 '인삼'은 재배된 것이 아니라 산에서 자생하는 산삼을 의미하는 것으로, 한반도에서 채취되는 산삼의 약효는 이미 7세기 이전부터 중국에 알려진 것으로 보인다. 그러나 산삼을 채취하기가 워낙 힘들다보니 씨앗을 받아서 재배하려는 시도가 이루어졌다. 연구자들 간에 이론은 있지만, 한반도 지역에서는 고려 때부터 인삼이 재배된 것으로 추정한다. 송나라 인종 때 편찬된 『도경본초圖經本草』(1061)에 인삼 재배법이 소개된 것을 보면 중국에서도 이른 시기에 인삼을 재배하는 농가가 있었던 듯하다. 그러나 인삼 재배 농법은 한반도 지역에서 상당히 발전했으며, 나라 밖으로 '고려 인삼'이라는 이름이 유명해지기 시작했다. 세월이 흘러 조선 후기에는 인삼이 전국적으로 재배되었으며, 일본이나 중국에서 온 사신들은 조정에 청을 올려 인삼을 선물받고자 했다. 이로써 고려 때부터 명성을 쌓은 조선의 인삼은 동아시아 전역에 귀한 약재로 평가되었다.

이른바 '고려 인삼'의 성가가 해외에 떨치게 되었다.

조선 후기에 인삼을 재배하는 농가가 많아지자 산에서 자생하는 삼과 집에서 재배하는 삼을 구별할 필요가 생겼다. 정조 시대 이후로 산에서 캔 것은 산삼, 집에서 재배한 것은 가삼家蔘이라 부르는 관행이 생겨났다. 그 배경에는 천연 산삼이 귀해지면서 가삼을 재배하는 농가가 늘어난 현상이 있다. 사실 인삼을 재배하는 기술이 개발되었다 해도 최소한 6~10년 정도는 길러야 제대로 된 수확이 가능하기 때문에 개인적으로 재배하기는 쉽지 않았다. 당시 유득공이 남긴 기록 가운데, 강계江界 지역에서 산삼 공물로 바칠 수 없어 집을 버리고 유랑하는 백성이 많았으나 정조가 인삼세를 덜어주고 산삼의 가격을 높여주자 그들의 삶이 안정되었다는 내용이 있다. 인삼 재배가 고려 때부터 시작되었다고는 해도 일반 농가에서 인삼을 본격적으로 재배하게 된 시기는 이 무렵이었을 것이다.

박지원朴趾源(1737~1805)의 『열하일기熱河日記』에는 인삼이 어떻게 동아시아에 유통되었는지를 알 수 있는 일화가 담겨 있다. 청나라에 사신으로 가는 사람을 연행사燕行使라 하는데, 이 연행사는 정사正使·부사副使·서장관書狀官으로 불리는 삼사三使, 역관·의원·군관, 이들을 개인적으로 수행하는 자제군관과 하인 등 수많은 인원으로 구성된다. 한양을 출발해서 육로로 연경燕京(지금의 베이징)을 다녀오는 길은 보통 6개월이 소요되므로 많은 짐을 꾸릴 수밖에 없다. 공식적인 사신단 일행에게는 조선과 청나라에서 음식 및 생필품을 지급해주지만 그 밖의 사람들은 스스로 준비해야 했다. 그러나 현실적으로 수개월치 식량과 생필품을 모두 가져갈 수 없었으므로 값어치 있는 것을 가져가 현지에서 팔아서 여비로 쓰는 수밖에 없다. 이때 가장 선호된 것이 인삼이다. 잘 포장하면 많은 양을 가져갈 수 있는데다 청나라에서는 비싼 값에 팔 수가 있어 톡톡히 이익을 취할 수 있었다. 그러나 너나 할 것 없이 인삼을 가져가면 문제가 생기기 때문에 조정에서는 가져갈 수 있는 수량을 개별적으로 제한했다. 연행사의 책임자인 정사는 최대 여덟 꾸러미를 가져갈 수 있도록 했는데, 이것이 바로 인삼을 팔아 여비를 보상해주는 팔포무역八包貿易('포'는 꾸러미라는 뜻)이다.

가난했지만 물건을 팔아 이득을 취하거나 돈벌이에 관심이 없었던 연암 박지원은 보따리에 붓과 종이만 잔뜩 넣었던 반면 다른 이들은 인삼, 초피貂皮 같은 고가의 물품을 가져갔다. 이들 연행사 일행이 평안도 의주에 도착하면 그때부터 상인들이 달라붙는다. 조선 사람들이 귀한 물건을 청나라로 가져가봤자 물건 팔기가 힘들테니 자신이 대신 팔아주겠노라고 접근하는 것이다. 그렇게 해서 이들 상인이 연행사에 합류하면 일행은 금세 200~300명이 되어버린다. 품목 가운데 상인들이 절대적으로 선호하는 것은 역시 인삼이었다. 이들은 연행사 일행이 가져온 인삼을 싼값에 받아서 청나라 상인에게 비싼 값에 판다. 고려 인삼의 명성은 어느 약재에도 뒤지지 않아서, 이 물건을 확보하는 순간 거간꾼은 삽시간에 큰 수익을 벌 수 있다.

　조선 순조 때 의주를 중심으로 활동한 상인으로 임상옥林尚沃
(1779~1855)이라는 인물이 있었다. 우리나라 최초로 인삼 판매 독
점권을 쥐었던 그는 청나라 상인들이 담합해서 인삼 판매를 쥐락
펴락할 때 직접 찾아가 그들의 담합을 깨뜨린 행적으로 유명하다.
어느 날 임상옥이 백삼白蔘을 얻은 뒤 옆자리에 놓아두었는데, 우연
히 인삼이 따뜻한 물에 젖었다가 온돌에서 서서히 마르더니 색깔
이 붉게 변했다. 이것을 연경에 가져가서 중국인에게 물어보니 조
선에서 촉삼蜀蔘이 생산되었다며 값을 후하게 쳐주었다. 이듬해부
터 그는 홍삼을 만들어 청나라에 판매하기 시작했고, 이때부터 꽤
유명한 상인이 되었다고 한다. 이유원李裕元(1814~1888)의 「춘명일
사春明逸史」에 소개된 일화다.

　우리 주변에서 흔히 볼 수 있는 인삼 종류는 백삼과 홍삼으로, 눈
으로 쉽게 식별할 수 있다. 그러나 산삼을 캐러 다니는 심마니나 인
삼을 재배하고 관리하는 전문가들은 다양한 용어로 이들을 지칭한
다. 우선 가공하는 방식에 따라 지칭하는 용어가 다르다. 산이나 밭
에서 삼을 캐내서 흙을 털어내고 깨끗하게 씻은 상태의 것은 수삼
水蔘 혹은 무심이라 하고, 그것을 특별히 가공하지 않은 채 그늘에
서 말린 것은 백삼白蔘이라 한다. 수삼을 증기로 쪄서 말린 뒤 붉게
변한 것은 홍삼이라고 하고, 백삼과 홍삼의 중간쯤 되는 것은 태극
삼太極蔘이라 한다. 뿌리가 곧게 말리면 직삼直蔘, 굽혀서 말리면 곡

삼曲蔘이라 하고, 말린 삼은 통칭 건삼乾蔘이라 한다. 그리고 삼 씨앗을 산에 뿌려서 자연 속에서 자라도록 한 것을 산양삼山養蔘이라 하며 장뇌삼이라고도 한다. 고려의 풍속을 소개한 서긍의 『고려도경』에서는 고려의 삼을 생삼生蔘과 숙삼熟蔘으로 구분했다. 숙삼은 삼을 쪘다는 뜻이니 홍삼을 지칭하는 다른 용어다. 그러고 보면 홍삼의 역사는 매우 오래되었다 하겠다.

홍삼은 생삼이나 백삼보다 보관이 편리하고 독소도 적기 때문에 멀리 갈 때는 홍삼으로 가져가곤 했다. 19세기 말 청나라에 판매되는 인삼의 양이 어마어마하게 늘어나자 조정에서는 판매량을 제한하자는 논의가 거듭되었으나, 밀수 방식으로 인삼이 흘러드는 문제 때문에 효과를 내지 못한 것 같다. 「춘명일사」를 쓴 이유원은 의주 부윤을 지낼 때 현지 인삼 매매의 실정을 파악하여 조정에 보고하기도 했다. 왕조실록에 따르면, 개성의 인삼 재배업자가 생산된 인삼을 몰래 의주 상인들에게 팔아넘기고, 의주 상인들은 인삼을 홍삼으로 만들어서 청나라에 은밀히 내다파는 경우가 비일비재하여 통제하기가 어려웠다. 인삼 밀수가 얼마나 성행했는지 엿볼 수 있겠다.

우리나라는 인삼의 본고장인 만큼 인삼이 포함된 음식 종류가 꽤 많다. 삼계탕처럼 다른 식재료와 함께 조리되는 경우가 대부분이기는 하지만, 삼을 날것 그대로 먹는 방식부터 죽, 떡, 과자, 정과 등 다양한 방식의 조리법이 기록으로 전한다. 『도문대작』에 소개된

삼포蔘脯 역시 인삼으로 만든 음식으로, 이렇게 기록되어 있다. "삼
포蔘脯. 영평永平과 철원鐵原 사람들이 잘 만든다. 모양이 우포牛脯와
같다." 허균은 '인삼'이라 한 것은 오늘날 산삼을 일컫는 것이며, '삼
포'란 소고기 육포처럼 산삼을 먹기 좋은 크기로 얇게 잘라서 말린
것으로 추정된다. 그냥 말리면 쓴맛이 강하기 때문에 꿀에 재워서
말렸을 가능성이 있다. 자세한 조리 과정을 서술하지 않았으므로
우리의 추정은 여기서 끝내야 한다. 최근 시중에서 판매되는 인삼
편人蔘片이 허균의 삼포와 비슷하다고 생각된다.

　허균은 삼포를 언급하면서 영평과 철원 지역에서 잘 만든다고
했다. 영평은 지금의 경기도 포천, 연천, 가평과 강원도 철원 및 화
천 땅 일부가 합쳐진 옛 지역명이다. 『동국여지승람』이나 『동국여
지지』에서도 이 지역의 특산물로 인삼을 소개하고 있다. 물론 특산
물이라 해서 품질이 전적으로 우수하다고 볼 순 없겠지만, 적어도
인삼을 가공해서 삼포를 만드는 능력은 뛰어났던 모양이다. 물론
지금도 포천 주변에서는 좋은 인삼이 재배되고 있는데, 이는 남북
분단 이후 개성 인삼이 포천으로 전해진 것으로 알려져 있다. 게다
가 허균 시대에 '삼'이나 '인삼'은 천연 산삼을 지칭하는 것이었으
니, 산삼으로 만든 삼포는 얼마나 귀하고 비싼 음식이었겠는가.

　초등학교 5학년 무렵의 일이다. 할머니가 나를 집 뒤뜰로 부르시
더니 둘둘 말린 신문지를 펼쳤다. 말로만 듣던 산삼이었다. 가늘기
그지없는 뿌리에 잔뿌리 여러 가닥이 뻗어 있는 수준이었다. 알고

보니 친척 어른이 우연히 산삼을 캤는데 그중 세 뿌리를 주셨다는 것이다. 할머니는 산삼의 흙을 툭툭 털어내시더니 그냥 씹어먹으라고 했다. 하나 먹어본 뒤 쓴 맛이 심해서 못 먹겠다고 했더니, 할머니는 눈에 힘을 주어 얼른 먹으라고 채근하셨다. 결국 세 뿌리를 다 먹고 나서 온몸에 열꽃이 피어 이틀간 고생했던 기억이 있다. 손주를 위해 귀한 산삼을 얻으려 얼마나 애를 쓰셨겠는가. 세월이 흘러도 할머니의 마음이 여전히 따뜻하게 느껴진다.

전해 내려오는 우리 설화 가운데 부모를 위해 노력을 아끼지 않는 효자 효녀 이야기가 꽤 많은데, 특히 감당하기 어려운 희생을 통해 최고의 약재를 구하는 이야기가 많다. 그리고 많은 경우 그 약재는 산삼이다. 그만큼 산삼이 귀하다보니 민간에서는 거의 만병통치약으로 인식되었다. 뿐만 아니라 산신령이 알려준 곳에 가보니 산삼이 자라고 있더라는 이야기는 산삼의 이미지를 더욱 신비하게 만들어주었다.

지금이야 인삼편, 인삼정과 등의 삼포를 쉽게 구할 수 있지만 조선시대에는 당연히 귀한 간식거리였을 것이다. 허균이 언제 삼포를 맛보았는지 알 수 없다. 다만 영평과 철원 지역에서 만든 삼포는 오랫동안 허균의 미각에 각인되었다고 할 수 있다.

52. 길섶의 잡초인 여뀌가 식용이었다고?

　우리가 걸어다니는 길가에는 눈에 보이는 것보다 훨씬 많은 식물이 살아가고 있다. 그중 이름을 알 수 있는 것도 있지만, 대부분 잡초라는 이름으로 싸잡아지곤 한다. 알고 보면 그들 하나하나가 우주를 품고 있는 존재다. 인간의 눈이 닿지 않는 사이에도 그들은 완벽한 천지 순환의 조화로써 만물의 법도를 구현하고 있다. 대부분의 식물을 먹을 수 있다고는 하지만, 이들은 저마다 자신을 보호하기 위한 독성을 만들어낸다. 날것으로 먹어도 몸에 해롭지 않은 것부터 소량이라 해도 치명적인 것에 이르기까지, 모든 식물은 다양한 유형의 독을 품고 있다. 우리는 그중 안전한 것들을 골라 음식으로 먹는다. 일명 나물이라 부르는 것이다.

　어렸을 때는 밥상이 나물로 가득했다. 워낙 시골에서 살았기 때문이기도 하지만 나락을 최대한 아껴야 하는 상황인지라 나물을 많이 먹음으로써 곡식을 덜 축낼 수 있었다. 그 시절에는 왜 그렇게 나물반찬이 싫었을까. 여름이면 울 밖에 무성한 부추를 몇 줌 베어서 물에 후루룩 씻어놓고, 점점 키가 커지는 상추 대에서 상추 잎을 여러 장 따온다. 그리고 찐 호박잎, 길섶에서 뜯어와 삶은 질경이잎까지 밥상 위에 올리면, 여름 점심상이 뚝딱 차려진다. 지금은 매일 먹고 싶은 건강 식단이지만, 어린 시절에는 지겹기만 한 풀밭 밥상이었다.

앞서 모든 식물이 식용 가능하다는 말은 이론상 그렇다는 것이고, 밥상에 오를 수 있는 식물은 따로 있었다. 우리에겐 그것을 구분해내는 게 우선이었기 때문에 풀의 이름 따위는 중요치 않았다. 예컨대 소가 먹을 수 있는지 없는지, 소가 어떤 풀을 좋아하고 싫어하는지를 알아내는 것도 중요한 능력이다. 반면 길가에 흔하지만 사람이나 소나 입에 대지 않는 풀이 몇 종류 있었는데, 그중 하나가 바로 여뀌였다. 여뀌는 개울 근처나 땅이 축축한 곳 길가에 어김없이 군락을 이룬다. 생명력이 강해서 낫이나 삽으로 캐내도 금세 다시 무성하게 땅을 뒤덮는다. 보통은 어른의 무릎 정도로 자라지만 사람의 발길이 닿지 않는 외진 곳에 자라는 것들은 키가 크다. 줄기는 꼿꼿하게 서 있고 잎은 복숭아나무 잎처럼 길쭉하고 날씬한 타원형으로, 길가에 너무 흔해서 여뀌에 관심을 기울이는 사람은 별로 없다. 따가운 햇볕 아래 여름을 지낸 여뀌는 가을이 시작될 무렵 핑크빛 꽃을 피운다. 그래서 근대 이전의 한시에서 여뀌는 가을을 상징하는 꽃으로 등장하곤 한다. 꽃대 하나만 보면 붉은색에 가까운 핑크빛이지만 군락을 이루어 꽃피웠을 때는 길섶을 온통 붉은 색으로 물들인다. 요즘은 그저 잡초처럼 취급되어 사람들의 시선을 끌지 못하지만, 어느 시인의 말처럼 "자세히 보면 예쁘다."

『도문대작』에서 여뀌 항목을 보았을 때 약간은 당황했다. 나는 이 식물을 먹는다는 생각을 해본 적이 없기 때문이다. 혹시나 해서 주변 어른들에게 여쭤보았지만 역시 여뀌를 음식으로 삼았다는 말은 듣지 못했다. 그러나 허균은 여뀌를 하나의 항목으로 설정하고 다음과 같이 썼다. "여뀌[蓼]. 이태원利泰院에서 나는 것이 가장 좋다."

여뀌가 먹는 풀이라는 사실도 몰랐지만 이태원에서 나는 것이 가장 좋다니, 이게 도대체 무슨 말인가 싶었다. 예나 지금이나 습기 있는 땅이면 지천으로 자라는 풀이 여뀌다. 그런데 허균이 이태원의 여뀌를 손에 꼽은 것을 보니 과연 여뀌를 어떻게 해먹었을까 궁금해졌다.

오신채五辛菜*라는 게 있다. 독특한 향, 특히 매운맛이 있는 다섯 가지 나물을 뜻한다. 마늘, 부추, 파, 달래, 흥거興渠가 오신채에 포함된다. 스님들이 계율에 따라 오신채를 삼간다는 사실은 널리 알려져 있지만, 이를 뒤집어 생각하면 일반인은 오신채를 즐겨 먹었다는 것 아니겠는가. 오랫동안 한문을 읽으면서 수없이 오신채의 용

---

* 오신채에 대한 기록은 문헌에 따라 약간의 차이가 있다. 대체로 '마늘, 부추, 파, 달래, 흥거'를 들지만(『범강梵綱』), 달래와 흥거 대신 겨자와 여뀌를 넣기도 한다(『본초강목』). 흥거라는 채소가 나지 않는 동아시아 지역에서는 흥거 대신 양파를 오신채에 넣어서 금지하기도 한다.

례를 접했지만 나는 이에 대해 관습적으로 생각했을 뿐 세세히 따져보지 않았다. 그랬다면 예로부터 여뀌가 나물의 범주라는 사실을 알고 있었을 테니 말이다. 여뀌가 오신채에 속하는 이유는 봄이 되어 올라온 어린 잎을 따서 나물로 먹을 때 살짝 매운맛이 나기 때문이다. 서거정은 『사가집四佳集』의 「순채포유작蓴菜圃有作」에서 채마밭에 "생강, 마늘, 파, 여뀌 등 다섯 가지 맛을 완전히 갖추고 있다"고 자랑한 바 있다. 성현成俔(1439~1504)의 「청강곡淸江曲」이라는 한시에는 여뀌와 후추를 양념해서 가을 회를 저민다는 구절이 있는데, 여뀌를 나물처럼 먹기보다는 양념으로 사용한 경우로 짐작할 수 있다.

고려 후기의 문인 이달충李達衷(? ~1385)은 「산촌잡영山村雜詠」(『동문선東文選』 권11)이라는 시에서 산골의 가난한 살림살이를 묘사하는데, 그중에 여뀌절임이 등장한다. 풀을 베고 샘물 나오는 수맥을 찾다보니 지형을 따라 초가집이 이어졌는데, 보리밥 그릇에는 피가 반이나 섞여 있고 여뀌절임에는 마름도 끼어 있다는 것이었다.*
한편 조선 후기의 백과사전인 『산림경제』(권2)에는 유인楡仁(느릅나무 열매)을 재료로 유인장楡仁醬을 만드는 과정이 소개돼 있다. 유인을 깨끗이 씻어 일주일 정도 물에 담가두었다가 껍질이 뜨는 것은 버리고 포대에 느슨하게 담아서 물속에서 흔들면 점액질이 빠진다.

---

* 薙草索泉脉, 結茆隨地形. 飯粗穄雜稗, 塩漬蓼和萍.(李達衷, 「山村雜詠」, 『동문선』 권11)

거기에 물기를 없애고 여뀌즙을 뿌려서 볕에 말린다고 했다. 그 밖에도 여뀌는 약재, 나물, 향신료 등으로 쓰였다. 더위 먹은 사람에게 여뀌잎과 향유香薷(꿀풀 종류)를 달여서 먹이면 좋다고 하는데, 실제로 이렇게 복용했는지는 알 수 없다. 윤휴尹鑴(1617~1680)의 「독서기讀書記」(『백호전서』 권46)에는 여뀌를 고기 종류와 함께 먹는 방법을 소개하고 있다. "돼지고기를 씀바귀로 싸고 여뀌로 뱃속을 채우며, 닭고기를 삶되 해장醢醬(젓갈)과 장을 넣고 여뀌로 뱃속을 채우며, 생선을 삶되 곤장[卵醬]을 넣고 여뀌로 뱃속을 채우며, 자라를 삶되 해장을 넣고 여뀌로 뱃속을 채운다." 이 문헌은 『내칙內則』의 주석에 대한 독서기라서 고대 중국의 풍속을 다루고 있긴 하지만, 조선의 선비들은 여뀌가 다양한 방식으로 밥상에 올랐음을 익히 알고 있었을 것이다.

어느 곳에서나 쉽게 발견할 수 있는 이 식물에 대해 허균은 왜 이태원이라는 장소를 특정했을까. 조심스레 추정하자면, 이태원은 남대문을 나와서 남산 자락 아래를 지나 한강 쪽으로 향하는 길목에 있는 곳으로, 허균은 이 길을 지나다니면서 여뀌 음식을 먹었던 게 아닐까. 사실이야 어떻든 허균의 『도문대작』을 통해 우리는 여뀌의 다른 모습을 만날 수 있다. 누구도 눈길을 주지 않는 잡초 여뀌가 한때는 우리의 입맛에 중요한 식재료였다니, 식물의 용도는 참으로 신기하다.

53. 코가 뻥 뚫리는 산갓김치의 매콤한 맛

옛날에 개蓋씨 성을 가진 재상이 있었는데, 밤에 부인이 잠들면 몰래 여종의 방을 드나들었다. 어느 날 부인이 코를 골며 잠든 척했더니 재상이 일어나 여종의 방으로 향했다. 부인이 뒤따라가서 여종의 문밖에서 엿보는데, 방 안에서 여종이 재상에게 "흰떡 같은 부인은 어디 두시고 누추한 계집종을 찾으십니까?"라고 꾸짖었다. 그러자 재상이 "너를 산갓김치[山芥沈菜]로 생각하면 되지"라고 대답했다. 일을 마친 재상은 섬돌 위에 볼기를 대고 한참 앉았다가 안방으로 들어왔다. 부인이 어디 갔다 왔느냐고 묻자 재상은 "배가 너무 아파서 변소에 오래 앉아 있었더니 엉덩이가 차가워졌네"라고 대답했다. 그러자 부인이 이렇게 말했다. "이렇게 배가 아프신데 산갓김치를 드시지 않는 게요?" 재상은 자신의 행동이 들켰음을 깨닫고 말했다. "그만두시게. 부인은 정말 신통하시오."

이 일화는 이육李陸(1438~1498)의 『청파극담靑坡劇談』에 수록된 것으로, 조선 전기에 민간에 떠도는 이야기를 채록한 것으로 보인다. 부인을 흰떡(절병節餠)에 비유하고 여종을 산갓김치에 비유한 소화 笑話로, 맛있는 음식에 곁들이는 투박한 김치로 본 것이다. 같은 시기의 인물인 서거정도 친구인 강희맹姜希孟(1424~1483)에게 묵은 김치를 보내면서 이 일화를 소재로 시를 지어 보냈다.*

『도문대작』에서는 산갓김치를 '산개저山芥菹'라고 쓰고 다음과 같이 설명했다. "산개저山芥菹. 함경남도 및 회양, 평강 등지에서 모두 난다. 그 맛은 매우면서도 상쾌하다."**

'산개'란 흔히 산갓이라 불리는 나물로, 정확한 명칭은 는쟁이냉이다. 땅에 붙어서 자라며, 잎은 넓적하면서 몇 개로 갈라진 모양이며, 여름에 작고 하얀 꽃을 피운다. 산갓은 우리나라 전역에 분포되어 있기는 하지만 대체로 고지대 그늘진 비탈에 자생한다. 지역으로는 태백산맥을 따라 함경도, 강원도, 경상도 산지에 많으며, 평안도와 경기도 산지에서도 어렵지 않게 볼 수 있다. 조선시대 지리지에서는 산개가 각 지역의 특산물로 기록되어 있다. 고종실록에는 입춘 무렵에 이것으로 만든 산갓김치가 진상되어 임금의 밥상에 올랐다는 기록이 있는 것으로 보아, 봄을 대표하는 채소 음식 중 하나인 듯하다. 산갓 또는 산개는 '순가라냉이'라고도 불리는데, 우리가 흔히 먹는 냉이와는 전혀 닮지 않았다. 산갓, 산개, 는쟁이냉이,

---

* 서거정, 「以黃菹餉姜晉山戲呈二十八字」, 『四佳詩集』 卷40.
** 山芥菹. 咸鏡南道及淮陽平康等地俱有之, 味烈而爽.(『도문대작』)

순가락냉이 등 다양한 이름을 갖고 있으며, 산갓김치는 한자로 산개침채山芥沈菜라 한다.

유득공의 『경도잡지京都雜誌』 가운데 입춘의 풍속에 관한 내용을 보면 경기도의 산이 많은 고을에서는 움파, 승검초와 함께 산개를 진상한다는 구절이 있다. 여기서 유득공은 산개에 대해 이렇게 표현했다. "산개는 초봄 눈이 녹을 무렵 산에서 자생하는 겨자다. 끓는 물에 데쳐 초장에 먹으면 대단히 매워서 고기를 먹은 후에 먹으면 좋다."* 또한 또 다른 저서 『고운당필기古芸堂筆記』에도 용문산의 대표적인 산채 네 가지를 기록하면서 산개를 그중 하나로 꼽았다. 그는 코가 뻥 뚫릴 만큼 매운 향이 나는 산개야말로 나물계의 선품仙品이라 칭송하면서, 특히 고기를 먹은 뒤에 먹으면 좋다고 했다. 요즘 양평 용문산에서는 이러한 기록을 토대로 산나물축제를 열고 있다. 유득공은 산개를 차로 우리는 방법도 소개했다. 우선 산개의 싹과 잎을 따서 사발에 넣고 끓인 물을 부어 뚜껑을 덮은 다음 잠시 따뜻한 방에 두었다가 먹으면 최고의 맛을 얻는다고 했다. 조선 후기 홍만선의 『산림경제』라든지 최초의 한글 조리서인 『음식디미방』에도 산갓을 데치는 방법을 소개했으니, 당시에 산갓은 봄철의 진미였던 모양이다.

이전 기록을 보면 봄이 되어 풀들이 머리를 내밀 때 산개를 채취

---

* 유득공, 『경도잡지』(진경환 역주, 민속원, 2021), 137쪽.

한다고 한다. 아직 산자락에 잔설이 남아 있는 이른 봄에 채취한 것을 최고의 식재료로 쳐준다. 이때 가장 상쾌한 매운맛을 내기 때문이다. 이것으로 김치를 담근 것이 바로 이육의 일화에 소개된 산개김치(산갓김치)다. 허균이 표제어로 제시한 명칭은 '산개저'인데, '저菹'라는 글자가 채소 절인 것을 뜻하므로 산개김치를 일컫는 것으로 보인다. 즉 산개라는 채소를 절인 것이 산개저, 즉 산개김치인 것이다. 함경남도 일원과 강원도 회양, 평강 등에서 맛있는 산개를 구해서 담근 김치는 허균에게 봄을 알리는 멋진 음식이었다.

산갓김치는 황윤석黃胤錫(1729~1791)에게도 감동을 안겨준 모양이다. 그는 소백산의 산갓이 훌륭하다는 말을 듣고 하루 정도 거리에 있는 그곳으로 스님을 보냈고, 눈이 남아 있는 산자락에서 채취한 산갓으로 법도에 맞게 김치를 담그니 그 맛이 신령함과 통하고더러운 기운을 씻어준다고 했다.* 이황李滉(1501~1570)의 제자 황준량黃俊良(1517~1563)은 궁궐에 진상하고 남은 봄날의 산갓을 스승 이황에게 보내면서 "곤궁한 가운데 지조를 지키는 고고한 회포 같이 느껴진다水蘗高懷同氣味"는 시를 써보내어 스승의 덕과 지조를 높였다.** 이렇듯 선비들은 눈을 뚫고 싹을 틔우는 산갓을 통해 높은 정신의 경지를 드러냈다. 조선 초기의 문인 유순柳洵(1441~1517)은 산갓김치를 누군가에게 보내면서 추위 속에서 생명을 피워올

---

* 황윤석, 「山芥謳歌」, 『頤齋遺藁』 卷3.
** 黃俊良, 「山芥封餘送退溪有作」, 『錦溪集』 內集 卷2.

리는 산갓처럼 아름다운 향기를 함께 보전하자*는 시를 써보내기
도 했다.

　오늘날에도 산갓은 다양한 방식으로 우리 봄철 식탁을 풍성하게
한다. 데쳐서 초장에 찍어 먹기도 하고 장아찌로 만들거나 다른 채
소와 함께 무쳐 먹기도 한다. 유득공이 언급한 것처럼 고기를 먹어
속이 더부룩할 때 코를 뻥 뚫어주는 매운 산갓을 먹으면 속이 상쾌
해진다.

---

*　柳洵, 「賦山芥沈菜寄耳曳」, 『續東文選』 卷3.

54. 두터운 이파리에 북쪽 바다 향기 머금은 다시마

어릴 때는 다시마와 미역이 어떻게 다른지 잘 알지 못했다. 어쩌다 광에 들어가면 바짝 말린 거무튀튀한 해조류가 놓여 있는 건 보았지만 관심 있게 살펴본 적은 없다. 그저 밥상에 자주 오르는 음식이었으니 얇은 것은 미역이요 두꺼운 것은 다시마라는 정도만 구분했을 뿐 그것들의 생태적 차이 같은 것은 전혀 알지 못했다.

어릴 때 특히 자주 먹었던 해조류 반찬은 다시마튀각이었다. 손자가 좋아하는 반찬인지라 할머니가 자주 만들어주셨다. 불편하기짝이 없는 구식 부엌에서 할머니는 어떻게 그 맛있는 튀각을 만드셨을까. 한 번도 그 모습을 본 적이 없으니 참으로 무정한 손자였다. 다시마튀각은 건게 말린 다시마를 약간 황금빛에 가까운 누런빛이 감돌 정도로 튀겨서 설탕을 뿌린 것으로, 치아 사이로 느껴지는 바삭하고도 부드러운 다시마의 식감, 기름에 튀겨낸 고소한 맛과 표면에 묻어 있는 설탕의 달콤함까지, 내게는 환상의 반찬이었고 지금까지도 즐겨 먹고 있다.

바닷가 가까운 곳에서 자랐지만 다시마를 채취해본 적은 당연히 없다. 파도에 떠밀려온 푸른 해조류들은 많이 보았지만 그것들 중에서 무엇이 미역이고 무엇이 다시마인지 구별하는 것도 쉽지 않았다. 어쩐 일인지 해조류는 생김새도 이름도 항상 헷갈리곤 했다. 옛 선비들도 나만큼이나 해조류를 구분하는 게 쉽지 않았던 모양이다. 게다가 지금처럼 표준어 개념이 없던 당시에는 기준이 될 만한 명칭이 없어 지역마다 다른 이름을 사용하곤 했다. 『도문대작』을 읽으면서도 여러 번 느꼈지만, 허균이 제시하는 표제어를 오늘날의 언어로 정확히 짚어내는 것은 단순한 작업이 아니다.

다시마의 한자 표기는 다양하다. '다시마'라는 우리말을 음차한 '다사마多士麻'가 많이 보이기는 하지만 간혹 '탑사마塔士麻'라 쓴 경우도 있다. 한자로 가장 널리 사용되는 명칭은 '곤포昆布'다. 글의 맥락에 따라서는 '해대海帶' '윤포綸布' 등으로도 표기된다. 그러니 과연 곤포와 해대가 똑같은 것인지, 곤포와 다시마는 다른 것이 아닌지 하는 의문을 지울 수 없다. 허균 역시 『도문대작』에서 곤포, 다시마 등을 서술하고 있지만, 문맥을 꼼꼼히 읽어보면 두 종을 같은 것으로 인식한 것인지 의문이 든다. 그는 이렇게 서술했다. "곤포昆布. 북해北海에서 나는 것이 가장 좋지만, 다사마多士麻·미역 또한 그다음으로 좋다."*

이 서술에서 곤포, 다시마, 미역은 서로 다른 종이다. 그렇지만 송나라 서긍은 『고려도경』에서 다시마는 귀천 없이 누구나 먹는 것이라면서 이를 곤포라고 표현했다. 『신증동국여지승람』 「경주부」 조항에는 곤포와 다시마를 모두 거론하면서 이것들을 통틀어 미역이라 한다고 썼다. 그렇게 보면 곤포와 다시마가 다른 종처럼 보이지만, 곤포를 우리말로 하면 다시마라는 설이 일반적인 견해다. 유득공의 『고운당필기』에는 곤포는 다시마라고도 한다고 쓰여 있다. 정약용의 『경세유표經世遺表』(권14), 이유원의 『임하필기』, 홍양호洪良浩(1724~1802)의 「공주풍토기孔州風土記」(『이계집』 외집 권12) 등에도 동일한 내용이 담겨 있다. 일본에서는 지금도 다시마를 곤포로 표기한다. 이런 사례를 보면 허균이 해조류의 종류를 명확히 구분해서 사용한 게 아닐 수도 있다.

다시마는 아한대亞寒帶 연안에서만 서식한다고 알려져 있고 한반도를 비롯하여 일본 홋카이도, 캄차카 반도, 사할린섬 등에서 주로 채취된다. 지금은 우리나라 남해안 지역에서 양식되고 있지만 근대 이전까지만 해도 한반도 북쪽 연안에서 채취되는 것이었다. 허균 역시 함경도 해안에서 다시마가 채취된다는 사실을 알고 있었고, 정약용은 『경세유표』에서 함흥 연안에서 생산되는 양으로도 조선 전역의 소비를 감당한다고 했다.

이렇듯 채취량이 넉넉한 다시마는 고려시대부터 백성에게 널

---

*   昆布. 産北海最好, 而多士麻大藿亦次之.(『도문대작』)

리 사랑받아 왔다. 민간에서는 반찬으로 먹기도 했지만 약간의 양념을 한 뒤 말려서 건량乾糧이나 간식으로 먹었다. 조선 후기에 김창업金昌業(1658~1721)이 쓴 연행록『노가재연행록老稼齋燕行錄』(권9) 1713년(숙종 39) 3월 6일자 기록에는 이런 일화가 수록되어 있다. 연행단은 임무를 무사히 마치고 조선으로 돌아오던 중 요양성의 숙소에 짐을 풀고 영안사永安寺에 들렀다. 김창업은 마침 출출했던 터라 행장 안에서 증곤포蒸昆布(찐 다시마)를 꺼내 먹으면서 옆에 있는 어린 사미승에게 한 조각을 주었다. 그 모습을 본 숭혜崇慧라는 노스님은 계율에 어긋나는 육포를 받았거나 오신채五辛菜 양념이 된 음식이라 생각하여 사미승을 나무랐다. 그 사정을 헤아린 김창업은 해초류인 다시마를 말린 것이라고 알려주었고, 오해가 풀리자 숭혜 스님에게도 한 조각 나눠주었다.

지금도 다시마는 찹쌀풀을 발라 튀기는 부각 방식의 간식으로 널리 사랑받고 있을 뿐만 아니라 튀각, 채볶음, 무침, 조림, 다시마밥 등 다양한 방식으로 조리된다. 다시마의 존재감이 가장 빛나는 분야는 국물 요리로, 어묵탕이든 잔치국수든 모든 국물 요리에 감칠맛을 더해주는 기본적인 육수 재료다. 심지어 밥을 지을 때도 다시마 한 조각을 넣으면 밥맛이 달라진다. 경상북도 어느 지역에서는 특이하게도 다시마를 전으로 부치기도 하지만 생다시마를 초장에 찍어 먹는 맛도 일품이다. 쫄깃하면서도 끈적한 식감과 함께 느껴지는 진한 바다의 향기가 입맛을 한껏 돋운다.

55. 겨울바다의 풍미를 머금은 삼척의 올미역

겨울바람 가득한 바다는 유난히 푸른 느낌이다. 그 푸른 풍광은 서늘하고도 청명한 매력을 발산한다. 그런 겨울 바다를 닮은 식재료가 있다. 바로 올미역이다.

미역이면 미역이지 올미역은 또 뭐란 말인가. '올-'은 평균적인 시간보다 이르다는 의미다. 그래서 일찍 수확하는 벼를 올벼라고 부른다. 그러니 올미역은 다른 미역보다 일찍 채취한 것을 의미한다. 한자로는 '조곽早藿'이라고 쓴다. '조早'는 이르다는 뜻이고, '곽藿'은 주로 미역을 지칭할 때 쓰이는 글자다. 이 '곽'자는 간혹 콩잎 명칭으로도 쓰이기 때문에 혼선을 없애고자 올미역을 지칭할 때는 '해곽海藿'이라 표기한 문헌도 있다. 어쨌든 이 '곽'자가 쓰인 경우에는 문맥을 잘 살펴서 해석해야 한다. 강원도 영동 지역에서는 올미역을 돌미역 또는 돌곽이라고도 부른다. 다른 지역에서도 그렇게 부르는지는 모르겠으나, 자연산 미역을 통칭하는 명칭인 동시에 올미역을 뜻하는 말로 통용된다.

사계절 중에서 겨울은 가장 제철 식재료를 구하기 어려운 계절이다. 온 세상이 얼어붙어 푸른빛 채소라곤 눈을 씻고 봐도 찾을 수 없다. 요즘이야 비닐하우스 재배를 비롯하여 한겨울에도 얼마든지 채소를 생산할 수 있지만 그런 시설이 없던 시절에는 겨울에 음식 재료를 구하기 쉽지 않았다. 그러나 바닷가는 사정이 좀 달라서, 낚시나 그물로 생선을 구할 수 있었고 겨울철에 나는 해초류도 먹을 만한 게 꽤 있다. 그중에서도 미역은 단연 으뜸으로 여겼다. 미역을 양식하는 요즘과 달리 조선시대에는 미역이 늦겨울에서 초봄까지 채취되었고, 올미역은 음력 1월이 제철이었다. 차가운 바닷물에 들어가서 바위에 붙어 자라는 미역을 따야 했기 때문에 어민들의 고생이 많았다.

예나 지금이나 미역은 말린 것을 보관해두고 조금씩 떼어 음식으로 사용하는데, 말린 미역을 물에 넣어 불리면 상당히 양이 많아진다. 말린 것은 검정색에 가까운데 물을 만나면 신기하게도 녹색으로 바뀐다. 이런 미역은 간단한 조리만으로도 겨울 밥상을 풍성하게 할 수 있었다.

조선 전기에 황진이와 풍류를 나눈 사이로 알려진 소세양蘇世讓(1486~1562)이라는 문인이 있다. 그는 자신에게 미역을 보내준 전주부윤全州府尹 김광진金光軫(1495~)에게 다음과 같은 답례의 시를 써보냈다.*

봄추위에 병으로 괴로워하며 황량한 마을에 누워　春寒惱病臥荒村

비린내 짠내 싫어서 풀뿌리 씹고 있네　厭却腥鹹咬菜根

올미역엔 남쪽 바다 맛이 넉넉하게 들었나니　早藿剩含南海味

친절도 해라, 부윤의 은혜를 입었구려　分甘多荷使君恩

1551년 무렵 소세양은 중종 말년부터 인종 초년까지 서용敍用이
되지 않자 단호히 전라북도 익산으로 낙향한 인물이다. 비린내 나
는 생선이나 짠내 나는 음식을 피하고 채소만 먹으며 은거생활을
하던 차에 올미역 선물을 받자 무척 반가웠던 모양이다. 그런데 김
광진의 근무지는 해안가가 아닌 전주인데 어떻게 올미역을 구했
을까? 조심스레 추정해보자면, 김광진이 보낸 올미역은 강릉 앞바
다에서 채취된 것일 가능성이 있다. 김광진은 본관이 강릉이고, 그
의 형인 김광철金光轍(1493~1550)은 강릉 애일당愛日堂의 주인이다.
즉 김광철의 사위가 바로 허균의 부친 허엽許曄(1517~1580)이니, 곧
허균의 외조부다. 그의 아우인 김광진은 허균의 외숙조부外叔祖父가
된다. 김광진의 집안인 강릉김문江陵金門은 지금의 강릉 사천 일대
에 터를 잡고 세거해왔으니, 겨울에는 항상 올미역을 마련해두었을
터. 그중의 일부를 전주에 있는 김광진에게 보내고, 김광진은 받은
것을 조금 덜어 소세양에게 선물한 것 아닐까?

---

*　소세양蘇世讓,「전주부윤 김광진이 올미역을 보내주었기에 얼른 답장을 써서 고마움을
　전하다謝金全尹光軫惠早藿走筆簡答」,『양곡집陽谷集』권6.

『도문대작』에는 올미역에 대해 이렇게 기록하고 있다. "조곽早藿. 삼척에서 생산되는 것으로, 정월에 딴 것이 좋다."* 허균이 한양에서 자랄 때 올미역을 접했는지는 모르겠지만, 임진왜란 당시 가족을 잃는 슬픔을 안고 강릉에서 지내던 무렵에는 분명히 제철음식으로 올미역을 맛보았을 것이다. 그리고 아마도 그 시절의 기억으로부터 올미역이 『도문대작』의 항목에 포함되었을 것이다.

미역은 기본적으로 바다속 바위에 붙어 생명활동을 하는데, 식물처럼 보이지만 원생생물에 속한다고 한다. 비교적 낮은 수온의 온대성 연안에서 잘 자라기 때문에 한반도에서는 동해안에 많이 서식한다. 허균이 동해안 지역 중에서도 삼척을 올미역의 최고 산지로 꼽은 것은 최적의 환경조건을 갖춘 곳이기 때문이다.

조선시대의 기록을 읽다보면 종종 '조곽早藿'을 발견하곤 하는데, 음력 1월에 궁중에서 거행하는 천신 관련 기록에서 가장 자주 보인다. 천신은 철따라 첫 수확한 산물을 제물로 올리는 제사로, 1월 천신에는 오직 올미역만 올린다. 그러므로 1월 천신 전에는 반드시 올미역이 궁궐에 진상되어야 했다. 올미역을 제때 진상하지 못한 관리의 처벌 문제가 왕조실록에 자주 거론된 것을 보면 그 중대성을 알 수 있다. 1631년 12월 26일자 인조실록 기사에 보면 올미역을 진상하지 못한 삼척부사 박홍미朴弘美(1571~1642)의 파직을 건의

---

* 早藿. 産三陟者, 正月而佳.(『도문대작』)

하는 내용이 있다. 주로 강원도관찰사가 이 문제를 건의하고 이따금씩 경상도에서 문서를 올리는데, 이 사실만 봐도 강원도 지역 동해안이 올미역의 주생산지였음을 짐작할 수 있다.

올미역은 다른 말로 돌미역, 돌곽이라고도 한다. 자연산 미역을 통칭하는 용어로, 다른 지방에서는 어떻게 부르는지 모르겠지만 적어도 강원도 영동 지역에서는 이렇게 통용된다. 요즘도 겨울이 시작되면 삼척에서는 올미역이 채취된다. 미역을 좋아하는 사람들에게는 고급 돌미역의 고장으로 유명하다.

56. 부드러움과 바다 향으로 즐기는 감태

조선 전기에 김간金澗이라는 선비가 절에서 책을 읽으며 지내고 있었다. 하루는 밥상에 맛있는 반찬이 올라왔기에 스님에게 이름을 물어보니 매산苺山이라 했다. 훗날 친한 벗인 용재慵齋 성현成俔 (1439~1504)의 집에 방문했을 때 그는 매산이라는 천하의 진미를 먹어본 적이 있느냐고 물었다. 그러자 성현은 매산은 원래 임금님 수라상에 올리는 것이지만 한번 구해보겠다고 하고는 하인을 시켜서 숭례문 밖 연못에서 태발苔髮을 떠오게 했다. 태발이란 풀어헤친 머리카락처럼 물속에 길게 늘어져서 물결에 일렁이는 푸른 이끼로, 성현은 이것을 구워서 술상을 차려놓고 김간을 불렀다. 그런데 김간 앞에는 연못에서 떠온 태발을 놓고 자기 앞에는 진짜 매산을 놓았다. 가짜 매산 구이를 먹던 김간은 "매산구이 속에 모래가 섞여 있는데다 절에서 먹던 것과는 달리 속이 메스꺼워서 불편하다"면서 즉시 집으로 돌아갔고, 며칠간 구토와 설사를 앓았다고 한다.

『용재총화』(권8)에 소개된 이 일화를 읽으면서 나는 성현이 꽤 짓궂은 장난을 했다고 생각했다. 성현은 이 이야기에 덧붙여, 매산은 감태와 비슷한데 그보다는 조금 짧은 것을 지칭하며 감태는 주로 남해에서 생산되는 김을 지칭한다고 기록했다.

우리는 하루에도 수많은 사물을 접하고 살아가며, 각각의 사물에는 명칭이 있다. 명칭을 정하는 문제는 워낙 논쟁적인 것이어서 간단히 정리할 수는 없지만, 기본적으로 사람들 간의 약속에 의해 정해진다. 하나의 사물에 대해 각자 다른 이름을 사용한다면 소통에 큰 장애가 발생할 수밖에 없기 때문에 어떠한 사물에 하나의 이름을 지정하는 것은 사회적 약속이다. 그렇지만 반드시 하나의 사물에 하나의 이름만 주어지는 것은 아니다. 하나의 이름으로 소통하는 게 최상이겠지만 그렇게 되지 않는 게 현실이다. 많은 기준과 조건 그리고 환경에 따라 하나의 사물이 여러 이름으로 불리기도 한다. 즉 나라가 다르거나 사는 지역이 다르거나 공동체 집단이 다른 경우 사용하는 명칭도 달라질 수 있다. 그런가 하면 세월의 흐름 속에서 다른 이름으로 변하기도 하고 다른 사물을 지칭하는 말이 되기도 한다. 『도문대작』을 읽노라면 이러한 변화를 절감하게 된다.

보통 바다에서 채취하는 나물을 해채海菜라고 한다. 널리 알려진 해채류로는 김, 미역, 다시마, 감태, 파래 등이다. 해채류를 좋아하지 않는 이들은 미역과 다시마를 혼동하기도 하고 김, 감태, 파래를 구분하지 못하는 경우도 있다. 근대 이전의 한자로 기록된 문헌에서는 김을 해의海衣라 표기하고, 감태甘苔는 그때나 지금이나 똑같다. 문제는 '감태'의 함의가 같은가 하는 점이다. 어떤 문헌에서는 감태와 김이 같은 것이라 하고, 어떤 문헌에서는 다르다고 한다. 게다가 감태가 아닌 다른 용어로 불리기도 한다. 이 모든 현상은 기록자가 사물의 이름을 정확하게 모르고 있었거나, 널리 알려진 보편적인 이름을 선택하지 않고 자신이 사는 지역에서 쓰이는 용어를 사용했기 때문일 것이다.

정약용의 『경세유표』(권14)에 이런 글이 나온다. "생각건대, 곽藿이라는 것은 해대海帶이고(방언으로 미역) 태苔라는 것은 해태海苔인데, 혹 감곽甘藿, 감태甘苔라 일컫기도 한다. 태는 또 종류가 많아서 자태紫苔, 청태靑苔가 있어 대동소이한 것이 5~6종이나 있다."

여기서는 감태가 김과 같은 해채류를 지칭하는 단어로 등장한다. 해태, 감곽, 감태는 모두 김을 통칭하는 것이다. 여기서 다시 자태, 청태 등으로 구분되는데, 정약용은 이 중에서 '자태'가 바로 해의이며 지역의 방언으로는 김이라 한다고 주석을 붙였다. 오랫동안 김이 많이 생산되는 남해안 지역에서 귀양살이를 한 정약용이 이러한 주석을 붙였다면, 현재 우리가 말하는 김과 감태는 이미 조선후기에 구분되었던 용어인 것이다. 게다가 정약용 다음 세대라 할 수 있는 곽종석郭鍾錫(1846~1919) 역시 자신의 문집인 『면우집俛宇集』(권2)에서 해의와 감태를 서로 다른 항목으로 서술하고 있을 뿐만 아니라 김(해의)보다 감태가 더 두텁게 만들어진다는 점을 밝히고 있다.

이 같은 현상은 『도문대작』에서도 동일하게 나타난다. 그는 해의와 감태를 각각의 항목으로 서술함으로써 김과 감태를 서로 다른 것으로 인식했음을 알 수 있다. 감태에 대해서는 다음과 같이 서술했다. "감태甘苔. 호남에서 나는데 함평·무안·나주에서 나는 것이 썩 맛이 좋아 엿처럼 달다."

이 감태는 해의(김)와 다른 항목으로 설정되어 있으므로 오늘날 우리가 감태라 부르는 것이라 할 수 있다. 또한 19세기의 박물지인 이규경의 『오주연문장전산고』에도 전국의 특산물을 소개하면서 나주의 감태를 적시했다. 지금도 무안은 감태가 가장 많이 나는 곳이며, 김과 감태 모두 무안을 비롯한 남해안에서 대량 수확되고 있다.

감태의 정확한 명칭은 가시파래다. 양식이 어려워서 여전히 자연산으로 채취된다. 오래전부터 가시파래를 감태로 불러왔기 때문에 근대 이전 기록에서 감태는 대부분 김보다는 우리가 알고 있는 감태를 지칭하는 경우가 더 많다.

흥미롭게도 감태는 파래를 지칭하는 석순石蒪과 혼동되기도 한다. 예컨대 허균보다 한 세대 앞선 노수신盧守愼(1515~1590)이나 김인후金麟厚(1510~1560) 같은 문인이 쓴 시문을 보면 석순(파래)을 선물로 주고받은 내용이 있다. 김인후가 성진性眞이라는 스님에게 보낸 시에서 석순을 언급하고 있으며, 성진 스님이 노수신에게 석순을 선물했을 때 그 시축에서 석순을 언급한 것을 보고 시를 짓기도 했다. 특히 석순을 선물로 받은 노수신은 "앉아서 맛 좋은 석순국을 구해 먹노라니, 외로운 회포 함께 나눌 사람이 없다坐討蓴蓴美, 孤懷不可分"라고 읊었다. 『남월지南越志』의 기록에 따르면, "석순은 남해에서 나는데, 바위에 붙어서 자란다. 자채紫菜(김)와 비슷하지만 푸른 빛을 띤다"고 했다.

석순이라는 단어는 대부분 파래를 의미하지만, 맥락에 따라서는 김이나 감태를 의미한다. 때로는 육지에서 자라는 다른 채소를 의미하기도 한다. 이렇듯 조선 후기로 갈수록 김, 감태, 파래는 다른 사물을 지칭하는 단어로 변해간다. 『증보산림경제』에는 석순에 대해 "잎은 백합과 같으며, 4, 5월에 캐서 국을 끓여먹거나 식초에 담가 먹으면 좋다"고 설명했는데, 이때의 석순은 확실히 파래가 아니다. 『도문대작』에서도 석순은 별도의 항목으로 다루어 "석순. 영동 지방에서 많이 나는데 가장 좋다"고 서술했다. 이때 말하는 석순은 감태와 다른 것은 분명하지만, 석순이 파래를 뜻하는 것인지, 다른 무엇을 지칭한 것인지는 불분명하다.

바닷가 바위에 감태가 붙어 있는 것을 보면 마치 푸른빛 융단을 씌워놓은 것 같다. 파도가 칠 때마다 넘실거리는 모습은 그렇게 아리따울 수가 없다. 감태 역시 파래의 일종인 만큼 조리 방식이 비슷하지만, 파래는 주로 국으로 끓여먹거나 나물처럼 무쳐 먹는 반면 감태는 김처럼 얇게 펴 말려서 밥이나 다른 음식을 싸먹는 편이다. 김보다 도톰한 감태는 밥이나 다른 음식을 싸서 먹지 않고 그냥 먹어도 부드러운 식감이라든지 혀 끝에 감도는 달착지근한 여운이 일품이다. 허균이 엿처럼 달다고 한 표현은 조금 과장된 듯하지만, 단맛에 길들여진 우리는 옛사람들만큼 감태의 단맛을 충분히 즐기지 못할 수도 있다. 새삼 자연으로부터 멀리 떨어진 우리의 미각을 돌아보게 된다.

57. 맛으로는 동해안의 김이 최고였지

어린 시절 아침에 일어났을 때 부엌에서 김 굽는 고소한 냄새가 풍겨오면 아침밥이 기다려지곤 했다. 그때는 지금처럼 김에 참기름을 바르고 고운 소금을 살짝 뿌려서 바삭하게 굽는 방식이 아니었다. 국을 끓이느라 한껏 달궈진 솥뚜껑 위에 아무것도 바르지 않은 김을 살짝 올렸다가 뒤집으면 그것으로 끝이다. 김이 순식간에 구워질 만큼 솥뚜껑의 온도가 높아서 때로는 김 모서리 부분에 불이 붙기도 했다. 지금도 나는 약한 불에 살짝 구운 생김에 밥을 얹고 간장을 곁들여 먹는 방식을 즐긴다. 전통적인 조선김 외에도 녹색 파래를 조금 섞은 파래김, 조금은 거칠고 구멍이 숭숭 뚫려 있는 돌김 등은 그 나름의 풍미로 우리의 입맛을 즐겁게 한다.

요즘 식생활이 많이 바뀌었다고는 해도 학교에서 소풍 가는 날이나 행사가 있는 날이면 여전히 김밥 도시락이 필수다. 김밥에 들어가는 속재료 구성은 사람에 따라 차이가 있지만 기본은 단무지,

시금치, 소시지, 계란 등이다. 최근 김밥집 메뉴를 보면 꽤 다양한 종류의 김밥이 개발되어 있어 경탄스러울 정도다. 최근에는 해외에서 대표적인 한국 음식 중 하나로 인기가 높다고 한다. 사실 먹는 방식은 조금 다르지만 김은 중국이나 일본에서도 즐겨먹는 식재료 중의 하나다. 특히 일본은 우리처럼 김밥이나 주먹밥 또는 술 안주로 자주 접할 수 있으며, 바삭한 김가루와 다른 재료가 섞인 후리카케로 쓰이기도 한다.

김은 우리의 식탁에 오르기까지 몇 단계 과정을 거친다. 우선 바다에서 채취한 김을 민물에 깨끗이 씻은 뒤 잘게 잘라 물통에 넣어 풀어지게 만든다. 이것을 대나무로 만든 발(김발장, 발장)에 얇게 펼쳐지도록 뿌려서(혹은 떠서) 건조시킨다. 이렇게 건조된 김을 모아서 적당한 크기로 잘라서 묶는다. 발장에 김을 뿌려서 얇게 말리는 방식이 언제 개발되었는지에 대한 확실한 기록은 없다. 다만 만드는 방식이 닥나무를 끓여서 종이를 뜨는 방식과 흡사한 점을 고려할 때 최소한 종이 발명 이후에 개발되었을 것으로 추측된다.

조선 후기 실학자로 알려진 이익은 『성호사설』(권5)에서 빛깔이 붉어서 자채紫菜라 불리는 김에 대해 이렇게 설명했다. "바다 바위 위에 돋는 이끼로서 빛깔은 붉은데, 그것을 따서 마치 종이처럼 조각으로 만든다." 이 내용을 보면 당시에도 김을 얇게 펴 말리는 방식이 널리 전파되어 있었음을 알 수 있다. 비슷한 시기의 실학자 유득공 역시 『고운당필기』(권4)에서 두 종류의 해조류를 소개했는데,

하나는 해의海衣(김)이고 다른 하나는 태포苔脯 혹은 파라厓羅(파래)이다. 그리고 김에 대해 "바다에서 건져 볕에 말려 종이처럼 얇게 만들어서 불에 구워 먹는데 맛이 매우 좋다"고 설명했다. 조선 후기의 관료 문인인 이의봉李義鳳(1733~1801)은 1760년 청나라에 사신으로 다녀온 경험을 기록한 『북원록北轅錄』에서 "기름과 간장을 먹이고 햇볕에 말린 김"을 물과 함께 먹었다고 했다. 이런 기록들이 조선 후기에 자주 등장하는 것으로 보아 양식한 김을 채취해서 발장에 말려 먹는 방식이 정착돼 있었다. 뿐만 아니라 김을 불에 구워서 먹거나 요즘처럼 기름과 간장을 발라서 짭짤하게 먹는 조리 방식도 이미 널리 보급되어 있었다.

허균은 김에 대한 기억을 토대로 『도문대작』에 다음과 같이 기록했다. "해의海衣. 남해에서도 나지만 동해 사람들이 주먹으로 짜서 말린 것이 가장 좋다."

여기서 김은 바위옷 같다 하여 '해의'라고 불려왔지만, 근대 이후에는 바다의 이끼라는 뜻으로 해태海苔라 불리기도 한다. 어쨌거나 허균의 서술은 두 가지 점에서 흥미롭다. 우선 김은 남해에서도 생산되지만 동해의 것이 더 맛있다고 한 점이다. 오늘날 김의 주산지는 완도를 중심으로 한 남해인데 동해의 김을 우위에 두었다는 점에서 특이하다. 그러나 조선 전기를 반영하는 『신증동국여지승람』에 기록된 토산물을 살펴보면 서해안과 남해안의 여러 지역뿐만 아니라 동해안의 여러 지역이 김의 산지로 열거되어 있다. 강원도의 간성·강릉, 경상도의 평해·울진·울산·동래·영일 등 동해안 전 지역을 포괄한다. 반면 조선 후기 실학자인 유형원柳馨遠(1622~1673)이 편찬한 『동국여지지』에는 충청도 서해안 지역의 특산물이라고만 소개되어 있어 큰 차이를 드러낸다. 허균이 남해안보다 동해안의 김을 더 높게 평가한 것은 당시 사회적 상황과 자신의 경험이 닿아 있음을 보여준다.

두 번째로 주목할 점은 김을 주먹으로 짰다는 점이다. 바다에서 채취한 김을 발장에 묻혀 얇게 펴말리는 방식이 아니라 손으로 짜서 먹었다는 의미다. 허균 시대만 하더라도 김은 조정에 공물로 바치는 귀한 식재료로, 집이 바닷가라서 언제든지 바위에 자생하는 김을 채취할 수 있는 환경이 아닌 경우 일반 백성이 일상적으로 먹기는 어려웠다. 조정에 공물로 올라온 것을 나눠받는 양반이거나 선물로 주고받을 수 있는 부유층만이 김을 맛볼 수 있었다. 조선 후기의 유학자 윤증尹拯(1629~1714)은 1708년 2월 자신의 서제庶弟인 윤졸尹拙에게 보내는 편지에, 서제가 선물로 보내온 김과 생전복에 대해 언급하면서 관청에서 얻은 것임을 드러내고 있다. 또한 1650년(효종 1) 3월 23일자 왕조실록 기사에는 이경여李敬輿(1585~1657)가 조정에 공물로 바치는 김 1첩이 목면木綿 20필에 해당한다면서 김을 생산하는 백성의 노고에 대해 간언하는 내용이 있다. 당시 성인 남성의 군포가 1년에 2필 내외였음을 감안할 때 김의 값어치는 어마어마한 것이다. 이처럼 18세기 초까지만 해도 김은 귀한 대접을 받았다.

『광양시지』(2005)에 따르면 1640년 김여익金汝翼(1606~1660)이 최초로 광양에서 김을 양식했다고 한다. 당시 김 양식이 얼마나 획기적이었는지, 해의라 불리던 것을 김여익의 성을 따서 '김'이라 부르게 되었다는 속설도 전해진다. 이 기록이 얼마나 신뢰할 만한 것인지는 모르겠지만 17세기 이후 본격적으로 김이 양식되었다는 하나의 증거가 될 수는 있을 것이다. 실제로 조선 전기 실록에는 중국이나 일본의 사신들에게 김을 선물로 준 기록이 다수 남아 있는데, 김을 부탁하는 사람이 많은 경우에는 물량을 확보하기 어렵다는 내용도 담겨 있다. 이 또한 17세기 이후 양식이 가능해졌다는 점을 시사하는 것이 아닐까 싶다.

김여익보다 앞선 세대인 허균 시대만 하더라도 양식 김이 아닌 자연 채취한 김을 먹었다. 바위에서 채취한 돌김을 얇게 펴말리지 않고 둥글게 덩어리로 만든 뒤 김국을 끓여먹곤 했는데, 이런 방식은 지금까지도 이어지고 있다. 그러고 보면 허균이 주먹으로 김을 짰다고 한 경우는 국이나 무침으로 먹기 위한 용도였을 수 있다. 이런 방식으로 먹을 때는 신선한 김에서 풍기는 특유의 향과 싱그러운 녹색빛, 부드러운 식감을 온전히 즐길 수 있다.

58. 늙을수록 매워지는 생강의 맛

    차를 마실 때 편강片薑 몇 조각을 곁들이면 차의 풍미가 더욱 풍부해진다. 생강을 얇게 썰어서 끓는 물에 삶은 뒤 설탕에 버무려 졸였다가 하나씩 떼어서 잘 말리면 맛있는 편강이 된다. 편강 한 조각을 깨물면 바삭한 식감에 이어 달콤함과 생강 특유의 매콤함이 입안에 가득 찬다. 그럴 때 차를 함께 마시면 정신을 맑게 해준다.

    생강은 쓰임새가 다양하다. 기본적으로는 음식을 조리할 때 향신료나 조미료로 널리 쓰이며, 생강차나 생강청으로 만들어 음료로 즐길 수도 있다. 추운 날 감기몸살로 으슬으슬할 때 뜨끈한 생강차 한 잔 마시면 회복에 도움이 된다. 하지만 모든 사람이 생강 맛을 좋아하는 건 아니다. 어쩌다 김치에 들어간 생강 조각이 씹히면 특유의 강렬한 향과 맛 때문에 눈살을 찌푸리는 이도 많다. 특히 아이들은 생강 맛을 좋아하지 않는 편이다. 이렇듯 생강은 기호의 편차가 커서 생강차를 좋아하는 사람은 매일 마시지만 싫어하는 사람은 입에 대지도 않는다. 나 역시 어릴 때는 생강을 좋아하지 않았지만 나이 들수록 맛을 좋아하게 되어 다양한 방식으로 즐기고 있다.

예로부터 생강은 여러 병에 효험이 있는 약재로 쓰였다. 이유원李裕元(1814~1888)의『임하필기林下筆記』(권35)에서는 삼보강三寶薑이라는 생강 품종이 소개되어 있다. 이 생강은 명나라 초기에 삼보태감三寶太監이 심은 것으로, 봉산현鳳山縣에서 주로 생산되며 온갖 병을 치료할 수 있다고 했다. 조선에서는 오직 전주에서만 이 삼보강이 생산되는데 중국의 것과 어떤 관계가 있는지는 알려진 바가 없다. 허균은『도문대작』에 이렇게 기록하고 있다. "생강[薑]. 전주에서 나는 것이 좋고 담양과 창평의 것이 다음이다." 허균이 말하는 생강이 바로 삼보강인 듯하다.

창평은 오늘날 전라남도 담양에 속한 곳이었으니 같은 지역으로 볼 수 있다. 허균이 최고로 치는 것은 전주에서 생산된 것으로, 지금도 전주 인근 지역에서는 생강이 많이 재배되고 있다. 특히 완주군 봉동읍은 우리나라 최초로 생강을 재배한 시배지始培地로 인정받는 곳으로, 최근에는 생강짬뽕 메뉴를 선보일 정도로 다양한 생강 요리가 개발되고 있다. 봉동읍이 생강 시배지라는 설에 대한 정확한 근거를 확인하기는 어렵지만, 조선시대에 전주의 생강이 최고의 품질로 인정받았던 것만은 분명해 보인다. 허균 이전 시기에 편찬된 지리지『신증동국여지승람』에서도 생강을 전주의 특산물로 꼽았으니 말이다.

『도문대작』을 제외한 허균의 다른 문집에서는 생강에 관한 기록이 보이지 않는다. 그러나 조선시대 문인들은 생강을 좋은 약재로 인식했을 뿐만 아니라 평소에 간식으로 즐겨 먹었다. 서거정徐居正(1420~1488)은 김유金紐(1420~?)가 텃밭에서 키운 생강을 선물해준 데 고마움을 표하면서 약과 차로 먹겠다고 했으며, 장유張維(1587~1638)는 친구로부터 말린 생강을 선물받은 뒤로 풍증風症과 위장병, 관절통에 효과가 있었다고 했다. 또한 『논어』 「향당鄕黨」 편에 공자가 "생강 먹는 것을 그치지 않았다不撤薑食"는 구절이 있어서인지 유생들에게는 의미가 있는 간식거리라 할 수 있다. 특히 양반가의 품격 있는 간식으로 전강煎薑이라는 게 있다. 일종의 생강정과인데 홍만선의 『산림경제』(권2)에 만드는 방법이 소개되어 있다. 가을에 수확한 생강을 끓는 물에 데쳐서 말린 뒤, 백반 끓인 물에 넣어 2, 3일 재워둔다. 이것을 살짝 졸인 꿀에 넣고 보름에 한 번씩 꿀을 갈아준다고 되어 있다. 생강의 매운맛 때문에 간식으로 만들 때 꿀을 섞은 듯하다. 아직 전강을 먹어보진 못했지만 만드는 방법만 보아도 많은 시간과 정성을 필요로 하는 음식이라는 걸 알 수 있다.

최남선崔南善(1890~1957)은 『조선상식문답』이라는 저서에서 우리나라 3대 명주로, 평양 감홍로甘紅露, 정읍 죽력고竹瀝膏, 전주 이강고梨薑膏를 손꼽았다. 특히 이강주는 고종이 한미수호통상조약을 맺을 당시 대접한 술로 명성이 드높았다. 이 술은 전통적인 소주 방식으로 1년 이상 정성을 들여 제조되는데, 배·생강·계피·울금 등의 재료가 들어간다. 그리고 마지막으로 꿀을 첨가하면 알코올 도수 25도의 이강주가 빚어진다.

흥미롭게도 조선의 왕들은 봄마다 신하들에게 생강 싹을 하사하여 집에서 키우도록 했다는 기록이 종종 보인다. 이는 생강의 매운 맛과 신하의 강직함을 연결 지은 상징적인 행위라 할 수 있다. 예컨대『송사宋史』「안돈복열전晏敦復列傳」을 보면 이러한 구절이 있다. "나는 끝내 나 자신을 위해 나라를 그르치지 않을 것이다. 하물며 생강과 계피 같은 나의 성품은 늙어갈수록 더욱 매워짐에랴吾終不爲身計誤國家 況吾薑桂之性 到老愈辣!" 강직한 성품의 관료인 정온鄭蘊(1569~1641)은 1636년(인조 14)에 왕이 하사한 생강을 후원에 심은 뒤 온갖 더러운 것을 씻어내리라 다짐하는 시를 썼다. 조선 후기의 명신 채제공蔡濟恭(1720~1799)은 음력 2월 그믐날 영조英祖로부터 생강을 하사 받은 뒤 자신을 '쟁신諍臣'에 비유했다. 쟁신이란 임금에게 잘못이 있으면 간언하는 신하를 말한다. 즉 소화를 돕고 약의 독성을 중화하는 작용으로 여러 약재의 효과를 돕는 생강처럼 임금에게 매서운 간언을 하여 성군이 되도록 보필하는 존재를 일컫는다.

생강을 하사하는 의미를 명확히 밝힌 인물은 정조正祖(1752~1800)다. 정조는 「반강명頒薑銘」(생강을 나누어 주는 글)이라는 제목의 서문에서 이렇게 썼다. "봄이면 생강 종자를 가까운 신하에게 나누어주는 일은 예로부터 전해진 것이다. 강薑(생강)이란 강彊(굳셈)을 뜻한다. 강하게 막는 힘이 있어서 더럽고 나쁜 것을 제거하고 신령하고 밝은 것을 통하게 한다. 사람에게 오래도록 복용하게 하면 몸에 밴 구습을 벗고 순수한 경지에 오르게 한다."* 그러면서 정조는 신하에게 단 것을 주지 않고 매운 생강을 주는 의미를 밝힌 시를 지어주기도 했다. 굳센 생강처럼 사악한 것을 막을 것이며, 늙을수록 매워지는 생강의 성품처럼 더욱 몸과 마음을 가다듬어서 뜻과 기운이 맑고 밝아지기를 바란다는 내용이다.

『도문대작』을 쓰던 해인 1611년, 허균의 나이는 43세였다. 우여곡절 끝에 유배를 당한 그는 그간 써온 글들을 전체적으로 살피면서 훗날 문집이 될 『성소부부고』의 초고를 직접 편집했다. 그 과정에서 이제는 은거하여 책을 읽으면서 몸과 마음을 양생養生하기로 마음을 먹었다. 늙을수록 매워지는 생강처럼, 그의 몸과 마음도 단단해진 것이리라. 물론 유배에서 풀리자 그 마음도 흩어진 것으로 보이지만 그 시기 책을 집필하던 시간이 자신의 삶을 돌아보는 시간이었던 것은 분명하다.

---

* 春以種薑賜近臣, 故事也. 薑者, 彊也, 有彊禦之力. 去穢惡. 通神明. 令人久服而祛漸染之舊. 躋粹然之域.(正祖, 「頒薑銘」, 『弘齋全書』 卷53)

59. 엄혹한 겨울을 이겨내는 푸른 파[蔥]처럼

텃밭의 겨울은 쓸쓸하다. 가을바람이 건듯 불어오고 서리라도 한번 내리면 어제만 해도 싱싱하던 잎들이 숨 죽어 늘어진다. 가을바람은 금풍金風이라 했던가. 가을은 오행五行 가운데 금金이고 관청 가운데 형조刑曹다. 천지의 기운을 죽이는 숙살지기肅殺之氣의 계절이다. 이 서슬 푸른 기운 앞에 고개 세울 것이 얼마나 되겠는가. 국화는 그 기운을 뚫고 꽃을 피워내기에 오상고절傲霜孤節이라 칭송하고 소나무와 측백나무 또는 잣나무를 세한지절歲寒之節이라 우러르는 것 아니겠는가. 그러나 나와 같은 필부들은 가을바람에 속절없이 스러지는 풀과 같은 운명인지라, 이즈막이 되면 괜히 쓸쓸해지곤 한다.

뜰에 마련한 작은 텃밭에 가을이 깊어질수록 황량한 분위기가 짙어지고, 겨울이 오자 마당으로 차가운 북풍이 가득하다. 주말에 느지막이 일어나 창밖을 보니 눈이 내려 천지가 온통 희다. 창문을 열자 찬 공기가 훅 끼친다. 놀란 마음에 얼른 창문을 닫고 괜히 책을 뒤적거리기도 하고 집안을 어슬렁거리다가 겉옷을 걸치고 밖으로 나가본다. 텃밭이고 마당이고 할 것 없이 흰눈에 덮여 있다. 그 위로 이름 모를 새의 발자국이 두어 줄 가지런히 찍혀 있고 구석에는 고양이 발자국도 찍혀 있다. 당나라 문인 유종원柳宗元의 시구절 "온 산에 나는 새 끊어졌고 모든 길에 인적 사라졌다千山鳥飛絶, 萬逕人蹤滅"를 떠올리게 하는 풍경이다.

생각에 잠겨 하염없이 뜰을 바라보던 중 텃밭 한쪽에 쌓인 눈이 햇살에 녹고 있는 게 보였다. 이랑이 높아서 먼저 녹았을까 싶어 유심히 바라보니 흰 눈 사이로 푸릇한 무언가가 보였다. 바로 파였다. 파의 뾰족한 끝부분이 흰 눈을 뚫고 햇살을 받아 푸른 빛을 드러낸 것이다. 놀라운 일이었다. 다가가서 눈을 헤쳐보니 한 무더기의 파들이 자라고 있었다. 생각해보니 가을 무렵에 텃밭을 정리할 때 다른 채소는 뿌리를 뽑고 땅을 갈아버렸지만 파는 시들지 않고 싱싱해서 나중에 정리할 생각에 내버려두었던 것이다. 내가 까맣게 잊고 있는 동안 그들은 자신의 생명을 꿋꿋이 지켜내고 있었다. 손가락으로 언 땅을 조금 파내자 수많은 잔뿌리들이 뒤엉겨 단단한 꾸러미를 이루고 있었다. 감동적이었다. 겨울 추위에 속절없이 사라질 생명이었지만 작고 가는 뿌리들이 뒤엉겨 촘촘한 그물을 만들면서 추위를 견뎌낸 것이다.

『도문대작』에는 주로 양념으로 쓰이는 식재료도 몇 가지 포함되어 있는데, 대표적인 종류인 파에 대해서는 다음과 같이 서술했다. "파[蔥]. 삭녕朔寧에서 나는 것이 매우 좋은데, 부추·소산小蒜·고수[荽]·원수圓鬚 등도 모두 좋다."*

생강, 겨자, 마늘도 양념으로 많이 사용되는 종류인데, 파에 비하면 다양한 방식으로 조리되는 편이다. 허균이 파 항목을 서술하면서 다른 여러 재료를 함께 언급한 이유는 무엇일까. 아마 삭녕의 특산물을 소개하고자 하는 뜻도 있겠지만, 그것들이 모두 비슷한 쓰임을 갖고 있기 때문은 아닐까. 이 가운데 소산小蒜이나 원수圓鬚는 어떤 품종인지 알 수 없다. 다만 소산은 작은 마늘로 번역되곤 했는데, 여기선 달래를 뜻하는 것으로 보인다. 원수는 다른 어떤 문헌에도 보이지 않는 것이라 허균이 무엇을 상정하여 언급한 것인지 알 수 없다.

삭녕은 조선시대에 삭녕군으로 존속되다가 일제강점기 이후 경기도 연천군과 강원도 철원군에 편입되었고, 분단 이후에는 남북으로 갈라져 폐지된 비운의 지역이다. 조선 전기에 편찬된 『신증동국여지승람』에도 경기도 삭녕군의 토산물 항목에 파가 포함되어 있고, 이 고을 사람들이 파를 많이 심어서 이익을 얻는다는 협주夾註가 붙어 있다. 허균은 이 지역을 들렀던 적이 있거나 한양에 살 때 이곳에서 생산된 파를 먹었을 수도 있다.

---

* 蔥. 産朔寧者極好, 而韭小蒜荽園鬚俱好.(『도문대작』)

일반적으로 파는 크게 쪽파와 대파로 나뉘며, 파 특유의 향과 단맛을 얻기 위해 찌거나 굽거나 탕에 넣는 등 다양한 조리법이 개발되어 있다. 주로 육수를 내거나 음식 고명으로 쓰이며, 밀가루와 섞어 파전으로 부쳐 먹거나 고기를 구워 먹을 때 파채로 곁들여 먹기도 한다. 파의 향을 싫어하는 사람도 있지만, 예로부터 파는 신선이 먹는 음식이라 하여 반총산 같은 한약의 필수 약재로 쓰였다. 반면 매운 향 때문에 불가佛家에서는 금하고 있다.

흔치는 않지만 우리나라 민담에 파를 소재로 한 이야기가 있다. 옛날에 사람이 소로 보이는 병이 유행했다. 어떤 젊은이가 자신의 집에 소 한 마리가 있는 걸 발견하고 잡아먹으려고 죽였다. 정신을 차려보니 그 소는 자신의 형이었다. 그는 형을 죽였다는 괴로움으로 집을 나와 세상을 떠돌다가 어느 날 사람이 소로 보이지 않는 마을에 도착했다. 그는 마을 사람들이 행복하게 살아가는 모습을 보고는 한 노인에게 이곳에는 사람이 소로 보이는 병이 없느냐고 물었다. 그러자 노인은 옛날에 그런 병이 나돌았는데 파를 먹으니까 눈이 맑아져서 병이 없어졌다고 했다. 그 마을에는 넓은 파밭이 펼쳐져 있었고, 젊은이는 파씨를 얻어 고향으로 돌아와 마을 사람들에게 파씨를 나눠주고 함께 재배했다. 그 파를 먹은 후로는 사람이 소로 보이는 병이 사라졌다고 한다.

이 설화에서 파는 인간을 인간으로 볼 수 있게 해주는 명약으로 설정되어 있다. 나 역시 어린 시절에는 파를 싫어했는데, 어른들은 파가 피를 맑게 해준다면서 두어 숟가락 떠넣어주시곤 했다. 성인이 되어서 곰탕이나 메밀국수를 먹을 때면 파를 듬뿍 넣는 습관이 든 것도 옛날 어른들의 말씀이 각인되어 있기 때문인 것 같다.

엄혹한 시대를 넘어가고 있는 지금, 문득 차가운 눈 속에서 푸른 빛을 발하며 고개를 내민 파를 생각한다. 하나의 뿌리는 나약하기 그지없는 존재이지만 작고 연약한 뿌리들이 무리지어 서로 어깨를 겯고 뭉치면 혹독한 추위에도 버틸 수 있다. 허균이 이 글을 쓸 당시 어떠한 생각을 했을지 모르겠으나, 나는 겨울을 견디는 연약한 파의 모습에서 우리 시대의 연대를 생각해본다.

60. 혼탁한 세속의 마음을 정화하는 마늘

마늘은 단군신화에 등장하는 식물이다. 환인이 늘 삼위태백을 내려보다가 아들인 환웅이 인간 세상을 널리 이롭게 할 만하다[弘益人間]고 여겨 천부인天符印 세 개를 주면서 태백산 신단수로 내려가게 했다. 환웅은 3000명의 무리를 이끌고 이곳에 터를 잡으니 바로 신시神市다. 풍백風伯, 우사雨師, 운사雲師를 거느리고 인간사를 주관하면서 세상을 다스리고 교화했다[在世理化]. 이때 곰과 호랑이가 인간이 되게 해달라고 기도를 드리자 환웅은 신령스러운 쑥[靈艾] 한 묶음과 마늘[蒜] 20줄기를 주면서 "너희가 이것을 먹으면서 100일 동안 햇빛을 보지 않으면 인간이 될 것이다"라고 했다. 호랑이는 동굴 생활을 견디지 못하고 중간에 뛰쳐나갔지만 곰은 100일을 견뎌 결국 웅녀熊女가 되었고, 환웅과 혼인하여 단군을 낳았다. 우리 민족 서사敍事의 영원한 고향이라 할 수 있는 이 신화는 『삼국유사三國遺事』에 담긴 것이지만, 그 또한 『고기古記』에서 인용된 것이므로 우리

조상은 아주 먼 옛날부터 마늘을 먹었음을 알 수 있다.

마늘은 우리 음식 문화에서 가장 기본적인 식재료이므로 단군신화 속 마늘의 상징에 대해서는 다양한 해석이 가능할 것이다. 다만 분명한 것은 민족의 역사가 시작되는 시기부터 마늘을 먹었을 만큼 음식문화 깊숙이 자리하고 있다는 사실이다. 그렇다고 해서 마늘의 원산지가 한반도인 것은 아니다. 백과사전에 따르면 중앙아시아나 이집트가 원산지일 것으로 추정하고 있으며, 중국을 거쳐 한반도로 전파된 것으로 정리하고 있다. 실제로 고대 이집트에서는 피라미드 건설에 동원된 노동자들에게 마늘을 식용 및 약용으로 지급했다고 전해진다. 서양에서는 마늘을 식재료로 이용하는 동시에 의약 및 주술 분야에서 그 효능을 발견했다.

이렇듯 인류사에서 보편적인 식재료로 확인된 마늘이지만 불쾌함을 주는 강한 냄새 때문에 사람들에게 꺼려지기도 한다. 오죽하면 강한 향을 제외하고는 백 가지 이익이 있다는 뜻으로 일해백리一害百利의 식품이라 했겠는가. 그런 탓에 예로부터 동아시아의 수행자들은 마늘을 먹지 않았다. 특히 불교에서는 마늘과 함께 부추, 파, 달래, 흥거의 자극적인 향 때문에 마음을 고요히 하는 수행에 방해된다고 여겼다. 조선의 유학자도 이러한 견해에 동조하는 사람이 많았다. 허균이 쓴 이홍효李興孝(1537~1593)의 묘갈명을 보면, 이홍효가 문정왕후의 기일에는 술과 마늘을 먹지 않았다는 점이 강조되어 있다. 그러나 마늘은 널리 재배되었으며, 중요한 식재료로 취급되었다. 『도문대작』에는 다음과 같이 기록되어 있다. "마늘. 영월에서 나는 것이 가장 훌륭하다. 그것을 먹어도 마늘 냄새가 나지 않는다."*

허균 시대와는 달리 요즘은 경상도 의성이나 창녕, 충청도 서산 등에서 마늘을 특산으로 재배하고 있다. 조선 전기만 해도 모든 지역의 농가에서 마늘이 재배되었는데, 『동국여지승람』에는 경상도 성주, 선산 지역과 황해도 연안과 배천 지역의 특산물로 기록하고 있다. 아마도 이는 생산량에 따른 세금 부과를 고려하여 기록한 것으로, 전적으로 맛에 기준을 둔 허균의 기록과는 관점이 다르다. 즉 허균의 핵심은 강원도 영월에서 나는 마늘은 마늘 특유의 향이 없어 아주 훌륭하다는 것이다.

워낙 도교에 관심이 깊었던 허균이었으니 청정수행을 위해 마늘을 자제해야 함을 모를 리 없었다. 그가 편찬한 『한정록』에도 당나라 때 재상을 지낸 배도裵度라든지 당나라를 대표하는 시인 왕유王維 등이 마늘을 먹지 않는 청정한 생활을 했다는 내용이 수록되어 있다. 또한 『현관잡기玄關雜記』를 인용하여 "모든 병마에서 벗어나고 싶거든 언제나 오신채 먹기를 삼가라. 정신을 편안히 하고 마음을 기쁘게 하며 기운을 아껴 화순和純을 보전하라. 장수함과 요절을 운명이라 말하지 말라. 그것을 닦아서 지니는 것은 사람에게 달렸

---

* 蒜. 産寧越者最佳, 食之無葷氣(『도문대작』)

노라. 그대 능히 그 이치를 존중한다면 땅에서 진군眞君을 뵐 수 있으리"라고 했다. 진군은 도교에서 존숭하는 최고의 신으로, 오신채를 먹지 않고 열심히 수양한다면 만물을 주재하는 진군처럼 영생의 경지에 이를 것이라는 뜻이다. 그와 같은 맥락인지는 모르겠으나, 허균이 생각하는 좋은 마늘의 기준은 특유의 냄새가 나느냐 안 나느냐 하는 것이다.

특유의 강한 냄새에도 불구하고 마늘은 다양하게 조리되었다. 마늘은 구워 먹거나 장아찌로 만들어 먹고, 마늘종은 장아찌를 만들거나 볶아서 먹기도 한다. 생마늘 그대로 먹기도 하지만 역시 마늘은 다져서 양념으로 사용하는 경우가 가장 많다. 어쨌거나 식생활의 기본 재료로 쓰이기 때문에 마늘은 시장에서 활발하게 매매되는 품목 중 하나였으며, 근대 이전부터 농가에서는 마늘을 재배하여 수익을 얻곤 했다. 뿐만 아니라 사대부 집안에서도 가용家用에 보태기 위해 다소나마 마늘을 재배했다. 조선 후기의 유학자인 윤증尹拯(1629~1714)은 1705년 6월 백광서白光瑞(1638~1716)에게 보낸 편지에 죽순, 파, 마늘 종자를 보내준 덕분에 채소 농사를 할 수 있게 되었다며 고마움을 표하고 있다. 또한 자신은 농사를 배운 적이 없으니 파종 방법을 알려달라면서, 설령 배운다 한들 채소를 기를 땅이 없으니 한스러운 일이라고 한탄했다.*

---

* 윤증, 「與白文玉」, 『明齋遺稿』 卷16.

정약용은 마늘 농사에 훨씬 적극적인 태도를 보였다. 다산은『경세유표』(권8)에서 농가의 수입을 증대하는 수단으로 모시, 삼, 참외, 오이와 채소류 그리고 약초 등의 특용작물을 심도록 권유하고 있다. 또한 서울 안팎과 번화한 대도시 주변에서 파, 마늘, 배추, 오이를 심으면 10묘畝의 땅에서 수만 전錢의 수확을 낼 수 있다고 주장했다. 이는 조선 후기에 도시 규모가 커지면서 많은 인구를 먹여 살릴 수 있는 식재료가 요구되는 현실을 정확하게 꿰뚫어본 것으로, 농가 이익을 극대화하는 데 필요한 작물에 대해 탐구한 내용이다. 실제로 정약용은 두 아들 정학연丁學淵(1783~1859)과 정학유丁學游(1786~1855)에게 보내는 편지에 농사를 열심히 지으라고 독려하는 말을 여러 차례 남겼다. 채소밭을 가꾸려면 땅을 어떻게 일궈야 하는지, 흙은 어떻게 처리해야 하는지, 씨를 뿌리거나 모종은 어떻게 하는지를 간곡히 전하면서 다음과 같이 썼다. "아욱 한 구역, 배추 한 구역, 무 한 구역씩을 심고, 가지나 고추 따위도 각각 구별해서 심어야 한다. 그러나 마늘과 파를 심는 데 힘을 써야 마땅하며, 미나리도 심을 만하다. 한여름 농사로는 오이만 한 게 없다. 비용을 절약하고 근본에 힘쓰면서 겸하여 아름다운 이름까지 얻는 것이 바로 이 일이다."*

다산은 아들들에게 계절에 따라, 주변의 경제 상황에 따라, 경작

---

* 葵一區菘一區蘿蔔一區, 如紫茄辣茄之屬, 各宜區別. 然種蒜種葱, 最宜致力, 芹亦可種. 三夏之農, 莫如瓜. 節用而務本, 兼之得美名者, 此事也.(丁若鏞,「寄兩兒」,『茶山詩文集』卷1)

지의 상황에 따라 어떤 작물을 어떻게 심어야 할지 세세히 알리고 있다. 그러면서 특히 파와 마늘에 힘을 기울여야 한다고 한 것은 가용에 보태쓰기에 가장 필요한 작물이라 판단했기 때문이다. 얼핏 다산은 무척 살가운 아버지처럼 보이지만 본인 스스로는 속마음을 잘 표현하지 못한다고 여겼다. 강진 귀양 시절에 정약용이 머물던 보은산방寶恩山房으로 큰아들 정학연이 기별도 없이 찾아온 적이 있었다. 누군가 방문을 두드리기에 문을 열어보니 훌쩍 자란 큰아들이 수염이 덥수룩한 헌헌장부가 되어 서 있었다. 자신에게 절을 올리는 아들의 모습에 당황한 모양인지, 다산은 어느 시편에 "어색하고 선뜻 정도 가지 않아서 어떻게 지내는지 제대로 묻지도 못하고 어물어물하면서 시간만 끌었다"고 당시의 심정을 표현했다. 더욱이 보잘것없는 어린 당나귀를 타고 온 아들의 옷이 진흙에 더럽혀져 있는 것을 보고 마음이 편치 못했던 모양이다. 아들이 오는 길에 넘어진 듯한데 허리를 다치진 않았는지, 그런 불편한 몸으로 당나귀를 탔으니 얼마나 힘들었을까 안타까워했다. 그런데도 아들은 아버지의 눈치를 살피면서 당나귀가 쓸만해서 고생스럽지 않았다며 안심시키려 한다.

다산은 아들과 말을 이어가던 중 요즘 농사가 어떤지 묻는다. 그러자 아들은 밤나무와 옻나무가 쑥쑥 잘 자라서 소출이 늘고 있으며, 마늘은 어떨지 몰라서 조금 심었더니 배[梨]만 하게 자라서 그것을 팔아 강진으로 오는 노잣돈을 마련할 수 있었다고 한다. 걱정을 덜어드리려고 소출이 많다고 강조하지만, 아버지는 그 대답에서 빠듯한 형편을 짐작하고 서글퍼한다. 정약용의 시 「학가가 왔기에 보은산방으로 데려가서 지은 시學稼來携至寶恩山房有作」(『다산시문집』 권5)를 읽을 때마다 생각이 깊어진다. '학가'는 정학연의 어릴 적 이름으로, 그날 밤 두 부자는 함께 잤을까? 부자지간의 깊은 울림을 주는 시 가운데 이만한 작품이 있을까 싶다. 먼 땅으로 유배되어 집에 돌아가지 못하는 가장으로서 다산은 늘 집안 살림이 걱정이었다. 자신은 살림을 돌볼 수 없고 아들들은 과거시험에 응시할 수도 없는지라 수익이 될 만한 작물을 기르게 하여 조금이라도 자신의 빈자리를 채워주고 싶었던 모양이다.

시대는 달랐지만 허균 역시 뜻밖에 죄를 입어 귀양을 가게 되었으니 집안이 걱정되지 않았을 리 없다. 그러나 경제 상황에 대한 언급이 별로 없는 것을 보면 걱정할 만한 정도는 아니었던 모양이다. 다만 귀양에서 풀려날 때 인근의 골짜기에 은거하고 싶다는 심정을 토로한 걸 보면 당시 환로宦路에 대해 환멸을 느꼈던 게 분명하다. 이 무렵 그는 도교적 경향이 농후했다. 마늘을 품평하면서 냄새가 나지 않는 것을 최고로 꼽은 것은 무의식에 그러한 생각이 반영된 것은 아닐까 싶다. 사정이야 어떻든 그의 뇌리에 강원도 영월에서 나오는 마늘은 힘들고 혼탁한 심정을 정화시켜 주는 상상의 음식이었을 것이다.

61. 속세와 강호자연 사이에서 즐기는 작설차의 맛

꽤 오래전부터 나는 허균에게 매료되어 있었다. 혁명가의 이미지가 강했던 탓인지 그의 글을 읽을 때마다 전혀 다른 면모가 새롭게 발견되었고, 나의 삶에 대해 돌아보는 계기를 제공하기도 했다. 20여 년 전에는 허균의 산문을 모아 번역하고 의견을 담아『누추한 내 방』이라는 제목으로 출판하기도 했다.「누실명陋室銘」(『성소부부고』권14)이라는 허균의 글 제목에서 가져온 것이다. 지금도 나는 이 글을 좋아한다. 동아시아의 여러 문인이「누실명」이라는 제목으로 글을 썼지만 그중에서도 허균의 글을 가장 좋아하는 데는 내가 이 상적으로 생각하는 생활 풍경이 잘 표현되었기 때문일 것이다. 우선 남향집에 작은 방이 하나 있고 방에는 책이 가득하다. 쇠코잠방이 차림으로 누추하게 살아가지만, 허균은 "군자가 생활하는 데 누추한 게 대수냐君子居之 何陋之有"는 문장으로 마무리한다. 현실이 아무리 구차하고 어렵다 한들 깨어 있는 정신으로 자신을 다잡을 수 있다면 그곳이 바로 군자의 나라요 성현의 땅이 아니겠는가.

역사는 언제나 열심히 사는 사람의 편은 아니어서, 열심히 공부하고 실천하는 삶을 살아도 인정받지 못하는 경우가 허다하다. 그렇다고 인생을 허비한다면 그 또한 공부하는 군자의 도리가 아니다. 오늘날 허균은 다양한 시각으로 논의되고 넓은 스펙트럼에서 평가되고 있는 인물이지만, 그간 내가 읽어온 허균은 엄청난 독서광이며 정갈한 삶을 살아가려 노력한 선비다.

허균의 「누실명」에는 이런 구절이 있다. "차 반 사발 따르고, 향한 대 피운다. 한가롭게 숨어 살며, 천지와 고금을 살핀다酌茶半甌, 燒香一炷, 偃仰栖遲, 乾坤今古." 얼마나 멋진 삶인가. 세상이 나를 알아주지 않음을 한탄하며 인생을 허비할 게 아니라, 어려운 와중에도 차를 마시고 향을 피워 마음을 깨끗하게 다스리고 고금의 이치를 헤아리며 살겠다는 것 아닌가. 마찬가지로 귀양 생활 속에서 자신의 음식 경험을 떠올리며 『도문대작』을 쓸 때 그는 삶의 이치를 탐색하고 있었는지도 모르겠다.

『도문대작』에서 차茶를 하나의 항목으로 구성한 까닭은 아마도 허균이 일상생활 속에서 다양한 차를 음미하며 즐겼기 때문일 것이다. 그는 차에 대해 이렇게 기록했다. "차茶. 순천順天에서 나는 작설雀舌이 가장 좋고, 변산邊山의 것이 그다음이다."*

허균의 문집에는 차를 마시는 내용이 제법 나온다. 물론 차를 만드는 방법이나 찻물 우리는 구체적인 방법에 대한 언급은 없지만 생활 속에서 차를 즐겼음을 알고도 남을 정도다. 예로부터 차 마시는 행위에 다도茶道 또는 다례茶禮라는 이름을 붙여왔다. 이는 차를 우리고 마시는 모든 과정에 고요함의 미학이 깃들어 있기 때문이다. 차를 마시려면 찻자리를 정돈해야 하고, 찻물을 끓이고 차를 넣어 우려낸 뒤 자리한 사람들과 담소를 나누는 가운데 계속 찻물을 따라주는 등 조용한 가운데 움직임이 계속된다. 왁자하게 떠들거나 어수선한 분위기에서는 차를 마시기 어렵다. 아무래도 세상 번우한 일에서 한걸음 떨어진 곳에서 찻자리가 만들어진다. 허균의 글에 등장하는 찻자리도 이런 분위기를 반영하고 있다.

1607년 허균이 공주목사로 부임한 뒤 친한 사이인 최천건崔天健 (1538~1617)에게 보낸 편지에 이렇게 말했다. "적막한 겨울밤, 눈 녹인 물을 부어 올해 새로 덖은 차茶를 우려내는데, 불은 활활 타오르고 샘물 맛은 달콤하니, 이 차 맛이야말로 제호醍醐나 다름이 없습니다. 공公께서 어찌 이 맛을 알겠습니까?"**

당시 허균은 중앙 정부에 근무하는 최천건에게 부여로 발령을 내줄 것을 부탁했으나 공주목사로 발령을 받은 상황이었다. 편지에 그는 자신에게 벼슬살이는 아내와 자식을 먹여 살리기 위한 것이니 굶주림과 추위를 면할 수만 있다면 충분하다고 피력한 다음,

---

* 茶, 雀舌産于順天者最佳, 邊山次之.(『도문대작』)
** 以旣寒宵寂廖, 斟雪水, 以煮新茶, 火滑泉甘, 此味與醍醐上尊無異, 公豈知此味乎?(허균, 「與崔汾陰」, 『성소부부고』 권17)

위와 같이 차를 우려 마시는 즐거움에 대해 말했다. 한겨울 눈 녹인 물에 새로 덖어낸 햇차를 우려 마시는 밤, 타오르는 불로 따뜻한 방에 물맛도 달콤하다. 이때 차맛에 비교되는 '제호'란 우유에 갈분葛粉을 넣어 만든 죽으로, 맛있는 음식의 대명사처럼 쓰이는 표현이다. 비슷한 시기에 허균은 절친한 벗 이재영李再榮(1553~1623)에게 보내는 편지에서도 "그가 비록 금빛 휘장과 고아주羔兒酒의 맛에 익히 길들여졌더라도 눈 녹인 물에 끓여낸 차도 특별히 우아한 일"*이라며 차의 풍류를 전했다. 세속의 화려하고 귀한 집에서 마시는 귀한 술도 눈 녹인 물에 끓여낸 녹차에 비하면 운치가 떨어진다는 뜻이다. 이렇듯 허균에게 차를 마시는 행위는 속세에서 한 걸음 떨어져 청아한 운치를 즐기는 일이었다.

그가 『도문대작』을 쓴 시기는 최천건과 이재영에게 편지를 보낸 때로부터 2, 3년이 지난 시기로, 그가 두 번째로 높게 평가한 변산의 녹차는 아마도 이 무렵에 본격적으로 맛보지 않았을까 싶다. 변산은 허균이 벼슬살이를 하던 공주와 그리 멀지 않을 뿐더러 귀양살이를 하던 함열과 가까운 거리였으니 『도문대작』을 저술할 때 변산의 차 맛이 저절로 떠올랐을 것이다. 그러나 허균에게 최고의 차는 역시 순천에서 생산되는 작설차였다. 겨울을 뚫고 돋아나기 시작하는 차나무의 새싹이 마치 참새의 혀처럼 생겼다 하여 '작설雀

---

* 彼雖熟金帳羔兒之味, 雪水煎茶, 殊亦雅事.(許筠, 「與李汝仁」, 『惺所覆瓿藁』 卷18)

茗'이라 이름 지어진 이 녹차는 요즘도 우리나라를 대표하는 차 종류다. 허균이 순천에서 생산된 작설차를 언급한 데서도 알 수 있듯이, 남쪽 지역에서 재배된 찻잎 품질이 가장 빼어나다. 2000년대부터 녹차가 대중화되면서 많은 사람이 전통 녹차의 맛에 매료되었으며, 외국으로도 상당히 많이 수출되고 있다고 한다. 지리산 남쪽의 하동이나 구례에서 재배되는 녹차도 괜찮지만, 차밭이 멋지게 조성된 전라남도 보성의 차맛이 유명하다. 보성은 순천과 가깝기 때문에 허균이 가장 좋다고 한 작설차도 보성 주변에서 재배된 게 아닐까 싶다.

1990년대 중후반 여름과 겨울에 전라도 송광사松廣寺에서 지낸 적이 있다. 어른 스님들께 공부를 배우기도 하고 좋은 말씀도 듣고 이곳저곳 산책도 하면서 잠시 비승비속非僧非俗의 생활을 했다. 그때 차 마시는 일은 문자 그대로 '다반사茶飯事'였기 때문에, 밥 먹는 것만큼이나 차를 자주 마셨다. 스님을 만날 때마다 차를 마시다보니 물고문을 받는 것 같다고 엄살을 떨었지만, 청정한 수행자들을 마주하고 차를 마신다는 건 얼마나 큰 청복淸福이었던가.

그중에서도 순천 낙안마을에서 가까운 금둔사金芚寺에서 마셔본 차맛은 결코 잊을 수가 없다. 요즘은 봄꽃을 찾는 사람들에게 홍매가 아름다운 곳으로 널리 알려졌지만, 내게는 녹차의 아름다운 기억이 스며 있는 곳이다. 금둔사에서 지허당指虛堂 지용智溶 주석 스님을 처음 뵈었을 때는 1998년 1월로 기억된다. 당시 송광사에서 불경을 읽으며 겨울 한철을 보내고 있던 중 스님 한 분이 외출을 하신다기에 따라 나선 참에 금둔사를 찾게 된 것이다. 처음 뵙는 지허 스님은 그리 크지 않은 키에 굵고 짙은 눈썹, 형형한 눈빛이 인상적이었다. 입성은 허름해서 옆집 아저씨 같았지만 뭔가 말로 설명할 수 없는 묵직함이 느껴졌다. 스님이 계시는 방으로 들어가 인사를 여쭙자 좌복을 끌어당겨 놓으면서 가까이 앉으라고 하시고는 차를 우리셨다.

금둔사 주변은 온통 야생 차밭이었다. 금둔사가 있는 금전산金錢山 뿐만이 아니라 송광사와 선암사가 있는 조계산, 지리산, 두륜산 등 남쪽에 있는 산에는 야생차가 많다. 금둔사 주변에 자생하는 차나무를 잘 관리하여 녹차를 만들어내는 데 많은 노력을 기울인 분이 바로 지허 스님이다.

지허 스님은 다관에 차를 덜어 넣으면서 몇 달 전에 딴 찻잎으로 만든 가을 녹차라고 하셨다. 녹차는 겨울이 끝나는 시기에 올라오는 새싹으로 만든다고 생각하던 내게는 신기한 말씀이었다. 스님은 의아해하는 내 표정을 보시더니 설명을 덧붙이셨다. "보통 녹차라고 하면 봄차를 말합니다. 그렇지만 차는 사시사철 찻잎을 따서 만들 수가 있어요. 다만 봄 찻잎이 좋으니까 그걸 쓰는 거죠. 1950~1960년대에는 절 살림살이가 어려웠어요. 찻잎을 딸 수 있는 인력도 부족했고, 봄에 딴 찻잎은 살림살이에 보태느라 모두 팔아버려서 정작 절에서 마실 수 있는 찻잎은 늘 부족했어요."

스님은 당신이 어렸을 때 선암사를 비롯해 넉넉지 않았던 절의 형편에 대해 말씀하시면서, 가을이 깊어질 무렵이면 녹차가 거의 소진되었기 때문에 가을에 찻잎을 따다가 덖어서 겨우내 마셨다는 이야기를 들려주셨다. 어른 스님들은 일제강점기 말기에 겨울에도 찻잎을 따서 마셨다고도 했다. 스님의 녹차 사랑은 무척 각별해 보였다.

지허 스님이 내려주시는 가을차 맛은 확실히 달랐다. 차를 우리는 모습도 아주 조심스럽기 그지없었다. 다관에 물을 붓고 잠시 기다렸다가 숙우에 우려내는데, 아주 천천히 따르곤 했다. 힘차게 우려내는 나로서는 답답하게 느껴질 정도였다. 그렇게 우린 녹차의 맛은 묵직했다. 처음에는 약간 떫은맛이 혀끝에 스쳐가지만 뒷맛은 묵직함 속에 녹차 특유의 회운감이 느껴졌다. 훗날 전통차를 만드시는 분에게 가을차 말씀을 드렸더니, 어느 핸가 약간의 가을차를 보내주셨다. 반가운 마음에 우려보았으나 금둔사에서 맛본 그 차 맛이 아니었다. 어쩌면 지허 스님의 손맛과 나지막한 목소리로 들려주시던 말씀, 절의 청정한 기운이 어우러진 맛이 깊이 각인된 것인지도 모르겠다.

허균에게 순천의 작설차 맛은 어떤 계기로 가품佳品으로 각인되었을까. 귀양살이를 시작할 때는 한겨울이었으되 『도문대작』이 거의 완성되었을 때는 봄이었다. 열악한 겨울을 지내던 당시에는 과거에 눈 녹인 물로 차를 우리던 풍류를 즐기지 못했을 것이다. 그러나 이후에 엮은 『한정록』이라는 책에서 중국 명사들의 글에서 차와 관련된 좋은 글을 뽑아 간추린 것을 보면 그의 문화적 취향은 분명히 차를 마시며 즐기는 우아한 풍류 쪽으로 한껏 기울어져 있었음을 짐작할 수 있다. 속세의 부귀공명에서 완전히 벗어나지는 못했으나 마음으로는 끊임없이 벗어나고자 한 그에게 차는 속세와 강호자연의 경계선에서 즐기는 음료가 아니었을까.

62. 조선 최고의 평창 꿀, 그 사랑스러운 맛

어릴 때 추위가 맹위를 떨치는 긴긴 겨울밤이면 입이 궁금해지곤 했다. 요즘은 치킨이나 피자를 비롯해 야식으로 먹을 게 많지만, 그 시절에는 돈을 주고 뭔가를 사먹는 일 따윈 없었다. 땅에 묻어두었던 무를 깎아 먹거나 감껍데기와 감말랭이를 나눠 먹는 게 고작이었다. 겨울밤을 보내는 최고의 오락은 역시 강냉이 한 바가지 퍼다 놓고 이불을 뒤집어쓴 채 만화책을 보는 것이었다.

가장 호사스러운 겨울 간식은 무엇이었을까. 가래떡을 화롯불에 구워 꿀에 찍어 먹는 상상을 하니 절로 침이 고인다. 얼마 전 시장에서 가래떡을 꼬치처럼 꿰어서 구워주는 걸 보고 옛 생각이 떠올라 나도 모르게 하나 사서 먹어봤다. 맛이 없지는 않았지만 어린 시절의 그 맛은 아니었다. 그저 수많은 간식 중의 하나일 뿐이었지만 어쨌든 구운 가래떡 꼬치를 들고 꿀에 찍어 먹으니 잠시 과거로 돌아간 듯한 훈훈함을 느꼈다. 대체로 우리의 기억은 아무리 혹독한 것일지라도 세월의 물살에 쓸리어 둥글둥글해지는 법으로, 지독한 트라우마로 남는 경우도 있지만 많은 경우 아름다운 빛으로 채색되곤 한다.

널리 알려진 전통 설화 중에 꿀단지를 숨겨놓고 몰래 먹는 훈장님 이야기가 있다. 옛날에 훈장 어른이 안방 다락에 숨겨둔 꿀단지를 애지중지했다. 아이들에게는 그 안에 독약이 들었으니 절대 건드리지 말라고 했지만 아이들은 그것이 꿀단지라는 사실을 알아차렸다. 그러고는 훈장 어른이 아끼는 꿀을 몰래 먹기로 하고 꾀를 내었다. 훈장 어른의 벼루를 깨버린 뒤 다락에서 꿀단지를 꺼내 모두 먹어치우고는 방에 누웠다. 외출했다가 돌아온 훈장 어른은 방에 누워 아이들을 보고는 무슨 일이냐고 물었다. 그러자 학동 하나가 이렇게 대답했다. "저희가 놀다가 훈장님이 아끼시는 벼루를 깼습니다. 큰 잘못을 저질렀다는 생각에 단지에 든 독약을 먹고 죽으려는 겁니다."

지금은 양봉이 보편화되어 꿀이 흔해졌지만 예전에는 무척 귀한 것이었다. 옛날에도 부분적으로 양봉으로 꿀을 생산하긴 했지만 여전히 부유한 집안이 아니면 꿀은 음식재료나 간식으로 쓸 수 없었다. 궁중에서도 꿀을 공물로 받았는데, 모든 곳에서 좋은 꿀이 나는 건 아니었기 때문에 꿀을 진상하는 고장은 따로 있었다. 허균은 그중에서 강원도 평창에서 나는 꿀을 최고로 쳤다. 『도문대작』에는 이렇게 썼다. "봉밀蜂蜜. 평창의 석밀石蜜이 가장 좋고, 곡산谷山과 수

안遂安의 꿀 역시 훌륭하다."*

봉밀이나 석밀 모두 꿀을 의미한다. 봉밀은 벌이 생산한 꿀을 뜻하고, 석밀은 바위틈에 있는 벌집에서 채취한 꿀을 뜻한다. 좋은 꿀이 생산되기 위해서는 벌이 많은 것보다 주변에 좋은 꽃이 많아야 한다. 평창은 사람 발길이 잘 닿지 않는 깊은 산골이면서 봄과 여름이면 다양한 꽃이 수없이 피어나는 곳이기도 하다. 그런 곳에서 생산되는 꿀이니 얼마나 달콤하겠는가. 허균이 살아 있던 1611년에 복간되었던 지리지 『신증동국여지승람』에는 강원도 평창군의 토산품으로 '봉밀'이 기록되어 있다. 예로부터 평창군의 꿀이 가장 높게 평가되었다는 사실을 알 수 있다.

허균은 꿀을 생산하는 벌의 생활에 대해 감명 깊은 글을 남기기도 했다. 1611년(광해군 3) 2월 남궁南宮 성을 쓰는 유생에게 보낸 짧은 편지에 담긴 것으로, 그 내용은 이러하다. "벌통 하나를 오동나무 그늘에 놓고 아침저녁으로 모여드는 걸 살펴봅니다. 벌들의 법도가 무척 엄격하더군요. 그런데 국가의 법도가 벌보다도 못하니, 사람을 실망케 합니다."**

이 편지를 쓸 때가 바로 함열에 유배되어 『도문대작』을 집필하던 시기였다. 그가 말한 '국가의 법도'가 구체적으로 무엇을 의미

---

* 蜂蜜. 平昌石蜜最好, 而谷山遂安者亦佳.(『도문대작』)
** 蜂一桶, 置于梧陰, 觀朝夕衙, 法度甚嚴. 國而不及蜂, 令人短氣.(許筠, 「復南宮生」, 『惺所覆瓿藁』 卷21)

하는지 알 수는 없다. 또한 편지를 받는 남궁이라는 사람의 정체를 알 수 없어 문맥을 파악하기도 어렵다. 그러나 목표를 위해 일사불란하게 질서를 유지하면서 부지런히 일하는 벌들의 모습에 국가의 법도를 빗댄 점으로 보아 당시 정치 현실에 허균이 깊이 실망했음을 짐작할 수 있다. 더욱이 그가 과거시험의 부정不正에 연루되어 유배형에 처해졌으니 질서정연한 벌들의 사회를 바라보는 허균의 마음은 남달랐을 것이다.

조선 후기에는 강릉의 꿀이 최고로 알려질 만큼 강원도 지역의 꿀은 높은 성가를 자랑했다. 그 당시 대중에게 큰 호응을 얻은 판소리 『춘향가』에서 이 사실을 확인할 수 있다. 춘향이와 이도령이 첫날밤을 지내면서 부르는 「사랑가」 앞부분에 이런 가사가 있다. "이리 오너라 업고 놀자, 사랑 사랑 사랑 내 사랑이야 (…) 니가 무엇을 먹으려느냐, 둥글둥글 수박 웃봉지 떼뜨리고, 강릉 백청을 따르르르 부어, 씨는 발러버리고 붉은 점 움푹 떠, 반간진수로 먹으려느냐." 여기서 말하는 백청白淸이란 희고 맑아서 품질이 좋은 꿀을 일컫는데, 그중에도 강릉의 백청을 가장 먼저 언급하여 사랑의 달콤함을 표현하고 있다. 그 달콤함은 곧 둥근 수박의 꼭지를 따고 강릉 꿀을 부어서 씨는 발라서 버리고 붉은 과육을 크게 떠먹는 맛이다. 반간진수半間眞水란 반쯤 되는 진한 국물을 뜻하니 수박 화채라고 보는 의견도 있고, '반간지술'의 변형으로 보아 가늘고 긴 숟가락을 지칭한다는 의견도 있다. 어느 쪽이 맞는지는 모르겠지만, 꿀을

넣어 만든 수박화채처럼 시원하고 달콤한 남녀의 사랑을 표현하고
있다.

조선시대에는 귀하디 귀한 꿀을 제사상에 올리지 않았다. 심지
어 제사에서 쓰는 초에도 밀랍과 같은 꿀 종류를 소재로 쓰지 않았
다. 당시 이 문제를 놓고 흥미로운 논쟁이 있었다. 고대에도 곡식 가
루에 꿀을 섞어 만든 거여粔籹나 밀이蜜餌가 제수로 사용되었지만,
조선 후기 유학자인 이익은 『성호사설』에서 중국의 여러 주석을 인
용하면서 유밀과의 일종인 이들 제수는 꿀이 아닌 엿으로 만든 것
이라고 했다. 꿀은 결코 제사상에 올리지 않는다는 것인데, 그 이유
는 맛이 너무 사치스러운데다 벌이 꿀을 모을 때 꽃가루가 섞여서
깨끗하지 못한 것들이 포함되기 때문에 제수로 사용하기에 적합하
지 않다는 것이다. 그러나 그는 이러한 이유로 꿀을 제사상에 올리
지 않는 관행에 반대했다. 그의 의견은 이러하다.

"벌이 꿀을 만들 때 혹 깨끗하지 않은 것들이 섞였다 할지라도
깨끗하지 못한 것이 변해서 향기롭고 아름다운 맛으로 되었다면
이 변화하기 전의 것은 말할 필요가 없는 것이다. 저 좋은 곡식도
더러운 거름더미 속에서 생겨난 것처럼 더러운 것에서 나왔다는
이유로 버려서는 안 된다. 또한 더러운 것이 어디서 왔겠는가. 좋은
곡식이 더러운 것으로 바뀌어도 그것을 좋은 곡식이었다는 이유로
버리지 않으며 깨끗하지 않다고 말하지 않는다. 지금 이 벌꿀도 깨
끗하지 않던 것이 변해서 깨끗한 물건으로 되었다면 어찌 변화하

기 전에 깨끗하지 못했다는 이유로써 끝내 깨끗하지 않은 것으로 돌릴 수 있겠는가?"*

이익이 말하는 요지는 명확하다. 세상에 더러운 것과 깨끗한 것의 경계는 모호하다는 것이다. 끊임없이 변하는 세상에서 영원히 더러운 것도 없고 영원히 깨끗한 것도 없다. 이들은 서로의 경계를 넘나들면서 더러운 것이 깨끗한 것으로 변하기도 하고 깨끗한 것이 더러운 것으로 변하기도 한다. 깨끗하지 못한 것과 깨끗한 것을 뒤섞어서 벌이 꿀을 아름다운 것으로 만들었다면 제사상에 올리지 못할 이유가 없다는 것이다.

이익의 글과 더불어 꿀벌의 법도에 관한 허균의 글을 마주하니 감탄이 절로 난다. 이는 꿀벌 사회에 한정된 것이 아닌 자연의 오묘함에 대한 감탄일지도 모르겠다. 벌은 스스로 의식하지 못하겠지만 질서정연한 시스템으로 꿀을 모으고, 여러 가지가 뒤섞이지만 달콤하기 그지없는 꿀로 변화시키는 과정은 말로 설명할 수 없는 자연의 오묘함을 느끼게 하기에 충분하다.

쓴맛 뒤의 달콤한 맛은 즐거움이 훨씬 크다. 시대에 실망하고 국가 시스템에 실망하면서 고달픈 유배 생활을 견디던 허균에게 꿀을 상상하는 일은 달콤하기 그지없는 추억이었을까, 아니면 아름다

---

* 蜂之養蜜, 雖或用不潔, 其不潔者化為香美, 則不須言未化之前也. 如嘉穀生於糞穢中, 不以糞穢而棄之, 且糞穢從何處, 有嘉穀化為糞穢, 不可以嘉穀之故, 不謂之不潔. 今若不潔化為潔物, 則豈可以未化前之故, 而猶歸於不潔耶? (李瀷, 「蜂蜜」, 『星湖僿說』卷6)

운 희망이었을까. 어느 쪽인지는 모르겠지만, 유배에서 풀려난 뒤에도 허균은 은거의 뜻을 강하게 피력했다. 이렇게 힘든 시기를 겪었기 때문에 이후의 생활에서 달콤한 희망을 발견하기 위해 애를 쓰지 않았을까.

63. 중국인들 입맛도 사로잡은 약밥

약밥은 언제 먹어도 맛있다. 찹쌀에 여러 재료를 넣어 눅진하고 쫀득하게 만드는 이 음식은 대표적인 정월 대보름 절식節食이다. 냉장고가 없던 시절, 서늘한 광에서 꺼내 먹던 약밥은 최고의 간식이었다.

허균 역시 대보름 무렵의 약밥을 즐겼던 모양이다. 『도문대작』에 이렇게 기록했다. "약밥[藥飯]. 보름날 까마귀에게 약밥을 먹이는 것은 경주 지역의 오래된 풍습이다. 중국인들이 그것을 좋아하여 본받아 배워서 해먹는데, 고려반高麗飯이라 부른다."*

얼마나 맛있으면 중국인도 조선의 레시피를 배워 약밥을 해먹었을까. 그들에게는 약밥이라는 이름보다는 고려 사람들이 밥이라는 뜻으로 '고려반'이라 부르던 이름이 더 익숙했던 모양이다. 『도문대

---

* 藥飯. 十五日飼烏, 東京舊俗. 華人好之, 效而造食, 名曰'高麗飯'.(『도문대작』)

작』에는 대보름에 약밥을 까마귀에게 주는 경주 지역의 풍습이 소개되어 있다. 그렇다고 해서 경주 지역에서만 약밥을 해먹었다는 뜻은 아니고, 오히려 허균은 약밥의 유래에 대한 설화를 염두에 둔 것으로 보인다. 옛 문헌을 살펴보면 신라시대에 처음 약밥이 만들어졌다는 기록들을 만날 수 있는데, 그 자세한 유래가 담겨 있는 첫 문헌은 고려 후기의 승려 일연一然(1206~1289)이 편찬한 『삼국유사三國遺事』(권1)다.

신라 제21대 비처왕毗處王(재위 479~500) 10년 무렵에 왕이 천천정天泉亭에 행차를 했다. 어디선가 까마귀와 쥐가 와서 울더니, 쥐가 사람의 말로 왕에게 '까마귀가 가는 곳을 따라가보라'고 했다. 왕의 명령으로 무사가 까마귀를 따라갔더니 경주 남산의 동쪽 기슭에 있는 피촌避村에 이르게 되었다. 그곳에서 돼지 두 마리가 싸우는 모습을 구경하던 무사가 까마귀를 놓치고 서성거리자, 연못 속에서 웬 노인이 나오더니 봉투를 건넸다. 봉투 겉면에는 이렇게 적혀 있었다. "이 봉투를 열어보면 두 사람이 죽을 것이요, 열어보지 않으면 한 사람이 죽을 것이다." 무사는 궁으로 돌아와서 왕에게 봉투를 바쳤고, 왕은 "두 사람이 죽는 것보다는 한 사람이 죽는 게 낫다"는 생각에 봉투를 뜯지 않으려 했다. 그런데 일관日官이 나서서 "여기서 말하는 두 사람은 서민이고, 한 사람은 왕입니다"라고 아뢰었다. 왕은 그럴듯한 말이라 여겨 봉투를 뜯어보았더니, 종이에 세 글자가 적혀 있었다. "사금갑射琴匣" 즉, 거문고를 넣어 보관하는 갑匣

을 활로 쏘라는 뜻이었다. 왕은 궁을 뒤져서 거문고 갑을 찾아낸 뒤 활로 쏘았다. 그 안에는 두 명이 숨어 있었는데, 바로 궁궐 내전에서 수행하는 승려와 궁주宮主가 간통을 하고 있었던 것이다. 둘은 죽음에 처해졌다.

이 사건을 계기로 신라에서는 해마다 정월 상해일上亥日·상자일上子日·상오일上午日에는 모든 것을 경계하고 함부로 움직이지 않았다고 전한다. 옛날 달력은 60간지로 이루어져 있었다. 즉 새해가 시작되어 날짜의 60간지에 처음으로 해亥가 들어가면 상해일, 자子가 들어가면 상자일, 오午가 들어가면 상오일이 된다. 또한 노인이 봉투를 전해준 연못은 서출지書出池라고 불렸으며, 정월 보름을 오기일烏忌日이라 하여 찰밥을 지어 제사를 지내는 풍습이 시작되었다고 한다.

이 이야기는 구전 설화인 탓에 조금씩 다른 내용으로 전승되고 있다. 어떤 전승에서는 신라 제53대 왕 신덕왕神德王(재위 912~916)이 흥륜사興輪寺에 불공을 드리러 가는 길에, 꼬리를 물고 가는 쥐 떼를 보고 돌아와 점을 치자 '내일 가장 먼저 우는 까마귀를 따라가라'고 나왔다고 한다.

『용재총화』(권2)에도 이 설화와 함께 찹쌀밥 만드는 방법이 소개되어 있다. 먼저 찹쌀을 쪄서 밥을 짓고, 곶감·마른 밤·대추·마른 고사리·오족용烏足茸을 가늘게 썰어서 맑은 꿀과 맑은 장醬을 섞어 다시 찐다. 그리고 마지막으로 잣과 호두를 넣는다. 그 맛이 매우 좋아 약밥[藥飯]이라 불렸다고 하는데, 당시 민간에서는 '약밥은 까마귀가 일어나기 전에 먹어야 한다'는 말이 나돌았다고 한다. 신라시대 천천정의 고사古事에서 비롯된 듯하다. 정월 보름의 풍속에 관한 문헌마다 약밥을 먹는 풍습이 빠지지 않고 소개된 것을 보면 오랫동안 전승되어온 풍속임에 틀림없다. 조선시대 양반가에서 정월 보름에 조상에게 제사를 드릴 때도 항상 약밥을 올렸다.

조선 후기에 유학이 심화되고 보편화되는 과정에서 이 풍습에 대한 논쟁이 벌어지기도 했다. 채조응蔡祖應이 권상하權尙夏(1641~1721)에게 질문하기를, 원래 약밥은 까마귀에게 바치고자 함이니 조상님 제사상에 올리는 건 이치에 맞지 않는 것이 아니냐고 했다. 그러자 권상하는 시절에 따른 제사에 평소 올렸던 음식은 굳이 그 유래를 따질 것 없이 올려도 된다는 취지로 답했다. 다만 자기 집안에서는 정월의 찰밥이 때때로 사람들을 중독시키는 문제가 있어 제사상에 사용하지 않는다는 말을 덧붙였다. 찰밥에 여러 가지 견과류와 과일 등이 들어가기 때문에 어떤 이에게는 몸에 문제를 일으킨다는 뜻이다. 실제로 선조가 갑자기 세상을 떠났을 때 그러한 논의가 있었다. 당시 왕세자가 선조에게 올린 약밥을 몇 숟가락 뜨고 난 뒤에 갑자기 왕이 붕어했으니 약밥의 어떠한 성분으로 인해 중독이 발생되었다는 해석이다. 박세채朴世采(1631~1695)나 김유金楺(1653~1719) 같은 유학자도 이러한 내용을 언급한 걸 보면* 진위와 관계없이 찰밥과 왕의 죽음에 관한 이야기가 민간에 널리 퍼져 있었다고 할 수 있다. 약밥의 중독 문제가 아니어도 노인이나 어린아이들이 점성이 강한 약밥을 급히 먹으면 목에 걸리는 사고가 발생할 수 있다. 그러니 조심해서 먹어야 하는 음식임에는 틀림없다.

'약밥'이라는 이름은 어떻게 지어진 것일까? 우리말에 관심이 깊었던 정약용이 『목민심서』에서 해석한 바에 따르면, 음식 이름에 붙은 '약藥'자는 '밀蜜(꿀)'을 의미하는 것이다. 그 예로 약과藥果를 밀과蜜果로, 약주藥酒를 밀주蜜酒로, 약반藥飯(약밥)을 밀반蜜飯으로 부르는 것이라고 했다. 이와 다른 해석도 있다. 약은 일반적으로 건강을 돕거나 병을 낫게 하려고 먹는 것이므로, 맛있는 음식들에 '약'자를 붙이게 되었다는 것이다. 이러한 주장은 1921년 노덧물이라는 필명을 쓰는 사람이 『개벽開闢』지에 게재한 「한자漢字의 사전辭典」이라는 글에 실린 내용이다. 어떤 해석이 정확한지 지금으로서는 판단할 길이 없다. 그러나 여러 논의와 기록이 존재한다는 것은 그만큼 약밥의 유래가 오래되었으며, 우리 민족의 생활 깊숙이 자리하고 있는 음식이라는 증거라 하겠다.

---

* 박세채, 「記少時所聞」, 『南溪集』 卷57; 김유, 「庚辛瑣錄」, 『儉齋集』 卷30 참조.

64. 햇감과 햇밤이 들어간 찰떡의 맛

가을이면 동네를 온통 수놓는 것은 감과 밤이었다. 아침 일찍 일어나 뒤뜰로 가보면 밤나무 아래 이슬에 젖은 알밤이 떨어져 있다. 알밤 하나를 주워서 이로 속껍질까지 벗기고 오도독 씹어먹을 때 그 고소한 맛은 비할 데가 없다. 속껍질이 조금 붙은 채로 먹으면 껍질의 떫은맛을 뚫고 느껴지는 과육의 촉촉함과 고소한 맛은 햇밤에서만 느낄 수 있는 미각이다. 알밤을 주워서 말렸다가 겨울 무렵 쪄먹기도 하지만 아궁이 잔불에 구워먹는 맛은 겨울의 별미다.

감 역시 마찬가지다. 봄날의 부드러운 연녹색의 잎들이 무성한 녹음을 이루다가 선득한 가을바람이 불 때면 붉은색의 아름다운 단풍을 선사한다. 푸르던 땡감은 어느새 붉은 홍시로 변하여 마을의 가을을 한껏 치장해준다. 푸르던 잎이 붉게 물든 풍경도 장관이지만 가지에 매달린 감들이 홍시로 익어가는 풍경은 우리의 오감을 자극한다. 감이 익을 무렵 성질 급한 친구들은 떫은 감을 따서 베어물기도 하지만, 이맘때면 침시沈柿를 담글 채비를 한다. 가을 걷이가 끝난 집에서는 감을 따서 곶감 작업에 돌입한다. 곶감은 새해 명절을 맞이할 음식이기도 하고 겨울철의 둘도 없는 간식거리이기도 하지만, 한해 농사가 끝난 농가에게 쏠쏠한 수입원이기도 하다. 싸리나무 가지를 꺾어다 잘 손질한 뒤 껍질 벗긴 감을 가지런히 꽂아서 처마 아래에 주렁주렁 달아놓은 모습은 보기만 해도 흐뭇하다.

밤과 감을 넣어 만든 떡을 이야기하려니 입맛부터 다시게 된다. 지금도 그러하지만 집안 행사가 있거나 명절을 앞두고는 집집마다 떡을 했다. 쌀이 귀한 옛날에 떡은 일년에 한두 번 먹을까 말까 하는 특별음식이었다. 떡을 해먹으려면 일단 쌀이 넉넉해야 하는데, 가족들이 먹고 남을 만큼 쌀을 쟁여놓고 사는 집은 많지 않았던 것이다. 허균이 살았던 16세기 말에서 17세기 초에도 제법 유족裕足한 양반가가 아니고서는 떡을 해먹기가 쉽지 않았을 것이다. 그저 계절이나 절기에 따라 먹는 절식節食으로 준비하기 위해 절약하고 또 절약해서 어쩌다 한번 맛보는 귀한 음식이었다.

돌아보면 내가 자란 마을도 가난한 농촌이었다. 옛날보다는 형편이 나아져 절식을 해먹는 게 크게 버겁지는 않았으나, 그렇다고 해도 평상시에 떡을 하는 경우는 별로 없었다. 추석 명절이 되면 한해 중에서 가장 풍성한 음식이 준비되고, 그렇게 만든 음식은 서늘한 광에 넣어두고 꽤 오랫동안 즐기곤 했다. 그렇게 한해가 거의 지나고 새해가 다가오면 다시 마을은 흥성스러워진다. 새해맞이 음식을 준비하는 손길은 분주해지고 집집마다 고소한 음식 냄새가 진동한다. 코만 즐거운 게 아니라 귀도 즐거워진다. 떡메를 치느라 여기저기서 쿵쿵거리는 소리가 들려온다. 떡메를 치는 경우는 대부분 찰떡이다. 오랫동안 떡메를 쳐서 쫄깃하게 만든 뒤 콩고물을 묻히면 인절미가 되는데, 내가 자란 동네에서는 찹쌀을 빻아서 다른 재료와 섞은 뒤 시루에 쪄내기도 했다. 감떡과 밤떡이 바로 그런 종류로, 주로 추석 무렵이나 새해에 먹을 수 있었다.

허균은 『도문대작』에서 한양의 다양한 시절 음식, 즉 절식을 소개하고 있다. 그중에는 가을에 먹는 절식으로 '시율나병柿栗糯餅'이 포함되어 있다. 이 단어를 어떻게 해석해야 할지 머뭇거려진다. 신승운 선생은 '감과 밤을 섞어 만든 찰떡'이라 번역했는데, 허균이 쓴 단어들의 용례를 보면 그렇게 번역할 만하다. 감찰떡과 밤찰떡을 병기한 것이라면 '시나병'과 '율나병'으로 구분했을 테니 말이다. 그런데 이전 자료를 찾아봐도 감과 밤을 함께 넣어 찰떡을 만든 사례가 없는 터라 고개가 갸웃거려지는 것도 사실이다. 단맛을 내는 설탕류가 귀했던 시절에는 일반적으로 과일로 단맛을 냈으므로 감이나 밤은 떡의 재료로 매우 적합하다.

찹쌀로 떡을 만드는 것이 부담스러운 집에서는 백설기에 밤이나 감을 넣는 방식으로 해먹었다. 반면 형편이 넉넉한 양반가가 밀집되어 있는 한양에서는 비싼 찹쌀로 떡을 찌는데, 밤떡에는 껍질을

깐 밤을 넣고 감떡에는 곶감을 넣는다. 곶감 대신 감껍질이나 말린 과육을 잘라 넣기도 하지만, 허균이 말한 시율나병은 조금 다른 방식으로 만들었을 것이다. 유추할 수 있는 방법이 홍만선의 『산림경제』나 이규경의 『오주연문장전산고』 등의 기록에 자세히 소개되어 있다. 우선 찹쌀 10되에 곶감 50개의 비율로 재료를 준비한다. 곶감은 말려서 가루로 만들어 찹쌀에 섞어 쪄내는데, 만약 가루가 마르면 대추고를 넣어서 찐다고 한다. 그렇게 쪄낸 찰떡에 다시 잣과 호두를 섞어 절구에 찧으면 더욱 쫀득하고 고소해진다. 이렇게 만들어진 것이 바로 감떡이다.

앞서 언급한 것처럼 감과 밤을 한꺼번에 넣고 떡을 만드는 용례가 발견되지 않는 것을 보면 허균이 말한 '시율나병'은 감과 밤을 섞어서 만든 게 아니라 감찰떡과 밤찰떡을 의미하는 것 아닐까 싶다. 허균과 동시대 인물인 고상안高尙顔(1553~1623)이 제사상에 올리는 밤떡과 감떡을 각각 따로 기록한 사례(『태촌집泰村集』)가 있다. 확실한 자료가 발견되기 전까지는 단정 지을 수 없으니, 허균의 기록도 꼼꼼히 점검해볼 필요가 있다.

근대 이전에 찰떡은 누구나 좋아하는 간식거리였다. 조성가趙性家(1824~1904)는 이국로李國魯라는 효자가 정려문을 받은 이야기를 기록으로 남겼다. 가난한 이국로는 몸소 농사를 짓고 물고기를 잡았으며, 낮에는 땔감을 해서 팔았고 밤에는 돗자리를 매서 팔았다. 그는 부친이 좋아하는 찰떡을 드시게 하려고 찰벼를 심었는데, 안타깝게도 가뭄이 들어 벼가 말라죽을 지경이었다. 그런데 상심한 그가 밤새도록 통곡하자 갑자기 단비가 쏟아져서 무사히 수확할 수 있게 되었다고 한다. 당시에는 찰떡이 그만큼 귀하고 맛있는 음식이었다.

쫄깃쫄깃한 찹쌀떡 속에 들어 있는 감과 밤 조각을 씹을 때의 식감과 단맛을 생각하면 언제나 침이 고인다. 가을이면 햇밤과 햇감을 잘 말렸다가 갓 수확한 찹쌀에 넣어 만드는 가을 음식은 허균에게 얼마나 안온한 느낌을 주는 것이었을까. 한양에서 가족들과 함께 즐기던 찰떡의 기억에 의지하여 추운 현실을 견뎌냈을까.

65. 봄기운 가득 담은 꽃지짐

　바쁜 생활에 쫓기다가 문득 고개를 들면 앞산에 넘실거리는 봄
을 발견한다. 날이 아무리 쌀쌀해도 불어오는 바람에 봄기운이 스
며 있고, 건넛산 응달에 잔설이 희끗희끗해도 봄기운 먹은 흙은 어
느새 폭신하다. 뒷산을 오르노라면 진달래 가지에 물이 오르고, 걸
음 멈추어 살펴보면 가지 끝에 봉오리가 맺혀 있다. 조만간 진달래
꽃이 피리라는 암시다.

　예전 사람들은 이십사번풍二十四番風이라고 해서 봄철 석 달 동안
피는 꽃을 시기별로 구분해서 자세하게 제시했다. 이는 봄이 지나
는 동안 바람이 스물네 번 바뀐다는 인식에서 비롯된 것으로, 바람
에 몸을 맡기고 자연을 세심하게 관찰하지 않으면 느낄 수 없는 변
화다. 자연 환경이 많이 달라진 요즘은 날씨의 변화도 일정치 않아
서, 전통적인 이십사절기 순서에 딱 맞아떨어지지는 않는 것 같다.
그렇지만 자연의 순환은 참으로 신기한 것이어서, 큰 틀에서는 이

십사절기의 이치에 따라 자연이 변화한다는 사실을 알아차릴 때마다 나는 이 아름다운 규칙에 감동하곤 한다.

지금도 심심찮게 볼 수 있지만, 어린 시절에도 봄이면 마을 아주머니들이 모여서 꽃지짐을 부치곤 했다. 친구들과 마을 고샅을 쏘다니노라면 어느 집에 잔치가 있는 날도 아닌데 어디선가 고소한 냄새가 풍겨온다. 달려가보면 어김없이 꽃지짐이 벌어지고 있다. 마당에서는 아주머니들이 전을 부치느라 떠들썩하고 사랑에서는 동네 아저씨들이 모여서 막걸리 추렴이 한창이다. 우리가 마당가에서 기웃거리면 아주머니들이 손짓으로 불러서 꽃지짐 한두 개를 나눠주신다. 크기가 작아서 게눈감추듯 해치워버리지만 흥성스러운 분위기에 휩쓸려 얻어먹던 꽃지짐은 정말 향기롭고 고소한 맛이었다.

꽃지짐은 한자로 화전花煎이라 한다. 꽃이 피어 있는 계절이면 언제든 화전을 만들 수 있고, 먹어도 되는 꽃잎이면 무엇이든 지짐 재료가 된다. 그러니 화전의 종류는 딱히 정해져 있지 않다. 하지만 우리 풍속을 보면 무시로 화전을 해먹은 것은 아니었다. 대체로 사람들이 절기 음식으로 화전을 먹는 시기는 일 년에 두 차례로, 3월 삼짇날과 9월 9일 중양절이다. 중양절에는 오랜 풍습에 따라 국화전菊花煎을 부치고, 3월 삼짇날에는 진달래꽃을 이용한 두견화전杜鵑花煎을 부쳤다.

화전 부치는 방법은 간단하다. 찹쌀가루에 꿀이나 약간의 소금으로 간을 한 뒤 물에 잘 개어둔다. 팬에 기름을 두르고 손바닥 크기로 둥글납작하게 부치면서 그 위에 꽃을 보기 좋게 붙이면 완성이다. 과정은 간단하지만 쫄깃한 식감에 꽃의 색깔과 향이 깃들어 절묘한 음식이 된다. 몇 해 전까지만 해도 봄이면 진달래꽃을 따다가 집에서 두견화전을 부쳐 먹었다. 유득공은 우리 민속을 계절별로 정리한 『경도잡지京都雜誌』를 펴냈는데 진달래꽃 화전에 대해 이렇게 썼다. "삼짇날 진달래꽃을 따다가 찹쌀가루에 반죽하여 둥글게 떡을 만들고, 그것을 참기름으로 지진 것을 화전이라고 한다."* 이런 기록으로 보자면 두견화전을 만드는 방식은 예나 지금이나 별 차이가 없다.

허균은 『도문대작』에서 한양에 유행하는 봄철의 절기 음식들을 열거했는데, 두견화전도 그 안에 포함되었다. 한양은 조선의 수도이자 최고의 문화 도시인만큼 풍류 수준도 높았다. 봄날에 도성 밖 산수 좋은 곳에는 화사한 꽃으로 장관을 이루었는데, 기나긴 겨울이 지나기를 기다렸던 도성의 사녀士女들은 봄날을 즐기기 위해 이런저런 야외 모임과 행사를 준비했다. 그중에서도 화전놀이는 봄을 대표하는 놀이였다.

조선 후기에는 양반층 여성을 중심으로 규방가사가 크게 유행했는데, 그중에는 봄날을 맞이하여 화전놀이를 가는 과정과 감흥

---

* 유득공 저, 진경환 역주, 『서울의 풍속과 세시를 담다』(민속원, 2021), 163~174쪽.

을 노래한 화전가花煎歌도 많이 창작되었다. 앞서 말한 것처럼 국화
가 만발하는 중양절에도 화전을 만들어 먹었지만, 화전놀이는 역
시 봄날에 하는 것이 제격이었다. 남자들도 화전놀이를 즐기기는
했지만 이들은 기생과 악공을 부르고 시와 술을 즐기는 편이었다.
반면 바깥출입이 자유롭지 못한 여성들에게는 야외에서 천지의 봄
을 즐기며 자유를 만끽할 수 있는 화전놀이야말로 가장 화려한 야
유회였다.

화전놀이는 대체로 삼월 삼짇날 전후에 이루어졌다. 집안의 여
성 어른들이 상의하여 날짜를 정하면 젊은 여인들이 힘을 합쳐 음
식을 장만한다. 설렘 속에서 당일이 되면 하인들을 앞세워 이것저
것 먹거리를 싸들고 꽃이 만발한 곳으로 향한다. 경치 좋은 곳에 자
리를 잡으면 즉석에서 두견화전을 지지고 술을 한두 잔 걸치면서
속 이야기를 털어놓기도 하다가 흥이 나면 소리도 한 자락 뽑는다.

이한보李漢輔(1675~1748)는 당시 민속을 기록하면서 삼월 삼짇날
두견화전을 즐기는 풍습이 상당히 오래전부터 시작되었을 것으로
추정한다. 조선 말기 문인 최영년崔永年(1856~1935)은 『해동죽지海東
竹枝』에서 3월의 행사로 화전놀이를 꼽으면서 이렇게 읊었다. "곳곳
에서 붉은 꽃지짐을 하니 봄맛 좋은데, 온 산 가득 도견화 활짝 피
었네凄凄煮紅春味好, 滿山開放杜鵑花."

두견화전은 화전놀이에서만 즐긴 것은 아니며, 삼짇날 제사를
지낼 때 제사상에도 두견화전을 올렸다. 이종성李宗城(1692~1759)

의 「가범家範」(『오천집梧川集』 권15), 홍대용洪大容(1731~1783)의 「가묘다례식家廟茶禮式」(『담헌서』 내집 권1)에서도 그러한 내용을 찾아볼 수 있다.

두견화전만큼 수요가 많았던 것은 아니지만, 허균은 봄날의 꽃지짐으로 이화전梨花煎, 즉 배꽃으로 만든 꽃지짐을 꼽았다. 산등성이를 붉게 물들이면서 봄날을 화려하게 장식하는 꽃이 진달래꽃이라면 한껏 들뜬 마음을 차분하게 가라앉히는 청초함을 자랑하는 꽃은 단연 배꽃이다. 고려의 문인 이조년李兆年(1269~1343)의 유명한 시조 "이화梨花에 월백月白하고 은한銀漢이 삼경三更인 제"라는 구절에서 바로 그러한 분위기를 느낄 수 있다. 하얀 배꽃에 달빛이 비치고 하늘의 은하수는 깊은 밤으로 흘러가는 시간, 외로움에 깊이 침잠하게 만드는 때가 아니겠는가. 게다가 배꽃 향기는 참으로 은은해서 밤이 깊을수록 그 향기의 그윽함으로 사람을 매혹한다.

새로운 생명이 솟구치는 봄기운을 듬뿍 머금은 꽃을 보면서 꽃지짐 한 조각을 베어무는 것도 봄날에 누릴 수 있는 최고의 호사가 아니겠는가.

제2부

『도문대작』
번역과
원문

1. 도문대작 인屠門大嚼引 *

　우리 집이 가난하기는 했지만 선친께서 살아계실 때는 사방에서 기이한 먹을거리를 예물로 바치는 사람이 많았기 때문에 나는 어릴 때 온갖 진귀한 음식을 고루 먹을 수 있었다. 커서는 잘사는 집에 장가들어 육지와 바다에서 나는 먹을거리를 다 경험할 수 있었다. 임진왜란 때 전쟁을 피해 북쪽으로 갔다가 강릉 외갓집으로 갔다. 그곳은 여러 가지 기이하고 귀한 것이 많아서 골고루 맛볼 수 있었다. 벼슬길에 나선 뒤로는 공무로 남북을 오가며 더욱더 입호사를 하느라 맛난 고기든 아름다운 꽃부리든 씹어보지 않은 것이 없었다.

　식욕과 성욕은 본성이지만, 식욕은 더욱 몸과 목숨에 관련된다. 선현들이 음식을 천하게 여긴 것은 그것을 탐하여 이로움을 따름

---

*　허균, 『성소부부고』 권25.

을 지적한 것이다. 어찌 일찍이 음식을 폐하고 이야기도 하지 말라 한 것이겠는가? 그렇지 않다면 여덟 가지 진미를 무엇 때문에 『예기』에 기록했을 것이며, 맹자는 무엇 때문에 물고기와 곰 발바닥의 구분을 했겠는가?

나는 일찍이 진晉나라 하증何曾의 『식경食經』 및 당나라 서공舒公*의 『식단食單』을 본 적이 있다. 두 분은 모두 천하의 맛을 다하고 그 풍성함과 사치스러움을 극진히 했으므로 음식의 종류가 매우 많아서 만 가지를 헤아릴 지경이다. 그러나 꼼꼼히 살펴보면 서로 아름다운 이름을 만들어 사람들을 현혹하는 도구로 삼았을 뿐이다. 우리나라는 비록 궁벽한 곳이지만 바다로 둘러싸여 있고 높은 산으로 둘러싸여 있기 때문에 물산 역시 풍부하고 요족하다. 만약 하증과 위거원 두 분의 예를 써서 이름을 바꾸어 그것들을 구분한다면 그 또한 수만 가지는 될 것이다.

내가 죄를 짓고 바닷가로 유배되었을 적에 쌀겨마저도 부족하여, 밥상에 오르는 것은 상한 뱀장어나 비린 생선, 쇠비름, 들미나리 등이었고 그마저도 끼니를 걸러서 굶주린 배로 밤을 새웠다. 그럴 때면 매양 지난날 먹던 산해진미도 물려서 물리치던 때를 생각하고 침을 흘리곤 했다. 다시 맛보고 싶었지만 천상에 있는 서왕모西王

---

* 원문에는 순공郇公으로 되어 있는데, 이는 서공舒公의 오자로 보임. 이 글의 뒷부분에 '하何, 위韋' 두 사람이 언급되고 있는 것으로도 알 수 있다. 당나라 때 위거원韋巨源을 말하는데, 그는 「소미연식단燒尾燕食單」이라는 저술을 남겼다.

母의 복숭아처럼 아득하니, 내가 천도복숭아를 훔쳐 먹은 동방삭이 아닌 바에야 어떻게 훔쳐 먹을 수 있겠는가. 마침내 종류별로 나열하여 기록해두고 때때로 보면서 한 점 고기로 여기기로 했다. 쓰기를 마치고 나서 「도문대작」이라 명명했다. 이는 세속의 현달한 자들이 입에는 사치스러움을 다하고 함부로 낭비하여 절제할 줄 모르니, 부귀영화는 이처럼 무상할 뿐이라는 것을 경계하려 함이다.

신해년(1611, 광해군 3) 4월 21일 성성거사惺惺居士* 쓰다.

---

* 성성거사: 허균의 자호自號.

2. 도문대작屠門大嚼*

방풍죽. 나의 외가는 강릉인데 그곳에는 방풍이 많이 난다. 2월이면 이 지역 사람들은 이슬을 맞으며 새벽같이 나가 막 돋아난 방풍 싹을 따서 해를 보지 못하게 한다. 곱게 찧은 쌀로 죽을 끓이는데, 반쯤 익었을 때 방풍 싹을 넣는다. 그것이 끓기를 기다려서 차가운 사기 주발에 옮겨 담았다가 반쯤 식으면 그것을 먹는다. 달콤한 향기가 입에 가득하여 사흘이 지나도 스러지지 않는다. 세상에서 만날 수 있는 최고의 음식[醍醐]**이다. 훗날 내가 요산遼山***에 근무할 때 시험 삼아 그것을 만들었는데, 강릉에서 먹었던 죽에 미치지 못하는, 너무도 거리가 먼 음식이었다.

---

* 허균, 『성소부부고』 권26.

** **醍醐**제호: 우유에 갈분을 타서 미음처럼 만든 음식을 뜻하지만, 여기서는 진귀하고 맛있는 음식을 지칭하는 단어로 사용되었다.

*** **遼山**요산: 황해도 수안遂安의 옛 이름. 그는 1604년(선조 37) 9월에 수안군수에 임명되었다.

석이버섯떡[石耳餅]. 내가 풍악산에서 노닐면서 표훈사表訓寺에서 묵은 적이 있다. 주지 스님이 포단蒲團(방석)을 주더니 떡 한 그릇을 내게 대접했다. 이는 귀리를 곱게 빻아서 체로 백 번이나 친 뒤에 꿀물을 넣고 석이버섯을 섞어 놋시루에 쪄낸 것이다. 그 맛이 정말 좋아서 맛있는 찹쌀떡이나 감떡이라도 절대 거기에 미치지 못한다.

백산자. 사람들은 박산薄散이라고 부른다. 오직 전주에서만 만든다.

다식茶食. 안동安東 사람들이 만드는데, 맛이 매우 좋다.

율다식栗茶食, **밤다식**. 오직 밀양密陽과 상주尙州 사람들만 잘 만들 수 있다. 다른 고을에서 만드는 것은 번번이 매워서 먹을 수가 없다.

차수叉手. 여주驪州 사람들이 만들기를 너무 좋아한다. 희면서도 부드럽고 가늘며, 그 맛은 매우 달고 부드럽다.

엿[飴]. 개성開城의 것이 상품上品이고 전주全州 것이 그다음이다. 근래에는 한양의 송침교松針橋 부근에서도 만든다.

대만두大饅頭. 의주義州 사람들이 능히 중국 사람처럼 잘 만들 수 있지만 그 밖의 지역에서는 모두 잘 만들지 못한다.

두부. 장의문藏義門* 밖 사람들이 잘 만든다. 부드럽고 매끄럽기가 이루 말할 수 없다.

웅지정과熊脂正果. 회양淮陽**의 것이 가장 좋다. 다른 고을에서 만든 것은 모두 그에 미치지 못한다.

들쭉豆粥. 갑산甲山***과 북청北靑****에서만 나는데 맛은 정과正果와 가장 부합한다. 다음에 나오는 포도蒲桃 이하는 모두 이만 못하다.

이상은 떡 종류이다.

하늘 배[天賜梨]. 성화成化***** 연간에 강릉에 사는 진사進士 김영金

瑛의 집에 갑자기 배나무 한 그루가 돋아났는데 열매가 사발만 했다. 지금까지도 많이 있는데 맛이 달고 연하다.

금빛배[金色梨]. 정선군에서 많이 난다.

검은배[玄梨]. 평안도 산골 마을에서 난다. 색깔은 감색이며 물이 있어서 꿀처럼 달다.

붉은배[紅梨]. 석왕사*에서 난다. 색깔은 붉으며 크다. 맛이 너무 시원하다.

대숙리大熟梨. 속칭 부리腐梨라고 부른다. 산중에서 많이 나는데, 곡산谷山과 이천伊川의 것이 매우 크고 맛도 정말 좋아서 이루 다 기록할 수가 없다.

금귤金橘. 제주濟州에서 나는데 맛이 시다.

감귤甘橘. 제주에서 나는데 금귤보다는 조금 크고 달다.

---

* 석왕사釋王寺: 강원도 안변군에 있는 절. 이성계가 왕이 되기 전 혹은 고려 우왕 무렵 창건되었다고 하는데, 이성계의 원찰願刹 역할을 했다.

청귤靑橘. 제주에서 나는데 껍질이 푸르고 달다.

유감柚柑. 제주에서 나는데 감자보다는 작지만 매우 달다.

감자柑子. 제주에서 생산된다.

유자柚子. 제주 및 경상남도, 전라남도 해변에서 난다.

감류甘榴. 전라남도 영암, 함평에서 나는 것이 가장 좋다. 나머지는 모두 그만 못하다.

조홍시早紅柿. 온양溫陽에서 나는 것이 색깔도 정말 붉고 맛도 달고 진액이 매끄럽게 흐른다. 그 외의 것들은 모두 이에 못 미친다.

각시角柿. 남양*에서 나는 것이 가장 좋다.

오시烏柿. 지리산智異山에서 난다. 빛깔은 감색인데 둥글고 끝이 뾰족하다. 맛은 그런대로 좋으나 물기가 적다. 꼬챙이에 꿰어 말려 곶감으로 만들어 먹으면 더욱 좋다.

----

* 남양南陽: 지금의 경기도 화성시에 있었던 고을.

밤. 상주尙州에는 작은 밤이 나는데 껍질이 절로 벗겨지기 때문에 속칭 껍질밤이라고 부른다. 그다음으로는 밀양의 큰 밤이니 맛이 최고로 달다. 지리산에도 큰 밤이 있는데 주먹만 하다고 한다.

죽실竹實. 지리산에서 많이 난다. 내가 낭주浪州*에 있을 때 선수善修 노스님[老師]이 제자들을 시켜 보내왔는데, 감과 밤의 가루와 섞어서 만든 것이었다. 몇 숟갈을 먹었는데 종일 든든했다. 참으로 신선들이 먹는 음식이다.

대추[大棗]. 보은현報恩縣에서 나는 것이 가장 좋은데, 열매는 크지만 씨는 작다. 빛깔은 붉고 물기가 많으며 달다. 다른 곳의 대추는 이에 미치지 못한다.

앵두. 저자도楮子島에서 나는 것이 작은 밤만큼이나 크고 맛이 달다. 흰 앵두는 영동嶺東 지방에서 많이 나는데, 맛이 붉은 앵두만은 못하다.

당행唐杏. 한양 서쪽 교외에서 나는 것이 가장 좋다.

---

* 낭주浪州: 전라북도 부안의 옛 이름. 허균은 1608년 무렵 부안현감이었던 심광세沈光世(1577~1624)의 도움으로 부안 우반곡愚磻谷에서 한동안 머무른 적이 있었다. 허균이 공주목사로 근무할 때 서얼들을 돕느라고 국고를 헐어서 썼다는 죄로 파직된 상태였다.

자두[紫桃]. 삼척三陟과 울진蔚珍에서 많이 나는데 크기는 주먹만하고 물기가 많다.

황도黃桃. 춘천春川과 홍천洪川에서 많이 난다.

녹리綠李. 한양성 안에서 많이 나는데, 한양 서쪽 교외에서 나는 것이 가장 좋다. 자두와 황도는 모두 작은데 다른 지역에서 나는 것보다는 못하다.

반도盤桃. 금양衿陽*과 과천果川 두 현縣에서 많이 났는데 지금은 전혀 없다. 내가 어렸을 때 서족庶族이 안양에 살았는데 냇가에 많이 심어 따서 보내주었다. 맛이 매우 좋았는데 지금은 구할 수 없으니 안타깝다.

승도僧桃. 전주全州 일대에서는 모두 승도가 난다. 크고 달다.

포도蒲桃. 마유馬乳 포도는 드문데, 신천信川**에 있는 윤대련尹大連의 집에 한 시렁이 있다. 맛이 너무 좋아서 중국의 마유 포도에 뒤지지 않는다.

---

* 금양: 지금의 경기도 시흥의 옛 이름.
** 신천: 황해도 신천군. 허균은 황해도사黃海都事를 지낸 바 있다.

수박. 고려 때 홍다구洪茶丘가 처음 개성開城에다 심었다. 연대를 따져보면 아마 홍호洪皓가 강남江南에서 들여온 것보다 먼저일 것이다. 충주에서 나는 것이 상품上品인데 모양이 동과冬瓜처럼 생긴 것이 좋으며, 원주原州 수박이 그다음으로 좋다.

참외. 의주義州에서 나는 것이 좋다. 작으면서도 씨가 작은데 매우 달고 부드럽다.

모과. 예천醴泉에서 나는 것이 가장 좋다. 맛이 배 같고 물기가 있다.

달복분達覆盆. 갑산甲山에서만 난다. 맛은 앵두와 비슷한데 매우 달고 향기롭다.

이상은 과실 종류이다.

웅장熊掌. 산간 지역에는 어디나 있다. 삶아서 익히는 것을 적절히 못하면 참맛을 내지 못한다. 오직 회양淮陽*의 요리만이 가장 좋

---

* 회양: 강원도 회양군. 금강산을 관할하는 지역이기도 해서 조선 시대에는 도호부都護府가 설치되어 있었다.

고, 의주*·희천熙川**이 그다음이다.

범의 태[豹胎]. 양양의 요리사 한 사람이 그 요리를 잘하는데, 그 맛이 너무 좋다. 다른 고을에서 그것을 만들었는데 더러워서 먹을 수가 없었다.

녹설鹿舌. 회양 사람들은 그것을 삶아서 먹는데 달콤하고 부드러워서 매우 맛이 좋다.

녹미鹿尾. 부안扶安 사람들이 그늘에서 말린 것을 가장 좋은 것으로 치고, 제주도의 것이 그다음이다.

고치. 황해도 산간 지역에서 나지만, 양덕陽德***과 맹산孟山****의 것이 가장 좋다.

거위. 의주 사람들이 잘 굽는데, 명나라의 거위구이 맛과 아주 비

---

* 의주: 평안북도 의주. 압록강 하구를 사이에 두고 중국과 국경을 맞대고 있는 곳. 허균은 명나라에 사신으로 다녀오거나 명나라의 사신을 접대하기 위해 이곳을 여러 차례 왕래했다.
** 희천: 평안북도 동남부에 위치한 군. 희천 남쪽으로 묘향산이 있다.
*** 양덕: 평안남도 양덕군. 남쪽으로 황해도 곡산군과 잇닿아 있으므로 허균이 황해도와 함께 언급했다.
**** 맹산: 평안남도 동부에 위치한 맹산현.

슷하다.

○ 무릇 토산으로 돼지, 노루, 꿩, 닭 등은 고을마다 있는 것이어서 번거롭게 수록할 필요는 없다. 다만 생산되는 것이 매우 좋거나 요리가 매우 맛있다면 기록하여 구별해놓는다.

이상은 날짐승과 길짐승 종류다.

숭어[水魚]. 서해에는 어느 곳이나 있지만 한강의 것이 가장 좋다. 나주羅州에서 잡은 것이 매우 크고 평양에서 잡은 냉동된 것이 맛있다.

붕어. 전국 어디나 모두 있지만 강릉 경포는 바닷물과 통하기 때문에 맛이 가장 좋으며 흙냄새가 나지 않는다.

위어葦魚. 이는 곧 시어鰣魚*를 말한다. 한강의 것이 가장 좋다. 호남에서는 2월이면 이미 잡히고 관서關西 지방에서는 5월에야 비로소 잡히는데 모두 맛이 좋다.

---

* 시어: 준치를 말한다.

뱅어. 강물이 얼었을 때 한강에서 잡히는 것이 가장 좋은데, 임한林韓과 임피臨陂* 어름에서 2월에 잡히는 것이 밀가루처럼 희고 가늘어서 정말 맛있게 먹는다.

노란 조기[黃石魚]. 서해에서는 모두 나는데 아산牙山에서 나는 것이 매우 맛있다. 그것을 삶으면 비린내가 나지 않는다.

오징어. 서해에서는 일부 지방에서만 잡히는데 흥덕興德과 부안扶安에서 잡히는 것이 가장 좋다.

해파리[海䐉]. 인천仁川과 남양南陽 등지에서 잡힌다. 맛은 소의 지라와 비슷한데 상큼하다. 오직 두 지방 사람들만 요리를 해먹을 수 있다.

대조개. 경기 및 해서** 지역에서 많이 난다.

소라. 서해에서 많이 나는데, 옹진에서 나는 것이 가장 좋다.

---

* 임한과 임피: 임피는 전북특별자치도 군산시 옆에 있는 지역이다. 임한은 기록이 거의 없어서 정확하게 비정하기는 어렵지만 충청남도 서천으로 비정하는 주장도 있다.
** 해서海西: 황해도 지역을 말한다.

청어靑魚. 네 종류가 있다. 북도에서 나는 것은 크고 배가 희며, 경상도에서 잡히는 것은 등이 검고 배가 붉다. 호남에서 잡히는 것은 조금 작고, 해주海州에서는 2월이 되어야 잡히는데 맛이 매우 좋다. 옛날에는 무척 흔했지만 고려 말에는 쌀 한 되에 40마리밖에 주지 않았으므로, 목로牧老*가 시를 지어 이를 한탄했다. 세상이 어지럽고 나라가 황폐해져서 모든 물건이 부족하게 되자 청어도 귀해진 것을 말씀하신 것이다. 명종 이전만 해도 쌀 한 말에 50마리였는데 지금은 전혀 잡히지 않으니 괴이하다.

큰전복[大鰒魚]. 제주에서 나는 것이 가장 크다. 맛은 작은 것보다는 못하지만 중국 사람들이 매우 귀히 여긴다.

화복花鰒. 경상우도 해변 사람들은 전복을 채취하면 갈라서 꽃 모양으로 만들어서 상에 올린다. ○ 또 큰 것은 얇은 조각으로 썰어서 만두를 만드는데 이 또한 맛있다.

홍합. 중국 사람들은 동해부인東海夫人이라 부른다. 동해와 남해에서 모두 나지만 남해의 것이 조금 더 크다. ○ 또한 해삼도 있는데

---

* 목로牧老: 고려 말의 문인이자 충신인 목은牧隱 이색李穡을 지칭한다. 널리 알려지지 않았지만, 그의 문집 『목은집牧隱集』에는 고려 말 한반도 지역을 반영하는 풍부한 음식 및 식재료에 대한 정보가 매우 많아서 우리의 전통 음식을 연구하는 데 소중한 책이다.

이는 옛날에 니泥라고 부르던 것이다. 중국 사람들은 두 가지 다 좋아한다.

은어[銀口魚]. 영남에서 나는 것은 크고 강원도에서 나는 것은 작다. 해주에도 있다.

여항어餘項魚. 산골 마을이라면 어디나 있는데, 강릉의 것이 가장 크고 맛도 좋다.

금린어錦鱗魚. 산골에는 어디에나 있는데 양근楊根에서 나는 것이 가장 좋다. 처음 이름은 천자어天子魚였는데 동규봉董圭峯*이 먹어보고 맛이 좋아 이름을 물으니 통역관이 얼떨결에 금린어라고 했다. 사람들이 모두 좋다고 하여 그렇게 되었다.

누치. 산골 마을에는 어디나 있지만, 평안도 강변에서 나는 것이 가장 크다.

쏘가리[鱖魚]**. 한양 동쪽과 서쪽에서 많이 나는데, 세상 사람들은 염만어廉鰻魚라고 부른다.

---

* 동규봉: 명나라의 문신으로, 조선에 사신으로 왔던 동월董越(1431~1502)을 말한다. 규봉圭峰은 그의 호다.

하돈河豚. 한강에서 나는 것이 맛이 좋은데 독이 있어 사람이 많이 죽는다. 영동嶺東 지방에서 나는 것은 맛이 조금 떨어지지만 독은 없다.

방어魴魚. 동해에서 많이 나지만 독이 있어 임금께는 올리지 않는다.

연어. 동해에서 나는데, 알로 만든 젓갈은 보기가 좋다.

송어. 함경도와 강원도에 많은데, 바다에서 잡은 것은 맛이 없으며 알은 연어보다 못하다.

황어黃魚. 2월에 동해에서 난다.

가자미. 동해에서 많이 난다. 옛날 '비목比目'이라고 한 것이 이것이다.

광어. 동해에서 많이 나는데, 가을에 말린 것은 끈적거리지 않고

** 허균의 『도문대작』에는 쏘가리를 지칭하는 금린어錦鱗魚와 궐어鱖魚가 모두 표제어로 등장한다. 둘 사이에 어떤 차이가 있는지 추정할 수는 없지만, 주영하 교수는 금린어가 황쏘가리라면 궐어는 일반 쏘가리가 아닐까 추정한 바 있다.

맛이 있다.

대구大口. 동해, 남해, 서해에서 모두 나지만 북쪽 지방의 것이 가장 크며 빛깔은 누렇고 두텁다. 동해의 것은 빛깔이 붉고 작은데 중국 사람들이 가장 좋아한다. 서해의 것은 더 작다.

팔대어八帶魚. 이는 곧 문어文魚를 말한다. 동해에서 잡히는데 중국인들이 좋아한다.

정어丁魚. 강문江門*에서 나는데, 소수어小水魚가 바로 이것이다.

도루묵[銀魚]. 동해에서 난다. 처음 이름은 목어木魚였는데 고려 때 좋아하는 임금이 있어 은어라고 고쳤다가 많이 먹어 싫증이 나자 다시 목어라고 고쳤다 하여 환목어還木魚(도루묵)라 한다.

고등어[古刀魚]. 동해에서 나는데 내장으로 담근 젓갈이 가장 좋다. ○ 또한 미어微魚라는 것이 있는데 가늘고 작으며 기름기가 있어서 먹을 만하다.

---

* 강문: 강원도 강릉 경포호와 동해 바닷물이 만나는 곳의 지명이다.

제곡齊穀. 작은 조개로 껍질이 자색紫色이다. 경포鏡浦에 있는데, 흉년에 이것을 먹으면 굶주림을 면할 수 있기 때문에 그렇게 이름을 붙인 것이다.

강요주江瑤柱. 북청北靑과 홍원洪原에서 많이 난다. 크면서도 달고 부드럽다. 고려 때에는 원元나라의 요구에 따라 모두 바쳐서 국내에서는 거의 먹을 수가 없었다.

자합紫蛤*. 동해에서 난다. 크면서도 패주貝柱는 희고 맛은 달다.

게[蟹]. 삼척에서 나는 것은 크기가 강아지만 하고 그 다리는 큰 대[竹]와 비슷하다. 맛이 달며, 포脯를 만들어 먹어도 좋다.

얼린 게[凍蟹]. 안악安岳**에서 나는 것이 가장 맛있다.

석화石花. 고원高原과 문천文川***에서 나는 것이 매우 크지만 맛은 서해西海에서 나는 작은 것에 미치지 못한다.

---

* 자합을 키조개로 보는 주장도 있다.
** 안악: 황해도 안악군을 말한다.
*** 고원과 문천: 함경남도 고원군과 문천군. 동해 영흥만에 닿아 있는 지역이며, 두 개의 군은 서로 붙어 있다.

윤화輪花. 동해에서 나는데 바로 석화石花다. 큰 것은 맛이 달다.

대하大蝦. 해서 지역에서 난다. ○ 평안도에서 나는 새우는 그 알을 채취해서 젓을 담그는데 정말 맛있다.

곤쟁이새우[자하紫蝦]. 서해에서 난다. 옹강甕康의 것은 짜고, 통인通仁의 것은 달고, 호서湖西의 것은 매우면서 크다. 의주義州에서 나는 것은 가늘고 달다.

도하桃蝦. 부안, 옥구沃溝 등의 고을에서 나는데 빛깔이 복사꽃과 같으며 맛이 정말 좋다.

○ 물고기 중에서 흔한 것으로는 민어民魚, 조기[石魚], 수소어首蘇魚, 낙지, 준치와 같은 것들은 서해에서 나는데, 곳곳마다 모두 맛있기 때문에 기록하지 않는다. 병어瓶魚, 변종變宗 등과 같은 물고기들은 맛이 좋기도 하고 좋지 못하기도 하기 때문에 따로 쓰지는 않는다.

이상은 해수산물 종류다.

죽순절임[竹筍醢]. 호남湖南 노령蘆嶺 아래 지역에서 잘 담그는데 맛이 매우 좋다.

황화채黃花菜. 바로 원추리[萱草]를 말한다. 의주義州 사람들이 중국 사람에게 배워 요리를 잘 하는데 맛이 매우 좋다.

순채. 호남에서 나는 것이 가장 좋고, 해서 지방의 것이 그다음이다.

파래. 영동에서 많이 나는데 가장 좋다.

무. 나주에서 나는 것이 정말 좋다. 맛은 배와 같으며 물이 많다.

개자리[목숙苜蓿]*. 원주에서 나는 것이 은젓가락처럼 희며 맛이 달아서 너무 좋다.

○ 고사리, 아욱, 콩잎, 부추**, 미나리, 배추, 삽주, 송이, 참버섯은 곳곳에서 나며 모두 맛있기 때문에 따로 쓰지 않는다.

표고蔈古. 제주에서 나는 것이 좋다. 오대산五臺山과 태백산太白山에도 있다.

홍채. 경기 지역 바닷가 갯벌에서 나는 것이 가장 맛있다.

---

* 지역에 따라서는 거여목으로 부른다.
** 부추속에 속하는 식물인 염교로 보기도 한다.

황각. 해서에서 나는 것이 매우 맛있다.

청각靑角. 서해에는 모두 나는데, 해주海州와 옹진甕津에서 나는 것이 가장 좋다.

세모가사리. 서해에는 모두 나는데 해서 지방의 것이 가장 좋다. ○ 또한 우뭇가사리라는 것이 있는데 (불을 가해) 녹여서 익힌다.

초시椒豉*. 황주黃州**에서 만든 것이 가장 맛있다.

삼포蔘脯. 영평永平과 철원鐵原 사람들이 잘 만든다. 모양이 우포牛脯와 같다.

여뀌. 이태원利泰院에서 나는 것이 가장 좋다.

동과. 충주에서 나는 것이 역시 좋다. ○ 가지, 박 또한 곳곳의 것이 모두 맛있다고 한다.

---

* 초시: 일반적으로 고추장이라고 번역하지만, 이 문제는 학계에서 여전히 논쟁 중이다. 장류에 해당하는 음식으로 추정되지만 명확하지 않다.
** 황주: 황해도 황주를 말한다.

산개저山芥菹. 함경남도 및 회양, 평강 등지에서 모두 난다. 그 맛은 매우면서도 상쾌하다.

곤포昆布. 북해北海에서 나는 것이 가장 좋지만, 다시마[多士麻]·미역도 또한 그다음으로 좋다.

조곽[早藿, 올미역]. 삼척에서 생산되는 것으로, 정월에 딴 것이 좋다.

감태. 호남에서 나는데 함평·무안·나주에서 나는 것이 썩 맛이 좋아 엿처럼 달다.

해의. 남해에서도 나지만, 동해 사람들이 주먹으로 짜서 말린 것이 가장 좋다.

토란. 호남 및 영남 지역의 것이 모두 좋으면서도 매우 크다. 한양에서 나는 것은 맛이 좋지만 작다.

생강. 전주에서 나는 것이 좋고 담양과 창평의 것이 다음이다.

겨자. 해서 지역에서 나는 것이 가장 맵다.

파[蔥]. 삭녕朔寧에서 나는 것이 매우 좋은데, 부추·달래·고수[荽],
원수園蔬 등도 모두 좋다.

마늘. 영월에서 나는 것이 가장 훌륭하다. 그것을 먹어도 마늘 냄
새가 나지 않는다.

이상은 푸성귀 종류다.

차茶. 순천順天에서 나는 작설雀舌이 가장 좋고, 변산邊山의 것이 그
다음이다.

술. 개성의 태상주太常酒가 가장 좋지만 자주煮酒는 더욱 좋다.* 그
다음으로 삭주朔州의 술 또한 좋다.

봉밀蜂蜜. 평창의 석밀石蜜이 가장 좋고, 곡산谷山과 수안遂安의 꿀
역시 훌륭하다.

---

* 자주煮酒는 더욱 좋다: 여기서 나오는 '주酒'를 태상주로 보면, 태상주가 매우 좋지만
그 술을 데워서 마시면 더 좋다는 뜻으로 볼 수도 있다. 그러나 태상주가 기록에 나타나
지 않기 때문에 해석 문제를 해결하기 위해서는 더 많은 자료가 필요하다.

기름. 중화부中和府*에서 짠 것은 벌레 독을 제거할 수 있으며, 도장 인주로 쓰면 시간이 오래 흐를수록 더욱 선명해진다.

약밥. 보름날 까마귀에게 약밥을 먹이는 것은 경주 지역의 오래된 풍습이다. 중국인들이 그것을 좋아해서 본받아 배워서 만들어 먹는데, 고려반高麗飯이라는 이름으로 부른다.

○ 한양 성안의 계절 음식은 다음과 같다. 봄에는 쑥떡, 송편, 홰나무잎떡, 진달래 화전, 배꽃 화전, 여름에는 장미 화전, 수단水團, 쌍화雙花, 만두, 가을에는 찹쌀떡, 국화떡, 감과 밤을 섞어서 만든 찰떡, 겨울에는 탕병湯餅이 있는데, 자병煮餅, 증병蒸餅, 절병節餅, 월병月餅, 삼병蔘餅, 송고유밀병松膏油蜜餅, 설병舌餅 등은 사시사철 맛을 본다. 밀병蜜餅, 꿀떡으로는 약과, 대계大桂, 중박계中朴桂, 홍산자, 백산자, 빙과氷果, 과과瓜果, 봉접과蜂蝶果, 만두과饅頭果 등인데, 모두 제향祭享이나 손님 접대를 위한 식사자리에 쓴다. 실국수[絲麴]는 오동吳同이란 사람이 잘 만들었기 때문에 지금까지도 칭송을 얻고 있다.

---

* 중화부中和府: 평안도 평양에 속한 지역 이름이다.

3. 원문

屠門大嚼引*

余家雖寒素, 而先大夫存時, 四方異味禮饋者多, 故幼日備食珍羞.
及長, 贅豪家, 又窮陸海之味. 亂日避兵于北方, 歸江陵外業殊方, 奇
錯因得歷嘗, 而釋褐後南北官轍, 益以餬其口. 故我國所産, 無不嘗其
炙而嚼其英焉. 食色性也, 而食尤軀命之關. 先賢以飲食爲賤者, 指其
饕而徇利也. 何嘗廢食而不談乎? 不然, 則八珍之品, 何以記諸禮經,
而孟軻有魚熊之分耶? 余嘗見何氏食經及韋公食單. 二公皆窮天下
之味, 極其豊侈, 故品類甚夥, 以萬爲計. 締看之, 則只是互作美名, 爲
眩耀之具已. 我國雖僻, 環以巨浸, 阻以崇山. 故物産亦富饒, 若用何
韋二氏例, 換號而區別之, 殆亦可萬數也.

---

* 허균, 『성소부부고』 권25.

余罪徙海濱, 糠粃不給, 飣案者唯腐鰻腥鱗馬齒莧野芹, 而日兼食, 終夕枵腹, 每念昔日所食山珍海錯, 飫而斥不御者, 口津津流饞涎, 雖欲更嘗, 邈若天上王母桃, 身非方朔, 安得偸摘也? 遂列類而錄之, 時看之, 以當一臠焉. 旣訖, 命之曰:『屠門大嚼』. 以戒夫世之達者窮侈於口, 暴殄不節, 而榮貴之不可常也, 如是已.

辛亥四月二十一日, 惺惺居士題.

屠門大嚼[*]

防風粥. 余外家江陵, 土多産防風. 二月, 土人乘露曉摘其初芽, 令不見日. 精舂稻米, 煮爲粥[**], 半熟投之. 候其沸, 移盛于冷瓷碗, 半溫而食之, 甘香滿口, 三日不衰, 眞俗間上品醍醐也. 余後在遼山, 試作之, 不及江粥遠甚.

石茸餠. 余游楓岳, 宿表訓寺. 主僧設蒲, 供有餠一器, 乃細舂瞿麥, 以篩篩之百市, 然後調蜜水幷雜石茸, 蒸之於鍮甌. 其味甚佳, 雖瓊糕糯枾餠, 遠不逮焉.

白散子. 俗名薄散. 唯全州造之.

---

[*] 허균, 『성소부부고』 권26.
[**] 필사본에는 '鬻(죽)'로 되어 있지만 '粥(죽)'의 오자로 판단된다. 같은 항목에 나오는 다른 글자도 마찬가지로 처리했다.

茶食. 安東人造之, 味甚好.

栗茶食. 唯密陽尙州人能造之. 他邑造之, 則輒辛, 不可食.

叉手. 驪州人極喜造, 白而柔細, 味甚甘軟.

飴. 開城府爲上品, 全州次之. 近來京中松針橋亦能造.

大饅頭. 義州人能造如中國人, 而他皆不好.

豆腐. 藏義門外人善造, 軟滑不可名狀.

熊脂正果. 淮陽最好, 他邑皆不及.

芼粥. 只産於甲山北靑, 味最合於正果. 蒲桃以下, 皆不及焉.

已上餅餌之類.

天賜梨. 成化年間, 江陵居進士金瑛家, 忽生一梨, 及結實大如碗.
至今多有之, 味甘而脆.

金色梨. 旌善郡多有之.

玄梨. 平安道山郡有之. 色紺而津, 甘如蜜.

紅梨. 産釋王寺. 色朱而大, 味甚爽.

大熟梨. 俗謂之腐梨. 山郡多産, 而谷山伊川者甚大. 其味甚佳, 不
可殫記.

金橘. 産濟州, 味酸.

甘橘. 産濟州, 比金橘而稍大, 味甘.

靑橘. 産濟州, 皮靑而味甘.

柚柑. 産濟州, 比柑而小, 味極甘.

柑子. 産濟州.

柚子. 産濟州及兩南海邊.

甘榴. 産靈巖·咸平者最佳, 餘皆不及.

早紅枾. 産溫陽者, 色正紅而味甘津滑. 他皆不逮.

角枾. 産南陽者最好.

烏枾. 産智異山, 色紺而圓尖, 味稍厚少津. 宜串乾而屑, 尤佳.

栗. 尙州有小栗, 皮自脫, 俗曰'皮的栗'也. 其次密陽大栗, 味最甘, 而智異山亦有大栗如拳云.

竹實. 多産于智異山. 余在浪州, 老師善修, 弟子以其命致之, 和枾屑栗末爲餌. 食數匕, 終日充然, 眞上仙所食也.

大棗. 産報恩縣者最好. 大而核尖, 色紅津甘. 他皆不逮.

櫻桃. 産楉子島者, 大如小栗, 味甘, 白色者, 多産于嶺東, 而味不及紅者.

唐杏. 産西郊者最好.

紫桃. 多産于三陟蔚珍, 大如拳而多津.

黃桃. 多産于春川洪川.

綠李. 京中多有, 而産於西郊者最佳. 紫黃桃俱小, 不及於外産.

盤桃. 多産于衿果二縣, 今則絶無. 少日, 庶族人居于安養川上, 多種而摘送之, 味甚好, 惜今不可得也.

僧桃. 全州一境皆僧桃, 大而味甘.

蒲桃. 馬乳者稀, 而信川尹大連家有一架, 味最好, 不減上國也.

西瓜. 前朝洪茶丘, 始種于開城, 考其年, 則殆先於洪皓之歸江南也. 忠州爲上, 形如冬瓜者爲佳, 而原州次之.

甜瓜. 義州爲上. 小而核細, 味甚甘滑.

木瓜. 產于醴泉者最佳, 味如梨而有津.

達覆盆. 只出于甲山府. 味似櫻桃, 極甘香.

已上, 果實之類.

熊掌. 山郡皆有之. 烹飪不適, 則失其眞味. 唯淮陽最善之, 義州□ 熙川又次之.

豹胎. 襄陽膳夫一人解其烹飪, 味極好. 他邑爲之, 則穢不可食.

鹿舌. 淮陽人煮爲餌, 則甘滑極佳.

鹿尾. 扶安人, 陰乾者最好, 耽羅次之.

膏雉. 產於黃海道山郡, 而陽德孟山最好.

鵝. 義州人善炰之, 恰似天朝之味.

○凡地產猪麞雉鷄等物, 邑邑有之者, 不必煩載, 而唯或產者絶好, 或膳者絶佳, 則書以別之.

已上, 飛走之類.

水魚. 西海皆有, 而京江最好. 羅州所捉, 則極大, 平壤則凍者爲佳.

鯽魚. 八方皆有, 而江陵府鏡浦通海波, 故味最佳, 無土氣.

葦魚. 卽鱴魚也. 京江最好, 而湖南二月已有之, 關西五月方有之, 皆佳.

白魚. 凍時, 京江甚佳, 而林韓·臨陂之間, 正二月所捉, 白細如鮎, 食之甚佳.

黃石魚. 西海皆有, 而牙山絶佳, 烹之無腥氣.

烏賊魚. 西海或有之, 而産興德·扶安者最佳.

海膓. 産仁川南陽. 味似牛腪而爽. 唯二邑人, 能烹飪之.

竹蛤. 京畿及海西多有之.

小螺. 西海多有, 而甕津之出最好.

靑魚. 有四種. 北道産者, 大而內白. 慶尙道産者, 皮黑內紅. 湖南則稍小, 而海州所捉. 二月方至, 味極好. 在昔極賤, 前朝末, 米一升只給四十尾, 牧老作詩悼之. 謂世亂國荒, 百物凋耗, 故靑魚亦希也. 明廟以上, 亦斗五十, 而今則絶無, 可怪也.

大鰒魚. 産濟州者最大. 味不及小者, 而華人極貴之.

花鰒. 慶尙右道海上人採鰒, 割作花樣而飣之. ○又以大者, 割爲薄片作饅頭, 亦好.

紅蛤. 華人謂之東海夫人. 東南海皆有之, 而南者稍大. ○又有海蔘, 卽古所謂泥也. 華人俱好之.

銀口魚. 嶺南大, 而江原則小. 海州亦有之.

餘項魚. 山郡皆有之, 而江陵最大且好.

錦鱗魚. 山郡皆有, 而楊根最好. 初名天子魚, 董圭峯食而美之, 問其名, 譯官猝而對曰: "錦鱗魚." 人皆善之.

訥魚. 山郡皆有, 而平安江邊最大.

鱖魚. 京東西多産, 而俗名廉鰻魚.

河豚. 京江最佳, 而多殺人. 嶺東則味稍不及, 而無毒.

魴魚. 東海多産, 而以有醉毒, 不供上.

鰱魚. 東海有之, 而卵醢好看.

松魚. 咸鏡·江原道多, 而捉於海, 則不佳, 卵不及鰱.

黃魚. 東海二月産焉.

鰈魚. 東海多産, 古所謂比目, 是也.

廣魚. 東海多産. 而秋乾者不粘而佳.

大口魚. 東南西海皆産, 而北方最大, 色黃而厚. 東海色赤而小, 華人最好之. 西海則尤小.

八帶魚. 卽文魚. 産于東海, 華人好之.

丁魚. 産于江門, 卽小水魚也.

銀魚. 産東海. 初名木魚, 前朝有王好之, 改曰銀魚. 多食而厭之, 又改曰還木.

古刀魚. 東海有之, 而腹藏醢最好. ○又有微魚者細短而膩. 可食.

齊穀. 小蛤紫甲. 鏡浦有之, 凶年食之, 則不飢, 故名之.

江瑤柱. 北青洪原多産之. 大而甘滑. 前朝因元之求, 殆至國匱.

紫蛤. 東海有之. 大而柱白味甘.

蟹. 産三陟者, 大如小狗, 其足如大竹. 味甘, 脯而食之, 亦好.

凍蟹. 産安岳者最佳.

石花. 産高原·文川者甚大, 而味不及西海小者.

輪花. 東海有之, 卽石花, 而大者味甘.

大蝦. 海西有之. ○平安産蝦, 取卵爲醢, 甚佳.

紫蝦. 西海有之. 甕康則鹹, 通仁則甘, 湖西則烈而形大, 産義州者,
細而亦甘.

桃蝦. 産于扶安 , 沃溝等邑. 色如桃花. 而味絶好.

○魚之賤者如民魚 , 石魚 , 首蘇魚 , 絡締. 眞魚. 産于西海者. 處
處皆佳. 故不載. 甁魚 , 變宗等魚. 味或佳或不佳. 故不別書焉.

已上, 海水族之類.

竹筍醢. 湖南蘆嶺以下, 善沈之, 味絶佳.

黃花菜. 卽萱草也. 義州人學於上國, 善爲之, 味極好.

蕈. 産湖南者最好, 海西次之.

石蕈. 多産于嶺東, 最好.

蘿葍. 産于羅州者極好. 味如梨而多津.

苜蓿. 産于原州者白如銀筯. 味甘極好

○蕨薇·葵·薑·薤·芹·菘芥·松簟·眞菌, 處處皆佳, 故不別書云.

蔂古. 産于濟州者佳, 而五臺·太白亦有之.

紅菜. 産京畿海浦甚佳.

黃角. 産于海西者甚佳.

靑角. 西海皆有, 而産海州甕津者最佳.

細毛. 西海皆有, 而海西最好. ○又有牛毛者, 溶而却熟.

椒豉. 黃州所作甚佳.

蓼脯. 永平·鐵原人善爲之, 狀如牛脯.

蓼. 生于利泰院者最好.

冬瓜. 産于忠州者亦好. ○茄瓜·匏蘆, 亦處處皆佳云.

山芥菹. 咸鏡南道及淮陽平康等地俱有之. 味烈而爽.

昆布. 産北海最好而多, 士麻·大藿亦次之.

早藿. 産三陟者, 正月而佳.

甘苔. 産湖南, 而咸平·務安·羅州所生極佳, 味甘如飴.

海衣. 南海有之, 而東海人拳汴, 而乾者最佳.

芋. 湖南嶺南皆好而極大, 洛下味好而小.

薑. 産全州者佳, 而潭陽·昌平次之.

芥. 産海西者最烈.

蔥. 産朔寧者極好, 而韭小蒜荽園藾俱好.

蒜. 産寧越者最佳. 食之無葷氣.

右蔬菜之類.

茶. 雀舌産于順天者最佳, 邊山次之.

酒. 開城府太常酒最好, 而煮酒尤佳. 其次朔州亦好.

蜂蜜. 平昌石蜜最好, 而谷山·遂安者亦佳.

油. 中和府所汴, 能已蟲毒, 而印圖書, 逾久色逾鮮.

藥飯. 十五日飼烏, 東京舊俗. 華人好之, 效而造食, 名曰高麗飯.

○都下時食, 春有艾糕·松餅·槐葉餅·杜煎·梨花煎; 夏有薔薇煎·水團·雙花·小饅頭; 秋有瓊糕·菊花餅·柹栗糯餅; 冬有湯餅, 而煮餅·蒸餅·節餅·月餅·蓼餅·松膏油蜜餅·舌餅等味. 通四時而蜜餅, 則藥果·大桂·中朴桂·紅白散子氷果·瓜果·蜂蝶果·饅頭果, 皆用於享祀賓讌. 絲麪, 則有吳同者善造, 故至今稱之.

허균의 맛
ⓒ 김풍기

1판 1쇄	2026년 2월 6일
1판 2쇄	2026년 4월 2일

지은이	김풍기
펴낸이	강성민 이은혜
기획	노승현
책임편집	강성민
편집	양나래 심예진 최유진
관리 편집보조	김유나 김지우
마케팅	정민호 한민아 이민경 한경화 박진희 황승현 김경언 양지연
브랜딩	함유지 이송이 박민재 김하연 신은서 이준희 조다현
펴낸곳	(주)글항아리 | 출판등록 2009년 1월 19일 제406-2009-000002호

주소	경기도 파주시 문발로 214-12, 4층
전자우편	bookpot@hanmail.net
전화번호	031-955-2690(마케팅) 031-941-5161(편집부)

ISBN	979-11-6909-508-2 03900

잘못된 책은 구입하신 서점에서 교환해드립니다.
기타 교환 문의 031-955-2661, 3580

www.geulhangari.com